渡　昌弘著

汲古叢書155

明代国子監政策の研究

汲古書院

緒　言

国子監は隋代以後、中央の諸ろの学校を管轄するために設けられた教育行政の機関であり、学生を直接指導する教育機関ではなかった。教育機関としての学校には国子学・太学等が存在した。明代になると、国子監と国子学の一体化が進められ、行政と教育を兼ね行う機関となり、国子学の名称は姿を消した。本書で扱う明代の国子監は京師に置かれた学校であり、当初は国子学と称していた。

これまでの研究で明代の国子監に関する制度はほぼ解明されている。その存在は教育にとどまらず、多方面に影響を及ぼしたが、官僚養成という面からその制度的変遷を概観すると、次の通りであろう。

すなわち、建国に先立って京師（のちの南京）に創設され、永楽には北京にも置かれた。一時期中都（鳳陽）に設けられたこともあるが、ともあれ特に洪武～永楽の間には官僚の養成機関として科挙以上の役割を果たし、多数の人材を官界に送り込んだ。国子監の業を卒えた監生は高位高官に就くことができたのである。しかし、洪武中期に科挙が再開されて定期的に実施され、さらに官僚の任用において進士が重視されるようになると、監生の中に進士合格を目指す者が増加し、国子監ならびに監生の地位は失われていった。それに加えて景泰年間に始まる捐納入監は、その地位をいっそう低下させた。当初の生員にとどまらず、庶民も入監が可能となったからである。こうして国子監は創設の意義を失い、科挙受験のための予備段階になった、と。

こうした見方は共通の認識になっているように思われる。例えば『明史』列伝では進士合格により官僚となった者に監生であったことを記していない場合があり、ここから監生の経歴は重要でなくなったことがうかがわれる。確かに国子監は科挙の下に位置づけられていた感がある。しかし、進士が重視されるのは科挙が再開された洪武中期ではなく、むしろ永楽を過ぎてからのことであるし、そもそも進士合格者の中に監生がいることに何ら問題はなく、監生と進士を、あるいは国子監と科挙を対抗的にとらえるのは適切とは言えない。ともに科挙社会におけるランクの上下に過ぎない。また、捐納による入監者の増加は問題となったが、当初は監生全体からすれば僅かであり、継続して捐納が認められていた訳ではない。やはり問題となるまでには時間があり、さらに捐納実施に対する見方・考え方にも着目する必要がある。捐納入監が断続的にせよ実施されたのは、誰もが捐納を好ましくないと考えていたわけでないからであろう。そもそも太祖洪武帝は国子監の拡充を図って制度を定めたが、はたして監生は洪武帝の意向通りになったか、あるいは監生はどの時期でも同様に進士合格を目指していたのか、というような点にも検討を加える必要があると思われるのである。

こうした疑問が生ずるのは、おそらく諸制度の制定や改変に関し、その内容については検討が加えられながらも、監生の動きに対して十分な目配りがなされてこなかったためではあるまいか。そうした点に留意し、筆者がこれまで発表した論文の中より国子監に関するものを集めたのが本書であるが、まず注目したのは監生を積極的に任用しようとする中で確定した出身法であり、次には国子監の地位を低下させたとされる捐納入監であった。むろん取り上げる課題はそこにとどまらず、監生の動向にも目を向けた。目次は左の通りである。

あらかじめ梗概を示しておくと、次の通りである。

まず第一章から第三章では、監生に任用資格を与える出身法（積分法、歴事法）について検討を加える。第一章では、洪武中期に確定した積分法が元代国子学の出身法を踏襲したものであったことを、あらためて確認する。第二章では、明代の積分法が国子監を科挙から独立した養成機関とする目的で実施されたものでなく、そのため監生は科挙合格による任官を選択したことを論ずる。第三章では、洪武末に歴事法が実施されるようになると、監生は科挙合格よりも歴事終了による任官を志向するようになったことを論じる。

次に第四章では、国子監の盛衰を示す在籍者数を取り上げる。南北両監の総数が知られるのは永楽七年より成化十五年の期間だが、その間に二つのピークがあったことを明らかにするとともに、増減の背景にも言及する。第五章では、宣徳年間から嘉靖年間の国子監教官の指導状況とその成果を示す。名祭酒と称される者はいたが、彼らの指導の結果としての進士合格はおおむね低調であったことを論じる。

国子監は永楽年間を過ぎると科挙の予備段階になったと言われるが、つづく第六章では、嘉靖年間に国子監建て直しのために歳貢・挙人の入監奨励策が試みられたことを述べる。また第七章では、万暦年間を中心として、特に南人監生の郷試受験に対する動きに検討を加える。

第八章から第十章は、監生の量的・質的変化に大きな影響を及ぼした捐納入監の問題を取り上げる。第八章では、捐納入監の実施は当初臨時措置としての性格が強かったが、時代が下るにつれて実施期間も捐納資格者も拡大していったことを述べる。第九章では、捐納により誕生した監生の資質について、科挙合格の面から検討を加える。第十章では、増大した監生は依親の令などにより帰郷し、帰郷すると復学の命令には容易に応じなかったことを述べる。

最後の第十一章では、制度の改変に伴う監生の動向の一端を、入監前後の経緯に見る。国子監入学自体は必ずしも好まれたものではなかったので、まず入監の経緯を、ついで入監後どのようにして任用資格を得ようとしたかを、具体例をあげて検討する。

なお、洪武帝による監生任用との関わりを考えるために、補論で任官方法の一つであった制挙を取り上げる。

本書のもとになった論文は発表以来かなり時間が経っており、全面的に改稿したい気持ちがあるが、他方で原載のかたちを留めおくべきとの思いもある。ここではもとになった論文に誤りの訂正、若干の史料の補充、表現の手直しを加えることとしたが、論旨の基本的な箇所は維持したつもりである。本文中で近年の研究に触れたところもあるが、十分に検討を加えたものではない。

（附記）本書で使用する『明実録』は台湾中央研究院歴史語言研究所校勘本である。

目 次

明代国子監政策の研究

第一章　元明交替と国子学政策の継承

はじめに

いわゆる民衆反乱と王朝創建には一見相反するようなところがある。しかし、人材の吸収に着目すると継承された面が強く、例えば元末の民衆反乱の中、いくつかの有力な勢力によって新たな王朝の成立が宣言され、戦いが継続するうちに諸制度の確立なども行われた[1]が、どの勢力にも見られたのが知識人の登用である。白蓮教と訣別して儒教主義に転じたという朱元璋の場合[2]は改めて言うまでもないが、方国珍も「名士を用いて人心を収め[3]」ようとし、張士誠は郷試を実施した[4]。また夏の明玉珍などは「周礼の制度を模倣した官僚制度を採用したり、科挙制度まで復活させ[5]」たりした。元と明の場合、その連続性に目を向けると、なおさら継承の面が強調される。

本章は、元明交替期の国子学政策の継承について検討を加え、民衆反乱と王朝創建との関わりを考える一助とするものであるが、これまでの民衆反乱等の研究を十分に踏まえているとはいえない。

第一節　京師・国子学・科挙

（一）　夏の国子監・科挙

朱元璋による人材吸収が方国珍・張士誠と異なるのは、学校の設立と科挙の実施とが確認できることである。朱元璋による学校設立と科挙実施については、これまで数多くの研究があるが、それ以外では夏においても見られた。断片的な資料の組合せによるが、まず、これについて検討を加える。

二代で滅んだ夏は、元の至正二十一年（一三六一）より明の洪武四年（一三七一）までの間に存在していた。[6] 先主明玉珍は至正二十二年に帝位に即き、国号を大夏として年号に天統を用い、また重慶を都とした。方孝孺『明氏実録』天統元年壬寅（一三六二）春三月戊辰の条に、

天地を祭告し、皇帝の位に即き、都を重慶に建て、国は大夏と号し、天統に改元す。……蜀の地を分けて八道と為す。周制を行い、六卿を設く。……内は国子監を設けて、公卿の子弟に教え、外は提挙司・教授所を設けて、郡県の生徒を教養す。……釈・老二教を去り、弥勒堂に并す。……進士科を立て、八道に郷試あり、貢に充つるに日有り、次年宗伯（礼部官）に会試あり、廷試もて五に分かちて及第出身とす。[7]

と見える。周制にならって六卿が設けられたほか、四川（蜀）を八道に分けること、国子監、[8] 提挙司・教授所といった学校の設立などが述べられている。学校に関しては、右のほか同書・天統二年九月己酉の条に、

劉湛を辟して仁寿県教授と為す。湛は学行優裕にして、人才を造就（養成）し、升りて国子監祭酒と為る。[9]

とあり、劉湛なる人物を召辟して成都の仁寿県学教授に任じ、のちに国子監祭酒へ昇進させた。国子監設置がどの程度実態を伴っていたかは未詳であるが、万暦『四川総志』巻九に重慶府学について、

北宋、紹興の間に建つ。本朝、洪武四年重建す。宣徳・景泰、相継いで増脩す。[10]

とあり、[11] 夏滅亡後の洪武四年に明朝が重慶府学として再建したと見ることもできよう。ともあれ夏では定都ののちに国子監の設置が命じられた。

右の『明氏実録』天統元年壬寅春三月戊辰の条には、八道ごとの郷試実施と翌年の会試挙行を定めたとあったが、

続いて、

　秋、進士を廷試し、董璧ら八人に及第を、餘は皆出身を賜わるに差有り。[12]

とあり、既にこの年（天統元年）の秋に廷試が行われ、董璧ら八人の進士が誕生していた。[13]

ところで、明玉珍のもとでは弥勒主義にもとづいて科挙を設けたとされ、[14] その論拠となっているのが『明太祖実録』巻一九・丙午年（一三六六）二月庚辰の条にある、

　壬寅春三月己酉……内に国子監を設け、外に提挙司・教授所を設け、府ごとに刺史を置き、州は太守と曰い、県は令尹と曰い、科挙を設け、進士を策試す。釈・老教を去り、而して専ら弥勒法を奉れり。[15]

などの記述である。しかし、明玉珍は四川の人々にとって征服者であり、採り得る体制が伝統的・地主的なものとならざるを得なかった。[16] とすれば、広く人材を集めるための科挙が弥勒主義に基づいて施行されたとするのは疑問であろう。

天統五年（一三六六）春に明玉珍が亡くなり、太子昇が一〇歳で即位したが、『明氏実録』同年の条に、

　秋、進士を廷試し、龐百里ら六人は及第、餘は出身に差有り。幼主は『桂花詩』を吟じ、諸《これ》を進士に賜えり。詩に曰く、「万物凋残《ちょうざん》すれど我独り芳しく、花心金粟《きんぞく》微《かす》かな黄を帯《お》ぶ。言う莫かれ些少も玩するに堪え難しと、露は冷たく風は清らかに大地香る。[17]」

とあり、この年の秋に廷試が実施され、後主明昇が詩を吟じたという。詩題の桂花からは科挙及第を示す「折桂」が想起されるが、折桂は既に唐代から用いられていた。この詩が明昇の作か否かはともかく、こうした詩が吟じられること自体が、政策として少なくとも唐代以来の科挙が意識、継承されていたことを物語っていよう。そのうえ方孝孺の指摘に、

幼主は春秋未だ富ならずと雖も、徳性純雅にして、孝経・論語に通じたり。権臣の国命を執りしが為に、宰制する能わず。[18]（『明氏実録』）

と、明昇（幼主）自身が『孝経』『論語』に通じていたとあることからも、実施された科挙は儒教的であった筈である。

そもそも夏の諸制度確立に力を注いだ劉楨が元朝の進士で大名路経歴を勤めた経歴の持ち主であったことからも、伝統的・儒教的であったと考えられるが、劉楨のほかにも元朝の旧官僚を任用していた例がある。明に降伏した翌年の洪武五年に、

大明は幼主を封じて帰命侯と為し、彭后もて主妃と為し、甲第を賜い以て居らしむ。劉仁を以て応天府府尹と為し、餘は職を除授するに差有り。[19]

と明昇が帰命侯に封ぜられるなどしたが、ここに見える劉仁は万暦『応天府志』巻六・歴官表中の応天府府尹に名があり、

洪武九年、劉仁《割註。湖広武昌。初め兵部尚書と為り、尋いで左通政に改めらる。[20]》

と見える。この人物はおそらく嘉靖『湖広図経志書』巻二・武昌府・人物に本朝（明朝）の武昌の人として、

劉任《割註。故元四川行省参政、兵部尚書に擢せられ、出て広東行省参政と為り、召されて応天府尹を拝す。其れ四川・広東に在り、善政を以て聞ゆ。後、官に卒す。[21]》

と記されている劉任と同一人物であり、とすれば、この人物も元朝の旧官僚ということになる。劉楨と劉仁の二例のみであるが、元朝の旧官僚が任用されていた点からも科挙は儒教的であったと考えられよう。

たしかに明昇自身が『孝経』等に通じていたり元朝の旧官僚を任用したりしたことと、実施された科挙が儒教的で

あるか否かとは関わりがないとの見方もできよう。しかし、広く人材を集めるための科挙であるから、やはり弥勒主義に基づいて施行されたとは考え難い。

結果的に夏は元末の動乱期に現れる一地方政権に終わった。そこで採用された制度が儒教的・伝統的なものであったことは夙に指摘されているが、以上、学校・科挙の制度について元朝のそれを踏襲しようとしたことを改めて確認した。また、夏よりも短命に終わった政権は他にもあった。史料では確認できないが、それらの政権も王朝存続のため知識人の登用が必要となれば、やはり夏同様に学校設立、科挙実施という手順を踏んだのではなかろうか。

（二）　元・明の国子学・科挙

さて、上述したように、夏では定都ののちに国子監が設置されて科挙が実施されたが、こうした手順は元朝における科挙実施の場合からもうかがわれる。科挙は仁宗によって皇慶二年（一三一三）十一月に復活の詔が下され、二年後の延祐二年（一三一五）の三月に進士五六人が誕生したが、京師の国子学は既に「元」成立時から設立され、科挙復活の詔に先駆けて至大四年（一三一一）の十二月に従来の国子学試貢法が改定されていた[22]。したがって、国子学整備ののちに科挙が実施されたという手順を確認できるのである。

こうした定都、国子学の設置、科挙の実施という手順は、明でも同様であった。例えば、宋濂の「送会稽景徳輝教授郷郡序」に、

　成周の時、国都より以て家・党・術に至るまで、学を置かざること無く、……[23]

とあり、貝瓊の「学校論」に、

　天子の都には則ち辟雍有り、諸侯の国には則ち泮宮有り、下は一郷一遂に至るまで、庠序の制有らざる莫し[24]。

とあるように、古制では京師をはじめ全国に学校が設置されていたといわれる。そのうち京師と国子学の関わりについては、『南雍志』巻一・事紀一の冒頭に、

嘗て聞くならく、教化の行わるるや、首善を建て、京師より始まる（漢書）、と。故に帝道は成均に肇まり、王猷は辟雍に著わる。[25]（括弧は引用者による。以下同じ）

とあって、帝王の道は京師の学校教育に始まるとされ、また呉節の「南雍旧志序（景泰七年二月）」に、

鎬京の辟雍は詩（詩経）に詠まれ、東膠・瞽宗は礼（礼記）に著わされ、鴻都・四門の志は史に備わる。此れ皆古典の載せる所にして、卓乎として徴するに足る者なり。洪いに惟るに、本朝、太祖高皇帝龍飛の初め、応天府庠を以て国学と為し、中都国子と相埒《ひと》しくす。……[26]

とあるように、辟雍・東膠・瞽宗・鴻都・四門は何れも京師に置かれた学校であり、明朝でもこれに倣って国子学が設置されたとする。

中都にも国子学を置いた点については、貝瓊の「学校論」に、

洪いに惟るに、国朝混一の初め、首め学校に及ぶ。府ごとに教授、弟子四十員を置き、県ごとに教諭、弟子二十員を置き、両京の地には則ち国子学を立て、官有り師有り、之に教うるに勤を既《つ》くし、之に廩するに豊を既《つ》くす。将に一世の人を陶し、虞・夏・商・周の盛んなるに復さんとす。徒に苟且し以て徇名せるに非ざるなり。[27]

とあり、やはり古制の京師の学校を念頭に置いたものであった。この中都国子学は洪武三年（一三七〇）もしくは八年の設立[28]で、十五年に京師の国子学とともに「学」から「監」に改称された。天啓『鳳書』巻三・制建表第二・公署には鳳陽府学について、

今、譙楼西の雲済街に在り。是より先、洪武の八年、中都国子監を建て、彝倫堂・縄愆庁・博士庁・典簿庁・典

籍庁・掌饌庁・率性堂・修道堂・誠心堂・正義堂・崇志堂・広業堂有り。洪武十七年、改めて鳳陽府学と為す。[29]

とあり、かつての中都国子監（当初は中都国子学）に彝倫堂と六堂五庁があったとしている。これは、おそらく改建後の京師国子監の構成に従って書かれた為で、創建時に右のような名称であったとは考え難い。しかし両学ともに同様の体制が採られ、国子学（のち国子監）として並立させていたことはうかがわれる。[30] また、北京国子監については詳細な研究があるが、[31] 同監が北京遷都に関わって設立されたことは言うまでもない。

以上、「明」にあっても古制にならって京師に国子学を設置したことを確認したが、次に国子学と科挙の関わりを見ると、やはり学校の設置後に科挙の実施が確認できる。すなわち、至正二十五年（一三六五）九月に国子学が設置され、二十七年三月に文武二科の科挙実施の令が下された。実際には文科挙のみ洪武三年八月に実施されたが、ともあれ、国子学設置後に科挙が実施されたのである。[32] とりわけ漢人にとって「正常な」実施が切望されていた科挙であるが、実施する側の政府としては単に行うというのではなく、人材養成の制度を確立した上で登用を行うという手順を踏んだのであった。そして、この手順は元・明のほか、前述した夏でも確認できる。のちに統一を実現した明はともかく、夏にも見られたのは王朝成立後の期間が比較的長かったことが一因であろう。

では、京師の国子学では如何なる人材の養成が行われたのか。それを示すのは容易でないので、ここでは修学方法を取り上げる。夏については未詳だが、元と明には共通する積分法と呼ばれる修学方法があったからで、次の節ではその検討を通じ、元から明への国子学政策の継承を考える。なお修学内容については別途検討を加えたい。

第二節　修学方法の継承

（一）　元の升斎法・積分法

明代の国子生は三等級に分けられ、成績によって上位のクラス（堂）に進級することができ、最上位の率性堂に升った者には学力検定の結果により任用の資格が与えられた。これが升堂法と積分法であり[33]、孫承沢『春明夢餘録』巻五四・国子監「監規」に、

積分の法は、宋に始まり、元に備わる。按ずるに元の延祐初、斉履謙国学に在りて、積分を法を行なう。……此れ即ち宋人の積分の法なり、而して節目稍々同じからざる有るも、明に至りて一に其の制に依る[34]。

と記されるように、積分法は宋代に始まり元代にて完備し、明はその法を継承した。ただし北宋・王安石の三舎法に積分に相当するものはなく、その積分法は南宋代に成立した[35]。よって元の延祐元年（一三一四）、国子司業に再任された斉履謙が、南宋太学の修学方法を復活させたことになる。

夙に指摘されているように、そのことは『元史』巻一七二・斉履謙伝に見えるが、いま蘇天爵の「斉文懿公神道碑銘」によると、

明年（延祐元年）、復た国子司業を拝す。制有り、国子より歳ごとに六人を貢す。蒙古二、官は従六品、色目二、官は正七品、漢人二、官は従七品。第は入学の名籍を以て差次と為す。公曰く「其の法を変えずんば、士、何に由りて学を進めん。国、何を以て材を得ん」と。乃ち旧制を酌し、陞斎・積分等の法を立てり[36]。

とある。すでに至大四年（一三一一）より、国子学生には試験によって官員任用の資格を与える国子学試貢の法が実

施されていたが、公曰くで示されたように、人材は十分に集まっていなかった。公曰くの箇所は、『元史』斉履謙伝では「其の業を考せずんば、何を以て善を興し人を得ん」との表現になっているが、何れにせよ入学者は不満を抱いていた。確かに漢人にとって、蒙古人や色目人よりも任用の官位が低いというのは不満の原因にならない筈はない[37]が、それ以上に問題とされたのは「第は入学の名籍を以て差次と為す」、つまり入学の順序が起貢の序次となっていたことであろう。そこで、入学者を発奮させるために採られた方策が升斎・積分等の法なのであり、後述するように、対象に蒙古・色目人が含まれていたことも、序次が問題であったことを示していよう。

右の記述には続けて、

其の言に曰く、国学は六斎を立て、下の両斎は初学者を以て之に居らしめ、中の両斎は『大学』『論語』『孟子』『中庸』を治め詩を学ぶ者をして之に居らしめ、上の両斎は『易』『詩』『書』『春秋』『礼記』を治め文を属《つづ》る者をして之に居らしむ。毎季学問を考し、進む者は次を以て第陞す。又、必ず在学せること二年以上にして、始めて私試に与からしむ。孟・仲月は経疑・経義を試し、季月は策問・古賦・制詔・章表を試し、蒙古・色目は明経・策問を試す。辞・理倶に優れたる者は上と為し、一分を准す。理優れ辞平なる者は之に次ぎ、半分を准す。歳終に積みて八分に至る者は高等生に充て、四十人を以て額と為すも、員は必ずしも備えず、惟だ実才を取るのみ。然る後、集賢・礼部が其の芸業を試し、及格せる者六人、以て貢に充つ。諸生の三年にして一経に通ずる能わざるもの及び在学せること半歳に満たざる者は並に之を黜さん、と[38]。

とあり、この上言は中書省の上奏を経て実施に移された。要点は①学生を三等級に区分し、②試験の成績により進級させ、③一年間に所定の成績を収めた者は起貢するということで、このうち①②が升斎法、のちの明代の升堂法に相当するものであり、③が積分法である。

実施の結果は「人人励志読書し、益々材学の士多し」（蘇天爵「斉文懿公神道碑銘」）であったという。この法の詳細は『元史』巻八一・選挙志一などにも見え、ここで内容を確認しておくと、次のようになる。

国子学は六斎からなり、下から上へ游芸・依仁の二斎、拠徳・志道の二斎、時習・日新の二斎があり、二斎ずつ東西に相対して建てられていた。そこで時習・拠徳・游芸を東斎といい、日新・志道・依仁を西斎ともいった。各斎に定員はなく、季考により上位に昇ることができた。私試を受けるのが、蒙古・色目人はこのうちの中位の二斎（拠徳・志道）に実際の在学が二年以上の者とされたが、漢人は上位の二斎（時習・日新）でなければならず、ここには明らかに区別があった。私試の出題についても区別があり、漢人は、

孟月　経疑一道、　仲月　経義一道、　季月　策問・表章・詔誥より一道

であるのに対し、蒙古・色目人は、

孟月　明経一道、　仲月　明経一道、　季月　策問一道

であった。出題の難易度等の違いはここでは提示できないが、受験資格の獲得は漢人のほうが難しかったことは確かであろう。

ともあれ、積分法では試験ごとに「分」（単位）が与えられた。辞・理ともに優れていれば「一分」を、理は優れているが辞が並みであれば「半分」を与え、年内に「八分」を修得した者は「高等生員」と称した。その数は蒙古・色目人が各一〇人、漢人が二〇人、合計四〇人としたが、必ずしも定員を満たす必要はないとされた。そして、集賢・礼部の試験により、この四〇人のうちから毎年六人が任用された。

蘇伯衡の「送楼生用章赴国学序」には任用までの概略が記されて、

勝国（亡国）は監学を設け、以て貴游の子弟に教え、田里の秀民を抜き、業を其の間に受けさしめ、百人を満た

して即ち止む。取ること之れ此くの如く其れ難なり。業成り、然る後に積分す。積分及格し、然る後に私試あり。私試の法は、入学の先後を以て、十人を貢して止む。必ず三年ごとに大比あり、然る後に天下の貢士とともに、群れて礼部に試す。進むこと之れ此くの如く其れ難なり。礼部に試し、有司の縄尺に中らば、天子の廷に栄ゆ。然る後に第出身を賜うも、例として七品官に過ぎず、常調に浮湛し、遠き者或は二十年、近き者も猶ほ十餘年、然る後に改官す。其の改官して華要を歴す者、十にして四、五なる能わず、常調に淹れて改官せず、以て身を没する者、十に八、九。用うること之れ此くの如く其れ難なり(39)。

とあり、入学、任用資格の獲得、任用後、それぞれの困難さが記されている。

ここで国子学生の具体例を挙げておこう。杜倹なる人物は、宋褧の「国子生杜倹墓志銘」に、

生、……年十七、胄子を以て国子学に入り、昼夜且つ誦し且つ文を綴る。時に国子生、年二十五に及ぶを以て、乃ち積分し試に貢せらるるを得るも、年及びて生歿す(40)。

とあり、私試に起貢される前に亡くなったが、王伯衡なる人物は、李存の「王伯衡詩序」に、

某年、王伯衡、国学積分より、試を礼部に就け、登第し、擢せられて太常礼儀院郊祀署丞と為る(41)。

とあるように、会試（礼部試）に合格した。会試に不合格だった例として、次の劉燾孫の場合がある。王褘の「劉燾孫伝」に、

劉燾孫、字は長吾。茶陵の人なり。宋丞相沆の十四世孫なり、器貌瓌宏にして、文学有り。後至元丙子（二年、一三三六）京師に游び、民間の俊秀の薦者を用うるを以て、自ら国子に入りて弟子員と為るを得、積分は優等に及ぶ。至正戊子（八年、一三四八）会試に下第し、例を以て常寧州儒学正を署す。壬辰（至正十二年、一三五二）天下に兵起こり、紅巾、湖南を乱して常寧陥ち、州の長・弐、皆城を棄てて遁ぐるも、燾孫は独り去らず、因りて

民を集めて兵と為し、有衆万もて計え、其の州治を克復せり。(42)

と見える。常寧州（湖広）を紅巾軍から守ったことを讃える内容であるが、彼の経歴から、国学に於ける積分法の実施、および会試不合格者の州学学正への任用が定例であったことがわかる。

また周之翰の子驤は、蘇天爵の「周府君墓碑銘」に、

君〔周之翰〕、……子の男は驤と曰い、国子にて積分もて出身し、聖州判官を奉じ、中書掾に擢せられ、文林郎・都護府都事を歴し、擢せられて江南行台監察御史を拝す。(43)

とあり、会試を受験したか否かは不詳だが、判官を皮切りに官途を歩んだ。このほか鄭深について記した宋濂の「故江東僉憲鄭君墓誌銘」からは、私試に起貢されない国子生が国子監の管勾などに任用されていたことも分かる。(44)

ところで、明中期の羅洪先は「秀川名位表序」の中で、宋・元・明で実施された人材確保の方法について概括し、(45)それに続けて元朝下での状況を述べて、

元時、国族を貴びて漢人に薄くし、吏書を寵して儒士を鄙とし、道術に至りても亦た甚だ尊顕せり。……延祐八年、始めて郷試を行省に行なえり。蓋し混一は三十餘年なり。然して解額既に虧け、未だ久しからずして罷む。至正の初め、始めて復た再び挙ぐ。而るに天下且に乱れんとし、之を一州に行なう者有り。……其の他国学の挙ぐる所と薦辟の授くる所とは、学識に止まる。……(46)

とあり、また、

大要、我が朝と宋とは、皆務めて儒を重んじ、故に是の途より外の者は、百に数人ならず。元末に至りて、纔かに一たび郷試を挙ぐるに、学識に就く者十人に九なれば、則ち猶お以て羅氏を見るに足り、士風の端廉にして、時勢の異も亦た較然たり。(47)

とある。宋朝と自らが生きる明朝とは儒士を重んじるとする立場で書かれたもので、元朝下で再開された科挙は盛んであったとは言い難いが、そうした状況下でも漢人士大夫には学官（学職）に進む途が開かれていたことが分かる。そして、数値に示すことはできないが、積分及格から学官への途を歩んだ漢人は少なくなかったと考えられるのである。(48)

さて以上のように、升斎法・積分法は斉履謙により実施に移されたが、これに関連する言及が既に元初にあった。世祖クビライの至元二十四年（一二八七）、翰林国史院検閲官袁桷が上せた「国学議」に、

宋朝、唐の旧を承くるも、国学の制日々に堕し、紹興（一一三一～六二）に至りて、国学愈々廃れ、三学を名とすと雖も、而れども国学は真の国子に非ず。夫れ三舎の法は崇寧（一一〇二～〇六）・宣和（一一一九～二五）の弊なり。秦檜に至りて復た之に月書・季考を増し、又唐明経の帖括の弊よりも甚だし。唐の楊綰嘗て曰く「進士（科）は当代の文を誦すのみにして、経史に通ぜず、明経（科）は但だ帖括を記すのみ、或は牒を投じて自ら挙ぐるは、虚席待賢の意に非ず」と。宋の末造、類ね此れに出でざるや。(49)

と見える。これによると、唐制を継承した宋の太学（国学）は次第に廃れていったが、とりわけ三舎法を北宋・崇寧～宣和年間の弊害ととらえ、さらに南宋の秦檜により毎月実施される月書や季ごとに行われる季考といった試験が追加されると、弊害は唐の帖括(50)よりも甚だしくなったとする。明経科で実施された帖経では、対策用の歌訣の帖括からは決まったかたちの答案しか出てこないというのである。

楊綰の上書は、門閥貴族の利益を犯すことになった科挙制（進士科・明経科）そのものの廃止を求めたものであった。(51)廃止は実現しなかったのだが、ともあれ袁桷は南宋の太学の状況を科挙になぞらえ、右のように把握していた。そして続きに、

今、科挙既に廃れ、而るに国学の制を定むるは、深く典学の冑子を教ふるの意有り。倘し唐制の如きを得ば、五経各々博士を立て、之をして専ら一経を治め、互に問難を為し、以て其の義を尽くさん。当世の要務に至りては、則ち略ぼ宋胡瑗の「湖学」の法を立つるが如し。礼楽・刑政・兵農・漕運・河渠等の事の如きも、亦た朝夕講習せば、以て経済の実を見るに足るに庶からん。往者、朱熹貢挙の制を議するも、亦た以て経説会粋（＝薈萃）せんと欲すればなり。詩の如きは則ち鄭氏・欧陽氏・王氏・呂氏、書は則ち孔氏・蘇氏・呉氏・葉氏の類なり。先儒心を用うるは、実に之を行事に見んと欲すればなり。宋の末年、朱熹の学を尊びてより、唇腐ち舌弊れ、『四書』の註に止まり、故に凡そ刑獄簿書・金穀戸口・靡密の出入は、皆以て俗吏にして争いて鄙棄すると為して、清談危坐し、卒に国亡ぶに至り、而るに救うべき莫し(52)。

とあり、さらに、

近ごろ江南の学校、教法は『四書』に止まり、髫齔の諸生は、師を相て風を成し、字義精熟し、遺忘有る靡きも、一たび詰難有らば、則ち茫然として以て対うる能はず。又宋世の末に近し(53)。

とある。袁桷は朱熹の学を取り入れたことで学習が四書の註釈にとどまり、けっきょく国の滅亡を救えなかったとし、あわせて近ごろ江南の学校の状況が宋末のそれに似ていると述べ、三舎法の復活に反対したのである。

この袁桷の主張は、いわゆる朱子学重視に反対したものとして取り上げられるが、そうした朱子学重視は三舎法あるいは月書・季考と一体に考えられていた。例えば貝瓊の「故孫正甫先生墓誌銘」（『清江文集』巻三〇）に、四明（浙江）の孫正甫なる人物が杜洲書院に「朱子の月試・季考法を申明」したと記されていることが、それを示している。

さらに陶安の「送陶培之引」に、

延祐の末だ科を設けざるの先、郡県の学校は前代の故常を襲いて、季考は廃せず、但だ経議は穿鑿に務め、詞賦は声病に拘わるのみ。其の塗は既に岐れ、其の習は益々陋なり。大比賓興に及び、然る後に前弊を芟掃し、正学を尊崇す。是に由り、聖経の旨趣、日月人心の天に於いてす。故に季考の制、其の文芸は場屋と異なる無く、茲に因りて郷闈に儁たるを得、大廷に決科せる者、蓋し嘗て之れ有り。[54]

とある。地方学で季考が採用されていた例であるが、季考の特色として「経議は穿鑿に務め、詞賦は声病に拘わる」が指摘され、再開後の科挙で合格者輩出に役立った旨も述べられている。すなわち、学生たちは季考により瑣末な点の解釈に没頭することになったのであり、むしろそうした四書の註釈に終始してしまう弊害を問題にすべきであろう。三舎法あるいは月書（月試）・季考が実施されれば、教授内容あるいは解釈基準の如何に拘わらず、同様の結果をもたらしたと推測されるからである。こうして、世祖のときには袁桷の主張が容れられ、国学に於いて三舎法は施行されなかった。

ともあれ延祐元年、国子学では升斎法・積分法が施行され、翌二年に科挙が再開された。[55]

（二）　明の升堂法・積分法

積分及格により任用の資格を得た元の国子生の中には、明朝下で仕えた者もいた。徐魏の推薦で刑部郎中に抜擢された和希文は、宋濂の「送和贊善北帰養母詩序」に、[56]

太原の和君希文、……勝国に在りし時、成均に肄業し、詩の伝疏に通ず。試を積むこと八分、将に禄食を有するに與からんとするも、俄かに外艱に丁りて去り、母を太行山中に養い、水を飲みて書を著し、以て楽しみと為せり。[57]

とあり、元朝下の国子学で「八分」を積み、任用直前にまで至った人物であった。

また梁貞なる人物は、明太祖により江南行省都事に任ぜられ、洪武元年六月に太子賓客で国子学祭酒を兼ねたが、(58)『南雍志』巻一・事紀一・洪武三年九月辛卯の条に、

貞、字は叔亨、紹興新昌の人なり。元の至正中、国子監生と為り、端愨寡言にして、時の碩儒多く之を愛す。国子伴読より太平路儒学教授を授けらる。上（太祖）の太平を克くするや、貞と諸儒とが迎見し、言いし所輒ち詩書を援きて根拠有れば、上、之を説《よろこ》び、命じて江南行省都事と為せり。(59)

とあるように、彼も元朝下では国子学生であった。

こうした学生の中に宋訥がいた。彼は洪武中期に学規の内容を定めた人物として知られるが、その学規の中に升堂法・積分法があった。すなわち、国子学は洪武十四年四月に鶏鳴山の南側への改建が命ぜられたが、その完成に際して升堂法・積分法が実施されたのである。これには宋訥が関わったが、その経緯について具体的に記したものは管見の限り見当たらない。ただ、彼自身が元朝下の国子学に在籍した経験が大きく影響したのではないかと推測できるだけである。

宋訥は至正二十三年（一三六三）の進士だが、後至元二年（一三三六）より国子学生であった。翰林学士劉三吾の「文淵閣大学士国子祭酒宋先生墓誌銘」に、

国子祭酒宋先生卒す。……惟うに翰林兄長吾、先生と同舎為り、故に銘を懇う。尚憶うに走り始来せる時、先生と春坊に会えり。先生曰く、劉長吾と昆弟為ること毋きを得んや。然らずんば、何ぞ面貌之れ似たるや。相與に感嘆せり。之を久しくして、嗚呼、先兄、後至元丙子（二年）を以て入監し、周旋せること十有五年、中間纔かに両《ふた》たび江南に帰りしのみ。監に在りて舎法は、同時を以て昆弟と為し、昆弟相知るを以て世契と為さば、則ち先生に走りて、銘するを忍び銘せざるを忍ぶ。(60)

とあり、劉三吾の亡兄長吾がかつて宋訥とともに国子学に在学していたのであり、ならびに舎法が行われていたこともわかる。

ところで、積分法を含む学規は洪武十六年正月の欽定であるが、それまでの間はどのようであったのか。これに関する規定等は見当たらず、断片的な記述内容から考えざるを得ないのだが、盧上銘・馮士驊『辟雍紀事』巻一に、

(洪武)二年……六月、太学生の資格を定む。[61]

とあり、続く割註に

按ずるに、積分の議は此れに本づき、広業堂より遞升して率性(堂)に至り、選用の出身を得。凡そ積分は、八分を以て率と為し、毎季三試を定め、経書・論・策に分かちて之に課し、及格せる者の銓選は、進士と等し。[62]

とある。この記述は、おそらく『明太祖実録』巻五三・洪武三年六月癸未の条の、太祖が国子学典簿周循理の上言を是とし、「中書省に命じて太学生を増広し、其の出身資格を定めしめ」た内容に照応するもので、とすれば、洪武三年の段階で、のちの積分法継承につながる何らかの修学方法が定められていたことになる。

これに関連して、洪武六年より国子学の助教を勤め、九年に中都国子学助教に転じた貝瓊の「送蕭子所序」に、

洪武六年春、余(貝瓊)は召されて京師に至る。始めて国子助教と為り、諸生に分教し、学録西江の蕭子所と交わるを獲たり。[63]

と、学生らを分けて教えたとあるが、同じく貝瓊の「跋耕漁図」は、その執筆年月等を記して、

洪武六年歳在癸丑冬十月、国子助教檇李の貝瓊、時習斎に於いて書す。[64]

とあり、さらに「竹深処記」にも、

洪武六年歳在癸丑良月(十月)廿三日、国子助教檇李の貝瓊、成均の時習斎に於いて書す。[65]

とあり、ともに洪武六年十月に国子学の「時習斎」にて書かれたとある。既述のように、時習斎は元代国子学の六斎のうちの一つと同じ名称である。このほか、やはり貝瓊の「送陳復礼帰四明序」に、

洪武六年歳在癸丑秋八月、胄監の西斎に於いて書す。(66)

とあり、また「茶屋記」に、

洪武五年冬十月初吉、両山の老樵貝瓊記す。七年秋七月七日、重ねて成均の東斎に於いて書す。(67)

と、東斎あるいは西斎という表記が見られる。「斎」は元代国子学で使用された呼称で（前述）、これらのことから洪武六～七年には元代のそれに倣っていたことがうかがわれる。(68)

そのほか、宋濂の「書陳思礼」に、陳思礼なる人物について、

陳思礼、字は用和、四明の人なり。……服闋り、郡庠に入り、……洪武六年春、詔、郡国に下され、諸生を徴せしめ、思礼も亦た名を吏部に上せり。已にして旨を奉じ、成均に入りて弟子員と為り、芸を試せられて選に中り、上舎生に升る。(69)

と、「上舎生」の語が見え、また貝瓊の「来徳堂記」に、林與直なる人物についても、

平陽の林與直……既にして長じ、師の講学に従いて、春秋・大経に通ず。洪武八年、京師に至りて、国子生に補せられ、遂に上舎に升る。(70)

とあり、学生たちが等級に分けられていたことが分かる。さらに貝瓊の「勤有堂記」では、金陵の王良なる人物について記され、

今、良は国子生と為り、尤も児寛の匡衡を慕い、人と為りは孜孜として怠らず、月試・季考は恒に甲乙に中る。(71)

とあることから、国子学にて月試・季考が等級付けに用いられていたものと思われる。

以上のことから、少なくとも洪武六年頃には元朝下の斎の名称もそのままに、月試・季考によって学生の等級付けが行われていた。換言すれば、元朝下の国子学での修学方法（升斎法・積分法）が踏襲されていたと言えるのであり、こののち「斎」が「堂」に改称され、宋訥により升堂法・積分法が上奏、確定したのである。

おわりに

本章では、元明交替期の知識人吸収策に着目し国子学政策の継承について検討を加えた。その結果、国子学の設置もしくは整備ののちに科挙を実施したことを夏・明に見出したが、こうした手順は元朝でも見られたものである。ついで明朝は国子監への改称とともに積分法の継承を確定したが、それ以前は元制を踏襲していた。不十分ながらも、以上のことを確認できたのではないかと考える。換言すれば、人材の吸収という点で、民衆反乱の中から成立した政権も従来と大きく異なるところがなかったことを改めて確認した。

しかし、明代国子監の積分法は洪武末年に、独自の歴事法へと転換された。その転換の経緯、背景は必ずしも明白ではないが[72]、ともあれ修学方法に於いては、元朝の制度の踏襲にとどまることなく、新しい制度を作り上げたのである。こうしたことは、例えば「胡惟庸の獄」を契機として明朝独自の体制が確立された官制と同様で、民衆反乱の中から創建された王朝が独自の体制を構築するには一定の期間が必要であった。

註

（1）元末の民衆反乱について邦文では、相田洋「『元末の反乱』とその背景」（『歴史学研究』三六一、一九七〇年）、鈴木中正

『中国史における革命と宗教』第五章「元・明革命と白蓮教」（東京大学出版会、一九七四年）、谷川道雄・森正夫編『中国民衆反乱史』二・宋～明中期（平凡社、一九七九年）はじめ多数の論著があり、また森正夫「民衆反乱史研究の現状と課題――小林一美の所論によせて――」（原載一九七八年。『森正夫明清史論集』二、再録、汲古書院、二〇〇六年）、小林一美「中国農民戦争史論の再検討」（『明清時代史の基本問題』、汲古書院、一九九七年）等による問題点の指摘もあるが、本章はそうした研究を十分に踏まえたものではない。

（2）山根幸夫「明太祖政権の確立期について――制度史的側面よりみた――」（『史論』一三、一九六五年）。また元明の連続性については、宮崎市定「洪武から永楽へ――初期明朝政権の性格――」（原載一九六九年。『宮崎市定全集』一三、再録、岩波書店、一九九二年）、檀上寛「初期明帝国体制論」（『岩波講座世界歴史』一一、岩波書店、一九九八年）など、参照。

（3）蘇伯衡「故元温州路同知平陽州事孔公墓誌銘」（『蘇平仲文集』巻一三）。檀上寛「方国珍海上勢力と元末明初の江浙沿海地域社会」（『東アジア海洋域圏の史的研究』、京都女子大学東洋史研究室、二〇〇三年）一五七頁、参照。

（4）至正二十五年（一三六五）に張士誠が事実上の施行者となり、江浙行省で郷試が挙行された。楊維禎「華亭県主簿王佳母夫人季氏墓誌銘」（『東維子文集』巻二五）。愛宕松男「朱呉国と張呉国――初期明王朝の性格に関する一考察――」（原載一九五三年。『愛宕松男東洋史学論集』四、再録、三一書房、一九八八年）四五三頁の註（22）、参照。

（5）相田洋「白蓮教の成立とその展開――中国民衆の変革思想の形成――」（『中国民衆反乱の世界』、汲古書院、一九七四年）一八三頁。

（6）『明氏実録』に、

明氏前後二主、起于至正辛丑、止于洪武辛亥。共十一年。

とある。夏については、相田洋「白蓮教の成立とその展開」（前掲）のほか、谷口規矩雄「明玉珍の『大夏』国について」（『内田吟風博士頌寿記念東洋史論集』、同朋舎、一九七八年）など、参照。

（7）『明氏実録』天統元年壬寅春三月戊辰の条、

祭告天地、即皇帝位、建都重慶、国号大夏、改元天統。……分蜀地為八道。行周制、設六卿。……内設国子監、教公卿子弟、外設提挙司・教授所、教養郡県生徒。……………去釈・老二教、丼弥勒堂。……立進士科、八道郷試、充貢有日、次年会試宗伯、廷試分五及第出身。

（8）国子監は中央の諸学校を管轄する機関で、その諸学校の中に国子学があった。学生を収容して教育を行ったのは国子学である。元代には蒙古等を冠した国子監の管轄下にそれぞれ国子学一種類だけが存在し、明初になると国子監と国子学の一体化が進められた。そして洪武十五年三月に国子学の名称は姿を消した（五十嵐正一「明代の国子監博士」、原載一九六七年。『中国近世教育史の研究』再録、国書刊行会、一九七九年。二四三〜二四六頁）。こうした経緯からすると、夏で設置されたのは一体化したのちの国子監であったと考えられる。

（9）『明氏実録』天統二年九月己酉の条、

辟劉湛為仁寿県教授。湛学行優裕、造就人才、升為国子監祭酒。

（10）万暦『四川総志』巻九、

北宋、紹興間建。本朝、洪武四年重建。宣徳・景泰、相継増脩。

（11）ちなみに万暦『四川総志』巻九に、公署について、

府治。《割註。宋、嘉熙初建。洪武間、知府袁惟真重脩。》

とあり、また嘉慶『巴県志』巻二に、重慶府署について、

《割註。……宋、嘉興間建。元末、明玉珍拠作偽宮。明、洪武初、郡守袁維真重脩。……》

とあり、明玉珍が宮殿とした所を重慶府の知府署に改修したという。

（12）『明氏実録』天統元年壬寅春三月戊辰の条、

秋、廷試進士、賜董壁八人及第、餘皆出身有差。

（13）『明太祖実録』では重壁。銭謙益『国初群雄事略』巻五・夏明玉珍では董重壁。

（14）多賀秋五郎「近世中国における教育構造の成立と明太祖の文教政策」（『近世アジア教育史研究』、文理書院、一九六六年）六頁。

（15）『明太祖実録』巻一九・丙午年（一三六六）二月庚辰の条、
壬寅春三月己酉……内設国子監、外設提挙司・教授所、府置刺史、州曰太守、県曰令尹、設科挙、策試進士。去釈・老教、而専奉弥勒法。
（16）谷口「明玉珍の『大夏』国について」（前掲）三〇二～三〇三頁。
（17）『明氏実録』天統五年の条、
秋、延試進士、龐百里等六人及第、餘出身有差。幼主吟桂花詩、賜諸進士。詩曰「万物凋残我独芳、花心金粟帯微黄、莫言些少難堪玩、露冷風清大地香。
（18）『明氏実録』、
幼主雖春秋未富、徳性純雅、通孝経・論語、為権臣執国命、不能宰制。……
（19）同右、
大明封幼主為帰義侯、彭后為皇妃、賜甲第以居。以劉仁為応天府府尹、餘授職有差。
（20）万暦『応天府志』巻六・歴官表中、
洪武九年、劉仁《割註。湖広武昌。初為兵部尚書、尋改左通政》。
（21）嘉靖『湖広図経志書』巻二・武昌府・人物・本朝、
劉任《割註。故元四川行省参政、擢兵部尚書、出為広東行省参政、召拝応天府尹。其在四川・広東、以善政聞。後卒于官。》
（22）飯山知保『金元時代の華北社会と科挙制度――もう一つの「士人層」――』第一〇章「新設の出仕経路としての科挙制度」（早稲田大学出版部、二〇一一年）二九七～二九九頁ほか。
（23）宋濂『宋文憲公全集』巻八「送会稽景徳輝教授郷郡序」、
成周之時、自国都以達于家于党于術、無不置学、……
（24）貝瓊『清江文集』巻二三「学校論」、

天子之都則有辟雍、諸侯之国則有泮宮、下至一郷一遂、莫不有庠序之制。

(25)『南雍志』巻一・事紀一、

嘗聞教化之行、建首善、自京師始。故帝道肇于成均、王猷著乎辟雍。

(26) 同書、呉節「南雍旧志序（景泰七年二月）」、

鎬京辟雍詠於詩、東膠瞽宗著於礼、鴻都四門之志備於史。此皆古典所載、卓乎足徴者也。洪惟本朝、太祖高皇帝龍飛之初、以応天府庠為国学、與中都国子相埒。……

(27) 貝瓊『清江文集』巻二三「学校論」、

洪惟、国朝混一之初、首及学校。府置教授、弟子四十員、県置教諭、弟子二十員、両京之地則立国子学、有官有師、教之既勤、稟之既豊。将陶一世之人、復於虞・夏・商・周之盛、非徒苟且以徇名也。

(28) 谷光隆「明代監生の研究――仕官の一方途について――㈠」（『史学雑誌』七三―四、一九六四年）六五頁の註（6）。また中都については王剣英『明中都研究』（中国青年出版社、二〇〇五年）ほか、参照。

(29) 天啓『鳳書』（『鳳陽新書』）巻三・制建表第二・公署、

今在譙楼西雲済街。先是、洪武之八年、建中都国子監、有彜倫堂・縄愆庁・博士庁・典簿庁・典籍庁・掌饌庁・率性堂・修道堂・誠心堂・正義堂・崇志堂・広業堂。洪武十七年、改為鳳陽府学。

(30) 京師に国子学もしくは国子監を設立するという点からすると、少なくとも中都国子監が廃止される洪武二十六年までの間、理念上は金陵と中都をともに京師とする両京体制が採られていたことになる。

(31) 新宮学『北京遷都の研究――近世中国の首都移転――』第七章「北京定都――正統年間における奉天殿再建と首都空間整備――」（汲古書院、二〇〇四年）四二八～四二九頁ほか。

(32)『明太祖実録』巻一七・乙巳年九月丙辰、巻二一・呉元年三月丁酉、巻五二・洪武三年五月己亥の各条。多賀「近世中国における教育構造の成立と明太祖の文教政策」（前掲）ほか参照。後述するように、明朝の場合、洪武十六年の升堂法・積分法継承の確定後、停止されていた科挙が再開されており（同十七年に郷試実施）、国子監の整備、科挙の実施という手順

が見られる。

(33) 明代の升堂法・積分法については、五十嵐正一「明代監生の履修制度」（原載一九五八年。『中国近世教育史の研究』（前掲）再録）、渡昌弘「明初の科挙復活と監生」（本書・第二章）ほか参照。

(34) 孫承沢『春明夢餘録』巻五四・国子監「監規」、

積分之法、始於宋、備於元。按元延祐初、斉履謙在国学、行積分之法。……此即宋人積分之法、而節目稍有不同、至明一依其制。

(35) 黄仁賢『中国教育管理史』第五章「宋元的教育管理」（福建人民出版社、二〇〇三年）一八〇頁。郭培貴『明史選挙志考論』学校（中華書局、二〇〇六年）四六頁。

(36) 蘇天爵『滋渓文稿』巻九「斉文懿公神道碑銘」、

明年、復拝国子司業。有制、国子歳貢六人。蒙古二、官従六品、色目二、官正七品、漢人二、官従七品。第以入学名籍為差次。公曰、不変其法、士何由進学。国何以得材。乃酌旧制、立陞斎・積分等法。

(37) 宮崎市定「元朝治下の蒙古的官職をめぐる蒙漢関係——科挙復興の意義の再検討——」（原載一九六五年。『宮崎市定全集』一一、再録、岩波書店、一九九二年）二八二頁。

(38) 蘇天爵『滋渓文稿』巻九「斉文懿公神道碑銘」、

其言曰、国学立六斎、下両斎以初学者居之、中両斎治『大学』『論語』『孟子』『中庸』、学詩者居之、上両斎治『易』『詩』『書』『春秋』『礼記』、属文者居之。毎季考学問、進者以次第陞。又必在学二年以上、始與私試。孟仲月試経疑・経義、季月試策問・古賦・制誥・章表、蒙古・色目試明経・策問。辞理倶優者為上、准一分。理優辞平者次之、准半分。歳終積至八分者充高等生、以四十人為額、員不必備、惟取実才。然後集賢・礼部試其芸業、及格者六人以充貢。諸生三年不能通一経及在学不満半歳者並黜之。

(39) 蘇伯衡『蘇平仲文集』巻六「送楼生用章赴国学序」、

勝国設監学、以教貴游之子弟、抜田里之秀民、使受業其間、満百人即止。取之如此其難也。業成、然後積分。積分及格、然後私試。私試之法、以入学之先後、貢十人而止。必三年大比、然後與天下貢士、群試於礼部。進之如此其難也。試於礼部、中有司之縄尺、栄于天子之廷、然後賜第出身、例不過七品官、浮湛常調、遠者或二十年、近者猶十餘年、然後改官。其改官而歴華要者、十不能四五、淹於常調不改官、以沒身者、十八九。用之如此其難也。

（40）宋褧『燕石集』巻一四「国子生杜俟墓志銘」、
生、……年十七、以冑子入国子学、昼夜且誦且綴文。時国子生、以年及二十五、乃積分得貢試、年及而生歿矣。

（41）李存『仲公李先生文集』巻二〇「王伯衡詩序」、
某年、王伯衡、由国学積分、就試礼部、登第、擢為太常礼儀院郊祀署丞。

（42）王褘『王忠文公集』巻二一「劉燾孫伝」、
劉燾孫、字長吾。茶陵人。宋丞相沆之十四世孫、器貌瓌宏、有文学。後至元丙子游京師、以民間俊秀用薦者、得自入国子為弟子員、積分及優等。至正戊子、会試下第、以例署常寧州儒学正。壬辰、天下兵起、紅巾乱湖南常寧陥、州長弐皆棄城遁、燾孫独不去、因集民為兵、有衆万計、克復其州治。

（43）蘇天爵『滋渓文稿』巻一七「周府君墓碑銘」、
君、……子男曰驤、国子積分出身、奉聖州判官、擢中書掾、歴文林郎・都護府都事、擢拝江南行台監察御史。

（44）宋濂『宋文憲公全集』巻二一「故江東僉憲鄭君墓誌銘」、
至正……九年（一三四九）、太師、復拝右丞相。……国子監所設管勾・学正・司楽之属、旧以監中諸生積分未貢者充、薦者多濫、有俟二十年之久者。

（45）羅洪先『念菴文集』巻一二「秀川名位表序」、
宋之羅致、凡九途、曰舍貢、曰解試、曰童科、曰国学、曰漕挙、曰正奏名、曰特奏名、曰詮試、曰恩封。元有郷試・国学・詮除、加辟挙・軍功・道術而為六。明則郷試・会試・歳貢・国子・保挙・吏員・軍功・恩蔭・封贈、其数視宋、而制不同、時勢異也。……此宋之九途、而待士之厚、亦略可見矣。

（46）同右、

元時、貴国族而薄漢人、寵吏書而鄙儒士、至於道術、亦甚尊顕。……延祐八年、始行郷試于行省。蓋混一者三十餘年矣。然解額既虧、未久而罷。至正初、始復再挙。而天下且乱、有行之一州者。……其他国学所挙與薦辟所授、止于学識。……

(47) 同右、

大要、我朝與宋、皆務重儒、故外是途者、百不数人焉。至於元末、纔一挙郷試、就学識者十人而九、則猶足以見羅氏、士風之端廉、而時勢之異亦較然矣。

(48) 飯山「新設の出仕経路としての科挙制度」(前掲) 二九九～三〇六頁ほか。

(49) 『清容居士集』巻四一「国学議」、

宋朝承唐之旧、而国学之制日堕、至於紹興、国学愈廃、雖名三学、而国学非真国子矣。夫所謂三舎法者、崇寧・宣和之弊也。至秦檜而復増之月書季考、又甚於唐明経帖括之弊。唐楊綰嘗曰、進士誦当代之文、而不通経史、明経但記帖括、或投牒自挙、非虚席待賢之意。宋之末造、類不出此。

(50) 村上哲見『科挙の話――試験制度と文人官僚――』(講談社現代新書、一九八〇年) 一一九頁。

(51) 程千帆 (松岡栄志・町田隆吉訳)『唐代の科挙と文学』(凱風社、一九八六年) 二一九～二二〇頁。

(52) 『清容居士集』巻四一「国学議」、

今科挙既廃、而国学定制、深有典学教冑子之意。倘得如唐制、五経各立博士、俾之専治一経、互為問難、以尽其義。至於当世之要務、則略如宋胡瑗立湖学之法。如礼楽・刑政・兵農・漕運・河渠等事、亦朝夕講習、庶足以見経済之実。往者朱熹議貢挙制、亦欲以経説会粋。如詩則鄭氏・欧陽氏・王氏・呂氏、書則孔氏・蘇氏・呉氏・葉氏之類。先儒用心、実欲見之行事。自宋末年、尊朱熹之学、唇腐舌弊、止於四書之註、故凡刑獄簿書・金穀戸口・靡密出入、皆以為俗吏而争鄙棄、清談危坐、卒至国亡、而莫可救。

(53) 同右、

近者江南学校、教法止於『四書』、髫齔諸生、相師成風、字義精熟、靡有遺忘、一有詰難、則茫然不能以対。又近於宋世之末。……

(54) 陶安『陶学士集』巻一五「送陶培之引」、

延祐未設科之先、郡県学校、襲前代故常、季考不廃。但経議務穿鑿、詞賦拘声病。其塗既岐、其習益陋。及大比賓興、然後芟掃前弊、尊崇正学。由是、聖経旨趣、日月於人心之天矣。故季考之制、其文芸無異場屋、因茲而得儁郷闈、決科大廷者、蓋嘗有之。

(55) 科挙再開にともなう士人の混乱等については、三浦秀一『中国心学の稜線――元朝の知識人と儒道仏三教――』中篇・附論「元朝南人における科挙と朱子学」(研文出版、二〇〇三年)。

(56) 宋濂『宋文憲公全集』巻八「送和贊善北帰養母詩序」、

……入我国朝、大将軍徐魏公聞其名、薦而起之、希文即束装就道。見上於治朝、與語甚悦、擢為刑部郎中。未幾、遷太子賛善大夫。

(57) 同右、

太原和君希文、……在勝国時、肄業成均、通詩之伝疏。積試八分、将與有禄食、俄丁外艱而去、養母太行山中、飲水著書、以為楽。

(58) 『南雍志』巻一・事紀一・洪武元年六月の条。

(59) 同右、洪武三年九月辛卯の条、

貞、字叔亨、紹興新昌人。元至正中、為国子監生、端慤寡言、時之碩儒多愛之。由国子伴読、授太平路儒学教授。上之克太平也、貞與諸儒迎見、所言輒援詩書有根拠、上説之、命為江南行省都事。

(60) 劉三吾「文淵閣大学士国子祭酒宋先生墓誌銘」(宋訥『西隠集』附録)、

国子祭酒宋先生卒。……惟翰林兄長吾、于先生為同舎、故懇銘焉。尚憶走始来時、会先生于春坊。先生曰、得毋與劉長吾為昆弟耶。不然何面貌之似也。相與感嘆。久之、嗚呼、先兄以後至元丙子入監、周旋十有五年、中間襍両帰江南爾。在監舎法、以同時為昆弟、以昆弟相知為世契、則走于先生、忍銘忍不銘。

(61)『辟雍紀事』巻一、

（洪武）二年……六月、定太学生資格。

(62)同右、

按積分之議本此、繇広業堂遞升至率性、得選用出身。凡積分、以八分為率、每季定三試、分経書論策課之、及格者銓選、與進士等。

(63)貝瓊『清江文集』巻一九「送蕭子所序」、

洪武六年春、余被召至京師。始為国子助教、分教諸生、獲與学録西江蕭子所交。

(64)同書・巻一三「跋耕漁図」、

洪武六年歳在癸丑冬十月、国子助教檇李貝瓊、書於時習斎。

(65)同書・巻一四「竹深処記」、

洪武六年歳在癸丑良月廿三日、国子助教檇李貝瓊、書於成均時習斎。

(66)同書・巻二〇「送陳復礼帰四明序」、

洪武六年歳在癸丑秋八月、書於冑監之西斎。

(67)同書・巻一六「茶屋記」、

洪武五年冬十月初吉、両山老樵貝瓊記。七年秋七月七日、重書於成均東斎。

(68)明代の応天府学について記した焦竑等『京学志』巻一・建置に、

学在応天府東南、東抵貢院、西抵大功坊。……六斎東西向、東曰時習、曰存誠、曰進徳、西曰日新、曰志道、曰修業。

とあり、府学図もある。この府学は元代の集慶路学で、「明」初には国子学が置かれた。洪武十五年の改建によって成立した応天府学は一堂四斎とされていたが、同年間に上元・江寧二県学を併入したために二斎増え、六斎になったという。よって改建前の状況をそのまま伝えるものではない。しかし、集慶路学図では六斎が画かれ、また時習などは元代国子学に見られた斎の名称であることから一定のつながりを想定できる。

(69) 宋濂『宋学士文集』翰苑続集・巻四「書陳思礼」(四部叢刊初編)、

陳思礼、字用和、四明人。……服闋、入郡庠、……洪武六年春、詔下郡国、徴諸生、思礼亦上名吏部。已而奉旨、入成均為弟子員、試芸中選、升上舎生。

(70) 貝瓊『清江文集』巻二五「来徳堂記」、

平陽林與直……既長、従師講学、通春秋大経。洪武八年、至京師、補国子生、遂升上舎。

(71) 同書・巻一八「勤有堂記」、

今良為国子生、尤慕児寛匡衡、為人孜孜不怠、月試・季考、恒中甲乙。

(72) 「歴事出身法の再検討」(本書・第三章)七三～七四頁。

[補記]　本章のもとになった論文は「元明交替と国子学政策の継承についての覚書」(吉尾寛編『民衆反乱と中華世界――新しい中国史像の構築に向けて――』、汲古書院、二〇一二年)である。

第二章　明初の科挙復活と監生

はじめに

歴代の中国では、官として適切な人材を採用する取士の制度について様々な方策が検討され、また実施されてきた。しかし、そうした人材を養成する養士の制度は殆ど放置され、民間に移譲されていた[1]。宋代以降に限って看ると、取士の制度たる科挙と養士の制度たる学校とでは、もとより目的を異にしてはいたが、しかし学校に於いて取士と養士とを結合させようとする試みもなされた。その典型的な例として宋代の太学に於いて実施された「三舍の法」[2]をあげることができるが、その目的は太学を科挙から独立した養士かつ取士の機関とすることにあった。そして、この法は明代の国子監にも継承され、升堂法・積分法として実施された[3]。

養士と取士とが結合して有効に機能すれば、より適切な人材を官に登用することは可能だったであろう。しかしながら、こうした試みは少なくとも明代に於いては失敗に終わり、特に中期以降、国子監は他の学校（府州県学）と同様、科挙の予備段階としてのみ存在することとなった。それでは、何故に国子監は人材を養成するという本来の目的を喪失し、単なる科挙の予備段階となってしまったのだろうか。

この問題の解明について、筆者は升堂法・積分法の衰退の原因を明らかにすることによって、一つの手掛かりが得られると考える。太学を科挙から独立させる目的を持つ「三舍の法」を、升堂法・積分法は継承している。従って、升堂法・積分法の衰退は、国子監それ自体が科挙制度の下に位置づけられることを意味するからである。

なお、従来の国子監に関する研究では、諸制度の内容は明らかにされているが[4]、右の問題についての検討は充分とは言えない。僅かに五十嵐正一氏が、升堂法・積分法の衰退の原因として、科挙の復活と歴事出身法（諸衙門にて見習い事務等を行うことによって出身を与える法）の実施との二つを指摘しているに過ぎない[5]。しかし氏の検討は文教政策の面に主眼があり、また歴事出身法の確立時期を洪武六年頃に比定するが、論拠も充分ではない。そこで本章では、氏の検討をうけて、升堂法・積分法の衰退の原因を科挙との関連に限定し、さらに監生の動向にも目を向けて検討したい[6]。

ところで、後述するように升堂法・積分法は洪武十六年（一三八三）に制定され[7]、同二十九年に衰退をうかがわせた。また洪武年間（一三六八～九八）に国子監は京師（当時は南京）と中都（安徽省鳳陽府）に置かれていたが、中心は前者であった[8]。このことから、本章が対象とするのは、洪武年間の後半（十六年前後から三十一年まで）に於ける京師の国子監及び監生である[9]。

第一節　升堂法・積分法の内容

洪武九年（一三七六）頃になり北辺の防備（対モンゴル）に余裕が出てくると[10]、太祖は外政から内政に目を転じた。中書省の廃止（同十三年）に象徴されるように、君主独裁体制の確立を意図していたのである[11]。その太祖の意図は、学校に対する政策にも貫かれていた[12]。そして、特に同十四年から十六年にかけての三年間には詔勅が集中して出されたのである。この時期に実施された国子監に関する主な改革を列挙すると、次の通りである[13]。

○京師西北の鶏鳴山の南に新築移転（十四年四月）

○国子学を国子監と改名（十五年三月）
○国子監に学規を頒布（十五年五月）
○国子監制を定め、監官の品秩・員数を改定（十五年）
○升堂法・積分法の制定（十六年正月）
○歳貢生員制度の確立（十六年二月）

そして、こうした諸改革が実施されたことにより、明代から清代に至るまで続く国子監制の基礎が確立したのである。

ところで、洪武年間の監生は、入監方法の違いにより、主として歳貢生（府州県学の生員で入監を許可された者）・挙人監生（会試不合格者）・官生（七品以上の官僚の子弟）の三種類に分けられるが、彼らは何れも升堂法・積分法と呼ばれる修学方法に従って習業し、所定の課程を終了することによって出身（任官の辞令書）を与えられた。(14) この修学かつ出身の方法は、右で示したように、洪武十六年から実施されたが、その内容は次のようであった。(15)

【升堂法】

府州県学より送監された生員は、翰林院による試験に合格すると入監が許可されたが、さらにその入監に際して学力の検定が行われた。そして、その優劣によって在学する堂が異なっていた。すなわち、国子監のうちで監生が習業する場所は率性・修道・誠心・正義・崇志・広業の六堂だったが、(16) これらの堂の区別は監生の等級をも示していたのである。これらについて、『南雍志』巻九・謨訓考上・学規本末には、洪武十六年の定制をのせて、

凡そ生員、四書に通じて未だ経書に通ぜざるは、正義・崇志・広業堂に居り、一年半の上にして、文理条暢なる者は、修道・誠心堂に升るを許し、坐堂一年半の上にして、経史兼ね通じ、文理倶に優るる者は、率性堂に升る。(17)

とある。つまり、四書に通じているが経書に通じていない者は正義・崇志・広業の三堂に在学（坐堂）させ、一年半以上で所定の基準に到達すれば誠心・修道の二堂に升り、さらに一年半以上で経書と四書に通ずると、率性堂に升ったのである。要するに、監生は学力の高下によって三等に分けられ、学力の向上が認定されると、正義・崇志・広業の三堂から誠心・修道の二堂へ、その二堂から率性堂へと進級したのである。そして右の記載からわかるように、入監してから率性堂に升るまでには最低三年間を必要とした。なお進級の際には、成績以外に、八割近い出席日数も必要とされていた(18)。以上が升堂法である。

【積分法】

升堂法により率性堂に升った監生には、「積分」と呼ばれる学力の検定が行われた。同書・同条には、次のようにある。

凡そ生員、率性堂に升りて、方めて積分を許す。積分の法、孟月に本経義一道を試し、仲月に論一道を試し、詔誥章表の内より一道を科し、季月に経史策一道・判語二条を試す。毎試文理倶に優るれば一分を与え、理優れ文劣る者は半分、文理紕謬なる者は分無し。歳内に積みて八分に至る者は、及格と為して出身を与え、分に及ばざるものは、仍りて坐堂肄業せしむ。試法は一に科挙の制の如くす。果たして材学の超越異常なる者有らば、上裁より取る(19)。

つまり、積分とは、毎月所定の科目――孟月（正月・四月・七月・十月）には本経義一道、仲月（二月・五月・八月・十一月）には論一道・詔誥表章より一道、季月（三月・六月・九月・十二月）には経史策一道・判語二条――の試験を行い、その試験ごとに文・理ともに優れた者には「一分」（単位）を与え、理は優れているが文は劣っている者には

「半分」を与え、文・理ともに劣っている者には「分」を与えない。このようにして一年間で成績「八分」以上取得した者に、合格として「出身」を与えるのである。以上が積分法である。

このように、升堂法・積分法によれば、監生は三等に分けられ、成績によって上位の堂に進級することができ、最上位の率性堂に升った者には、学力検定の結果によって出身が与えられ、官になり得たのである。[20]

宋代の「三舎の法」は学生（太学生）を三等に分け、試験により上位へ進級させ、且つ成績優秀者を官に直接任命するという方法であったから、右で述べたことからわかるように、升堂法・積分法は「三舎の法」を形式的には継承していたと言える。

ところで、升堂法・積分法実施の理由については、必ずしも明白ではない。しかし、恐らく修学方法が粗略だった点に一因があったのであろう。洪武九年に出された[21]葉伯巨の上奏文の一節が、それをうかがわせる。

今、天下郡邑の生員をして、礼部に考し、太学に升らしめ、衆職を歴練せしめ、之れに任ずるに事を以てするは、以て歴代挙選の陋を洗い、上は成周の制に法るべきなり。然れども郡邑の生員、太学に升りて、或は未だ数月ならずして、遽《たが》いに選せられ入官せる者、間亦た之れ有り。臣恐るるは、此の輩未だ時政を諳んぜず、未だ朝廷の礼法に熟さず、宣導徳化する能わず、上は国政に乖り、下は黎民を困しましめんことを。[22]（葉伯巨「万言書」）

この上奏から、少なくとも洪武九年頃には、僅か数ヶ月の習業で任官される監生がいたことがわかる。この時期、このように習業期間が短かったのは、官僚となる人材が不足していたためとも推定できるが、しかし、少なくとも短期間の習業では優れた官僚を養成するには不充分であったことはうかがわれる。十六年より升堂法・積分法が実施されるようになったのは、このような状況を改善し、監生の習業をより充実したものとするためだったであろう。

しかしながら、このような目的をもって制定された升堂法・積分法は、短期間で衰退した。洪武二十九年四月甲寅、学正呉啓の上言に、次のようにある。

　署国子監事学正呉啓言く、国子の師生、例として文学の優劣を以て、六堂に分隷す。邇来、皆甄別無く、高下分かれず、以て激勧する無し。宜しく考第例の如くすべし。(23)（『太祖実録』巻二四五）

これによれば、監生が成績によって等級づけられなくなっていることがわかる。つまり、洪武十六年から僅か一三年後の同二十九年に、早くも升堂法・積分法が衰退していることを示しているのである。それは当然国子監における教育の乱れとなって現れた。洪武三十年七月己巳の太祖の言には、

　上、礼部臣に謂いて曰く、太学は育才の地なり、……近者師道立たず、学規廃弛し、諸生は業に惰し、文理に通ぜず、書算に精ならず、吏事を諳んぜざる有るに至り、甚しき者は師長に抗拒し、礼法に違越して、甚だ育材養賢の道に非るなり。(24)（同書・巻二五四）

とある。

「三舎の法」が、北宋から南宋の時代に移っても、また新法と旧法との党争で一時断絶しながらも、実施され続けたことに比べると、この明代の升堂法・積分法は極めて短期間で衰退したと言わざるを得ない。その原因の一つは、五十嵐正一氏も指摘するように、(25)洪武十七年に復活した科挙にある。では、升堂法・積分法による出身と科挙との関係はどのようであったのだろうか。次節ではこの点について述べたい。監生の動向（積分と科挙のどちらの出身方法を選択したか）に深く関わっていると思われるからである。

第二節　科挙と升堂法・積分法

（一）　科挙復活の詔

周知のように、明初の科挙は官僚不足を補充する目的で洪武三・四・五年（一三七〇～七二）と三年連続で実施されたけれども、六年に突然中止された。その後、十五年に詔で復活が予告され、十七年から三年ごとに実施されるに至った。

その十五年八月丁丑朔の科挙復活を告げる詔には、

礼部に詔し、科挙を設けて士を取らしめ、天下の学校に令して、三年を期して之れを試せしめ、著して定制と為せ。(26)（『太祖実録』巻一四七）

とある。十四年から十六年にかけて国子監に関する諸改革が実施されたことは前述したが、それらと相前後して科挙の復活が予告されたのである。従って、年次から見ると、少なくとも升堂法・積分法の制定（十六年正月）と歳貢生員制度の確立（十六年二月）とは、科挙の復活を前提にして行われたと考えることは可能である。しかしながら、たとえ科挙復活を前提にして升堂法・積分法が実施されたとしても、国子監が科挙よりも軽視されたとは言えない。取士（官への採用）に於いて、同等に考えられた可能性もあるからである。

また、科挙復活の理由については、右の『太祖実録』の記載からは充分明らかにすることは困難であり、また『南雍志』、万暦『大明会典』等の史料でも明らかにし得ない。従って、その理由も推定によらざるを得ないのだが、五十嵐氏は、薦挙・監生による任用の欠陥、及び特別の少数精鋭者を厳選したいという太祖の意図、の二点を指摘している。そして氏によれば、監生任用の欠陥とは①監生の資質の低さ、②監内における規律の不徹底、③修学方法の不備、の三点だとしている。(27) しかし、このような監生任用上の欠陥を理由に科挙が復活したとしても、官の採用に於いて、国子監が科挙よりも軽視されたとは即断できない。

このように科挙復活の詔が出された時期や復活の理由を推定する限りでは、取士に於いて科挙を国子監よりも優遇しようとする（換言すれば、国子監を科挙制度の下に位置づけようとする）太祖の意図は見受けられない。しかしながら、前述したように、(28) 制定後僅か一三年ほどで升堂法・積分法による出身の途が衰退したのは事実である。監生には升堂法・積分法以外に科挙による出身法もあったから、後者の方法を選択した故の結果であろう。とすれば、やはり升堂法・積分法には、出身の途として科挙よりも不利な点があったと考えられる。次にはこの点について述べるが、その際宋代の「三舎の法」と科挙との関係を参考とし、科挙受験の資格と升堂法・積分法の課程終了との関係、任官の欠（ポスト）、会試下第挙人（会試不合格者）の入監、の三点を取り上げる。なぜなら、「三舎の法」は太学を科挙から独立した養士かつ取士の機関にする目的で実施されたが、そうした明確な目的が升堂法・積分法の実施にもあったか否かを、右の三点から推定し、同法衰退の原因解明の一助としたいからである。

（一）　科挙受験資格と升堂法・積分法

さて、宋代の科挙制度は解試—省試—殿試という三段階になっていたが、成績優秀な太学生はこのうちの解試或は省試を免除された。明代の科挙制度も三段階（郷試—会試—殿試）であったが、監生の受験免除の規定はどうだったであろうか。

結論的に言うならば、監生の科挙受験に際し、例えば郷試を免除するという規定は『太祖実録』、『南雍志』、万暦

『大明会典』の何れからも見出せない。免除するどころか、洪武三年の科挙実施の詔には、

詔し、科を設けて士を取らしむ。是れ自り国子生は、京闈の郷試に就くを得たり。(29)（『南雍志』巻一）

とあり、監生は京師（当時は南京）で実施される郷試を受けることとされている。また復活の詔が出された後、洪武十七年三月に頒布された科挙成式（科挙条例）には、科挙の受験資格を持つ者として、

其の挙人は、則ち国子学生及び府州県学生員の学成れる者、儒士の未だ仕えざる者、官の未だ入流せざる者にして、皆有司より性資敦厚、文行の称うべき者を申挙し、之に応ぜしむ。(30)（『太祖実録』巻一六〇）（傍線は引用者）

とあり、監生も生員（学成れる者という限定はある）(31)と並記されている。生員は当然郷試から受験したのだから、この科挙成式によれば、監生も同様に郷試から受験することになる。そして『南雍志』巻一五・儲養考上・儲養生徒之定制には、

其の貢に由り入監せる者は、試を京闈に就くを得。洪武甲子（十七年）の初科、褒然として首に挙がり、且つ中式せる者半ばを過ぐ。高皇帝喜ぶこと甚しく、祭酒宋訥に面諭し、以て教導の功と為せり。九月十三日、礼部尚書任昂ら、華蓋殿に於いて、聖旨を欽奉す。在京の郷試、多く取中（合格）せる国子監生有るは、他《かれ》らの学ぶを肯んずるが為にして、所以に取中せり、と。(32)

とある。洪武十七年に京師で実施された郷試に数多くの監生(33)が合格して、太祖はそれを国子監に於ける習業の成果だと喜んだ。

また方孝孺(34)の「応天府郷試小録序」に、

洪武二十有六年、試の期に当たり、京府は実に太学及び畿甸十四郡三州の士を試し、……(35)

とあり、同じく「京闈小録後序」に、

三歳毎に天下大比あり、洪武丙子（二十九年）、京府の試に当たり、太学曁《およ》び畿甸郡邑の士の至る者千餘人、……[36]

とある。洪武二十六年と二十九年は何れも郷試が実施された年で、やはり監生が直隷の生員等とともに郷試を受験したことがわかる。

これらのことから、少なくとも明初・洪武年間に於いては、監生も生員等と同様に郷試から受験したものと言える。また、五十嵐氏が述べる[37]ように、升堂法・積分法の課程を終了した監生には、科挙受験に何らの特典も与えられなかった。つまり、升堂法或は積分法の所定の課程を終了した監生でさえも、会試はもとより郷試すら免除されることはなかったのである。

以上のことから、宋代の「三舎の法」のように成績優秀な太学生の科挙受験を免除する特典が、明代の監生には与えられていなかったことがわかる。そしてこの点から、升堂法・積分法は、「三舎の法」を形式的には継承していながらも、国子監を科挙から独立した養士かつ取士の機関とする明確な目的をもって実施されたとは言い難いのである。

このように監生は、たとえ八割近く出席して長期間の習業を終了しても、生員等と同様に郷試から受験しなければならなかった。従って、もし取士に於いて進士と監生とが同等の待遇を受けるとすれば、彼ら監生は、当然厳しい長期在学など必要ない科挙による出身を選択したと考えられる。しかし、仮に厳しい在学の結果、特定の高位の官缺に就くことが保証されているとしたら、科挙による出身を選択する監生は少数であっただろう。それ故に、監生の動向を考える上で、任命される官缺についても触れる必要がある。

（三）　就官の缺《ポスト》について

ここでは、任命される官缺について見てみる。

一般に、進士の場合には、万暦『大明会典』巻五・吏部四・選官に、

凡そ進士の選除、洪武の間に定むらく、第一甲第一名は翰林院修撰に除し、第二名・第三名は編修に除す。(38)

とあるように、洪武年間に、第一甲で合格した者には翰林院修撰（従六品）或は編修（正七品）の缺を与えることが定められた。これに対し、監生の場合には、呉晗氏が論文「明初的学校」(39)の中で述べるように、種々の缺に任用された(40)だけでなく、水害の視察や黄冊の清査等にも派遣された。その上、任用の人数も年により差異が大きい。(補註)このことから、監生の任用は不安定であったと言える。

宋代では成績優秀な太学生を科挙の殿試第一と同じ待遇で任官することが定められていたが、明代にはこのような規定はなかったのである。この点からも、升堂法・積分法が国子監を科挙から独立した養士かつ取士の機関にする明確な目的をもって実施されたとは言い難い。

右のことに加え、監生の任用に関して、『南雍志』巻一五・儲養考上・儲養生徒之定制に、

洪武甲子（十七年）の初科、褎然として首に挙がり、且つ中式せる者半ばを過ぐ。高皇帝喜ぶこと甚しく、祭酒宋訥に面諭し、以て教導の功と為せり。……是れ自り、科挙の士始めて重んぜらる。是の年、監に在り升りて率性堂に至る者、召されて文淵閣に試し、楊文忠首に居るも、惟だ県丞に除せらるるのみ。乙丑（洪武十八年）科の以後、会試・廷対、多く大魁に擢せらる。(41)

とある。要するに、科挙復活によって進士が監生よりも重用されるようになり、そのため「積分」で首席であった楊文忠(42)でさえも、県丞（正八品）の缺しか与えられなかったというのである。

以上のことからわかるように、升堂法・積分法により厳しい習業を終了しても、監生には特定の缺に就くことなど保証されていなかった上に、科挙復活後の任官には進士が重んぜられたのである。とすれば監生は、長期間の在学が

不要で、上位合格者（第一甲）には特定の缺への任用が保証されている科挙による出身を選択したと考えられよう。

（四）会試下第挙人の入監

次に、会試下第挙人の入監について述べる。

前述したように、宋代の科挙制度は三段階になっていたが、もし途中の省試（第二段階）で不合格になると、再び第一段階の解試から受験し直す必要があった。これに対し、明代では郷試（第一段階）に合格して挙人の資格を取得すれば、会試（第二段階）に不合格でもその資格は消滅しなかった(43)。このような会試不合格者は会試下第挙人と呼ばれ、三年後に会試から受験することができたのである。

この会試下第挙人には、国子監に入学することが命ぜられた。洪武十八年三月壬戌朔、

令して、会試下第挙人は、監に送りて業を卒《お》えしむ(44)。（『南雍志』巻一）

とあるのが、それを示している。「業を卒え」とは升堂法・積分法により習業し、出身を与えられることをさすのであろう(45)。そして、このことは、科挙の復活によって、国子監が会試不合格者を収容する場所にもなったことを示している。

会試下第挙人に入監を命じた太祖の意図は、明白にし得ない。しかし、かりに彼らの入監・習業を徹底したとすれば、国子監は会試下第挙人を養成して出身を与える機関ともなったはずである。換言すれば、科挙を補完する取士としての役割を、国子監は果たしたはずなのである。しかしながら会試下第挙人の入監は徹底されなかった。そして洪武十八年のこととして、

洪武十八年、令して、会試下第挙人の、回りて読書し、以て後挙を俟つを願う者は、聴す(46)。（万暦『大明会典』巻

七七）

とある。会試下第挙人には、次回の会試を受験して、合格・就官する途もあった。そこで回籍（本籍地に帰ること）して次回の会試（後挙）に備えて学習することを願う者には、それが許可されたのである。そのため、例えば後述する[47]王偁のように、入監せずに回籍し、科挙による出身を願う会試下第挙人が現れた。

国子監はこのように会試下第挙人を収容する場所でもあったが、それ以上に問題なのは、その収容を徹底せずに回籍も許可したことで、これは升堂法・積分法による習業を等閑に付してもよいことを示している。そしてここからも、升堂法・積分法が国子監を科挙から独立したものとする目的で実施されたのではないことがわかる。

以上、升堂法・積分法と科挙との関係を述べてきたが、その結果次のことが言える。すなわち、①升堂法・積分法の課程終了は科挙受験に何らの特典を与えず（免除規定がない）、②監生任用の缺には固定性がなく、不安定であり、また③会試下第挙人の入監が徹底されていなかったのである。この三点からうかがえるように、科挙による出身のほうが、升堂法・積分法による出身の途よりも優遇されていた。従って、升堂法・積分法は、国子監を科挙制度から独立させる目的で実施されたのではなかったことがわかる。それ故に、監生はより優遇された科挙による出身を選択したと思われ、ここに升堂法・積分法が衰退した一因があったのではなかろうか。

では、監生の科挙選択は、どのような動きに見られるであろうか。次節では、これについて、科挙合格者中の割合及び回籍の問題から述べる。

第三節　科挙復活後の監生の動向

まず、科挙合格者（進士）中に占める監生での受験者の割合を見てみよう。科挙復活後の洪武年間に於いては、その正確な割合はわからないが、しかし屢々引用される『明史』巻一三七・宋訥伝には、

（洪武）十八年、復た進士の科を開き、士四百七十有奇を取り、太学に由る者は三の二なり。[48]

とあり、復活後第一回の科挙によって誕生した進士のうち、約三分の二が監生での受験者だったという。同年に誕生した進士は、正確には四七二名であったから、[49]約三〇〇名が監生での合格者ということになる。そして『南雍志』巻一五・儲養考上・儲養生徒之名数によれば、郷試が実施されたこの前年（洪武十七年）の監生数が九八〇名だったとあるから、[50]全監生の実に三分の一ほどが進士になったことになる。

洪武二十一年（復活後第二回）以降については、さらに徴すべき史料がないのだが、同様に監生での受験者が多かったのではなかろうか。

また会元（会試の首席）や状元（殿試の首席）を占めていたのも監生であった。『南雍志』巻一五・儲養考上・儲養生徒之定制には、洪武年間の会元・状元の人物名を載せて、

乙丑（洪武十八年）黄湜は会元、丁顕は状元、戊辰（同二十一年）施顕は会元、任亨泰は状元、辛未（同二十四年）許観は会元・状元、皆貢せられて監に入り取中せる者なり。[51]

とある。

このように、監生は科挙に数多く合格したというだけでなく、会元・状元をも占めた。いま不合格だった監生のこ

とをも考えると、郷試受験の監生の総数はさらに多くなる。この事実は、監生が科挙による出身の途を選んだことをうかがわせる。

監生が科挙による出身の途を選んだことを示す一例として、次に回籍の問題を取り上げよう。

監生は本来生活のすべてを国子監に於いて行うことになっていたが、しかし省親等の給暇の場合には、暫時回籍することが許されていた。[52]その回籍についての規定は『太祖実録』、『南雍志』、万暦『大明会典』の何れでも、洪武十六年所定のものが初見である。[53]いま『南雍志』によれば、

是の年、……仍お令して監生の入監して三年、父母有る者は、地の遠近に照し、限を定めて帰省せしむ。其の挈家及び成婚せんと欲する者も、亦た之の如くし、倶に限を過ぐるを許さず。父母の喪は、例に照して丁憂。伯叔兄長の喪にして子無き者も、亦た限を立て奔喪するを許す。[54]

とある。入監後三年を経過した監生には、省親・丁憂などの場合、期限付きで回籍が許可された。次いで洪武十八年十月に、

冬十月令すらく、監生に父母年老にして、次丁無き者有らば、原籍に還りて侍養するを許し、其の妻死し子幼き者は、送りて郷に還るを許し、脚力を給與し、限を立てて監に還らしむ。違う者は之を罰す。[55]

とあり、[56]父母が高齢（後出の史料からわかるように、七〇歳を越えた場合をさしたようである）[57]で次男（次丁）のいない監生にも、期限付きで回籍が許可された。なお、その期限内に復監しない場合には処罰されることにもなった。さらに洪武二十二年に、

是の年、礼部奏し准されたるに、監生の畢姻・搬取は、省親の例に照して、入監三年の者にして、方めて許す。[58]

とあり、[59]畢姻・搬取による場合の回籍も許可された。

このように、監生には省親・畢姻・搬取・丁憂などの場合に暫時回籍することが許可されていたが、その期限は、洪武三十年の定制では次のようになっていた[60]。往復の期限は、直隷が四ヶ月、河南・山東・江西・浙江・湖広が六ヶ月、北平・両広・福建・四川・山西・陝西が八ヶ月で、家に滞在する期限は、省親が三ヶ月、畢姻が二ヶ月、送幼子が一ヶ月、丁憂が二十七ヶ月であった。

給暇によって回籍する場合の期限が定められたが、これに対する監生の動きはどのようだったであろうか。洪武十八年の規定で、父母が高齢でかつ次男のいない監生に暫時回籍を許可したが、『南雍志』によれば、二十四年頃にそれを理由に回籍を乞う記載が目立つ。例えば洪武二十三年十二月には、

監生程通言く、其の祖父、罪を以て陝西に謫居せられ、年七十を踰え、他の子孫無し。乞うらくは、郷里に放還し、就養するを得せしめられんことを、と。上、其の志を憫み、之れに従う[61]。

とあり、監生程通が、自分以外に子孫がいない高齢の祖父を侍養することを理由に回籍を乞い、許可されている[62]。

同書によると、この程通以外に、洪武二十三年十二月から二十四年八月にかけての約九ヶ月の間に、のべ一五人の監生（そのうちで挙人監生と明記されるのは三人）が、それぞれ高齢の祖父等の侍養を理由に回籍を乞うたことが記載されている。が、そうした理由で回籍を乞う監生の中には、虚偽の申告をする者もいた。程可久の場合には、

監生程可久、通政司に往き、侍親を陳告せるも、礼部、其の父母倶に年未だ七十ならざるを以て、之れを已めて監に発し、収管肄業せしめたり[63]。

とあるように、父母ともに年齢が七〇歳を越えていないのに侍養を乞うていたことがわかる。同様の例を示せば、冀栄の場合も、

礼部言く、監生冀栄、父母は年未だ七十ならざるも、輒ち終養を告ぐ。宜しく継くを許すこと勿るべし。自今、

違う者は治罪せん。[64]（傍線は引用者）

とある。また楊恕ら五人の場合には、

監生楊恕ら五人啓言す、父母は年老なり、及び兄は残疾、戸に次丁無く、願くは回籍侍養せん、と。皇太子、礼部に令し、籍を掲し以聞せしむ。是に於いて、礼部試郎中顔允昭、戸科給事中盧子安と同に掲照するに、年甲名字の同じからざる者有り。皇太子命じ、張禎及び恕は、侍親終養せしむるも、餘は勘報せしめたり。[65]

とあり、回籍を乞うた五人の監生の中には、上言のうちに年齢・姓名が一致しない者がおり、そのため回籍を許可されたのは張禎と楊恕の二人だけであったという。再調査が命ぜられた三人は、恐らく父母の年齢を許る等のことをしたのであろう。また、洪武二十四年七月に、

礼部言く、監生の終養を啓称せる者四人あり、署主事趙子芳及び戸科給事中畢進、籍を掲するに、惟だ李和・鍾玄のみ相同じなれば、宜しく請う所の如くすべきも、其の餘は仍りて肄業せしめん。春和門に於いて啓聞し、皇太子、之に従う。[66]

とあるのも、同様に父母の年齢等を詐って回籍を乞う監生がいたことを示している。

『南雍志』の記載によると、洪武二十三年十二月から二十四年八月にかけての約九ヶ月間に、高齢の父母等の侍養を理由に回籍を乞うた監生は延べ一六人いるが、そのうちで許可されたのは約三分の一の六人である。残りの一〇人は、右で述べたように、父母の年齢を詐る等の不正により回籍が許可されなかった。

『南雍志』の記載が、監生全体の状況をどれだけ反映しているか疑問も残る。しかしながら、前出の洪武二十四年八月庚午の条にあるように、罰則が定められた背景を考えるに、やはり二十四年頃には不正を犯してまで回籍を願う監生が数多くいたと推定できよう。

このように罰則が頒下されるほど、監生が不正を犯してまで回籍を願ったのは何故であろうか。その理由は科挙の実施と無関係ではない。挙人監生の例に該当するが、洪武二十四年四月に、

会試下第挙人王偁、当に監に入りて業を卒えるべきも、乃るに具表陳情す。言く、本と福建永福県の人なり、母劉有り、年五十四歳、四時風気病症挙発し、別に次人丁を以てする無し。乞うらくは帰りて侍養し、以て後科の会試を俟たん、と。(67)

とある。王偁は会試下第挙人で、国子監に入学して所定の学業を終了することになっていたが、(68)五四歳の母は病気がちの上に弟（次丁）もいないので、帰郷して母を侍養し、次回の会試を受験したい、と乞うているのである。回籍の理由はともかくとして、次回の会試に臨むことを明言しており、彼自身は升堂法・積分法ではなく科挙による出身の途を選んだのである。確かにこれは郷試を再び受験する必要のない挙人監生の事例であるから、他の歳貢生等にはその まま該当しない。しかし前述したように、科挙合格者の中に数多くの監生受験者がいたことを考えると、単に一人の挙人監生だけでなく、監生全体の中に科挙による出身の途を選ぶ傾向が生じていたのではなかろうか。そして、回籍志向の一般化は、このような傾向の具体的顕現と言えよう。

さて、洪武三十年、給暇で回籍する場合の期限が改定された（前述）。管見の限りでは改定の理由を直接述べる記載は見出し得ないが、おそらく不正を犯してまでも回籍し、科挙による出身の途を望む監生が、それまでの復監期限を守らなかったことに起因していたのであろう。同年改定の回籍の期限も、当初から厳格に守られてはいなかった。

例えば洪武三十年十一月、

冬十一月、署祭酒張顕宗、限に違う監生李従新ら二百一十七人を以て、例に比して議奏し、以聞す。復た定めて、四川・両広・福建は一年の上を過ぐれば、北平・山西・陝西・湖広は半年の上、浙江・山東・河南・江西は五閲

月の上、直隷三閲月の上なれば、皆発して吏に充つ(69)。

とあり、復監期限を守らない回籍監生が二一七人いたことが示されている。因みに同年の在籍監生数は一八二九名で(70)、その割合は約一二%である。それから二ヶ月後、洪武三十一年正月にも、

署祭酒張顕宗、限に違う監生龍友諒ら二百二十人を以て、例に依りて分豁し、以聞す(71)。

とあり、復監期限を守らない回籍監生が二二〇人いた。監生の中にはこのように回籍の期間を守らない者もいたのであるが、八割近い出席率を必要とする升堂法・積分法による出身を選ぶとすれば、こうした行動は当然不利である。とすれば、彼らが科挙による出身の途を選んだ一例と考えられよう。

以上のように、監生は復活後の科挙に数多く且つ上位で合格しており、また給暇による回籍を不正に求めたり、或は所定の復監期限を守らなかった。これらのことは、監生が科挙による出身の途を選んだ反映であると言えよう(72)。

おわりに

筆者は、特に明代中期以降、国子監が科挙制度の予備的段階と化した理由について、そこでの修学方法（升堂法・積分法）衰退の原因解明によって手掛りが得られると想定し、検討を試みた。その結果、次のことが言える。

升堂法・積分法は宋代の「三舎の法」を継承していた。しかし、①升堂法・積分法の課程終了は科挙受験に特典を与えない、②監生任用の缺に固定性がない、③会試下第挙人の入監が不徹底、という三点からわかるように、その継承は形式のみにとどまっており、国子監を科挙から独立した養士かつ取士の機関にするという確固とした目的を持って升堂法・積分法が実施されたのではなかった。升堂法・積分法による出身よりも、科挙による出身のほうが優遇さ

れていたのである。それ故に監生は、長期在学が不要で、上位合格者（第一甲）には特定の缺への任用が保証されている科挙による出身を選択した。そしてその動向は、科挙合格者数の多さや回籍を願う形となって現れたのである。

以上の結論から、明代の国子監が科挙の予備段階になってしまった理由の一つとして、升堂法・積分法が国子監を科挙から独立した養士かつ取士の機関とする目的で実施されなかった点を指摘できよう。

註

（1）宮崎市定「中国の官吏登用法」（原載一九五五年。『宮崎市定全集』七、再録、岩波書店、一九九二年）。

（2）筆者の「三舎の法」についての理解は、主に宮崎市定「宋代の太学生生活」（原載一九三一年。『宮崎市定全集』一〇、再録、一九九二年）と荒木敏一『宋代科挙制度研究』（東洋史研究会　一九六九年）によっている。以下、特に断らない。なお周知のように、「三舎の法」は地方の学校に於いても試みられたが、基本の型は太学での実施にあった。

（3）宮崎「宋代の太学生生活」（前掲）。しかし、後述するように、形式的な継承であり、科挙との関係では相違が見られる。

（4）国子監及び監生についての研究は、学校教育と仕官との二つの側面から検討されている。本章原載の一九八三年のころまでに、学校教育の側面から検討した論文に、于登「明代国子監察制度考略」（原載一九三六年。『明代政治』所収、学生書局印行）、呉晗「明初的学校」（原載一九四八年。『読史劄記』所収、生活読書新知三聯書店、一九七九年）、多賀秋五郎「近世中国における教育構造の成立と明太祖の文教政策」（『近世アジア教育史研究』、文理書院、一九六六年）、同「明太宗の学校教育政策」（『近世東アジア教育史研究』、学術書出版会、一九七〇年）、曽我部静雄「明の関節生員と納粟監生」（同右）、五十嵐正一『中国近世教育史の研究』（国書刊行会、一九七九年）などがあり、国子監の編制・監生の種類と入監方法・修学方法などの内容が明らかにされている。また仕官の側面から検討した論文に、谷光隆「明代監生の研究――仕官の一方途について――㈠㈡」（『史学雑誌』七三―四・六、一九六四年）があり、出身方法の変化・撥歴制度・明中期以降の坐堂監生（実際に国子監に在学している監生）の減少などが明らかにされている。そのほか監生について、政治や地域社会との関わり・思想等の面から論述したものに、林麗月『明代的国子監生』（私立東呉大学中国学術著作奨助委員会、一九七八年）があり、示唆を受けるところが少なくなかった。そのご研究は進展し、張建仁『明代教育管理制度研究』（文津出版社、一九九三年）、陳宝良『明代儒学生員与地方社会』（中国社会科学出版社、二〇〇五年）、龔篤清『明代科挙図鑑』（岳麓書社、二〇〇七年）、陳長文『明代科挙文献研究』（山東大学出版社、二〇〇八年）、趙子富『明代学校与科挙制度研究』（第二版。北京燕山出版社、二〇〇八年）などが刊行されたが、本章には活かしてはいない。

（5）　五十嵐正一「明代監生の履修制度」（原載一九五八年。『中国近世教育史の研究』（前掲）再録）。国子監での出身法は、升堂法・積分法（積分出身法）から歴事出身法へと変化した。谷「明代監生の研究(一)(二)」（前掲）によれば、後者の歴事出身法が一般的になったのは永楽末年だという。歴事出身法は所定期間の歴事（諸衙門で事務等の実務を担当すること）の終了によって出身が与えられる法であり、その評価に国子監での習業を必要としない。それゆえ升堂法・積分法から歴事出身法に変化することとは、国子監が養士かつ取士の機関としての機能を充分に果たさなくなることを意味する。本章で升堂法・積分法の衰退の原因を検討する理由はここにもある。ただし歴事出身法が確立した時期を明白に比定し得ないので、同出身法についての検討は別の機会に譲りたい。

（6）　例えば、孫承沢『春明夢餘録』巻五四・国子監「監規」に、

積分之法、始於宋、備於元。按元延祐初、斉履謙在国学、行積分之法。……此即宋人積分之法、而節目稍有不同、至明一依其制。

とあるように、「積分之法」即ち「三舎の法」は元代の国子学に継承、実施され、さらに明代の国子監で升堂法・積分法として制定された。故に升堂法・積分法を検討するには、元代・国子学の修学方法にも論及する必要があり、本書・第一章では元代のそれについて触れた。しかしながら升堂法・積分法の原型は「三舎の法」であること、及び元では一時期しか科挙が実施されなかったために、科挙との関係を考える上で参考とし難いこと、の二つの理由から、本章のように「三舎の法」と比較しながら升堂法・積分法について検討を加えることに一定の意義があると考える。

（7）　本章第一節。

（8）京師の国子監は明の建国より三年前（龍鳳一〇年、至正二十五年、西暦一三六五年）に設立され、中都の国子監は洪武三年（一三七〇）に設立された（厳密に言えば設立当初の名称はどちらも国子学で、洪武十五年に改められた）。このうち中都の国子監は洪武二十六年に京師の国子監に編入され、また成績優秀な生員は優先的に京師の国子監に入学させるなど、文教政策の中心は京師の国子監にあった。（『南雍志』巻一・事紀一。『太祖実録』巻一五八・洪武十六年十二月己卯の条。同書・巻一七七・同十九年三月壬午の条。）

（9）周知のように、本章で用いた『南雍志』は黄佐（弘治三年～嘉靖四五年。一四九〇～一五六六）撰・嘉靖二三年刊の南京国子監について記述した書である。『明史』巻二八七に黄佐の伝あり。

（10）『太祖実録』巻一〇七・洪武九年七月の条。

（11）山根幸夫「明帝国の形成とその発展」（『世界の歴史』一一、筑摩書房、一九六一年）、同「『元末の反乱』と明朝支配の確立」（岩波講座『世界歴史』一二、一九七一年）。その他多数。

（12）多賀「近世中国における教育構造の成立と明太祖の文教政策」（前掲）。

（13）右論文の中で、多賀氏は洪武年間の文教政策を年表に整理している。

（14）五十嵐「明代監生の履修制度」（前掲）。

（15）本文で引用した『南雍志』のほか、万暦『大明会典』巻二二〇・国子監・監規の条にも内容が記されている。谷「明代監生の研究㈠㈡」（前掲）、五十嵐「明代監生の履修制度」（前掲）、参照。

（16）国子監は七堂（彝倫堂と本文に記した六堂）と五庁（縄愆庁・博士庁・典簿庁・典籍庁・掌饌庁）とで構成されていて、七堂について、宋訥「大明勅建太学碑（洪武十五年撰）」（『皇明文衡』巻六二）に、

……凡堂有七、彝倫所以会講、率性・修道・誠心・正義・崇志・広業、則諸生肄業所也。……

とある。七堂の規模については『南雍志』巻七・規制考上に記載がある。谷「明代監生の研究㈠」（前掲）を参照。

（17）『南雍志』巻九・謨訓考上・学規本末、

凡生員、通四書未通経書、居正義・崇志・広業堂、一年半之上、文理条暢者、許升修道・誠心堂、坐堂一年半之上、経

史兼通、文理倶優者、升率性堂。

(18) 同右の記述からわかる。五十嵐「明代監生の履修制度」(前掲)。

(19)『南雍志』巻九・謨訓考上・学規本末、

凡生員、升率性堂、方許積分。積分之法、孟月試本経義一道、仲月試論一道、詔誥章表内科一道、季月試経史策一道・判語二条。毎試文理倶優與一分、理優文劣者半分、文理紕謬者無分。歳内積至八分者、為及格與出身、不及分、仍坐堂肄業。試法一如科挙之制。果有材学超越異常者、取自上裁。

(20) 因みに升堂法・積分法により任官された一例を示せば、『南雍志』巻一・事紀一・洪武十七年の条に、

是年、国子生升至率性堂者、入試文淵閣、擢楊文忠為首、除永福県丞。

とある。この年「積分」で首席だった楊文忠には県丞(正八品)のポストが与えられた。なお試職と実授との関係について、『太祖実録』巻二〇三・洪武二十三年七月丁未の条に、

定内外文資官試職借除実授等第。凡監生幷才幹出身、初任京官、倶試職一年考、称職引奏実授。監生出身、初任外職、試職三年考、称職・平常者、具奏実授。仍対品調除。……

とある。この年の定制では、監生で任官される場合、まず試職を与えられ、所定の期間(京官は一年、外官は三年)の後に考し、「称職」(外官は「平常」も)であれば実授を与えられることになった。(進士等が任官される場合の試職の期間については、管見の限りでは明らかにし得なかった。)

(21) 本文に引用した記載では上奏の年次は不明だが、『明史』巻一三九・葉伯巨伝により洪武九年に比定できる。

(22)『皇明経世文編』巻八・葉居升奏疏・疏・万言書、

今使天下郡邑生員考于礼部、升于太学、使歴練衆職、任之以事、可以洗歴代挙選之陋、而上法成周之制矣。然而郡邑生員升于太学、或未数月、遞選入官者、間亦有之。臣恐此輩未諳時政、未熟朝廷礼法、不能宣導徳化、上乖国政、下困黎民。

(23)『太祖実録』巻二四五・洪武二十九年四月甲寅の条、

署国子監事学正呉啓言、国子師生、例以文学優劣、分隷六堂。邇来、皆無甄別、高下不分、無以激勧。宜考第如例。

(24) 同書・巻二五四・洪武三十年七月己巳の条、

上謂礼部臣曰、太学育才之地、……近者師道不立、学規廃弛、諸生惰業、至有不通文理、不精書筭、不諳吏事、甚者抗拒師長、違越礼法、甚非育材養賢之道也。

(25) 五十嵐「明代監生の履修制度」(前掲)。

(26) 『太祖実録』巻一四七・洪武十五年八月丁丑朔の条、

詔礼部、設科挙取士、令天下学校、期三年試之、著為定制。

(27) 五十嵐「明代監生の履修制度」(前掲)。なお氏の説に対して、監生任用の欠陥よりも、直接的には薦挙の欠陥を太祖が考慮した結果、科挙を復活させたのではないか、と筆者は考える。すなわち太祖は所謂「胡惟庸の獄」(洪武十三年)によって生じた空缺を補充するために薦挙を奨励し、実際に任用した人数も、例えば洪武十三年十二月には八六〇余人の多きに及んだ(『太祖実録』巻一三四・同年同月の条)。これに対して監生の任用は僅かであった(補註の表を参照)。ところが、この薦挙による任用は太祖の意を満たさなかったようで、彼自身屢々不満を述べるに至った(同書・巻一三四・洪武十三年十月の戊午朔、辛酉の各条。同書・巻一四一・同十五年正月庚戌の条)。このような経緯から見て、科挙復活の直接の理由は薦挙の実情にあったと考えられるのである。これらの点については、渡昌弘「洪武年間の制挙」(本書・補論)にて検討を加えた。

(28) 本章第一節。

(29) 『南雍志』巻一・事紀一・洪武三年五月己亥の条、

詔設科取士。自是国子生、得就京闈郷試。

(30) 『太祖実録』巻一六〇・洪武十七年三月戊戌朔の条、

其挙人、則国子学生及府州県学生員之学成者、儒士之未仕者、官之未入流者、皆由有司申挙性資敦厚、文行可称者、応之。

(31) 本文に引用した記載のうちの「国子学生及び府州県学生員の学成れる者」は、「国子学生」と「府州県学生員の学成れる者」とに分けて読む。その理由は、『南雍志』巻一・事紀一・洪武十七年三月戊戌朔の条に、科挙受験資格に関する記述として、

祭酒・司業択国子生之性資敦厚、文行可称者、応之。

とあるけれども、その「性資敦厚、文行可称」の具体的な基準については万暦『大明会典』等を調べても不詳なこと、及び生員が科挙を受験できるのに、選抜されて監生となったためにその受験資格がなくなるとしたら奇妙なことになってしまう、という二点である。

(32) 『南雍志』巻一五・儲養考上・儲養生徒之定制、

其由貢入監者、得就試京闈。洪武甲子初科、褒然挙首、且中式者過半。高皇帝喜甚、面諭祭酒宋訥、以為教導之功。九月十三日、礼部尚書任昂等、於華盖殿、欽奉聖旨。在京郷試、多有取中的国子監生、為他肯学、所以取中。

(33) この場合、受験した監生としては主に府州県学より選抜・入監した者（歳貢生）を考えればよく、会試下第の挙人は考えなくてよい。

(34) 元末明初の人（至正十七年～建文四年。一三五七～一四〇二）。『明史』巻一四一に伝がある。

(35) 方孝孺『遜志斎集』巻一二「応天府郷試小録序」、

洪武二十有六年、当試之期、京府実試太学及畿甸十四郡三州之士、……

(36) 同書・同巻「京闈小録後序」、

毎三歳天下大比、洪武丙子、京府当試、太学曁畿甸郡邑士至者千餘人、……

(37) 五十嵐「明代監生の履修制度」（前掲）。

(38) 万暦『大明会典』巻五・吏部四・選官、

凡進士選除、洪武間定、第一甲第一名、除翰林院修撰、第二名・第三名、除編修。

(39) 『読史劄記』（前掲）所収。

(40) 種々のポストに監生が任用されたことは、『南雍志』巻一五・儲養考上・儲養生徒之定制に、

……歳貢在国初、視科挙尤重、（中略）或選凡通一経者、倶許入監、用積分法、升至率性堂、高皇帝而試之、多擢藩臬方面及部属・科道等官、亦有除府州県正弐者、惟有罪、乃除首領官。……

とあることからもわかる。また（補註）も参照。

(41) 『南雍志』巻一五・儲養考上・儲養生徒之定制、

洪武甲子初科、褎然挙首、且中式者過半。高皇帝喜甚、面諭祭酒宋訥、以為教導之功。……自是、科挙之士始重矣。是年、在監升至率性堂者、召試文淵閣、楊文忠居首、惟除県丞。乙丑科以後、会試廷対、多擢大魁。

(42) 楊文忠が県丞のポストを与えられたことについては、前註（20）参照。

(43) 趙翼『陔餘叢考』巻二八・挙人。また、和田正広「明代挙人層の形成過程」（原載一九七八年。『明清官僚制の研究』再録、汲古書院、二〇〇二年。二三七頁）の註（2）参照。

(44) 『南雍志』巻一・事紀一・洪武十八年三月壬戌朔の条、

令会試下第挙人、送監卒業。

(45) 五十嵐「明代監生の履修制度」（前掲）。

(46) 万暦『大明会典』巻七七・貢挙・科挙「会試」凡応試、

洪武十八年、令会試下第挙人、願回読書、以俟後挙者、聴。

(47) 本章第三節。

(48) 『明史』巻一三七・宋訥伝、

（洪武）十八年、復開進士科、取士四百七十有奇、由太学者三之二。

(49) 『太祖実録』巻一七二・洪武十八年三月壬戌の条。

(50) 『南雍志』巻一五・儲養考上・儲養生徒之名数には在籍している監生の数が記録されているが、洪武年間は次のようであった。

洪武一五年　五七七人
　一六年　七六六人
　一七年　九八〇人
　二三年　九六九人
　二四年　一五三二人
　二五年　一三〇九人
　二六年　八一二四人（一八二四人の誤り？）
　二七年　一五二〇人
　三〇年　一八二九人

(51)『南雍志』巻一五・儲養考上・儲養生徒之定制、
　乙丑黄湜会元、丁顕状元、戊辰施顕会元、任亨泰状元、辛未許観会元・状元、皆貢入監取中者。
(52)給暇（給假）とは所定の例に照して休暇を給わることだが、それには省親（父母の安否を尋ねること）・丁憂（父母の喪に遭うこと）・畢姻（婚礼）・搬取（父母を故郷に送ること）・送幼子（幼子を家に送ること）等の場合があった。
(53)『太祖実録』巻一五六・洪武十六年九月辛丑の条。万暦『大明会典』巻二二〇・国子監・給假の条。
(54)『南雍志』巻一・事紀一・洪武十六年の条、
　是年、……仍令監生入監三年、有父母者、照地遠近、定限帰省。其欲挈家及成婚者、亦如之、倶不許過限。父母喪、照例丁憂。伯叔兄長喪而無子者、亦許立限奔喪。
(55)同右、洪武十八年十月の条、
　冬十月令、監生有父母年老、無次丁者、許還原籍侍養、其妻死子幼者、許送還郷、給與脚力、立限還監。違者罰之。
(56)万暦『大明会典』巻二二〇・国子監・給假の条にも、同様のことを記す。
(57)これは官の規定に準じたものであろう。洪武元年に頒布された『大明令』礼令・侍親に、次のようにある。

凡官員祖父母、年及七十、果無以次人丁、自願離職侍養者、聴。親終服満、方許求叙。

（58）『南雍志』巻一・事紀一・洪武二十二年の条、

是年、礼部奏准、監生畢姻・搬取、照省親例、入監三年者、方許。

（59）万暦『大明会典』巻二二〇・国子監・給假の条では、二十一年のこととしている。

（60）『南雍志』巻一・事紀一・洪武三十年七月壬申の条、及び万暦『大明会典』巻二二〇・国子監・給假の条。

（61）『南雍志』巻一・事紀一・洪武二十三年十二月戊子の条、

監生程通言、其祖父以罪謫居陝西、年踰七十、無他子孫。乞放還郷里、俾得就養。上憫其志、従之。

（62）程通は徽州府績渓の人で、程敏政の「長史程公通伝」（『国朝献徴録』巻一〇五ほか）に、

……年十四補県学生、二十二以貢入太学。時洪武乙丑（十八年）也。……庚午（二十三年）秋、公以尚書、挙応天府郷試。時遣諸王、将兵行辺、以封建策諸貢士於廷、公所対称旨、親擢第一、授遼王府紀善。辛未（二十四年）従王閲武臨清。

とある。洪武十八年に県学より国子監に入り、二十三年に応天府郷試を受けた。このとき遼王府紀善に任用され、翌二十四年の会試・殿試を受けていない。この「長史程公通伝」によると、祖父に関する上奏は郷試実施の洪武二十三年の秋より前のことであり、また『貞白遺稿』所収の上奏文では日付が洪武二十三年正月十五日となっている。このため『南雍志』が二十三年十二月のこととしているのと食違いがある。なお程通は、靖難の変後に獄死した人物である。川越泰博『明代建文朝史の研究』（汲古書院、一九九七年）二六〇頁、参照。

（63）『南雍志』巻一・事紀一・洪武二十四年七月丙戌朔の条、

監生程可久往通政司、陳告侍親、礼部以其父母倶年未七十、已之発監、収管肄業。

（64）同右、洪武二十四年八月庚午の条、

礼部言、監生冀栄、父母年未七十、輒告終養。宜勿許継。自今、違者治罪。

（65）同右、洪武二十四年五月庚辰の条、

監生楊恕等五人啓言、父母年老及兄残疾、戸無次丁、願回籍侍養。皇太子令礼部、掲籍以聞。於是、礼部試郎中顔允昭同戸科給事中盧子安掲照、有年甲名字不同者。皇太子命、張禎及恕、侍親終養、餘令勘報。

(66) 同右、洪武二十四年七月己酉の条、
礼部言、監生啓称終養者四人、署主事趙子芳及戸科給事中畢進掲籍、惟李和・鍾玄相同、宜如所請、其餘仍令肄業。於春和門啓聞、皇太子従之。

(67) 同右、洪武二十四年四月丁卯の条、
会試下第挙人王偁、当入監卒業、乃具表陳情。言、本福建永福県人、有母劉、年五十四歳、四時風気病症挙発、別無以次人丁。乞帰侍養、以俟後科会試。

(68) 五十嵐「明代監生の履修制度」(前掲)。また本章第二節。

(69) 『南雍志』巻一・事紀一・洪武三十年十一月の条、
冬十一月、署祭酒張顕宗、以違限監生李従新等二百一十七人、比例議奏、以聞。復定四川・両広・福建過一年之上、北平・山西・陝西・湖広半年之上、浙江・山東・河南・江西五閲月之上、直隷三閲月之上、皆発充吏。

(70) 前註(50)。

(71) 『南雍志』巻一・事紀一・洪武三十一年正月己巳の条、
署祭酒張顕宗、以違限監生龍友諒等二百二十人、依例分豁、以聞。

(72) 積分法は監生によって敬遠され、新たに用いられた歴事法が主流となっていく。明代後期になり積分法が復活されるが、その中では破格の任用という点に同法の魅力があったとする見方が示された。『続南雍志』巻三・事紀・隆慶三年正月辛巳、南京国子監祭酒姜宝の疏請、参照。

（補註）洪武年間に任官された監生についての記載を『太祖実録』『南雍志』から整理すると、左の表のようになる。

年・月	人数	任官の缺（品秩）	典拠
二	?	行省左・右参政（従二品）、按察司僉事（正五品）、知府（従三品？）	『南』
五・四	一	監察御史（正七品）	『南』
六	?	主事（正六品）、給事中（従七品）、御史（正四品）など	①
八・六	?	監察御史（正七品）	『南』
九・三	二	行省参政（従二品）、考巧監丞（従六品）	『南』
一〇・一	?	県丞（正八品）、主簿（正九品）	『南』
〃・九	?	?	巻一一五
一三・一〇	二四	「府州県官」	巻一三四
一四・八	一	承勅郎（従七品）	巻一三八
一七	一	県丞（正八品）	『南』
一九・四	一四	六品以下の官	巻一七七
〃・五	一〇〇〇余	知州（従五品）、知県（正七品）	『南』
二〇・三	一	工部主事（正六品）	『南』
〃・七	三	按察司僉事（正五品）	巻一八三
〃・一二	一	都察院右僉都御史（正四品）	『南』
二四・五	一	観察使（？）	巻二〇八
二五・七	?	戸部主事（正六品）、監察御史（正七品）	『南』
二六・一〇	二四一	教諭（未入流）など	『南』
〃・〃	六〇余	左布政使（正三品）など	巻二三〇
二八・四	四	布政使司左・右参議（正四品）	巻二三八
〃・七	二四	刑部主事（正六品）	巻二三九
三〇・一	四	按察司僉事（正五品）	巻二四九
〃・〃	二	通政使司左・右参議（正五品）	〃
〃・二	一	刑部郎中（正五品）	『南』
三一・二	五〇二	教授（従九品）、教諭、訓導、州の吏目（以上未入流）など	巻二五六

（典拠は、『南』と記したものが『南雍志』巻一・事紀一、巻数を記したものが『太祖実録』で、両方に見えるときは後者によった。また①は王圻『続文献通考』巻五五・学校・太学「太学出身事例」。）

［補記］

本章のもとになった論文は「明初の科挙復活と監生」（『集刊東洋学』第四九号、中国文史哲研究会、一九八三年）である。この論文について、明代の科挙成式（科挙条例）は元・延祐年間の科挙実施を経たのち制定されたものなので、元の影響を考慮する必要があること、それゆえ宋との比較だけでは十分でない趣旨の御指摘を受けた。その通りと思われる。この点については、ここで言及する用意がなく、今後の課題としておきたい。

第三章　歴事出身法の再検討

はじめに

第二章で、筆者は明代国子監の修学かつ出身の方法である積分法について検討を加え、不十分ながらも、洪武（一三六八～九八）後半に於いては同法よりも科挙のほうが優遇されていたゆえに監生は科挙による出身を選択し、その動向は科挙合格者の多さや帰郷（回籍）を願う形となって現れたことを述べた。積分法を取り上げた目的は国子監が明代中期以降に科挙の予備段階となってしまった理由を解明しようとするところにあり、既に洪武年間から監生の科挙志向が確認できたのだが、そうした志向は官僚をめざす当時の知識人にとって当然とも言える。

ところが永楽年間（一四〇三～二四）になると、逆に科挙を忌避する傾向が生じてくる。そうした傾向は、洪熙帝が永楽二十二年（一四二四）、今後は歴事監生も国子監に還し科挙により出身すべきと命じ、翌洪熙元年（一四二五）に宣徳帝が科挙に志ある者のみ国子監に還すことを命じたことからうかがわれる。(1) 両帝により相次いで監生の科挙受験が命ぜられた背景には、積分でも科挙でもなく、歴事による出身が監生にとっては一般的な方式となっている状況があったという。(2) つまり、科挙合格は知識人にとって最大の目標だった筈だが、永楽の頃の監生にはそれを忌避し、代わって歴事終了を志向する傾向が見られたのである。確かに科挙には誰もが合格できる訳でなく、それを補完する仕組みも存在していた。結果として国子監の果たした役割の一つがそこにあるとすれば、監生の動向に着目することは官吏登用を考える上で重要であろう。そうした観点から、本章では永楽年間の監生が志向した歴事を取り上げることとしたい。

これまで歴事については五十嵐正一、谷光隆、林麗月、張建仁の諸氏による研究があって、とりわけ谷氏により詳細な検討が加えられている(3)。しかし、例えば歴事が出身法として確立したのは洪武年間であるものの、その年代について定説化しているとは言い難い。そこで以下では、まず確立の時期を確認し、その上で確立直後つまり永楽年間における歴事法の展開および監生の動向に目をむけることとし、明代国子監と科挙との係わりを考える手掛りとしたい。

第一節　歴事出身法の確立とその背景

まず、歴事監生がいつから見られるかを確認しておこう。『太祖実録』には巻九四・洪武七年（一三七四）十一月乙酉の条に、

諸司の歴事監生に文綺の衣を賜う(4)。

とあり、巻一〇〇・同八年六月丙申の条に、

諸司の歴事監生に夏布を賜い、人ごとに四匹(5)。

とある。また盧淵なる人物が、

公、諱は淵、字は文溵、南昌の新建の人なり。……既に長じ、邑校に入りて生員と為り、清苦力学し、遂に詩経を以て貢に充てられ、冑監に登り、兵部に歴事す。洪武二十五年夏五月、司馬主事を選授せらる。二十七年秋七月、員外郎に陞り、尋いで郎中に陞る。……(6)（胡儼「故通議大夫兵部左侍郎盧公墓誌銘」）

と、兵部での歴事終了後、二十五年に司馬主事に任用され、さらに『太祖実録』巻二三九・洪武二十八年七月庚子の

条に、

刑部所属十二部の主事各二人を増設し、国子生の歴事せる者を以て之れと為す。[7]

とあるように、刑部主事への任用もあった。このほかにも歴事を担当した監生の事例はあるが[8]、それは右のように、洪武七年以降に確認できる。[9]

さて、歴事の開始時期には洪武五年説と洪武二十九年説とがある。これについては五十嵐正一氏が検討を加え、氏は科挙の中止と関連させて洪武六年二月前後という仮説を提起した。[10] 仮説に十分な根拠がある訳ではないが、開始時期に検討を加えたのは、管見の限り五十嵐氏のみである。それはともかく、注意すべきは歴事制度の創制と出身法としての確立は必ずしも一致しないこと、つまり、諸衙門での吏務担当が命ぜられたからといって、それが直ちに任用資格の獲得に結びつくとは限らないことである。この点に留意して再度検討を加えてみると、『明史』巻六九・選挙志一には、

監生の歴事は、洪武五年に始まる。[11]

と、五年の開始を記すだけである。これに対し、『南雍志』では巻一・事紀一・洪武二十九年六月壬寅の条に、

初め監生の年長者をして、諸司に分撥し、政事を歴練せしむ。[12]

とあり、巻一六・儲養考下に、

洪武二十九年、始め監生の年長者をして、各衙門に分撥し、政事を歴練せしむ。[13]

とあり、ともに年長者に諸司または各衙門にて歴事を担当させたことが記されるのみだが、巻一五・儲養考上には、

洪武二十九年六月、始め科貢監生の年長者をして、諸司に分撥し、政事を歴練し、資次に循いて出身せしめ、遂に定制と為す。[14]

とあり、洪武二十九年六月、初めて歴事終了により出身を認められたとする。因みに『辟雍紀事』巻一では、洪武二十九年六月の条に、

令して、監生の年長者を将て、諸司に分撥し、政事を歴練せしむ。[15]

と、年長の監生に歴事を担当させたことが記されているのみだが、おそらく『南雍志』と同じ説を述べるものであろう。

歴事出身法の確立時期について、近年利用が可能になった『皇明太学志』[16]では巻七・政事上・歴事に、

監生歴事の法は、蓋し之をして其の問学を体験せしめ、其の才猷を閲習せしむれば、職を授けて其の官を能くするに庶幾きなればなり。嘗て高皇帝の恋闕臣僚に諭するの勅を読めり。曰く「朕、前数年間、諸を有司に勅して、民間の俊秀なるを訪求し、入学教養し、以て将来に備えしめたり。其れ有司は勅の如く、連年民人の子弟を貢し到り、出入等しからざるも、約そ千人を計《かぞ》う。洪武八年間より、朕観て年長なる者は学を出で、権に歴事を行わせ、幼き者は考課作養するを許す」と。夫れ権行歴事と曰うは、蓋し猶お復監肄業すればなり。[17]

とあり、続けて、

（洪武）二十九年以後、監生の年長なる者をして、諸司に分撥し、政事を歴練せしむること三閲月、本衙門司務の考覈に随い、勤謹・平常・才力不及・奸懶等に分け、引奏せしむ。勤謹なる者は吏部に送りて選簿に上せ、仍お歴事して闕官を俟《ま》たしめ、次を以て取用し、平常は再歴、才力不及のものは監に送りて読書せしめ、奸懶のものは吏に充つ。[18]

とあるように、『南雍志』と同じく洪武二十九年説をとっている。

右に見える諭恋闕臣僚勅（括弧内）は洪武十三年の「胡惟庸の獄」以後に下されたもので、[19]『明太祖文集』巻七・勅

に収められている。その内容によると、入学者が千人ほどいたことに加え、洪武八年より帝自身の判断で年長者に一時的に歴事を行わせたという。洪武帝は同年三月に「年長の学優れたる者」を北方への分教に派遣しており[20]、具体的にはこうした派遣等をさすと思われる。しかし、それだけでは任用の資格を得られなかったため、派遣終了後も国子監に戻って習業を続けねばならず、それゆえ「権行歴事」と称された。つまり歴事といっても任用資格の得られないものがあったのである[21]。ところが二十九年からは、三ヶ月担当した後の考覈で勤謹と評価された者に限り任用の資格が得られることになった。すなわち、派遣等は洪武八年に始まっていたが、それが歴事出身法として確立するのは洪武二十九年のことだったという。

そして、右に続けて、

是の時の歴事は、文巻を僉書し、庶務を分理するにして、今の所謂正歴なり[22]。

とあり、この洪武二十九年の時は「文巻の僉書」「庶務の分理」（のちの正歴に該当するもの[23]）がその職務であった。

このように『皇明太学志』によると、権行歴事に代わって、洪武二十九年より諸衙門にて三ヶ月の歴事により任用の資格が与えられるようになったとあるのだが、それでは出身法として確立しているか否かはどこで判断すべきか。官僚としての適性を見る必要がある以上、一定期間担当させた上で評価を加える考覈方法の有無が一つの基準になろう。その考覈方法は、『皇明太学志』では前掲のように洪武二十九年に制定されていたかのように記されている。同書では異なる年次の出来事を一箇所に結びつけている記述もあるのだが、この場合は『太祖実録』巻二四六・洪武二十九年六月甲辰の条に、

吏部に命じ、国子生の年三十以上の者を選び、諸司に分隷して、政事を練習せしむ。月ごとに米一石を給す。三月なれば則ち其の勤怠を考し、能き者は之を擢用す[24]。

と見え、このとき三〇歳以上の監生を選抜し諸司にて歴事を担当させるとともに、三ヶ月後に勤惰を評価して優れた者を抜擢するよう命ぜられた。評価の等級は不明だが、三ヶ月の歴事担当を記しており、この条は考覈方法の制定を示すものと思われる。これに関して五十嵐氏は、同書・巻二五二・同三十年四月甲午の条が「考覈署事官員監生等第」をのせるのに基づき三十年四月の制定と考えているが[25]、二十九年六月としてよいであろう。

このように、一定期間担当させた上で評価を加える考覈方法の有無から見て、洪武二十九年六月に歴事が出身法として確立したとして大過なかろう。先に引用した『南雍志』巻一五・儲養考上では初めて出身を認められたのを洪武二十九年六月のこととしていたが、その時期にも合致する。

歴事出身法の洪武二十九年確立は、さらに次に示す監規（学規）の制定状況からもうかがわれる。『南雍志』巻九・謨訓考上・学規本末および『皇明太学志』巻三・謨訓上によると、洪武年間に監規は四回に分けて制定されたが[26]、内容は互いに矛盾も重複も無い。ここで便宜上、以下のように（A）～（D）を付して示す。

十五年三月　　　欽定　　　九条……（A）
　同年五月二十七日制定　一二条……（B）
十六年正月　十八日欽定　　八条……（C）
三十年七月　二十日欽定　二七条……（D）

このうちの（D）を正徳『大明会典』巻一七三・国子監・監規および万暦『大明会典』巻二二〇・国子監・監規では、洪武二十年の定制とする。しかし、『南雍志』巻一・事紀一・洪武三十年七月己巳（二十日）の条に「与礼部増定監規二十七条以聞。」と、（D）の制定に対応する記事があるが、二十年の条には見られない。また『辟雍紀事』巻一では、（洪武）丁卯二十年（正月）の条に「復申飭学規、一如宋訥所定。」と、祭酒宋訥が定めた学規すなわち洪武十六年欽定の学規を再び申明したとあり、（洪武）丁丑三十年七月の条に「増定監規二十七条、上御門、召顕宗及師生等、誠諭之。」とあり、これらの記述からも三十年七月欽定とすべきである。

さて右の監規のうち、（C）の第八条に積分法の規定が見える。これに対し、歴事に関わる条文を含むのは（D）で、その第一二条に、

一、生員の各衙門に於いて弁事せる者は、毎晩必ず須らく監に回るべく、外に於いて宿歇し、因りて事を生ずるを許さず。画酉の到らざる及び点閘の在らざる者の若きは、痛く決す。(27)

とあり、第二三条に、

一、凡そ生員は各衙門に於いて弁事完結せば、務めて随即に監に回りて肄業せるを要し、外に在り因りて事を生ずるを許さず。違う者は痛く決す。(28)

とある。積分法の内容を含む（C）が十六年正月の欽定で、歴事に関わる二条を含む（D）が三十年七月欽定であるのだが、このことは遅くとも十六年正月には積分法が、三十年七月には歴事法が、それぞれ出身法として確立していたことを反映するものと考えられ、よって（D）の制定は洪武二十九年の歴事出身法開始を裏付けていると言えよう。つまり、監規の内容からも、歴事出身法の確立を洪武二十九年（また『皇明太学志』等の記述により洪武二十九年六月）としてよいと思われる。なお、その創制は『明史』にしたがって洪武五年であったとしておく。

次に、歴事が出身法として確立した背景について考えてみる。

五十嵐正一氏は歴事法の意義として、①「吏務の実習」、②高官としての「適応性の認定」「資質の向上」、③任官までの待機期間の三点をあげた。(29)何れも重要な意義である。しかしながら、氏の論拠となっている史料の年代を見ると洪武初から永楽末までと時間的に幅があり、そのうちで洪武二十九年頃のものとしては、右にも引いた『太祖実

録』巻二四六・洪武二十九年六月甲辰の条の、

吏部に命じ、国子生の年三十以上の者を選び、諸司に分隷して、政事を練習せしむ。……(30)

と、『南雍志』巻一・事紀一・洪武二十九年六月壬寅の条の、

初め、監生の年長者をして、諸司に分撥し、政事を歴練せしむ。(31)

であり、洪武帝の下命により年長者を対象に吏務の実習を命じたことが知られるだけなのである。この点、既に引用した『皇明太学志』巻七・政事上・歴事でも、

二十九年以後、監生の年長者をして、諸司に分撥せしめ、……(32)

とあるのみで、やはり命じたことが分かるだけである。つまり、五十嵐氏が挙げたように重要な意義を持つ歴事ではあるが、洪武二十九年六月に出身法として確立したとして、どうしてこの時期であったのかを示す記述は見当らないのである。

とはいえ、参考となる記述がない訳ではない。洪武二十九年六月の直前、『南雍志』巻一・事紀一・同年四月甲寅の条に、

署監事呉啓言く、国子の師生、例として学の優劣を以て、六堂に分隷す。邇来、皆甄別無く、高下分かたれず、以て激勧する無ければ、宜しく考第例の如くすべし。上、魏国公徐輝祖及び礼部・翰林院の官をして、同に監に詣りて考試せしむ。仍お吏部をして、次を以て録用し、淹滞せしむる毋かれ。(33)

とある。署監事呉啓が、監生の等級付けが行われていない、換言すれば積分法が厳格に実施されていない状況にあることを上言したのに対し、洪武帝は徐輝祖ほかに考試を厳命する一方、吏部には任用を淹滞させるなとも命じたのである。これに関連して同書・同巻・同三十年七月壬申（二十三日）の条に、

上、奉天門に御し、顕宗・克忠、師生一千八百二十六人見ゆ。上、諸生に戒諭して曰く、昔宋訥祭酒為りしとき、厳粛善教、以て朝廷人を得るを得たり。近年老儒祭酒と為り、学規日に壊れ、生徒全く学に務めず、之を用うれば事を僨《やぶ》らん。今、事を署す者、規条を増定するも、敢て抗違する有らば、奏聞重治す。若し前の似く名帖を貼匿し、師長を誹謗する者有らば、監前に梟令し、家を烟瘴に徙す。著して令と為せ。と。(34)（傍線は引用者）

とあり、洪武帝が張顕宗・韓克忠はじめ師生一八二六人の前で述べた戒諭の中で、宋訥により定められた監規が後任の祭酒らによって崩壊してしまったと述べている(35)。韓克忠は建文元年に司業となったが、彼について記した于慎行の「翰林院修撰韓公克忠伝」（『国朝献徴録』巻二一）にも、

祭酒宋訥より後、学政多く堕せば、〔韓克〕忠と祭酒張顕宗とは、創制立法し、興廃補壊し、監規を編立し、時宜を参酌し、永く遵守するを為す。学政此れより振挙す。革除二年、河南僉事に陞るも、未だ幾くならずして官に卒す(36)。

とあり、祭酒張顕宗とともに国子監の復興に力を注いだ旨が記されている。何れも宋訥以後の監官に職務怠慢があったとの認識を記す内容であるが、そうした認識の下で歴事実施の意義に関わる議論が行われたであろうか。

宋訥の後任の祭酒は順に龔斆、胡季安、楊淞、張顕宗であったが、『南雍志』巻一・事紀一に記された彼らに関する記事の中から、議論の有無を見てみよう。なお以下、任免の年月は同書・巻五・職官年表上によった。

まず龔斆は洪武二十三年八月の任で、

二十四年正月癸丑。祭酒龔斆罪に坐して免ぜらる。……監生の仮を告して家に還る有るも、奏聞を以てせざれば、上、其の売放を怒りて、法に置けり(37)。

とある。詳細は不明だが、おそらく一時帰郷して復監期限を守らなかった監生を放免したために免職となったもので

あろう。(38)

次に任用された胡季安は洪武二十五年正月の任で、彼に関連する記事を列挙すると、

(二十六年)秋七月乙卯、言官、祭酒胡季安の外夷子入学の束脩を受くるを劾し、季安罪を請うも、上、察して之を宥せり。

(二十七年)三月庚子朔、祭酒胡季安に詔し、進士題名記を撰し、碑を立てしむ。

(二十九年)三月壬戌、祭酒胡季安、胡惟庸の逆党に坐し、罪を得て免ぜらる。(39)

となる。外国の入学者から謝礼(束脩)を受取ったとの弾劾を受けたが、洪武帝はこれを宥しただけでなく、進士題名記の撰述を命じるほどに信頼していた。(40)それにもかかわらず、二十九年三月、胡党の残党と見做されて免職となった。(41)

免職となった胡季安に代わり、二十九年三月より祭酒を署理(代行)していたのが呉啓で、既述のように同年四月、国子監に於いて監生の等級付けが行われなくなっていることを上言した。

ついで二十九年七月に楊淞が祭酒となったが、彼は翌三十年五月に罪を得て免職された。

三十年七月に太常寺丞であって祭酒を署理することになったのが張顕宗で、上述したように同年七月二十三日に戒諭が出されたが、その直前の七月二十日に歴事に関わる二条を含む監規二七条が追加されていた。なお翌三十一年七月に実授となり、建文四年九月に免職となっている。

以上、宋訥以降の祭酒の経歴を見たが、何れも罪により免職された者ばかりであることが分かるほか、歴事の実施に関して議論が行われた形跡はない。換言すれば、少なくとも洪武二十九年六月にいたる過程で、歴事を出身法として確立させようとした積極的な理由が見出せないのである。ただ洪武三十年七月の戒諭からうかがわれるように、洪

武帝は宋訥の定めた監規（前掲。洪武十六年正月欽定。そこには積分法を含む）を一つの理想的な基準としており、たとえ監生の等級付けが行われなくなっていたり、再開された科挙の合格を目指して監生が不正に帰郷するようになっていたとしても、その監規を変更するような考えは持ち合わせていなかったであろう[43]。[42]

であるとすれば、歴事出身法確立の背景はどこに見出せばよいか。考えるべきは、一つに任用される監生の資質であり、もう一つは任用先の状況つまり官缺の充足状況である。前者については、既に指摘されているように[44]洪武前期すなわち科挙再開以前の国子監入学者には凡庸な人物が多いとされ、改善策の一環として歳貢生員制が導入された。こうした見方を大きく変えたのが洪武十八年再開の科挙で、再開後の科挙により誕生した進士の中には多くの国子監生が含まれ、しかも上位の成績で合格していた[45]。また監生のレベルの高さを確認した洪武帝は賞賛し、洪武二十一年からは進士題名碑を監内に立てさせた[46]。後者についてはここで明言し得ないが、洪武二十九年四月、呉啓の上言に対して任用を延滞させるなとも命ぜられており（前述）、このことから少なからず空缺が生じていたと推測され、その空缺を一定程度優秀な人材で埋めるという点をも考慮した上で、歴事終了者に任用資格を与えることにしたのが六月の措置だったのではなかろうか。科挙再開後の監生に対する評価は高かったゆえに、主事等の下級官位が対象であれば、科挙によらずとも或は積分によらずとも任用することに大きな問題はなかったからである。

付言すれば、弘治『徽州府志』巻六・選挙・科第に、

洪武戊辰（二十一年）……（会試）下第せる者は、国子監に送りて肄業せしめ、期限有りて、諸司に撥送し歴事せしめ、吏部の選簿に入れ、再び会試を聴す。累科第せずして、方めて授任す[47]。

とあり、洪武二十一年、会試に不合格であった挙人は国子監にて学習、歴事も担当させた上で「吏部の選簿に入れ」た。すなわち歴事終了により任用資格を与えたものだが、会試の再受験も認めた。そして歴事終了による任用は、何

回かの会試不合格（累科第せず）ののちに認めたとある。これは既に郷試に合格していた挙人監生に対する特別措置と見るべきものである。

歴事出身法の確立時期については、監生の資質向上という点からも洪武二十九年とするのは適当と思われるが、確立の背景についてはなお未詳と言わざるを得ない。右の挙人監生に対する特別措置も関連が予想されるが、よく分からない。今後も検討を続けたい。

本節では歴事出身法の確立時期について再検討を加え、以上のように洪武二十九年六月であることを確認したが、その確立が監生の動向に与えた影響を見るには、同法が如何に展開されていたかを知る必要があろう。次節ではその展開状況を見ていくが、これについては既に谷光隆氏の詳細な研究(48)がある。ただ氏の研究は明代全般に及んでいるので、参照しつつも歴事出身法確立後間もない永楽年間を中心に検討を加える。

第二節　永楽年間における歴事法の展開

洪武三十一年（一三九八）二月、太祖洪武帝は寄監せる下第挙人すなわち挙人監生五〇二人を再試験の上で府学教授等に任用したが(49)、その数は珍しく多かった。そして、その年の閏五月ついに帝は崩じ、以後の監生の出身法は考覈方法の改訂という形で歴事法中心に受け継がれた。以下、考覈方法、歴缺、職務、取撥の序次、取撥までの待機期間について見ていくこととする。

建文帝との戦いに勝利を収め、洪武三十五年すなわち建文四年（一四〇二）の六月に即位した永楽帝は、さっそく翌七月、建文帝により廃罷された学正・学録を再び設けたのを手始めに、洪武官制の復活を命じた(50)。永楽帝は祖訓に

従うという方針を、例えば同年十一月二十一日付けの聖旨で、

朕、即位より以来、一応《あらゆる》事務、悉く旧制に遵い、敢えて違うところ有らざるは、何の為ならん。蓋し国初の創業艱難なるに因り、民間の利病、周知せざる無ければなり。但そ凡て発号施令は、軽々しく易うるを肯んぜず、必ず思慮周密にして、然る後に行い将《も》ち出《いだ》し去《ゆ》けり。皆是れ軍の為、民の為の好《よ》き勾当《こと》なり。所以に三十餘年、天下太平にして、人其の福を受くるなり。（しかるに）允炆成憲を守らず、多く更改するところ有り、諸司をして洪武年間の榜文を将て、張掛遵守せしむるを行わざるを致す。恁ら各衙門、査し将ち出し来れ。但是《およ》そ申明教化・禁革奸弊・勧善懲悪・興利除害は、軍民に益有る的《もの》なれば、都て洪武年間の聖旨に依り、申明し出し去き、天下の官吏軍民人等をして遵守せしめ、身命を保全し、太平を共享せしめん。敢えて故らに違う者有らば、治するに重罪を以てせよ。此れを欽め[51]。（『南雍志』巻一〇・謨訓考下・附録申明学規事宜）

と明言したのだが、この聖旨を受けた礼部は監規の問題に取り組み、洪武三十年七月欽定の監規を申明して[52]、その監規に基づく国子監教育の進行を確認した。このことは『南雍志』巻一・事紀一・洪武三十五年十一月庚子（二十一日）の条にも、

礼部奏請すらく、学規を申明して、国子監に榜示し、放肆して遵わず、怠慢無礼の者有らば、榜に照らして究治せん、と。之に従う[53]。

と見える。

前節で触れたように、洪武年間に制定された監規には（A）十五年三月欽定の九条、（B）十五年五月制定の一二条、（C）十六年正月欽定の八条、（D）三十年七月欽定の二七条、の四種類があった。このうちの（D）を礼部が再度申明したことを示すのが右の記述だが、そのほか（B）は（D）と同じ建文四年十一月に、（A）は永楽三年に、

それぞれ再度申明した(54)。しかし（C）は申明していない。出身方法に着目すれば、（C）は積分法を含むものであるから、あるいは礼部が申明の必要はないと判断したものではなかろうか。

その積分法に加えて実施されるようになった歴事法については、やはり祖訓に従うという方針から、永楽帝が建文年間の考覈方法を改めた。前節で提示した『皇明太学志』巻七・政事上・歴事に、

（洪武）二十九年以後、監生の年長なる者をして、諸司に分撥し、政事を歴練せしむること三閲月、本衙門司務の考覈に随い、勤謹・平常・才力不及・奸懶等に分け、引奏せしむ。勤謹なる者は吏部に送りて選簿に上せ、仍お歴事して闕官を俟たしめ、次を以て取用し、平常は再歴、才力不及のものは監に送りて読書せしめ、奸懶のものは吏に充つ(55)。

とあったが、『南雍志』巻一・事紀一・洪武三十三年（建文二年）冬十月庚子の条に、

監生歴事考覈法を定む。初め洪武中、歴事監生は、本衙門司務に随い、勤謹・平常・才力不及・奸頑等に分け、用て引奏す。勤謹なる者は仍お歴して闕官を俟たしめ、次を以て取用し、平常は再歴、才力不及のものは監に送りて読書せしめ、奸頑のものは吏に充てしめたり。是に至りて定むらくは、監生の各衙門に歴事せる者は、一年もて満と為し、本衙門の考覈に従い、上中下の三等に分け、引奏す。上等は（品級に）拘らず選用し、中等・下等は仍お歴すること一年にして再び考す。（再び考し）上等の者は上等に依りて用い、中等の者は品級に拘らず、材に随いて任用し、下等の者は監に回して読書せしむ(56)。

とあるように、洪武期の考覈法（三ヶ月の歴事、勤謹・平常・才力不及・奸懶の四等で評価）を建文帝が期間一年、上・中・下の三等級の評価に改めていたが、それを永楽帝は元に戻したのであった。

先に示したように永楽帝は、洪武三十五年（建文四年）十一月二十一日付けの聖旨で、建文帝が祖訓にしたがわず

に旧制を改めたと指摘したが、同様の聖旨を永楽三年（一四〇五）八月六日にも下している[57]。それら聖旨の中で建文帝が更改したとされる国子監に関する「旧制」は、主に①監官の変更（学正・学録の廃止など）、②歴事考覈法の制定、③蔭子の入監の開始、④副榜挙人での希望する者の入監の四点であった[58]。ただし永楽帝は、祖制遵守の姿勢を明確に示す必要があったため洪武体制の復活を図ったが、建文帝が更改したすべてを元に戻したのではなく、右の③④は受け継いでいる。

永楽帝はこのように太祖洪武帝の政策を継承する一方、永楽元年に北京国子監を設立し、国内では南北に国子監が並立することとなった。ただ並立とはいえ、当初は京師（南京）のそれを中心に国子監政策は展開されたであろう。なお北京遷都と以後の南京還都、北京定都に関わって名称は変更されたが[59]、本章では繁を避けるため、北京に設置された国子監を北監、南京のそれを南監とする。

さて歴事については、上述したように、三ヶ月間の歴事、四等での評価を復活させた。そのことは『南雍志』巻二・事紀二によると、永楽元年八月癸酉、吏部官の上言に、

　五府・六部・都察院等の衙門、歴事せること三閲月、勤謹なる者を考奏し、仍お闕を竢ちて取用せしめ、……[60]

とあり、また同二年六月己丑、吏部尚書兼詹事府詹事蹇義らの上言に、

　諸司の歴事監生、例として応に三月、後、官を授くべし[61]。

とあり、さらに同十年三月壬辰、

　天将《まさ》に暑からんとするを以て、令して監生史彬ら七十四人、進士荊政芳らと同に、十三道に分撥し、問刑慮囚せしむ。月ごとに米一石を支す。三閲月、考覈せること例の如し。事故あるも補わず[62]。

とあることからもうかがえる。

また、取撥された衙門の数すなわち歴缺の数については、右の同十年三月壬辰、および翌十一年十月甲戌に、

都察院啓言う、天寒慮囚、請うらくは例の如く監生七十四人を取撥し、道を分かちて問刑し、仍お歴事（の例）に照して考覈せん。皇太子、之に従う。(63)

とあり、両条とも十三道御史に七四人が取撥されている。北京遷都以前の取撥であるから、これは南京都察院の歴缺の数と思われる。それ以外に増減の記事はあっても断片的で(64)、詳細は分からない。ただ南京衙門では大約四〇〇名だったと言われる(65)。また北京衙門については徴すべき記述がない。

次に職務は、当時は事務ではなく政務を担うものとされていたが(66)、これに関し、都察院にて歴事を担当した(67)周済なる人物について、李賢の「安慶府知府洛陽周公済行状」に、次のようにある。

遂に河南甲午（永楽十二年）郷薦を領し、太学に赴き、学業大いに進む。尋いで烏台に歴事す。会ま蠡県の豪民、人を殴りて死に至らしむるも、同に証《しょうげん》を行えるの一老人に賂《まいない》したれば、已に問えるも未だ決せず。公、其の情を訊して、疑い有り、既に二日にして、乃ち豪民の状を得、遂に老人を出だせり。闔院之を異とし、都堂に聞す。自後、獄に疑い有らば、必ず公に委ね、其の情を得ざる者無し。適《たま》ま中官陳姓なるもの有り、宣廟極だ之を寵し、過ち有りて大いに怒るに因り、院に送りて之を鞫す。御史厳継先輩、上意を測る莫く、咸《みな》之を避くるも、公曰く、何を以て為するを避けけん、と。立ちどころに訊して獄を成せり(68)。

都察院（烏台）に取撥され、たまたま殺人事件に遭遇したが、彼の手際の良さが素晴らしいとして上司に報告されたこと、また、皇帝の寵を受けていた宦官陳某の罰すべき罪に厳正に対処したことが記されている。なお周済は、このあと都御史劉観より御史への任用の推薦を受けるが眼病を理由に固辞し、宣徳年間になり江西都司断事に除任された(69)。

ところで、数多くの監生が取撥されたが、その序次については『南雍志』巻二・事紀二・永楽八年十二月庚寅の条

に、

上、諸司に命じ、旧制に違う者は、改正せしむるを許す。本監言う、歴事監生は、年歳に拘らず、洪武中の年長者を取ると同じからず、と。礼部以聞し、上、命じて今制に照らし行わしむ[70]。

とあることから分かるように、年長者から取撥する洪武の「旧制」が崩れていた。旧制に戻す旨の命であるが、右の取撥の場合は現行通りとし、年齢によらないとした。ここに明言されてはいないが、おそらく入監の年月が基準となっていたのであろう。同書・同巻・永楽十一年二月甲子の条に、

令すらく、監生を取撥するに、必ず資次に循い、坐名選取するを得る毋かれ。著して令と為せ[71]。

とあるのも、同様のことを命じたものと思われる。しかしながら遵守されなかったようで、同書・同巻・永楽十二年七月壬申朔の条に、

雲南の民生趙与之ら三十五人啓言す、撥歴を超ゆるの事を。礼部、其の制に違うを以て、刑部・都察院に発して治罪せられんことを請う。皇太子命じて、与之は皂隷に充て、本監に於いて応役せしめ、楊順ら三十四人は、皆罪を宥して復監せしむ[72]。

とある。雲南から入学した監生趙与之ら三十五人が、取撥の序次が守られていないことを啓言したところ、詳細はよく分からないが、結局は趙与之だけが処分を受けたという。翌十三年四月に趙与之も罪を宥されて復監することができたが[73]、ともあれ入監年月を基準とする取撥が守られていなかったことを示す出来事であろう。

取撥までの待機期間については、楊士奇の「贈尹同知之任序」に、

吾が友尹自道、其れ邑学の弟子員と為りてより、已に能く言行を敬慎し、心を詩書に潜め、流俗に同じくせずして、誉れ郷に有り。其の貢を以て太学に入るに及び、聖天子は四書五経の道及び古聖賢の性理の旨を隆《さか》んにし、

翰林の儒臣に詔して、博く衆説を考し、而して之を精択し、以て教えを万世に垂らしめ、又た詔して、太学生の端愨にして学有る者を選び、以て繕写を職《もっぱ》らにせしむ。自道始めて至ると雖も、国子先生は已に之を重んじ、遂に挙げられて詔に応ず。既にして翰林に入り、学士より以下、皆之を重んず。書成り、吏部に詔し、太学生は悉く其の高下を第し、之に官を授けしむ。而して自道を考策せば、褎然として高等、奏して正五品澂江府同知を授けらる。盖し自道は太学に入りて繇《よ》り、以て授官に至るまで、裁《わず》かに歳餘なるのみ。士君子に自道を知る者有り、皆喜慶を懽《よろこ》び、告ぐるに公選の明と為し、其の幸遇する所に非ざるを以てす。而して自道に先んじ貢に充てらること十数年、猶お未だ出身を得ざる者有り。盖し自道を望むに、邈然《ばくぜん》として及ぶべからざるが如く、嗒然《とうぜん》として喪《うしな》う所有るが如し[74]。

とあるのが参考になる。楊士奇の親友尹自道は永楽年間の歳貢生で、雲南澂江府の同知（正五品）を授けられた（年次不詳[75]）。右は、それが実力によるものであったことを強調しているのだが、それはともかく、一〇数年も待機する監生がいる中で、尹自道は一年余りで任用された特別な例であった。

このころの監生からの任用例を挙げると、周弁なる人物は、

諱は弁、字は景星、弱冠にして邑庠に游ぶ。永楽中、進みて太学に升る。嘗て淮陽の塩法を理《おさ》め、能く其の宿弊を洗い、未だ仕えずと雖も、已に声六館に有り。宣徳初め、四川嘉定州蒲江県知県を授けらる。蒲（江）は京師万里の外に在り、土風民俗頗る異なれり[76]。（鄭文康「周知県墓誌銘」）

と、任用前に淮陽の塩法を理めたとあるが、これは歴事をさすものであろう。そして永楽（一四〇三～二四）中の入監、宣徳（一四二六～三五）初めの任用であるから、短くて三年ほどで、長ければ十数年ほどで就官したことになる。

また劉仁宅なる人物は、

> 公生れ、八歳にして日に数千百言を誦す。年十五にして能く文を属《つづ》り、県学生に補せらる。永楽庚子（十八年）、湖広の郷薦に挙げられ、業を国子に卒えたり。正統庚辰、江西瑞昌知県を拝し、躬ら田畝を省み、其の民に教え始めて織事を作《な》さしむ。(77)（李東陽「明故広西按察司副使致仕進階中議大夫賛治尹劉公行状」）

とあり、知県に任用された。正統に庚辰の年はないので、かりに庚申（正統五年）の誤りとすると、永楽十八年（一四二〇）後の入監、正統五年（一四四〇）の任用となり、一〇数年も待機していたことになる。

そのほかでは、宣徳年間の例だが、四年（一四二九）四月の監察御史張純の上言に、

> 南京国子監生、一二十年に及ぶも、未だ進用を得ざるもの有り、朝廷の教養の意に負《そむ》く有り。(78)（『宣宗実録』巻五三）

とあり、南監では一〇～二〇年を要したという。『明史』選挙志一に天順以前はおおむね一〇余年を要した(79)とあるが、以上の例はこれを裏付けるものと言える。

本章では永楽年間の撥歴の状況を見てきたが、それによると洪武の考覈法が復活して、三ヶ月間の歴事担当、四等での評価が下されたほか、正確な歴缺の数は不明、取撥の序次は入監の年月によっていたが遵守されておらず、また取撥までの待機期間は通常一〇余年ということが、不十分ながらも確認できた。歴事が出身法として確立し、右に見たような形で展開されると、監生はどのような動きを見せたのか。節を改め、この点を見ておきたい。

第三節　監生の動向

まず在監状況を見ておくと、『南雍志』巻一・事紀一・洪武三十年の条に、

是の年、本監、坐堂の人少なく、誠に諸司再《さら》に弁事に取るも敷《ふ》せざるを恐るるを以て、礼部に移文し、上に聞するに及び、令して歳貢は二十五年の例に照らしめたり。是に於いて、入監せるもの遂に衆し。[80]

とあり、洪武三十年（一三九七）、地方学からの歳貢数が増額されたが、それは諸司へ弁事に送り出す人員が不足するほど在学監生が減少していたためであった。ついで永楽二年（一四〇四）にも監生の数が少ないとして増額が裁可された。[81]こうしたことから殆どの監生は諸司にて吏務を行っていた様子が推測されよう。

また監規により夕方の宿舎に帰ることが義務付けられていた（前掲。第一節）が、諸司に出る監生の割合が高まると次第に遵守されなくなった。『辟雍紀事』巻二・永楽二十二年十月の条に、歴事監生を給事中に任用した記事があり、それに続けて、

査するに、国初、各衙門に弁事せる者は、暮れには仍りて号舎に帰る。蓋し外に在りて事を生じ、且つ狎邪に近づくを恐るればなり。之れに因り点□簿を立てり。今は惟だ班に入れば則ち点卯し（点呼を取り）、既にして歴に撥すれば則ち橋門を去ること脱屣の如し。古法は復し難し。豈に止だ一端のみならんや。[82]

とあるのが、それをうかがわせる。

周知のように、撥歴の序次をめぐっては正統三年以降、基準が入監の年月から在監期間の長短へと変更されたが、[83]そうした大きな改定の背景には、給仮などを理由に帰郷する監生の増加があった。復監期限を守らない監生は既に洪武末年に顕著になっていたが、[84]これに関しては『南雍志』巻一・事紀一・洪武三十一年正月己巳の条に、二二〇人が復監期限を守らないことを祭酒張顕宗が上奏したのに対して、

上曰く、是れ皆志無き者なり、読書すと雖も、亦た成らず、と。吏部に命じ、遠方の典史を銓除し、困を以て之を役せしむ。[85]

とあり、期限を守らない者を遠方の典史へ任用することが命じられた。

永楽年間になると同書・巻二・事紀二、元年正月丁亥の条に、

監生陳俊ら限に違い、礼部奏言す、洪武の間、充吏及び除典吏の二例有り、と。上、命じ、仍お吏役に充て、其の未だ一月に及ばざる者は、原籍に行文し照勘せしむ(86)。

とあり、同じく元年十月甲戌の条に、

礼部奏言す、監生尹莘・李恂ら限に違い、各々例に照して吏に充つ。曽寛ら一十六人、例として当に復監し、仍お照勘するを行うべし、と。之れに従う(87)。

とあり、ともに充吏もしくは復監が命ぜられたが、その人数は洪武末年に比べて多いとは言えまい。そうした背景には、同書・巻一九・胡儼伝に、

其の年（永楽二年）九月、国子祭酒を拝し、身を以て諸生を率え、学規を奉守し、以て成効を図る。……時に国子生に故を以て帰るを告する者有り、皆戍辺に坐せしむ。儼、言を為し、其の情の矜《あわれ》むべきところ有る者は、免るるを得(88)。

とあるように、帰郷を願う監生が「戍辺」に処せられている状況があった。『明史』巻一四七・胡儼伝にも、

永楽二年九月、国子監祭酒を拝す……。時に用法厳峻なり、国子生の事に託して帰るを告する者、戍辺に坐せしむ。儼至り、即ち奏して之を除けり(89)。

とあり、両伝を勘案すれば、二年九月に南監祭酒となった胡儼の上言で「戍辺」は免ぜられることになったのであろう。それにしても一時帰郷を願い出る監生は少なかったものと思われる。また四年十月には北監設立に伴う復監期限の再確認が行われたけれども(90)、この時にも帰郷は大きな問題になっていない。

なお、『南雍志』巻一六・儲養考下・上叙に、

国初、監生の坐班支饌せる者、広業堂より、升りて率性堂に至り、然る後に積分す。多寡を以て叙と為し、量りて出身を与う。凡そ洪武中、方面・科道・部属等の官に除授せるは、皆な在監の者なり。洪武二十九年、始めて監生の年長なる者をして、各衙門に分撥し、政事を歴練せしむ。此れより永楽初年迄、在監と在歴の者、始め兼用せり。積分の法既に廃れ、惟だ歴事して乃ち出身を得る有るのみ。(91)（傍線は引用者）

とあるように、積分法は廃罷された訳ではなく、永楽初年までは積分法と歴事法が兼用され、のちになり歴事法のみが行われた。(92)しかし歴事法のみとなると、当然のことながら習業状況に変化を齎した。すなわち、年間のいわば単位取得により任用資格が与えられる積分法が、升堂法により率性堂に昇った監生を対象とした出身法であるのに対し、歴事法では入監の年月が重要であり、試験を実施して監生を等級分けする必要がなくなった。そのため、『皇明太学志』巻七・政事上・考校に、

積分の法行わるるに当たり、月ごとに必ず試有り、以て之を勧励す。毎試、一に科挙の制の如くせり。積分既に廃れ、乃ち季考を行う。季考は尽くは行われず、乃ち相沿いて春秋二考を為す。(93)

とあるように、季考（年四回実施）を、ついで春秋二考（年二回実施）を課すのみになった。しかも同書・同項にのせる季考の実施方法の中に、

……次日、博士・助教・学正・学録等の官に発して分看し、上・中・下等を擬定し、第もて両廂に送り、詳定出榜す。其の上榜の者、典簿庁より綿紙筆墨を備え、次日を待ちて唱名給賞す。其の紕謬し文理に通ぜざる及び各違犯せる者は、責治す。(94)

とあり、上・中・下に等級付けされたものの、それにより賞などが与えられるだけであった。丘濬『大学衍義補』巻

七〇・設学校以立教下にも、

其の後、此の制（積分法）用いられず。監生は惟だ年月の先後を計るのみにして、六部諸司に撥出し、歴事せること三閲月。所司は其の勤謹を考し、奏し吏部に送りて選に附し、挨次取用す。此より外に又た写本・写誥なるもの有り。中に就きて書を能くする者を選びて充つ。此れ大学出身の資格なり。方に其の学校に在る時、毎月の中、会講・背書、皆定日有り。季毎に一たび試し、惟だ高下を第して、以て激勧の方を為すのみにして、出身に于いて関預する所無し。(95)（傍線は引用者）

とあるように、季考等は実施されても、出身の資格獲得に何ら関与するところがなくなったのである。(96)その季考は洪武・永楽年間には行われていたが、正統に至って南監では従来通りの実施が確認されるものの、北監では廃止された。(97)監生の在学状況はおおよそ以上のようであった。すなわち、歴事出身法の確立により、洪武末年以降、殆どの監生は諸司にて吏務を行っており、在学監生が不足するほどであった。一時帰郷を願い出る監生は少なかったものと思われる。また、監内の考試である季考は永楽までは実施されていたが、形式的なものになりつつあったのである。

最後に、任用の状況に触れておこう。

永楽年間の監生の任官に於ける特徴の一つに直接採用がある。王某なる人物は、

洪武己卯（建文元年）郷薦を領し、明年、太学に升る。永楽初め詔し、諸生を選びて県令と為さしむるに、公は独り教官と為るを請い、杭州教授を得、日々諸生に進めて、聖賢の道を講ず。(98)（王直「参政王公墓表」）

と、知県（県令）となるべきところ、願って杭州府学教授に任用されたが、王維なる人物は、

……以て選せられて邑庠生と為る。学成り、太学に入る。永楽癸卯（二十一年）、順天府郷薦を領し、明年、礼部に偶せず。会ま朝廷賢なるを択びて県令と為し、君は選に在り、出て蕪湖に知たり。(99)（王直「王用持墓表」）

とあり、知県となった。

このほか、監生の直接採用に関する『南雍志』『皇明太学志』及び『太宗実録』の記述を見ると、とりわけ監察御史と給事中への任用が顕著である(100)。この直接採用については、科挙・歴事以外の任用方法ととらえる考え方があるが(101)、どうであろうか。

永楽年間に直接採用と歴事との関わりを示す記述は、管見の限り、前節で述べた周済の例しか見出だせない。彼は都察院で歴事を担当した後に任用の推薦を受け、固辞しなければ御史に任用された筈であり、とすれば直接採用の例に相当するものであろう。そのほか、洪熙帝即位後の記事だが、『辟雍紀事』巻二・永楽二十二年十月の条に、

弁事六科監生呉信らに命じ、皆給事中を拝せしむ。是より先、詔して、国子生の学術有る者六十人、翰林院をして厳に之を試せしめ、其の尤なる者二十人を抜き、事を六科に試せしめたり。是に至り職を授く(102)。

と、六科での弁事終了後に給事中に任用されたことを記す(103)が、続けて、

按ずるに此の法、蓋し歴事の意に即して之を推広せり。祖宗朝、国士を培植し、不次に登進せること此くの如し(104)。

とあり、弁事後の任用は歴事の意を推し広めたものだという。この記述からも、直接採用とはいうものの歴事の一環として行われたものと言えよう。永楽年間には直接採用された監生が多いだけに、なおさら人物を評価する機会が必要であったことを考えると、任用の条件ではなかったとしても、殆どの場合に歴事を終了していたのではあるまいか。

さて監生には本章で取り上げている歴事のほか、科挙合格による出身があった。両途の関係は、永楽年間の歳貢生(105)周添彰(周添章)について記した楊士奇の「送周添彰序」の中に、

太学の六堂に肄業せる者、率ね数千人なれば、学舎容るる所無きに至る。太学生は歳ごとに次を以て諸司に歴事し、而して之を官とし、又進士の科有りて、以て太学及び郡県学の生を簡用せり。而して比年太学生に繇り進士

に繇り発身せる者多く、上の親ら擢せる所にして、之を内にして給事中・御史・六卿の属と為し、之を外にして県令・郡守と為し、布政使・按察使と為る者も有り。儒術を隆奨せる所以にして、何と其れ盛んなるや。(106)

と、監生・進士ともに給事中などに任用されていたとあるが、さらにしばしば引用される王直の「送羅教諭序」に、

今、天子は位に在り、大いに庶官を正し、以て天下の治を新たにせんとして、学校の怠廃を知れり。詔して、国子生の諸司に歴事せる者、慎勤なりと雖も、皆還して監中に読書し、科挙に由り入仕せしめたり。復た礼部に命じて、凡そ天下の貢する所の士には、必ず厳に之を試せしめ、苟しくも有用為るは、百と雖も一二を得れば可なり。蓋し異時、諸生の歴事せるは、三月を満たし、其の高等の者は、類《おおむ》ね五品官を得、主事・御史と為るに及び、其の次も亦た県為るを失せず。而るに進士出身者を以てしても、反って及ばず。是れに由り諸生多くは学に務めて進士と為るにあらず、惟だ歳貢を僥倖とす。礼部之を試するに、厳ならざるに非ず。黜落せる者多きを慮り、故に稍々之を寛《ゆる》めたれば、学を懶《おこた》る者は志を得、而して中庸の士も亦た怠るならん。(107)

と見える。文中に記されている詔とは、本章の「はじめに」で触れた永楽二十二年九月に洪熙帝が下したものをさす(108)が、この序の内容は直前の永楽帝在位中の状況を反映しているであろう。これによると、監生に対して科挙による出仕ならびに歳貢の厳格な実施が命ぜられたのだが、理由は次のようなところにあった。三ヶ月の歴事を終了すると、上は五品官または主事・御史（七品）に、下でも県官に任ぜられており、進士出身者もこれには及ばない。このため生員（諸生）は進士を目指して学問に務めようとせず、歳貢を経て歴事終了することを安易な任官の途として選択している、というのである。先に示した尹自道の例でも正五品に任用されており、また習業の面では季考の結果が任用に関係しないというのであるから、監生が困難を避けて歴事による出身を選択したのは言わば当然の結果であった。

以上は初任の場合であるが、他方で永楽年間には監生出身でも高官に昇ることは不可能でなかった。李時勉の「正

議大夫資治尹戸部右侍郎呉公墓碑」に、

> 公、諱は璽、字は信玉。邵武の人なり。……公、性は穎敏にして端厚なり。永楽戊子（六年）郡庠生より、春秋を以て郷に挙げられ、明年、礼部に試して第せず、太学に入る。太学に歴試してより、武選主事に擢せられ、才能を以て尚書方公の器重せる所と為る。既にして外艱を以て去くに、方公、之を太宗文皇帝に言い、其の情を奪い治事に起せり。未だ幾くならずして、郎中に陞る。宣宗皇帝、其の賢なるを知り、行在戸部右侍郎に陞す。或ひと戸部の政と兵部とは異なると云い、公、将に是の職に窘《くる》しまんとす。[109]

とある呉璽がその一例で、監生から武選主事への抜擢を始めとして戸部右侍郎にまで昇進した。彼の才能を認めた「尚書方公」とは永楽七年三月より十九年十一月まで兵部尚書の職にあった方賓であるが、こうした昇進例も監生に歴事による出身を志向させたと思われる。

ところで、北京国子監の監丞となった張顕（字は緝熙）の墓表に、次のようにある。

> 永楽初め、書（＝太祖実録）成り、白金文綺襲衣を賜わるを蒙り、国子学正に陞る。……永楽戊戌（十六年）秩満ち、国子監丞に陞る。事に莅《のぞ》むに公勤惓惓とし、学舎を経理せるを以て務めと為し、淑慝を勧懲せるを以て心と為せり。故に能く司業貝公宗魯を賛輔し、及び六堂の師儒と協恭和衷し、厳に学規を申し、後進を激励す。是に於いて諸生数千人、粛然敬服し、緝熙を以て能く職を尽くせりと為さざる莫し。嗚呼、緝熙、始め学正為りし時、生徒は数十人に過ぎざりしも、其の中に成徳達材の者多く居れり。是の任に処するに及びて、尤も能く切切と誘掖奨励し、以て巍科に擢せられ顕仕に登る者、率《おおむ》ね太学より出づるを致せり。是れに由り声聞益々著れ、作興の功、前人よりも賢なること遠し。[110]

張顕が学正から監丞に昇進した永楽十六年ころ、監生は数千人に増加しており、司業貝泰（字は宗魯）を賛輔しつつ後進を激励したという。張顕の功績を讃える右の文は文字通りに受け取れないかもしれないが、監生から高官に昇る者が少なくなかったことはうかがえよう。ただ張顕は永楽二十一年五月に没しており、監丞在任中に科挙は十六年と十九年の二回実施されただけであることから、右に「……率ね太学より出づる」とあるものは、おそらく歴事終了を経ての高官昇進であろう。

とはいえ、むろん進士合格をめざし、合格した者たちがいた。

永楽十三年、殿試第二甲に合格した蕭奇（字は迪哲）なる人物について、金善の「贈進士蕭迪哲序」に、

> 予（金善）、昔、博士弟子員為りしとき、蕭奇迪哲なるもの有り、嘗て予に従いて游ぶ。鋭敏勤篤にして、志を学に刻み、蓋し駸駸たり。其れ未だ已まざるなり。予、京師に来たりて十有二年なるに及び、忽ち聞く、迪哲郷書を領し、南宮の会試に来る、と。予、躍然とし以て喜びて曰く、是れ必ず将に高等を取らんとすべき者なり、と。其の年の春二月、予、命を受け、文柄を典司《つかさどる》す。意《おも》わざりき、迪哲竟に黜落に遭うとは。遂に入りて国子監生と為る。[11]

とある。金善は建文二年の進士で、京師（いまの南京）に来て一二年が経った永楽十年、蕭奇の会試受験を知った。この年まで会試は南京で実施されていた。不合格であった蕭奇は国子監（南北何れかは未詳）に入学したというから、挙人監生となったのであり、その次の会試（三年後）に合格した訳である。監生で進士に合格したものは、永楽十三年に一三七人で、全合格者の三九・〇%を占めた。蕭奇はそのうちの一人である。ただ蕭奇が国子監在学中に如何に勉学をしたのかは未詳である。

このほか曽泉（字は本清）なる人物も、

> 予（王直）、郷校に遊びし時、本清来り予に従いて遊び、賢と親しくし友を取り、其の学大いに進む。永楽辛卯

（九年）、郷薦を領す。明年、会試は下第し、太学に入る。戊戌（十六年）、遂に進士を取り、翰林に入りて庶吉士と為る。未だ幾ばくならずして、監察御史に擢拝せらる。[112]（王直「曽本清墓誌銘」）

とあり、永楽十年の会試不合格で入監し、十六年に進士となった。

秦初なる人物は、

永楽辛卯（九年）、郷薦を領す。明年、会試は偶せず、遂に太学に入り、益々自ら励みて懈らず。太宗皇帝位に在り、四夷の賓貢は虚日無く、上も亦た鎮撫の思を大いにし、尽く其の文字に通ぜんと欲し、命じて太学生の愿《つつし》みて敏なる者を選び、翰林に入れて之を習わしむ。君も選に在り、西天の書を習い、然して志彌《いよい》よ厲《はげ》しく、必ずや其の美を兼ね尽くさんと欲す。再び礼部に試し、凡そ三場の文字あり、又た西天の書を以て翻訳して篇を成さば、主司其の能を嘉《よみ》し取りて以て進む。廷対に及びても亦た然り、遂に進士出身を賜わり、翰林庶吉士と為る。[113]

（王直「秦主事墓誌銘」）

とあり、彼も永楽十年の会試に不合格であったが、国子監在学中に「西天の書」に習熟し、のち（永楽十六年）には進士出身を賜ったという。

また張恕なる人物も、

……年廿七にして郷挙に就き、多士に魁《さきが》けるも、春官に利あらず。遂に太学に入り、天下の賢を友とし、其の学益々進めり。永楽辛丑（十九年）進士を取り、翰林に入りて庶吉士と為る。[114]（王直「張主事墓表」）

とあり、入監の後、永楽十九年に進士となった。

なお蕭常なる人物について、

……洪武甲寅（七年）十月十六日を以て生れ、……永楽戊子（六年）郷薦を領し、礼部に会試して高等に在り。

太宗皇帝、北京に巡幸して、未だ廷試に及ばず、太学に学ばしめられ、以て辛卯（九年）を俟ち、始めて進士と成る。戸部に観政し、勤慎を以て名を得たり。[115]（王直「蕭参議墓表」）

とある。永楽七年の会試・殿試が行われず、国子監に入学して待機したものだが、同九年に進士となった。この墓表によると蕭常は洪武七年生れなので、郷試合格は三五歳、殿試合格は三八歳であった。因みに北京での会試・殿試の挙行は永楽十三年以降であった。[116]

このほか孫銘なる人物は、

公、幼きより端重にして喜びて学び、郡庠に游びて詩経に通じ、進士を取るを以てせんと欲するも、連《しき》りに志を有司に得ず、遂に貢に充てられ太学に入る。太学の士は千餘人、亦た公と友と為るのを楽しみ、諸事を歴試するに、皆名有り。……宣徳甲寅（九年）、擢せられて淳安令と為る。[117]（王直「封監察御史孫公墓誌銘」）

とあり、進士合格を望んでいたが、志を遂げられず、入監した。歴事後、淳安知県に任ぜられた。入監の年は不詳だが、任用が宣徳九年であることから、おおよそ永楽後半ころと見てよいと考える。

また馮欽訓なる人物は、

永楽辛卯（九年）、芸を京闈に戦い、果たして捷《か》てり。明年会試あり、教官の選に中るも就かず、請うて業を太学に卒えたり。遂に永楽乙未（十三年）の進士に第す。[118]（劉球「故紹興知府馮君欽訓行状」）

とあり、永楽十年の会試に不合格で、教官の選抜に合格したが辞退して入監し、次回永楽十三年の試験で進士になった。林蘭なる人物について、

先生は少きより大節を負い、嶄然として頭角を稠衆の中より出だし、年十九にして挙子の業を習い、二十四にして邑庠生に補せらる。……永楽甲午（十二年）太学に貢せられ、丁酉（十五年）秋、書経を以て京闈の郷薦を領し、

明年春、李騏榜進士第に登り、翰林庶吉士に選せらる。辛丑（十九年）広東広州府新会令を拝す。[119]（柯潜「東洲林先生墓誌銘」）

とある。彼はこの墓誌銘に洪武九年の生まれとあるので、県学生になった二四歳は建文元年（一三九九）で、入監した永楽十二年（一四一四）には三九歳となっていた。そして同十六年、四三歳で進士に合格した。

右の二人は監生となったのちに進士に合格した例だが、もちろん入監しない場合もあった。陳振なる人物は、劉球の「翰林侍読承直郎陳公行状」に、

……稍や長じ、詩を課すに奇句有り、武岡訓導劉九疇に従いて春秋を受く。邑庠生より永楽甲午（十二年）の郷薦を領し、春官に上るも偶せず、退きて即ちに戸を閉ざし、経伝子史を研窮し、深《はなは》だ造詣有り、遂に辛丑（十九年）進士に第す。[120]

とある。なお右に続けて、

例として依親し以て学を広ぐるを得、乃ち諭徳林尚黙先生に就き、古文法を問えり。……宣徳丙午（元年）召されて京に至り、四川道監察御史に擢せらる。[121]

とあり、陳振は進士となって直ちに就官できたのではなく、親元に帰って引き続き勉学に励み、永楽十九年（一四二一）から五年後の宣徳元年（一四二六）、監察御史に任用されたという。この陳振については王直の「侍読陳君墓誌銘」もあり、[122]ほぼ同様の内容が見られる。

因みにここで進士合格者に占める監生の割合を見ると、洪武十八年は三分の二が監生だったと言われるが、以後は建文二年が二〇％、永楽二年が三二％、四年が二七％、九年が一五％で、一〇年にはやや盛り返して五七％だった。[123]つまり永楽前半にかけて低下の傾向を示していた。そのほかの年については不明だが、永楽後半に急激に高まったと

は考えにくい。何よりも洪熙帝は歴事監生に科挙受験を命じており、このことから全体として低下傾向を示していたに相違ない。

洪熙帝の下命は永楽二十二年九月のことであったが、これに関連して、王直の「送杜給事中序」に、

昔、仁宗皇帝位に在りしに、賢を択び以て職を任じ、而して尤も意を是の官に加う。一日、詔して太学生の才あり且つ良なる者六十人を選び、翰林をして其の次第を考定せしめたるに、凡そ二十人高等に在り、而して季璋も焉《これ》に與《あずか》れり。衆は未だ用いらるる所を知らず。明日旨有り、六科に分蒞し、其の事を練習せしめたり。未だ幾ばくならずして皆給事中を授けらる。(124)

と、杜瑄（季璋は字）も歴事の後に給事中に任用されたとあり、続けて、

是の時に当たり、諸生の歴事して当に官を得べき者は、倶に遣して還り業を卒え、必ず科挙もて発身するを俟ち之を用いしめしが、忽ち是の命有り、衆は驚喜し以て栄と為さざる莫し。季璋は兵科に在り、……(125)

とある。この任用は永楽二十二年十月のことで、その前月の下命に反して科挙受験を免じたわけであるが、それに対し「驚喜した」とあることからも監生たちが歴事による出身を選択していたことがうかがわれる。右に示した低下傾向は、監生の選択の結果であったと言えるのではなかろうか。

しかし、永楽二十二年九月の下命以後は進士重視の傾向が強まる。そして、例えば王直の「題李祭酒與呉遵詩後」に、正統六年（一四四一）任の祭酒李時勉の下で教えを受ける監生が二千人を下らないことが述べられたのに続けて、

今の太学に学ぶ者、其の上は進士に取り、其の次は諸司に歴事し、……(126)

とあるように、監生の中でも最も優秀な者は進士を目指し、次に優秀な者が歴事により任用の資格を得るようになっていったのである。

以上、本節では監生の動向を見てきたが、それによると、歴事終了による任官を志向するようになっていたことがうかがわれる。それは三ヶ月の終了で進士よりも上位の官に就くことが可能だったからで、進士に占める監生の割合が低下したのもその結果であろう。

おわりに

本章では、国子監生の動向に着目し、永楽年間を中心に歴事法に再検討を加えようと試みた。意図したところは十分に果たせなかったが、述べたところを整理すると次のようになろう。（一）歴事が出身法として確立するのは洪武二十九年六月のことで、当初は積分出身法と兼用された。（二）永楽年間の歴事では、洪武の考覈法（三ヶ月の担当、四等での評価）が復活し、正確な歴缺の数は不明だが、取撥の序次は入監の年月によっており、取撥までの待機期間が通常一〇余年であった。任用までには、さらに時間を要した。（三）監生は歴事終了による任官を志向するようになったが、それは三ヶ月の担当で進士よりも上位の官に就くことが可能だったからである。

さて、洪熙帝により歴事監生に科挙受験が命ぜられて以後、次第に進士重視の傾向が高まっていく。重視から偏重へと移行し、それに伴う弊害も指摘されるようになるが、見直しが唱えられるのは嘉靖年間に入ってからで、任官に於ける三途並用の議論がおこった[127]。実はその過程で国子監改革も実施され、歴事法に代わって積分法復活の主張が見られたのだが、これらの点については稿を改めて検討を加えることとしたい。

註

（1）中軍都督府が本府の歴事監生七人を例によって吏部に送り、循次授官せしむことを請うたところ、洪熙帝は、
自今監生歴事考称者、仍命還監進学、俾由科挙進、庶幾士皆可用、官得其人。（『仁宗実録』巻二上・永楽二十二年九月乙亥の条）
と命じ、同じく行在中軍都督府が、歴事の評価が勤謹であった監生馬聡を国子監に送り、科挙により出身せしめようと上奏したところ、宣徳帝は行在吏部尚書蹇義らに、
今後歴事勤謹、有志科挙者、聴令読書。餘如永楽旧例、毋使淹滞。（『宣宗実録』巻五・洪熙元年閏七月戊申の条）
と述べた。

（2）谷光隆「明代監生の研究㈠」（後掲）六一～六二頁。

（3）五十嵐正一「明代監生の履修制度」（原載一九五八年。『中国近世教育史の研究』再録、国書刊行会、一九七九年）。谷光隆「明代監生の研究――仕官の一方途について――㈠㈡」（『史学雑誌』七三―四・六、一九六四年）。林麗月『明代的国子監生』（台北、私立東呉大学中国学術著作奨助委員会、一九七八年）。張建仁『明代教育管理制度研究』（台北、文津出版社、一九九三年）。

（4）『太祖実録』巻九四・洪武七年十一月乙酉の条、
賜諸司歴事監生文綺衣。

（5）同書・巻一〇〇・同八年六月丙申の条、
賜諸司歴事監生夏布、人四匹。

（6）胡儼『頤庵文選』巻上「故通議大夫兵部左侍郎盧公墓誌銘」、
公諱淵、字文瀸、南昌之新建人。……既長、入邑校為生員、清苦力学、遂以詩経充貢、登胄監、歴事兵部。洪武二十五年夏五月、選授司馬主事。二十七年秋七月、陞員外郎、尋陞郎中。……

（7）『太祖実録』巻二三九・洪武二十八年七月庚子の条、
増設刑部所属十二部主事各二人、以国子生歴事者為之。

(8) 五十嵐「明代監生の履修制度」(前掲)二九七頁。谷「明代監生の研究(一)」(前掲)六二一頁。
(9) 五十嵐「明代監生の履修制度」(前掲)、二九二頁。
(10) 同右、二九六~二九八頁。
(11) 『明史』巻六九・選挙志一、
監生歴事、始於洪武五年。
(12) 『南雍志』巻一・事紀一・洪武二十九年六月壬寅の条、
初令監生年長者、分撥諸司、歴練政事。
(13) 同書・巻一六・儲養考下・上叙、
洪武二十九年、始令監生年長者、分撥各衙門、歴練政事。
(14) 同書・巻一五・儲養考上・儲養生徒之定制、
洪武二十九年六月、始令科貢監生年長者、分撥諸司、歴練政事、循資次出身、遂為定制。
(15) 『辟雍紀事』巻一・洪武二十九年六月の条、
令将監生年長者、分撥諸司、歴練政事。
(16) 首都図書館編『太学文献大成』(中国・学苑出版社、一九九六年)所収の『皇明太学志』を用いた。
(17) 『皇明太学志』巻七・政事上・歴事、
監生歴事之法、蓋使之体験其問学、閲習其才猷、庶幾授職而能其官也。嘗読高皇帝諭恋闕臣僚勅。曰、朕前数年間、勅諸有司、訪求民間俊秀、入学教養、以備将来。其有司如勅、連年貢到民人子弟、出入不等、約計千人。自洪武八年間、朕観年長者許出学、権行歴事、幼者考課作養。夫曰権行歴事、蓋猶復監肄業也。
(18) 同右、
二十九年以後、令監生年長者、分撥諸司、歴練政事三閲月、随本衙門司務考覈、分勤謹・平常・才力不及・奸懶等、引奏。勤謹者送吏部上選簿、仍令歴事俟闕官、以次取用、平常再歴、才力不及送監読書、奸懶充吏。

(19) 本文での引用箇所に続けて、次のようにある。

至洪武十三年春、丞相胡惟庸謀逆事覚、朕親閲諸生、命齎丹符出験四方、取勘事蹟。至三月将終、験先帰者何如。験間、内有多詐、不誠者甚広。……（『明太祖文集』巻七・勅・諭恋闕臣僚勅）

(20) 『太祖実録』巻九八・洪武八年三月戊辰の条。

(21) 『皇明太学志』巻七・政事上・差遣に、

国初太学生、以積分及格授職、不縁歴事出身。惟時択其才者、或出使於四方、或弁事於諸曹。蓋学問以探其理、咨閲以究其実、凡以成其大受之器也。洪武中、国子生出使、視古行人、出有賜、還有労、如覈天下土田、稽百司案牘、督吏民修水利。永楽初、頒詔諭、訪輯高祖遺文、至同十三道御史問刑慮囚、皆挙重務、以□試之、雖労績有成、無不復監卒業者。

とあるように、歴事がまだ出身法として確立していない時期、監生には差遣が命ぜられたことがあり、その職務は、洪武中には天下の土田の清査、百司案牘の稽覈、吏民を監督しての治水、ついで永楽の初めには太祖の遺文の訪輯などの要務であった。例えば古朴なる人物は、雷礼の「戸部尚書古朴」（『国朝献徴録』巻三一）に、

洪武中、郷貢為太学生、奉命清理郡県田賦図籍、丁父喪帰。二十年、服闋、隷五軍断事理刑、遂奏家貧願仕、得禄養母。太祖嘉之、除工部営部主事、授承仕郎、迎母就養京師。

とあり、また、

洪武中、以太学生清理郡県田賦図籍。還隷五軍断事理刑。自陳家貧、願得禄養母。帝嘉之、除工部主事。（『明史』巻一五〇・古朴伝）

とあるように、土田の清査に派遣されたが、父が亡くなり、父の喪が明けてから五軍断事理刑となった。家の貧しさとともに親の世話を願い出たところ、工部主事に任用された（『南雍志』巻一・洪武二十年三月戊辰の条も参照）というから、彼は差遣の結果で任用されたのではなかった。なお、職務終了だけで任用の資格が得られない点は「権行歴事」と同じだが、差遣は臨時の出使であり、歴事が官庁に於ける一定期間の見習いである点で、両者は異なる。なお張建仁氏は『明代教育管

理制度研究』（前掲）第五章「明代国子監的管理」一二三頁で、歴事の内容として洪武年間より数例を挙げているが、何れも差遣に含まれるものである。

(22)『皇明太学志』巻七・政事上・歴事、
是時歴事者、僉書文巻、分理庶務、今所謂正歴也。

(23) 正歴、雑歴については、谷「明代監生の研究(一)」（前掲）参照。

(24)『太祖実録』巻二四六・洪武二十九年六月甲辰の条、
命吏部、選国子生年三十以上者、分隷諸司、練習政事。月給米一石。三月則考其勤怠、能者擢用之。

(25) 五十嵐「明代監生の履修制度」（前掲）二九二頁。

(26) 監規の内容については多賀秋五郎氏の詳論があり、氏は『大明会典』の記述にしたがって（D）を洪武二十年の欽定とする。「近世中国における教育構造の成立と明太祖の文教政策」（『近世アジア教育史研究』、文理書院、一九六六年）五四～六八頁。

(27)『南雍志』巻九・謨訓考上・学規本末および『皇明太学志』巻三・謨訓上、
一、生員於各衙門弁事者、毎晩必須回監、不許於外宿歇、因而生事。若画酉不到及点閘不在者、痛決。

(28) 同右、
一、凡生員於各衙門弁事完結、務要随即回監肄業、不許在外因而生事。違者痛決。

(29) 五十嵐「明代監生の履修制度」（前掲）二八八～二九六頁。

(30)『太祖実録』巻二四六・洪武二十九年六月甲辰の条、
命吏部、選国子生年三十以上者、分隷諸司、練習政事。

(31)『南雍志』巻一・事紀一・洪武二十九年六月壬寅の条、
初令監生年長者、分撥諸司、歴練政事。

(32)『皇明太学志』巻七・政事上・歴事、

二十九年以後、令監生年長者、分撥諸司、……

(33) 『南雍志』巻一・事紀一・洪武二十九年四月甲寅の条、

署監事呉啓言、国子師生、例以学優劣、分隷六堂。邇来皆無甄別、高下不分、無以激勧、宜考第如例。上令魏国公徐輝祖及礼部・翰林院官、同詣監考試。仍令吏部、以次録用、毋使淹滞。

(34) 同右、洪武三十年七月壬申（二十三日）の条、

上御奉天門、顕宗・克忠、師生一千八百二十六人見。上戒諭諸生曰、昔宋訥為祭酒、厳粛善教、以得朝廷得人。近年老儒為祭酒、学規日壊、生徒全不務学、用之僨事。今署事者、増定規条、敢有抗違、奏聞重治。若有似前貼匿名帖、誹謗師長者、梟令監前、徙家烟瘴。著為令。

(35) 因みに『南雍志』巻一〇・謨訓考下には、この時（三十年七月二十三日）の口語体の聖旨を収めて、次のようにある。

恁学生毎、聴著先前那宋訥、做祭酒呵、学規好生厳粛、秀才毎循規蹈矩、都肯向学。所以教出来的、箇箇中用、朝廷好生得人。後来他善終了、以礼送他回郷、安葬沿路上、著有司官祭他。近年、著那老秀才毎、做祭酒呵、他毎都懐著異心、不肯教誨、把宋訥的学規、都改壊了。所以生徒全不務学、用著他呵、好生壊事。如今、著那年紀小的秀才・官人毎来、署著学事、他定的学規、恁毎当依者行。……

(36) 于慎行「翰林院修撰韓公克忠伝」（『国朝献徴録』巻二一）、

自祭酒宋訥後、学政多堕、忠與祭酒張顕宗、創制立法、興廃補壊、編立監規、参酌時宜、永為遵守。学政自此振挙。革除二年、陞河南僉事、未幾卒官。

(37) 『南雍志』巻一・事紀一・洪武二十四年正月癸丑の条、

祭酒龔斆坐罪免。……有監生告仮還家、不以奏聞、上怒其売放、置於法。

(38) 『辟雍紀事』巻一・洪武二十四年の条には、次のようにある。

祭酒龔斆坐罪免。斆初以明経起家、歴四輔官至祭酒。課士有方、士翕然敬憚。至是、以監生告仮不奏聞、疑其売放、遂免。

(39) 『南雍志』巻一・事紀一、

〔洪武二十六年〕秋七月乙卯、言官劾祭酒胡季安受外夷子入学束修、季安請罪、上察而宥之。

〔洪武二十七年〕三月庚子朔、詔祭酒胡季安、撰進士題名記、立碑。

洪武二十九年春三月壬戌、祭酒胡季安坐胡惟庸逆党、得罪免。

(40) 『南雍志』巻一五・儲養考上・進士題名に、胡季安撰の二十七年の進士題名記を収める。

(41) 洪武二十三年に胡惟庸の獄が再燃して李善長の獄が起こり、一万人が処刑された。さらに二十六年二月には藍玉の獄も起こったが、同年九月には胡・藍の獄ともに一応の終了宣言を見ていた。それにも拘らず、胡季安は二十九年三月に胡党とみなされ、免職となったのである。

(42) 渡昌弘「明初の科挙復活と監生」（本書・第二章）。

(43) 洪武帝の宋訥に寄せる期待については、阪倉篤秀「洪武一八年、吏部尚書余熂誅殺事件」（原載一九九九年。『明王朝中央統治機構の研究』再録、汲古書院、二〇〇〇年）参照。

(44) 五十嵐「明代監生の履修制度」（前掲）二六三〜二六九頁。

(45) 『南雍志』巻一五・儲養考上・儲養生徒之定制、『明史』巻一三七・宋訥伝など、参照。

(46) 『明史』巻六九・選挙志一。

(47) 弘治『徽州府志』巻六・選挙・科第、

洪武戊辰……下第者、送国子監肄業、有期限、撥送諸司歴事、入吏部選簿、聴再会試。累科不第、方授任。

(48) 谷「明代監生の研究㈠㈡」（前掲）。

(49) 『太祖実録』巻二五六・洪武三十一年二月の条。

(50) 『南雍志』巻一・事紀一・洪武三十五年（建文四年）七月癸未の条、

詔、復洪武官制、監丞仍旧属官、復設学正・学録。

(51) 同書・巻一〇・謨訓考下・附録申明学規事宜、

朕自即位以来、一応事務、悉遵旧制、不敢有違、為何。蓋因国初創業艱難、民間利病、無不周知。但凡発号施令、不肯軽易、必思慮周密、然後行将出去。皆是為軍為民的好勾当。所以三十餘年、天下太平、人受其福。允炆不守成憲、多有更改、致使諸司将洪武年間榜文、不行張掛遵守。恁各衙門、査将出来。但是申明教化、禁革奸弊、勧善懲悪、興利除害、有益於軍民的、都依洪武年間聖旨、申明出去、教天下官吏軍民人等遵守、保全身命、共享太平。敢有故違者、治以重罪。欽此。

(52) 聖旨を受けた礼部は、

近為老儒懐奸、師道不立、学規廃弛、以致生徒全不務学、於先聖先賢之道、畧不究理、循規蹈矩者少、越礼犯分者多、狂妄縦横、挑撻無藉、有等入学、十有餘年、尚且不通文理、不能書筭、不暁吏事。甚者抗拒師長、不遵教誨、放僻邪侈、靡所不為。如此、習以成風、傷化敗俗、虚曠歳月、徒費廩禄、教養無成、不得実材之用、甚辜朝廷興建美意。所有学規、若不備榜申明、深為未便。（同右）

と、学校廃弛の状況を述べるとともに監規申明の必要性を強調している。

(53) 『南雍志』巻一・事紀一・洪武三十五年（建文四年）十一月庚子（二十一日）の条、

礼部奏請、申明学規、榜示国子監、有放肆不遵、怠慢無礼者、照榜究治。従之。

(54) 同書・巻一〇・謨訓考下・附録申明学規事宜。

(55) 『皇明太学志』巻七・政事上・歴事、

（洪武）二十九年以後、令監生年長者、分撥諸司、歴練政事三閲月、随本衙門司務考覈、分勤謹・平常・才力不及・奸懶等、引奏。勤謹者送吏部上選簿、仍令歴事俟闕官、以次取用、平常再歴、才力不及送監読書、奸懶充吏。

(56) 『南雍志』巻一・事紀一・洪武三十三年（建文二年）冬十月庚子の条、

定監生歴事考覈法。初洪武中、歴事監生、随本衙門司務、分勤謹・平常・才力不及・奸頑等、用引奏。勤謹者仍歴俟闕官、以次取用、平常再歴、才力不及送監読書、奸頑充吏。至是定、監生歴事各衙門者、一年為満、従本衙門考覈、分上中下三等、引奏。上等不拘選用、中等・下等仍歴一年再考。上等者依上等用、中等者不拘品級、随材任用、下等者回監読書。

（57）永楽三年八月六日付けの聖旨は『南雍志』巻一〇・謨訓考下・附録申明学規事宜に、次のようにある。
太祖皇帝、平定天下之初、内設国子監、外設府州県学、選用名儒、教育俊秀、詳定職掌、厳立教条、豊其廩餼、免其差徭、期待之意、靡不周備。允炆不遵祖訓、更改旧制、学校廃弛、師生懈怠、所司又不勉励、虚縻廩禄、徒労民供、甚非教養之道。

（58）永楽帝は洪武三十五年（建文四年）十一月二十一日付けの聖旨および永楽三年八月六日付けの聖旨で、建文帝（允炆）が旧制を改めたと指摘するが、具体的内容については明言していない。このため、改められた旧制は建文年間の実施事項から考えてみる必要がある。洪武帝崩御以後、建文年間の特筆すべき事柄を、『南雍志』巻一・事紀一よりまとめると、次の通りである。なお同書では洪武の年号を用いているが、ここでは建文に置き換えた。

洪武三十一年閏五月　洪武帝崩御、建文帝即位
建文　元年　六月　蔭子入監の開始
　　一〇月　学正・学録を罷め、助教を増員
二年　三月　副榜挙人（二五歳以下）の希望者の入監
　　一〇月　歴事考覈法の改定
三年一一月　学録を任ず（復活か？）
四年　六月　永楽帝即位
　　七月　洪武官制の復活（監丞は旧による。学正・学録を復活）
　　八月　孔子釈奠。この歳より常例となる
　　九月　張顕宗を諭戒。
　　一一月　礼部が奏して学規を申明
　　一二月　監生四〇人を取り、書写せしめ、事竣ると復監

永楽　元年　二月　北京国子監の設立

ここから分かる主な「旧制」が本文で示した四点である。そのほか『南雍志』巻二・事紀二・永楽三年八月己巳の条に、

上諭礼部臣曰、……爾礼部、宜申明旧規、俾師教無闕、士学有成、庶幾国家得賢材之用。遂頒学規、榜例于国子監及府州県、一如洪武旧制。凡監生・生員、免其家両丁差役。

と、優免規定への言及が見られるが、これも祖制遵守の姿勢の一環である。これについては『皇明太学志』巻二・典制下・賜予「優復」に、

永楽三年、諭礼部、凡監生、免其家両丁差徭。正統十年、復申前例。

とある。なお監生の徭役優免特権は正統十年に賦与されたと考えられていたが、右の『皇明太学志』の記述を根拠とした呉金成氏の論及により、既に洪武年間（氏は同二十年前後と推定）から賦与されていたことが解明されている。呉金成（山根幸夫・稲田英子共訳）「明代紳士層の形成過程について（上）」『明代史研究』八、一九八〇年、四八～五〇頁。また建文年間の専著として、川越泰博『明代建文朝史の研究』（汲古書院、一九九七年）がある。

(59) 両京体制→北京遷都→南京還都→北京定都の過程については、新宮学『北京遷都の研究――近世中国の首都移転――』（汲古書院、二〇〇四年）参照。

(60) 『南雍志』巻二・事紀二・永楽元年八月癸酉の条、

吏部官言曰、……五府・六部・都察院等衙門、歴事三閲月、考奏勤謹者、仍令竢闕取用、……

(61) 同右、永楽二年六月己丑の条、

吏部尚書兼詹事府詹事蹇義等言、諸司歴事監生、例応三月後授官。

(62) 同右、永楽十年三月壬辰の条、

以天将暑、令監生史彬等七十四人、同進士荊政芳等、分撥十三道、問刑慮囚。月支米一石。三閲月、考覈如例。事故不補。

(63) 同右、永楽十一年十月甲戌の条、

都察院啓言、天寒慮囚、請如例取撥監生七十四人、分道問刑、仍照歴事考覈。皇太子従之。

(64)『南雍志』巻二・事紀二の永楽年間の記事には、元年正月戊戌の条に、

吏部奏請、増撥歴事監生、文選司十名、考功司五名。従之。

とあり、五年の条に、

是年、初令監生、往龍山廠、清査営造木植、謂之弁事。凡在廠二年、即得銓用。

とあるが、これらは特殊な例と言えよう。また、出身を認められていない「弁事」の事例も散見され、列挙すると次のようである。

〔永楽四年二月〕乙丑。給奉天征討官員誥命。兵部奏、以書弁不敷、欲取撥能書監生、相兼書写。従之。

〔六年〕十一月己酉。詹事府通事舎人高昊啓言、先年啓准、照六科弁事例、選能書監生邵暹等二人、在科弁事六閲月、已満引奏給賞、已復監矣。今久缺人書写、宜照前例。皇太子従之。

〔九年〕閏十二月壬午。礼部言、朝覲官員建言、民情数多。欲取能書監生二十人、事竣復監。皇太子従之。

(65)谷「明代監生の研究㈠」(前掲)八〇頁の註(22)。

(66)谷「明代監生の研究㈠」(前掲)六二頁。

(67)『明史』巻二八一・周済伝、

永楽中、以挙人入太学、歴事都察院。都御史劉観薦為御史、固辞。宣徳時、授江西都司断事。

(68)李賢「安慶府知府洛陽周公済行状」(『国朝献徴録』巻八三)、

遂領河南甲午郷薦、赴太学、学業大進。尋歴事烏台。会蠡県豪民、殴人至死、賂同行証一老人、已問未決。公訊其情、有疑、既二日、乃得豪民状、遂出老人。闔院異之、聞於都堂。自後獄有疑、必委公、無不得其情者。適有中官陳姓、宣廟極寵之、因有過大怒、送院鞫之。御史厳継先輩、莫測上意、咸避之、公曰、何以避為。立訊成獄。

(69)本文で示した「安慶府知府洛陽周公済行状」には、続けて、

都御史劉観由此注意於公、会御史缺員、以公属吏部補之、公以目疾不就。宣徳戊辰夏、遂除江西都司断事。

とある。また前註（67）も参照。

（70）『南雍志』巻一・事紀一・永楽八年十二月庚寅の条、

上命諸司、違旧制者、許令改正。本監言、歴事監生、不拘年歳、與洪武中取年長者不同。礼部以聞、上命照今制行。

（71）同右、永楽十一年二月甲子の条、

令、取撥監生、必循資次、毋得坐名選取。著為令。

（72）同右、永楽十二年七月壬申朔の条、

雲南民生趙與之等三十五人啓言、超撥歴事。礼部、以其違制、請発刑部・都察院治罪。皇太子命、與之充皀隷、於本監応役、楊順等三十四人、皆宥罪復監。

（73）同右、永楽十三年四月庚寅の条、

趙與之妻段氏啓言、辺境土人、去家日久、食用已尽。乞宥其罪。皇太子命、與之復監読書。

（74）楊士奇『東里続集』巻八「贈尹同知之任序」、

吾友尹自道、自其為邑学弟子員、已能敬慎言行、潜心詩書、不同流俗、有誉於郷矣。及其以貢入太学、聖天子隆四書五経之道、及古聖賢性理之旨、詔翰林儒臣、博考衆説、而精択之、以垂教万世、又詔選太学生端慤有学者、以職繕写。自道雖始至、国子先生已重之、遂挙応詔。既入翰林、自学士以下、皆重之。書成、詔吏部、太学生悉第其高下、授之官。而考策自道、褎然高等、奏授正五品澂江府同知。蓋自道繇入太学、以至授官、裁歳餘耳。士君子有知自道者、皆懽喜慶、告以為公選之明、非其所幸遇、而有先自道充貢十数年、猶未得出身者。蓋望自道、邈然如不可及、嗒然如有所喪焉。

（75）歳貢生であったことは万暦『吉安府志』巻九・選挙表六・貢士、泰和県により確認できる。また王直の「同知尹君墓表」（『抑菴文後集』巻二五）に、

（上海邑庠）諸生亦喜得君為友、遂援君入邑庠。読書作文、毎屈其儕輩。業成、充貢入太学。未幾、太宗皇帝詔脩五経四書大全、徴天下名儒、又択太学師生之賢者、入館閣任其事、君與焉。書成受賞賚、擢拝雲南澂江府同知。澂江去京師万里、夷性獷悍、号難治。

とあることからも分かるように、尹自道は五経・四書大全の編纂にあずかったゆえ、特別に同知に抜擢された。

(76) 鄭文康『平橋藁』巻一三「周知県墓誌銘」、
諱弁、字景星、弱冠游邑庠。永楽中、進升太学。嘗理淮陽塩法、能洗其宿弊、雖未仕、已有声於六館。宣徳初、授四川嘉定州蒲江県知県。蒲在京師万里外、土風民俗頗異。

(77) 李東陽『懐麓堂集』巻四三「明故広西按察司副使致仕進階中議大夫賛治尹劉公行状」、
公生、八歳日誦数千百言。年十五能属文、補県学生。永楽庚子、挙湖広郷薦、卒業国子。正統庚辰、拝江西瑞昌知県、躬省田畝、教其民始作織事。

(78)『宣宗実録』巻五三・宣徳四年四月庚辰の条、
南京国子監生、有及一二十年、未得進用、有負朝廷教養之意。

(79)『明史』巻六九・選挙志一、
初令監生、由広業升率性、始得積分出身。天順以前、在監十餘年、然後撥歴諸司、歴事三月。

(80)『南雍志』巻一・事紀一・洪武三十年の条、
是年、本監以坐堂人少、誠恐諸司再取弁事不敷、移文礼部、及聞於上、令歳貢照二十五年例。於是、入監遂衆。

(81) 同書・巻二・事紀二・永楽二年十二月丙申の条。これにより監生は増加に転じ、同十九年になると監内に収容できないことを理由に歳貢数が減額された(『太宗実録』巻二三八・同十九年六月甲寅の条)。

(82)『辟雍紀事』巻二・永楽二十二年十月の条、
查国初弁事各衙門者、暮仍帰号舎。蓋恐在外生事、且近狎邪也。因之立点□簿。今惟入班則点卯、既撥歴則去橋門、如脱屣矣。古法難復。豈止一端已哉。

(83) 谷「明代監生の研究(一)」(前掲)。

(84) 渡「明初の科挙復活と監生」(前掲)。

(85)『南雍志』巻一・事紀一・洪武三十一年正月己巳の条、

上曰、是皆無志者、雖使読書、亦不成矣。命吏部、銓除遠方典史、以困役之。

(86) 同書・巻二・事紀二・永楽元年正月丁亥の条、

監生陳俊等違限、礼部奏言、洪武間、有充吏及除典吏二例。上命、仍充吏役、其未及一月者、行文原籍照勘。

(87) 同右、永楽元年十月甲戌の条、

礼部奏言、監生尹幸・李恂等違限、各照例充吏。曽寛等一十六人、例当復監、仍行照勘。従之。

(88) 『南雍志』巻一九・列伝一・胡儼伝、

其年（永楽二年）九月、拜国子祭酒、以身率諸生、奉守学規、以図成効。……時国子生有以故告帰者、皆坐戍辺。儼為言、其情有可矜者、得免。

(89) 『明史』巻一四七・胡儼伝、

永楽二年九月、拜国子監祭酒、……。時用法厳峻、国子生託事告帰者、坐戍辺。儼至、即奏除之。

(90) 『南雍志』巻二・事紀二・永楽四年十月丙辰の条、

礼部言、北京国子監生省親、照南監事例、令行部定限。皇太子従之。

(91) 同書・巻一六・儲養考下・上叙、

国初、監生坐班支饌者、自広業堂、升至率性堂、然後積分。以多寡為叙、量與出身。凡洪武中、除授方面・科道・部属等官、皆在監者也。洪武二十九年、始令監生年長者、分撥各衙門、歴練政事。自此迄永楽初年、在監與在歴者、始兼用矣。積分之法既廃、惟有歴事乃得出身。

(92) 谷「明代監生の研究㈠」（前掲）六一頁。なお建文年間、国子監博士であった王紳の「送太学生徐細観序」（『継志斎集』巻六）に、

予（＝王紳）以非才備員太学博士、常旬考月試六館士、第其高下、以砥礪激勧之。在列者二三千人、而東鄞徐生細観、以易経就業、辨説陰陽変化之理、甚有根拠。其才識見於策論中。又善馳騁、開闔有程度、心喜之、毎取置前列。……

とある。旬考（一〇日ごとの考査）と月試（月末の試験）が実施されており、これにより積分法が用いられていたことが分

かる。積分法が直ちに廃罷されたわけではない。因みに徐細観はこのあと郷試を受験した。

(93) 『皇明太学志』巻七・政事上・考校、
当積分之法行、月必有試、以勧励之。毎試一如科挙之制。積分既廃、乃行季考。季考不尽行、乃相沿為春秋二考。

(94) 同右、
……次日発博士・助教・学正・学録等官分看、擬定上・中・下等、第送両廂、詳定出榜。其上榜者、典簿庁備綿紙筆墨、待次日唱名給賞。其紕謬不通文理及各違犯者、責治。

(95) 『大学衍義補』巻七〇・設学校以立教下、
其後、此制不用。監生惟計年月先後、撥出六部諸司、歴事三閲月。所司考其勤謹、奏送吏部附選、挨次取用。外此又有写本・写誥者。就中選能書者充。此大学出身之資格也。方其在学校時、毎月之中、会講・背書、皆有定日。毎季一試、惟第高下、以為激勧之方、而于出身、無所関預。

(96) 谷「明代監生の研究㈠」（前掲）六七頁、註（31）。

(97) 谷「明代監生の研究㈠」（前掲）六七頁、註（28）。『南雍志』巻三・事紀三・正統五年六月甲午の条および『皇明太学志』巻三・謨訓上・勅諭の正統五年六月二十四日の条にのせる、北監祭酒らに対する勅諭に、
洪武・永楽中、六堂諸生、咸有季試、考第高下、以伸勧励。今南監尚循旧規、北監廃而不挙。

と見える。

(98) 王直『抑菴文後集』巻二六「参政王公墓表」、
洪武己卯、領郷薦、明年、升太学。永楽初詔、選諸生為県令、公独請為教官、得杭州教授、日進諸生、講聖賢之道。

(99) 同書・巻二八「王用持墓表」、
……以選為邑庠生。学成、入太学。永楽癸卯、領順天府郷薦、明年、不偶於礼部。会朝廷択賢為県令、君在選、出知蕪湖。

(100) 林『明代的国子監生』（前掲）。多賀秋五郎「明太宗の学校教育政策」（『近世東アジア教育史研究』、学術書出版会、一九

七〇年)。

(101) 多賀「明太宗の学校教育政策」(前掲)五五頁。

(102) 『辟雍紀事』巻二・永楽二十二年十月の条、

命弁事六科監生呉信等、皆拝給事中。先是詔、国子生有学術者六十人、俾翰林院厳試之、抜其尤者二十人、試事六科。至是授職。

(103) 本文で引用した『辟雍紀事』の条に対応する『仁宗実録』の記事は以下の通り。巻三上・永楽二十二年十月丁未の条に、

命国子監、簡浙江・江西・福建・広東生有文学者六十人、於翰林院考試、得劉瑄等二十人、分置六科、日随給事中、朝参歴事。

と、劉瑄ら二〇人を選抜したとあり、巻三下・同年同月丁卯の条に、

擢監生徐永潛等二十人、倶為給事中。徐永潛・何宣・鄭彫任吏科、沈寧・伍志厚・盧琛戸科、易善・陳襄・陳応炎礼科、潘信・杜瑄・蔡錫・陳耀兵科、屈伸・孫郁・呉信・林簡刑科、劉瑄・謝永・趙叡工科。

と、劉瑄を含む「監生」二〇人を給事中に任用したとあり、呉信の名も見える。右の二条の日付を数えると、三ヶ月とされる歴事期間を満たしていないことになるが、ともあれ歴事終了後に任用された例である。さらに、右に見える徐永潜なる人物は、王直の「送徐永潛判官序」(『抑菴文後集』巻一九)に、

永潛、金華人。始領郷薦入太学。当仁宗皇帝在位時、鋭意天下事、……嘗命太学、択諸生之賢而有才者六十人。衆未知所用。既至命翰林、考第高下以聞、予忝預其間。凡二十人、在高等。明日有旨、二十人分涖六科、俾練習其事。未幾皆授給事中、而永潛在吏科。人皆謂仁宗皇帝慎於用人。

とある徐永潛で、彼をはじめとする二〇人は歴事の後に給事中に任用されており、『仁宗実録』の記述を裏付けている。

(104) 『辟雍紀事』巻二・永楽二十二年十月の条、

按此法、蓋即歴事之意而推広之。祖宗朝培植国士、不次登進如此。

(105) 万暦『吉安府志』巻九・選挙表六・貢士、盧陵県。

(106) 楊士奇『東里続集』巻七「送周添彰序」、
太学之六堂肄業者、率数千人、学舎至無所容。太学生歳以次歴事諸司而官之、又有進士之科、以簡用太学及郡県学之生。而比年繇太学生繇進士発身者多、上所親擢、内之為給事中・御史・六卿之属、外之為県令・郡守、有為布政使・按察使者。所以隆奨儒術、何其盛也。

(107) 王直『抑菴文後集』巻一二「送羅教諭序」、
今天子在位、大正庶官、以新天下之治、知学校之怠廃也。詔国子生歴事諸司者、雖慎勤、皆還読書監中、俾由科挙入仕。復命礼部、凡天下所貢士、必厳試之、苟為有用、雖百得一二、可矣。蓋異時、諸生歴事、満三月、其高等者、類得五品官、及為主事・御史、其次亦不失為県。而以進士出身者、反不及。由是諸生多不務学為進士、惟於歳貢僥倖焉。礼部試之、非不厳也。慮黜落者多、故稍寛之、懶学者得志、而中庸之士亦怠矣。

(108) 詔は『仁宗実録』巻二上・永楽二十二年九月乙亥の条、前註（1）参照。潘星輝『明代文官銓選制度研究』第三章「（常選官）選授遷除、一切由吏部」第一節「常規銓選」（北京大学出版社、二〇〇五年）一三六～一三七頁。

(109) 李時勉『古廉文集』巻一〇「正議大夫資治尹戸部右侍郎呉公墓碑」、
公諱璽、字信玉。邵武人。……公性穎敏而端厚。永楽戊子、由郡庠生、以春秋挙於郷、明年、試礼部不第、入太学。自太学歴試、擢武選主事、以才能為尚書方公所器重。既以外艱去、方公言之於太宗文皇帝、奪其情起治事。未幾、陞郎中。宣宗皇帝知其賢、陞行在戸部右侍郎。或云戸部政與兵部異、公将窘於是職矣。

(110) 楊栄『文敏集』巻二〇「国子監丞張緝熙墓表」、
永楽初、書成、蒙賜白金文綺襲衣、陞国子学正。……永楽戊戌秩満、陞国子監丞。莅事公勤惓惓、以経理学舎為務、以勧懲淑慝為心。故能賛輔司業貝公宗魯、及與六堂師儒、協恭和衷、厳申学規、激励後進。於是諸生数千人、粛然敬服、莫不以緝熙為能尽職也。嗚呼、緝熙、始為学正時、生徒不過数十人、其中成徳達材者居多。及処是任、尤能切切誘掖奨励、以致擢巍科登顕仕者、率自太学出。由是声聞益著、而作興之功、賢於前人遠矣。

(111) 金善『金文靖公集』巻七「贈進士蕭迪哲序」、

予昔為博士弟子員、有蕭奇迪哲、嘗従予遊。鋭敏勤篤、刻志於学、蓋駸駸乎。其未已也。及予来京師十有二年、忽聞迪哲領郷書、来南宮会試、予躍然以喜曰、是必将取高第者也。其年春二月、予受命、典司文柄。不意迪哲竟遭黜落。遂入為国子監生。

(112) 王直『抑菴文後集』巻三一「曽本清墓誌銘」、

予遊郷校時、本清来従予遊、親賢取友、其学大進。永楽辛卯、領郷薦。明年、会試下第、入太学。戊戌、遂取進士、入翰林為庶吉士。未幾、擢拝監察御史。

(113) 同書・巻三〇「秦主事墓誌銘」、

永楽辛卯、領郷薦。明年、会試不偶、遂入太学、益自励弗懈。太宗皇帝在位、四夷賓貢無虚日、上亦欲大鎮撫之思、尽通其文字、命選太学生之愿而敏者、入翰林習之。君在選、習西天書、然志彌厲、必欲兼尽其美。再試礼部、凡三場文字、又以西天書翻訳成篇、主司嘉其能取以進。及廷対亦然、遂賜進士出身、為翰林庶吉士。

(114) 同書・巻二六「張主事墓表」、

……年廿七就郷挙、魁多士、不利于春官。遂入太学、友天下之賢、其学益進。永楽辛丑、取進士、入翰林為庶吉士。

(115) 同書・巻二六「蕭参議墓表」、

……以洪武甲寅十月十六日生、……永楽戊子、領郷薦、会試礼部、在高等。太宗皇帝巡幸北京、未及廷試、俾学于太学、以俟辛卯、始成進士。観政于戸部、以勤慎得名。

(116) 新宮『北京遷都の研究』（前掲）一九〇～一九一頁。

(117) 王直『抑庵文後集』巻三二「封監察御史孫公墓誌銘」、

公、自幼端重喜学、游郡庠通詩経、欲以取進士、連不得志於有司、遂充貢入太学。太学之士千餘人、亦楽與公為友、歴試諸事、皆有名。……宣徳甲寅、擢為淳安令。

(118) 劉球『両谿文集』巻二二「故紹興知府馮君欽訓行状」、

永楽辛卯、戦芸京闈、果捷。明年会試、中教官選、不就、請卒業太学。遂第永楽乙未進士。

(119) 柯潜『竹巖集』巻下「東洲林先生墓誌銘」、

先生少負大節、嶄然出頭角于稠衆中、年十九習挙子業、二十四補邑庠生。……永楽甲午、貢太学、丁酉秋、以書経領京闈郷薦、明年春、登李騏榜進士第、選翰林庶吉士。辛丑、拝広東広州府新会令。

(120) 劉球『両谿文集』巻二二「翰林侍読承直郎陳公行状」、

……稍長、課詩有奇句、従武岡訓導劉九疇、受春秋。由邑庠生領永楽甲午郷薦、上春官不偶、退即閉戸、研窮経伝子史、深有造詣、遂第辛丑進士。

(121) 同右、

例得依親以広学、乃就諭徳林尚黙先生、問古文法。……宣徳丙午、召至京、擢四川道監察御史。

(122) 王直『抑庵文集』巻三一「侍読陳君墓誌銘」、

君陳氏、諱榥、字叔剛。閩県人。……従劉九疇、受春秋、選為郷校弟子、永楽甲午（十二年）、領郷薦、明年、上春官、不偶而帰、益肆力於学。辛丑（十九年）、登進士第。時上重進士、欲老其才而用之、皆使帰積学以待。君復従郷先、進学古為文辞、深有造詣。宣徳丙午（元年）、徴為監察御史。

(123) 典拠は『建文二年会試録』、『永楽十年進士登科録』、『南雍志』巻一五・儲養考上・進士題名（永楽二年、四年、九年）。また五十嵐「明代監生の履修制度」（前掲）二七二頁、参照。

(124) 王直『抑菴文後集』巻一六「送杜給事中序」、

昔仁宗皇帝在位、択賢以任職、而尤加意於是官。一日詔選太学生之才且良者六十人、俾翰林考定其次第、凡二十人在高等、而季璋與焉。衆未知所用。明日有旨、分蒞六科、俾練習其事。未幾皆授給事中。

(125) 同右、

当是時、諸生歴事当得官者、倶遣還卒業、必俟科挙発身而用之、忽有是命、衆莫不驚喜以為栄。季璋在兵科、……

(126) 王直『抑菴文後集』巻三六「題李祭酒與呉遵詩後」、

今之学於太学者、其上取進士、其次歴事於諸司、……

(127)　渡昌弘「嘉靖期の国子監政策」（本書・第六章）。

［補記］

本章のもとになった論文は「明代国子監に於ける歴事出身法の再検討」（『東北大学東洋史論集』第一一輯、二〇〇七年）で、後半に史料を補充した。

第四章　監生の増減

はじめに

明代の国子監は人材養成と官僚選抜を同一機関にて行おうとしたもので、有効に機能すれば、より適切な人材を官僚に任用することが可能だったであろう。しかしながら、周知のように、そうした試みは失敗に終わった。とはいえ、選抜の一機関としては存続し、その機能を一定程度果たしていた。すなわち監生には積分法に代わった歴事法（所定期間の事務担当）、もしくは科挙合格によって官僚となる途が開かれていたのである。

永楽年間以降、国子監は南北に並立し、史料に北京国子監についての『皇明太学志』、南京国子監についての『南雍志』『続南雍志』があることは周知の通りである。例えば林麗月氏の『明代的国子監生』は『皇明太学志』を用いた専著だが(1)、わが国に於けるこれまでの谷光隆、五十嵐正一、多賀秋五郎の諸氏をはじめとする国子監研究は(2)、何れも『南雍志』を用いた南監中心のものであった。『皇明太学志』を容易に参照し得なかったためである。しかし近年、同書の刊本が出版され(3)、これまで不分明であった点の解明が期待される。

ところで、監生の増減は人材養成の盛衰を示す一つの目安であり、『皇明太学志』巻一二・人材下・歳報には、

祖宗の時、未だ入貲の例有らず、而して監に在る者、輒ち将に万人ならんとせり。今、例を開きて極《はなは》だ広きも、而るに班生落落《さいがくせい》とし、歳終の出入、千人に満たず。是れ其の故を求めざるべけんや(4)。

とあり、国初に一万人にも上った在籍監生が今は千人にも満たないが、その理由を探るべきだという。そこで本章で

は、その増減を再確認して背景を探ることとし、不分明であった点を解明するための基礎的作業としたい。
なお、明代監生の増減を示す前に、南北各監の在籍者数に影響を及ぼす要因について確認しておきたいと思う。具体的には南北何れの国子監に入学したかという点、及び転送の問題であり、ともに監生全体の人数に影響するものではないが、各監の在籍数を変動させる原因であった。

第一節　入監と転送

（一）　本籍地と入監

明代の国子監は北京国子監設置によって南北に並立することになったが、まず南北何れに入学したのかという点を確認しておこう。
『南雍志』巻二・事紀二・永楽五年五月庚戌の条に、

監生曹盈ら奏言すらく、原籍は山西なり。願うらくは、北京国子監へ改入せしめられんことを、と。之に従う。(5)

とあるが、こうした記事は同じく同九年四月癸丑の条に、

監生胡彝奏言すらく、籍は本《もと》山西なり。願うらくは、北監へ改入せしめられんことを、と。之に従う。(6)

と、同年八月乙卯の条にも、

監生靖宣ら言く、山西大同等府の学生より歳貢もて入監せり。今願うらくは、北監へ赴き読書せしめられんことを、と。之に従う。(7)

と見え、山西に本籍を有するいわゆる北人が南監に在学していたことがわかる。その一方で、『太宗実録』巻一一三

八・永楽十九年六月甲寅の条、礼部の上言に、

国子監生、歳ごとに益々増え、又会試下第挙人、例として監に送らしめ、今、学舎隘く容るる能わず。請うらくは監生の南人の者を以て、南京国子監に送り、下第挙人もて原学に発還し、業を進めて以て後科を待たしめんことを。……(8)

とあり、このころ北京国子監が手狭になったというが、この上言により、先の例とは逆に、南人が北監に入学していたことが分かる。これらのことから、永楽年間には本籍地と入監先に関する規定は設けられていなかったことが知られよう。右の礼部の上言は裁可された（後述）が、定制となったか否かは明確でない。

ところが『英宗実録』巻四〇・正統三年三月癸卯の条、北京国子監助教李洪の上言に、

一、国学は、乃ち天下の賢才を養育するの所にして、粤に北京に肇建してより、南北分かれて二監と為る。例として南人を以て南監に入れ、北人もて北監に入るるは、原より人情の居る所にして、固より風土の宜しきに適うも、用人任事を論ずるに、実に繁簡の異有り。切に照すらく、北京内外の諸司の用うる所の監生、倶に北監より選取せるも、惟だに北人の書筭に精通する者少なきのみならず、抑且つ在監の人数、差遣に敷せず。乞うらくは該部に勅［勅］し、今後、南人の歳貢の北監に入るを願う者、之を許さば、則ち賢才は観国の心を遂げ、京師は多賢の用を獲ん。(9)

とあり、実施が命ぜられている。これにより、この時まで南人の南監入学、北人の北監入学が定められていたことが分かるが、具体的な地域区分は次のようになっていた。(10)

北京国子監…北直隷、河南、山東、山西、陝西、四川、貴州。

南京国子監…南直隷、浙江、江西、福建、湖広、広東、広西、雲南。（雲南は景泰七年以降、北監へと変更）

ただ『皇明太学志』巻七・政事上・廂儀に、

> 凡そ官恩生・挙人・援例生の当に入監すべき者は、南北を分かたず、惟だ其の願う所なるなり。惟だ歳貢生のみ例有り、地方に照して南北二監に分送す。浙江・江西・福建・湖広・広東・広西・南直隷は則ち南監に送り、山西・山東・陝西・河南・雲南・貴州・四川・北直隷は則ち北監に送る。(11)

とあり、また同書・巻一〇・論議下・革欺弊にのせる、嘉靖六年、祭酒厳嵩の条陳を受けた礼部の覆議に、

> 祖宗、南北二監を設立し、惟だ歳貢一行のみ、各々原定の地方に照して、南北に分列し、例として改移せず。挙人・恩生及び納銀人等の若きは、原より定例無く、或は南し或は北するに、其の自ら便なるを聴《ゆる》す。或は已に北監に坐して南に改むる、或は已に南監に坐して北に改むるは、倶に例として禁ずる無し。(12)

とあることからわかるように、歳貢の場合に限られ、その他による入監では別段定められてはいなかった。(13)

なお、こうした区分が何年に設けられたかは明確にし得ない。あるいは科挙の南北巻実施(14)と関連があるかもしれないが、これについては検討を続けたい。

（二）　監生の転送

次に、監生の転送について述べておこう。南監における監生の増減に関係して、宣徳～景泰の間は、在学期間の長い監生を北監に転送することが行われ、景泰～成化の間は、南監に起貢すべき南直隷府州県の歳貢生を北監に充撥することが行われた。しかし成化以後になると南監より北監への転寄は停止され、却って北監より南監への改送が多くなった。要するに、成化以前には北監への転送が、それ以後は逆に南監への改送が目立つのである。(15)

【北監への転送】

まず南監から北監への転送を、『南雍志』により確認しておくと、巻二・事紀二・宣徳二年正月乙未、

工科給事中郭永清奏言す、南京国子監生は坐堂の年深く、久しく未だ取撥せられず、以て年老いて、任用に堪えざるを致せり、と。上命じて、年深き者二百名を取り、北監に送りて読書せしめ、歴事に闕有るに遇わば、相参して取撥せしむ。(16)

とあるように、在学期間の長い(坐堂年深の)監生二〇〇人を北監に転送せしめている。さらに同年十月乙丑、御史何文淵が、

南京国子監生、多く五十餘歳、在監十五、六年にして、未だ出身を得ざる者有るは、南京衙門の取撥の歴事、数少なき故によるなり。北監の若きは、則ち在監の日少なく、而して取用の歴事、数多し。宜しく両京監生の入監の年月を査勘し、循次相兼ねて取撥すべし。(17)

と上奏し、これを受けた礼部が前例にならって二〇〇人を北監に入れることを奏請した。これも裁可されて転送せしめたが、理由はともに、南京衙門への取撥数が南監の監生数に比べて相対的に少なく、現状のままでは彼ら監生が高齢となってしまうところにあり、その打開策として南監監生の北京衙門への取撥を認め、入学時期を基準にして両国子監から取用すべきとしたのである。

既出の北京国子監助教李洪の上言に「切に照すらく、北京内外の諸司の用うる所の監生、倶に北監より選取せるも、惟だに北人の書算に精通する者少なきのみならず、……」(『英宗実録』巻四〇・正統三年三月癸卯の条)とあったことからも確認できるように、北監監生は北京衙門へ、南監監生は南京衙門へ撥歴する措置が取られていたが、こうした措置に見直しが行われた。同年七月までは取撥の序次が入監の年月を基準としていたので(18)、南北何れの国子監に在籍し

ても、北京または南京の衙門に順次取撥されることになったのである。ただし、これが定制となったとするのは疑わしい。

ついで『南雍志』巻三・事紀三によると、正統十四年十二月乙丑、次のような命が下された。

　令すらく、南直隷府州県の歳貢生員は、倶に北監に入れて読書せしむ。仍お南監に行して、循次取撥し、坐堂監生一百人は、北監に転寄し、相参して撥歴せしむ。[19]

歳貢生については既に述べたように、遅くとも正統三年には入監先が確定しており、南直隷の府州県学からは南監に入る規定であった。その歳貢生を北監に入学させ、それとともに南監の在学監生一〇〇人を北監へ転送させた。理由については、同条に続けて、

　是より先、監生朱玉ら一千五百六十五人、聯名して告称すらく、永楽・宣徳中、両監均しく撥歴を取るも、後、減省せるに因り、毎年南監は惟だ三百名を取るのみにして、更に別途無くんば、以て北監に進め、既に四百名を取れり。復た写誥・清黄に由りて出身せる者有り。南監に貢すべき地方は八処《南直隷・浙江・江西・福建・湖広・広東・広西・雲南》、北監は七処《北直隷・河南・山東・山西・陝西・四川・貴州》。南監九年を以て之を計うれば、則ち北監より多きも、三年の貢をもってせば、取用は反って北監より少なく、諸生久淹す。衰老するに至るは、職《もつぱ》ら此の故なり、と。是に於いて礼部、適宜奏請するを以て、乃ち是の令を下さる。[20]（《　》は割註）

とあるところから分かるように、宣徳以来、転送の理由として屢々述べられていた点と全く同じである。因みに、南直隷からの歳貢生が南監に入る規定に戻されたのは成化十二年二月のことで[21]、そのころには却って北監より南監への改送が多くなっていた。

ここで北監へ転送された人数が分かるものを整理しておくと、次のようになる。[22]

宣徳　二年　正月　　二〇〇人
〃　〃　十月　　二〇〇人
正統十四年十二月　　一〇〇人
景泰　元年　三月　　一〇〇人

ところで、転送の理由には、上述したように南京衙門での取撥が監生数に比べて相対的に少ない点が挙げられていたが、ここで歴缺の数および歴事期間に関わる南・北での相違の有無について確認しておきたい。

【歴缺の数と歴事期間】

南京衙門の歴缺は、永楽の頃には大約四〇〇名であったものが、景泰元年には二〇〇名ほどに減少し、ついで成化以降、総数は固定しなかったが、おおよそ四〇〇名内外であった[23]。

これに対し、北京衙門の歴缺については、『皇明太学志』巻七・政事上・歴事に記載があり、その数を合計すると正歴四一四名、雑歴一四七名、長差二四〇名、短差三四一名で、総計一一四二名となる。しかし、この記載に関しては年代が明記されていない。年代の分かるものとしては、総数で一八〇〇名以上（成化二三年）、一一〇九名（弘治八年）、七五二名（嘉靖一〇年）、八八七名（嘉靖一五年）、九三八名（嘉靖一六年）、一〇八〇名（嘉靖一九年）となる[24]。すなわち、一八〇〇名の場合もあるが、おおよそ九〇〇名から一一〇〇名程度であった[25]。

次に、歴事の期間。明代中期の南京衙門においては、在学監生と撥歴のそれぞれの数に対応して、歴事期間が短縮もしくは延長された。天順・成化の間における短縮傾向は在学監生の過多に由来するものであり、弘治～嘉靖の間における延長傾向はその過少に対応したものであった。この点は『南雍志』を用いた谷氏により解明されたのだが[26]、その期間を整理すると、左の通りになる。

こうした対応を北京衙門について『皇明太学志』の記載により確認してみると、欠落で不明の箇所（左表の成化五年より弘治八年）を除き、何れの記事も『南雍志』に見えるところとほぼ同じである。(27)

これにより、歴事の期間は少なくとも景泰四年以降、両京衙門で長短の相違はなかったと見て大過なく、北京衙門

年次	正歴	写本	長差
景泰　四年	1年3ヶ月	1年	3年
天順　六年	1年	1年	
〃　八年	6ヶ月	8ヶ月	1年6ヶ月
成化　五年		1年	
〃　六年	1年	1年	
〃　七年	10ヶ月		
〃　十二年	6ヶ月	8ヶ月	
弘治　八年	1年3ヶ月	1年	3年
〃　十五年	1年		2年
正徳　五年	8ヶ月	10ヶ月	1年6ヶ月
〃　八年	1年	1年	2年
嘉靖　十年	1年3ヶ月	1年	3年
〃　十五年	1年	（雑歴）9ヶ月	
〃　十六年	9ヶ月	（雑歴）6ヶ月	

でも北監の在学監生が減少すると歴缺の削減及び歴事期間の延長が、増加するとその逆の措置がとられていたのである。(28)

以上のように歴缺の数には屢々変動が見られたが、おおよそ南京衙門が四〇〇名内外であるのに対して、北京衙門が九〇〇名から一一〇〇名程度と倍以上であった。また歴事の期間は両京衙門で長短の相違がなく、ともに在学監生の増減に応じて歴缺の増減、歴事期間の延長もしくは短縮が行われた。つまり南・北で歴事期間に相違はないが、歴缺の数は北京衙門のほうが倍以上あり、よって、在学数とのバランスを考慮して南監監生に北監への転送が命ぜられたのは、両監を同等と見た、言わば当然の措置と言える。しかしながら成化以降になると、逆に北監から南監への改送が目立ってくる。

【南監への改送】

『南雍志』巻四・事紀四・弘治七年正月辛丑の条に、

本監（＝南監）、坐班の人少なきを以て、原より北監に坐せる南人の納粟民生楊懐らを行取し、本監へ改送、補班せしめたり。(29)

とあるように、下令によって南監へ改送させた。成化後半から弘治にかけては在籍者の約三〇％（五〜六〇〇名程度）しか在学しておらず(30)、在学監生の不足とそれに伴う取撥不足を補うための措置であった。

このほか同書同巻では、次に示すように希望により北監から南監へ改送される記事が目立ってくる。成化十六年の四月には南京吏部尚書崔恭の子珂と南京礼部尚書倪謙の子阜が、十一月には南京太僕寺卿王栄の子愈が、南監へ改送された(31)。これらは官僚の子弟（いわゆる官生）であるが、同二十一年閏四月には二九人の捐納監生も上奏を経て南監への改送が許された(32)。そして同二十三年四月には、

令すらく、北方の科貢・納粟監生の、南監へ入らんと告す者は、聴す(33)。

との命も下り、さらに同年十月、丘濬の奏言に、

北監の南人は数少なく、誠に偏重為り。進学の意を夾持するを失う有り。欲すらくは、本年の会試下第挙人の部に到りて、南監に入らんと告すもの、及び新たに中れる挙人の放回依親せしめたる者を将て、北監挙人の奏准せられし南監に入るの事例に照依して、尽数本監へ送入し読書せしめん(34)。

とある(35)。すなわち、この年の会試不合格者（下第挙人）の中で南監入学を希望する者および新規合格者（挙人）のうちで依親により帰郷が命ぜられる者を、ことごとく南監に入れるべきと述べたのであり、結局は裁可された。なお、この丘濬は、『明史』巻二八六・文苑二・羅玘伝に、

丘濬（北監）祭酒と為り、議して、南人は北監に留まるを得ざらしむ。(36)

とあるように、南監への改送を徹底して実施した。

このように改送を許可した記述は、『南雍志』巻四・事紀四では弘治年間にもある。ここで同書に見える成化～弘治の間における改送の人数を整理しておくと、次のようになる。合計すると一一〇人以上で、期間に比べて必ずしも多いとは言えないが、少しは在学監生の不足を補ったのであろう。

成化	十六年	四月	二人	（同年同月の条）
〃	〃	十一月	一人	（同年同月己亥の条）
〃	二十一年	閏四月	二九人	（同年同月辛丑の条）
弘治	七年	正月	一人以上	（同年同月辛丑の条）
〃	〃	二月	六四人以上	（同年同月丙戌の条）
〃	八年	正月	四人	（同年同月の条）
〃	〃	十一月	一人	（同年同月壬午の条）
〃	〃	十二月	一人	（同年同月の条）
〃	十年	正月	一人	（同年同月己酉の条）
〃	〃	十二月	一人	（同年同月己巳の条）
〃	十四年	三月	二人	（同年同月庚戌の条）
〃	十五年	三月	一人	（同年同月丁卯の条）
〃	十六年	三月	二人	（同年同月の条）

ただし弘治十七年八月、挙人監生張紘らが南監から北監への改送を願って許可されており、[37] 誰もが南監への転入をはかっていた訳ではない。とはいえ、以上のように成化以降、北監から南監への改送が目立つ。その理由としては、一方に南監に於いて在学監生が不足し、取撥不足のためにこれを補充せざるを得ないという現状があり、他方に改送によって在学期間を詐り、速く撥歴にあずかろうとする監生たちの企図があった。[38] しかし、その人数は少なく、成化以降の改送による北監の在籍監生の減少は、天順までの南監から北監への転送に比べても、多いとは言えない。

以上、在籍監生全体の増減には影響しないが、南北各監の在籍数に影響する要因について検討を加えた。その結果、本籍地によって入監先が決められているのは歳貢生の場合であったこと、および各監の在学監生の増減により転送が行われていたことを確認した。これを踏まえて、次節では在籍監生全体の増減を示し、背景を考察する。

第二節　在籍監生の増減

北京国子監に於ける在籍監生の増減を知るべき資料として『皇明太学志』巻一二・人材下・歳報があるが、その冒頭に、

> 歳報監生冊は、周の所謂学士の版（戸籍簿）なり。歳終ごとに、一歳の諸生の数を総《す》べ、挙・貢・官・例、旧管・新収・開除・実在の目に分かち、冊を具し以て天府（宮中の府庫）に献ず。蓋し人材の興替、是に於て験《あきら》かなり。[39]

と見える。毎年末に監生の数を調査し、挙人・歳貢・官恩生・援例生（例貢）、および旧管・新収・開除・実在の項目に分けて報告する歳報冊が作成されていた。同書には、永楽七年より弘治十六年までと、嘉靖二十二年から万暦九

年までの在籍数が年次ごとに列挙されている。このうち嘉靖二十二年から万暦九年までについては林麗月氏により整理されているので省略し[40]、ここでは弘治十六年までを整理すると［表］の「北京国子監」の部分になる。なお、成化二年までと翌三年以降とで監生の分類の仕方が異なっており、それぞれの仕方に従った。

この歳報冊は当然南京国子監でも作成され、『南雍志』巻一五・儲養考上・儲養生徒之名数によると、途中に欠落の年次もあるが、洪武十五年から嘉靖二十一年までの人数が分かる。［表］にはその南監監生の人数も書き添え、また両監の人数を合計した。これにより在籍監生の総数が分かるのは永楽七年より成化十五年までの期間である[41]。

さて［表］から気付くのは、ピーク時は永楽二十年と成化元年だが、一万人を目安とすれば、正統末年以降は漸増の時期とも言える。逆に減少時では宣徳元年から二年にかけて五千人余りが、成化二年から三年にかけては一万二千人も減っている。ピーク時、減少時ともに谷氏が分析した南監の傾向とほぼ同じと言えるが、成化元年のピーク時の人数が永楽二十年よりも多いなど、やや異なる点もある。以下、この［表］とそれに基づき作成したグラフを参照し、かつ南北各監の事情を考慮しつつ、当該期間における監生数の増減の背景について検討を加えていく。

なお前節で述べたように、天順までは南監から北監への転送があり、成化以降は逆に北監から南監への改送があった。各監の在籍者数にさほど大きな影響を与えたものではないが、便宜上、時期を天順以前と成化以降とに分けることにする。

【永楽～天順】

まず、永楽後半に第一のピークがあった。この時期の増加は北京国子監の設置に起因していた。すなわち、北監は永楽元年二月に設置され[42]、順天府学が設けられた同年五月に、応天府の例に準じて廃止された大興・宛平二県学の生

表　在籍監生数

年次	北京国子監				南京国子監	総計
	官生	民生	その他	合計	合計	
永楽 7	21	1007		1028	6198	7226
8	30	1305		1335	6557*	7892※
9	31	1520		1551	6629	8180
10	38	1560		1598	7683*	9281※
11	38	1610		1648	7754	9402
12	40	1714		1754	6628	8382
13	41	1747		1788	8260	10048
14	41	1750		1791	8561	10352
15	42	2058		2100	8467	10567
16	45	2105		2150	8554	10704
17	58	2700		2758	8551	11309
18	60	5400		5200*	9552*	14752※
19	60	5239		5299	9884	15183
20	65	5235		5300	9972	15272
21	68	5272		5340	9861*	15201※
22	70	5330		5400	9533	14933
洪熙 1	75	5330		5405	8559*	13964※
宣徳 1	75	5255		5330	8666*	13996※
2	70	1120		1190	7054	8244
3	57	1700		1757	5615	7372
4	59	1650		1709	4893*	6602※
5	59	1650		1709	4383	6092
6	60	2440		2500	2894*	5394※
7	70	3130		3200	3326	6526
8	4230		26	4256	3385	7641
9	4097		26	4123	3210	7333
10	4326		26	4352	3392	7744
正統 1	4351		1	4352	3362	7714
2	70	3725		3795	3295	7090
3	75	3846		3921	3409	7330
4	73	3830		3902*	2599	6501※
5	74	3540		3614	2736	6350
6	70	3780		3850	2736*	6586※
7	71	3405		3476	2565	6041
8	72	2834		2906	2539	5445
9	75	2977		3052	2780	5832
10	75	3980		4055	2799*	6854※
11	77	4135		4112*	2933	7045※
12	78	4132		4210	3933	8143
13	79	4621		4700	4426	9126
14	79	5766		5845	4284	10129
景泰 1	73	5102		5202*	4371	9573※
2	76	6032		6108	4825	10933
3	78	7401		7479	4735	12214
4	79	8994		9073	5010	14083
5	77	8624		8701	5179*	13880※
6	2	8609	28	8639	4846	13485
7	5	8950	21	8993*	4940	13933※
天順 1	4	8950	21	8975	4607	13582
2	4	8790	21	8815	4450	13265
3	7	8128	22	8157	4880*	13037※
4	6	9140	20	9166	4146	13312
5	7	8447	22	8476	3093	11569
6	7	13540	22	13569	3398	16967
7	18	13493		13511	4344	17855
8	22	11994		12016	5833	17849
成化 1	23	12988		13011	6177	19188
2	10	12860		12870	6020	18890

年次	北京国子監				南京国子監	総計
	官生	歳貢	挙人	合計	合計	
成化 3	3	821	161	984*	5720	6704※
4	3	852	180	1035	5487	6522
5	3	797	212	1012	5262	6274
6	2	849	230	1081	3681	4762
7	2	725	240	969*	3226	4195※
8	5	611	280	896	3112	4008
9	3	927	191	1121	2813	3934
10	3	1111	186	1310*	2621	3931※
11	2	816	174	992	2046*	3038※
12	3	896	230	1130*	1989	3119※
13	2	1077	241	1310*	1703	3013※
14	5	674	310	989	2026	3015
15	□	780	258	1042	1960	3002
16	6	931	324	1216*		
17	2	781	420	1203		
18	1	1481	240	1722		
19	3	1322	191	1516		
20	4	691	441	1136		
21	6	444	117	567		
22	3	553	175	731		
23	4	1240	192	1436		
弘治 1	1	1109	189	1299		
2	3	1140	172	1315		
3	7	1246	246	1499		
4	7	1160	206	1373		
5	5	881	272	1158		
6	9	913	125	1047		
7	7	789	98	894		
8	8	398	138	544		
9	7	667	82	756		
10	3	778	156	936*		
11	3	792	97	892		
12	3	670	81	754		
13	5	1296	295	1596		
14	5	1611	222	1838		
15	6	1720	412	2138		
16	13	1507	421	1941		

［備考］表中の＊は各監で内訳と合計の数値が一致しない場合を、※は何れかの合計に不備があるがプラスして総計を出した場合を、それぞれ指している。

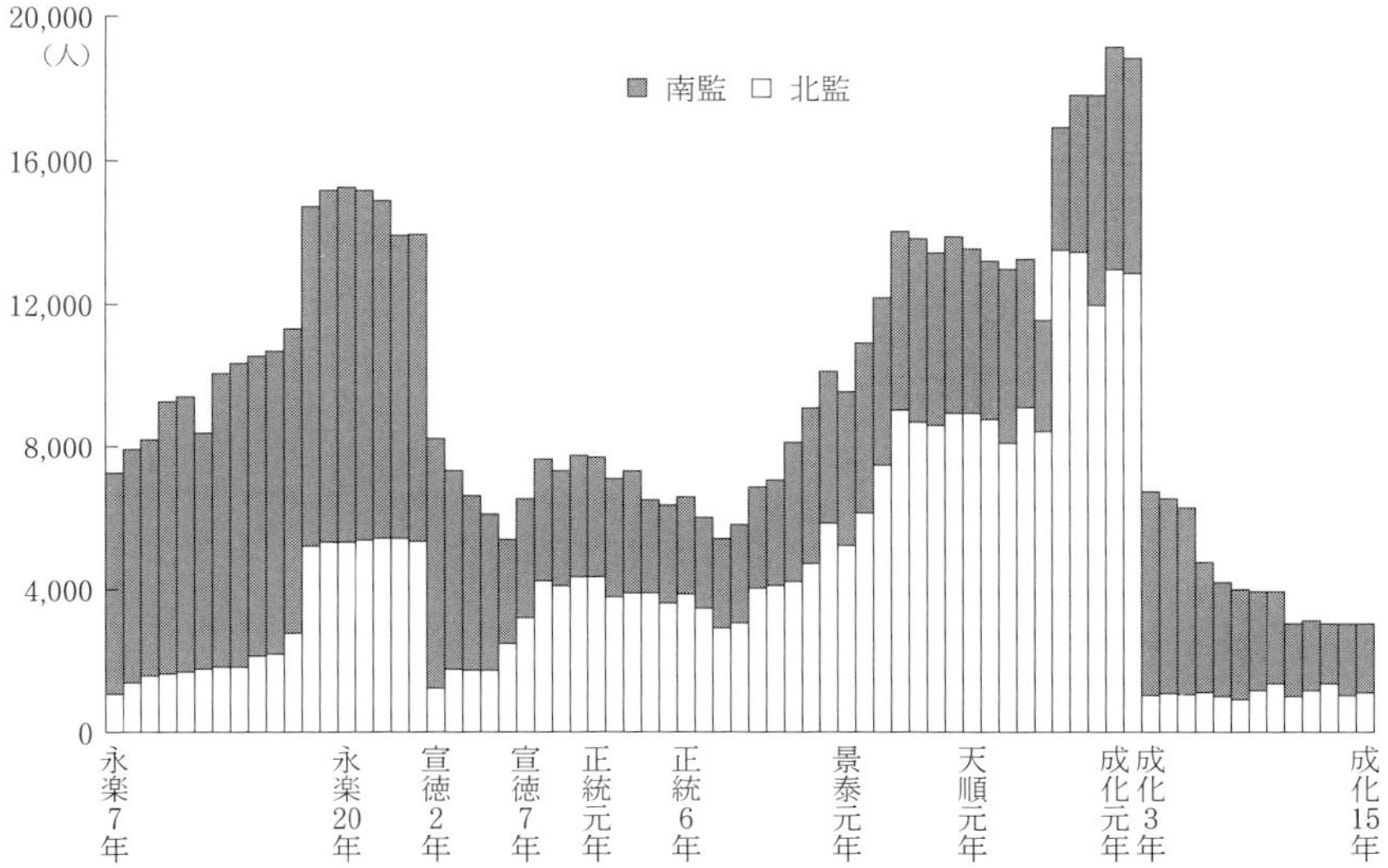

員の一部を吸収し、[43]また翌二年十二月には、在学監生が少ないことを理由に歳貢数の増額が命ぜられた。[44]北監の当初の監生数は不明だが、同七年には一〇二八名となり、以後漸増した。

ここで歳貢の額数について述べておくと、明一代を通じて府州県学からの生員の起貢数は三種類に分けられるので、ここでは便宜上(a)〜(c)とする。それぞれ(a)は府学より毎歳一人、州学より二歳に一人、県学より三歳に一人、(b)は府学より毎歳二人、州学より二歳に三人、県学より毎歳一人、(c)は府学より毎歳一人、州学より三歳に二人、県学より二歳に一人の起貢数とする。この永楽二年には洪武二十五年の例に従うものとされ、(a)より(b)に増額されたのであり、谷氏の推算によると、それ以前の額数に比べて一年当たり八〇〇名〜一二〇〇名ほど増加することになる。[45]勿論これは両監あわせての数である。

なお、歳貢による場合、考選の上で入監が許可される規定であったが、増員が図られる時期に不合格者は少なかったであろう。換言すれば、右の推算値以上の増加があり得た。

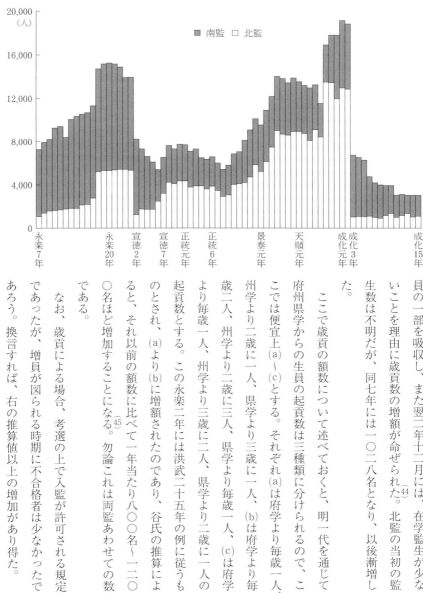

ところで北監では、［表］にあるように、「民生」が永楽十八年に前年の二七〇〇名から五二〇〇名へと急増した。右の推算および考選が厳格に行われなかったという推測とを考えあわせても、これだけの増加を歳貢だけで説明するのは困難であろう。そこで参考になるのは、前にも引用した『太宗実録』巻二三八・同十九年六月甲寅の条にのせる、次の礼部の上言であり、

国子監生、歳ごとに益々増え、又会試下第挙人、例として監に送らしめ、今、学舎隘く容るる能わず。請うらくは監生の南人の者を以て、南京国子監に送り、下第挙人もて原学に発還し、業を進めて以て後科を待たしめんことを。自今、歳貢生員は、請うらくは、洪武三十年の例の如く、府は一年ごとに、州は二年ごとに、県は三年ごとに一人を貢さんことを。之に従う。(46)

と、北京国子監が手狭になった理由として、監生数の増加以外に会試不合格者（下第挙人）の入学が挙げられていた。『皇明太学志』の統計では、成化二年までは監生を「官生」と「民生」に分類しているが、それに加えて、宣徳八年から正統元年までは「冠帯挙人」の人数が、景泰六年から天順六年には「軍生」の人数も、それぞれ記されている。したがって［表］にあるように、永楽十九年末の在籍監生は五二九九名、内訳は「官生」六〇名、「民生」五二三九名で、挙人の在籍は明示されていないが、あるいは「民生」に冠帯挙人ではない一般の挙人も含まれていたのではなかろうか。であるとして、会試は永楽十九年三月に実施され、その結果を受けて入監者が増加したとすれば、同年六月の礼部の上言も首肯できる。しかし、統計ではその前年に急増しており、挙人の増加によるものだとすると、その前回、十六年実施の会試不合格者が大挙入監していたことになる。既に触れたように、この十九年の正月に北京遷都が実施され、前年十一月には北京国子監が国子監と改称されていた。おそらく遷都にあわせて挙人の入監が徹底されていたものであろう。

なお永楽十九年六月、右の礼部の上言が裁可され、南人の南監入学、挙人の原学（本籍地の府州県学）入学、歳貢数の削減が命ぜられたのであるが、歳貢については永楽二年と逆の措置がとられたことになる（前述の便宜上の区別では、額数が(b)から(a)へ削減）。

以上は北監の状況だが、南監でも漸増の後、永楽十七年から十八年にかけて約一〇〇〇名が増加している。南監の統計では監生に「挙人」の分類があるが、ともに四六名で変化はない[47]。歳貢数の増額による影響ではなかろうか。

北監と南監を合わせた在籍者総数は永楽二十年が第一のピークで、その三年ほど前から増加が目立っていた。理由としては歳貢数の増額のほか、北京遷都に向けての挙人の入監が考えられるが、北監の統計では確認できない。

その後は減少に転じたが、谷氏によると、宣徳年間の在籍監生減少の理由は老疾監生の追放にあったという[48]。『宣宗実録』巻二八・宣徳二年六月己卯の条には、

行在礼部尚書胡濙奏す、北京国子監生及び見に各衙門に撥せられ歴事せる者、其の間に年老貌陋にして教用に堪えざるもの有り。請うらくは、六部尚書・都察院都御史・通政司・大理寺・翰林院の堂上官・六科給事中に令して、監官と公同して揀選し、凡そ年五十五歳以上及び残疾貌陋にして堪えざる者、皆罷して民と為さば、教養に孤《そむ》かざるに庶幾からん。上、之に従う。……[49]

とあり、早くも翌七月に北監で一九五〇人、南監で一五〇〇人余りが追放されたが、実はこうした追放の命が宣徳二年から正統八年にかけ屡々下されていた。『実録』等からその人数がわかるものをまとめると、次のようになる[50]。

宣徳二年　七月　一九五〇人　（北監）
〃　〃　〃　一五〇〇人余（南監）
〃　四年　九月　二五三人　（両監）

〃十年　四月　　七一六人　（両監？）
〃〃十一月　　二三六人　（北監）
正統四年　八月　二四〇人　（両監？）
〃六年　七月　　八〇人　（両監）
〃七年　四月　　二八人　（両監？）
〃八年　五月　一〇二人　（両監？）

［表］で減少が著しい宣徳二年を見ると、南監では前年の八六六六名から七〇五四名へと一六一二人が減少したが、二年七月に追放された老疾監生は一五〇〇人余りで、減少数に極めて近い。すなわち南監での減少は老疾監生の追放によるものと考えてよいであろうが、このほか二年正月と十月に合わせて四〇〇人が北監へ転送されており（前節にて既述）、この減少も影響したであろう。

これに対し北監では、五三三〇名から一一九〇名へと四一四〇人が減少した。二年七月に追放された老疾監生は一九五〇人だが、南監からの転入者が四〇〇人いるので、これを考慮すると、当該期の北監では追放以外の理由で二五〇〇人余りの者が減少したことになる。これだけの減少の理由として、他に考えられるのは、府州県学の教官への任用である。

洪武中期の科挙復活後、府州県学の教官には副榜挙人を、のちには会試不合格の挙人を任用することになっていた。しかし、永楽の末頃から、地位の低さと待遇の卑冷とを嫌って任用を避け、入監を望む挙人が増加してくる。このため教官には欠員が目立つようになり、出来の悪い歳貢生を生み出す要因とも考えられた。そこで任用されたのが監生であり、教官の質的低下との批判も聞くことになったのだが、結局教官の待遇改善に何らの手も加えられず、したがって監生の任用は改まらなかった[51]。

その人数については、例えば宣徳元年三月に二八〇人の採用が確認できる程度だが、宣徳から正統年間にかけては教官に副榜挙人の任用を求める上奏が屢々見られ[52]、その一方で副榜挙人は入監する現状があり[53]、したがって監生の教官任用は少なからず行われていたものと考えられる。右のほか、管見の限りでは、同十年八月の四〇〇人、正統十年十月の一三三人の任用が分かる[54]。

宣徳二年ごろ監生全体の数が大幅に減少したが、その理由としては老疾監生の追放のほか、教官への任用が考えられるのである。

宣徳後半から正統にかけても、引き続き老疾監生の追放が行われた（前述）が、全体の傾向としては増加に転じた。そこで確認すべきは歳貢数の変化であるが、在学監生の不足を理由に、宣徳七年実施分より歳貢数が増額された。既述の便宜上の区別では額数が(a)より(b)へ増加され、推算では一年に八〇〇人から一二〇〇人程度が増える。その後、正統六年にもとの額数に削減された。(b)より(c)への減額であり、同じく一年に六〇〇人から九〇〇人程度が減少する[55]。

このように宣徳七年から正統五年まで歳貢数が一時的に増額され、この間の在籍監生は総計七〇〇〇名前後に増え、以後はその削減によって減少した。その後、在籍監生は正統末年に一万人を越したが、既に指摘されているように、例貢によるものであった。四五歳または四〇歳以上の生員を考選の上で入監させる例貢は、宣徳八年に始まり、正統十年、天順五年にも実施が確認できる[56]。ついで景泰以降には捐納が実施され、その入監者数は八～九〇〇〇人（景泰年間）、七〇〇〇人余り（天順年間）で、在籍者数は急増した[57]。この景泰・天順期の例貢と捐納を合わせた入監者は一万人を越え[58]、成化元年に総計一万九一八八名となり、第二のピークを迎えた。

【成化以降】

次に成化以降を見るが、前節で述べたように、北監から南監への改送は考慮するほどの人数ではなかったので、触れずにおく。

さて在籍監生の総数は、成化二年から三年にかけ、一万八八九〇名から六七〇四名へと一万二千人以上が減少した。『皇明太学志』では二年と三年とで監生の分類の仕方が異なっており、数値に疑問を感じない訳ではない。とはいえ、相違を指摘し得るのでもないから、ここでは同書の記述に従う。とすれば、[表]にあるように、このとき南監での減少は三〇〇人に止まっているから、激減の理由は北監に求められねばならないであろう。北監で一万一千人以上も減少した理由は何であったか。

成化初頭における南監の監生数減少の理由について、谷氏は老疾監生の追放のほか、在監期間の短期化(歴缺の増加や歴事期間の短縮による)を挙げている。[59] ただ、後者の在監期間の短期化に速効性があったのかという点から、北監での減少の理由としては疑問に思われる。前者の追放は妥当であろう。『皇明太学志』巻一〇・論議下・汰衰庸に、

成化二年、令すらく、両京の監生は、礼部・都察院の堂上(官)が祭酒と公同し、一年に一次考選す。其の老疾鄙猥にして作養に堪えざる者は、冠帯を給与して閑住せしむ。[60]

とある。[61] 冠帯を与えて郷里に閑住せしめるものだが、実質的には宣徳初めと同様に追放であった。ただし、その人数を明確に示す記述は見当らない。

ここで監生が学籍を失う理由を考えてみると、前述以外に、例えば歴事を満了した場合がある。すなわち、その名を吏部の選簿に附して授官を待ついわゆる聴選監生となった場合であるが、これに関する出来事として、成化元年から二年にかけ盛んに行われた納米の事例がある。例えば『憲宗実録』巻一三・成化元年正月癸酉の条に、

戸部右侍郎薛遠奏す、両広の軍餉を処置するに、凡そ七事あり。……其の六、両広等処の放回依親せしめらる監生の、坐監せること三年以上の者は、米一百五十石を納め、未だ三年に及ばざる者は、米二百五十石を納むれば、其の坐監を免じて、起送聴選せしめん。其の聴選の給仮回還せる者、米一百石を納むれば、挨次に拘らず、就便に選用せん。……之に従う。[62]

とある。すなわち、①依親が命ぜられ帰郷している監生に、捐納（納米）により国子監在学（坐監）を免除して、吏部の選衡を待たせることとし、また②既に歴事を終了して選衡を待っている者の中で、給仮によって帰郷（回籍）している場合、やはり捐納すれば、直ちに選用することにしたのである。

この薛遠の上奏は、両広での猺族の反乱鎮圧に必要な軍餉を捻出するための方策として出されたもので、同地方に帰郷している監生に限定して実施されたのだが、実は成化元年から二年にかけ、こうした納米の事例が盛んに開かれた。『憲宗実録』によると、右の両広のほかに保定府（北直隷）・湖広・陝西で延べ五回実施されており、何れも右の①②の内容が含まれる。これをまとめると上のようになる。[63]

年次	地域　理由	① 依親監生（坐監3年以上）	① 依親監生（坐監3年未満）	② 聴選給仮回籍監生
成化元年正月	両広　軍餉不足	一五〇石	二五〇石	一〇〇石
〃　十月	保定　水害	三〇〇石	四〇〇石	二〇〇石
〃二年正月	湖広　軍餉不足	一五〇石	二五〇石	無
〃　二月	陝西　粮草不足	一五〇石	二五〇石	無
〃　三月	湖広　飢饉	二〇〇石	三〇〇石	一〇〇石

これら納米の事例の①では、吏部の選衡を待つことになり、在籍監生は減少する。それぞれの事例にどれだけの監生が応じたのかを徴すべき史料は、管見の限り見当らない。しかし、速効性という点から考えて、激減の原因の一つにこうした事例も影響し

たのではなかろうか。北監在籍者の多くがこれに応じたものであろう。

成化二年、特に北監で在籍監生が激減したが、その理由には、老疾監生の追放、在監期間の短期化のほかに、反乱鎮圧に必要な軍餉の捻出などを理由として実施された納米の事例が考えられる。

その後は、北監が一千名前後で、南監が五千から二千名程度、合計で六千から三千名程度へと減少した。やはり老疾監生の追放、在監期間の短期化が背景にあったと思われるが、そのほかに成化三年三月に停止が命ぜられた捐納入監も一因だったであろう。その停止期間中の同十一年頃には一五〇〇余人の捐納生がいたといい(64)、それは同年の在籍者総数三〇三八名の約半数を占める。しかし、これ以外に人数を提示し得ない。

おわりに

以上、本章では、これまで用いられてきた『南雍志』に加えて『皇明太学志』をも用い、在籍監生の総数が計算できる永楽七年より成化十五年までの期間において、その増減を示し、かつ背景について検討を加えた。不十分ながらも要点を記すと、次のようになる。

㈠　両監あわせての在籍監生の総数は、永楽二十年に第一のピークを、成化元年に第二のピークをむかえている。両者とも歳貢数が増額されたほか、前者の場合は挙人の入監があり、後者の場合は例貢・捐納の実施にも起因する。

㈡　また、その総数は宣徳初と成化初に減少しているが、両者とも老疾監生の追放が実行されたほか、前者では教官への任用も、後者では納米の事例が開かれたことも影響した。

ところで、在籍監生の増加に大きな影響を与えた捐納は、弘治年間の中断を経て、正徳以後、頻繁に実施された(65)。

しかし既に述べたように、成化十六年以降は監生全体を示す精確な人数が分からない。そうした制約はあるが、今後も監生の動向などについて検討を続けたい。

註

（1）林麗月『明代的国子監生』（台北、私立東呉大学中国学術著作奨助委員会、一九七八年）。

（2）谷光隆「明代監生の研究――仕官の一方途について――(一)(二)」（『史学雑誌』七三―四・六、一九六四年）、多賀秋五郎「明太宗の学校教育政策」（『近世東アジア教育史研究』、学術書出版会、一九七〇年）、五十嵐正一『中国近世教育史の研究』（国書刊行会、一九七九年）ほか。

（3）首都図書館編『太学文献大成』（中国・学苑出版社、一九九六年）全二〇冊のうちの第五～七冊。これについては簡単な紹介、補訂を試みた。渡昌弘「太学文献大成本『皇明太学志』補訂考」（『明代史研究』二六、一九九八年）。本章ではこの刊本を用いる。

（4）『皇明太学志』巻一二・人材下・歳報、

祖宗時、未有入貲之例、而在監者、輒将万人。今開例極広、而班生落落、歳終出入、不満千人。是可不求其故耶。

（5）『南雍志』巻一・事紀一・永楽五年五月庚戌の条、

監生曹盈等奏言、原籍山西。願改入北京国子監。従之。

（6）同右、永楽九年四月癸丑の条、

監生胡彝奏言、籍本山西。願改入北監。従之。

（7）同右、永楽九年八月乙卯の条、

監生靖宣等言、由山西大同等府学生歳貢入監。今願赴北監読書。従之。

（8）『太宗実録』巻二三八・永楽十九年六月甲寅の条、

礼部言、国子監生、歳益増、又会試下第挙人、例送監、今学舎隘不能容。請以監生南人者、送南京国子監、下第挙人、発還原学、進業以待後科。……

（9）『英宗実録』巻四〇・正統三年三月癸卯の条、

北京国子監助教李洪言三事。一、国学、乃養育天下賢才之所、粤自肇建北京、南北分為二監。例以南人入南監、北人入北監、原人情所居、固適風土之宜、論用人任事、実有繁簡之異。切照、北京内外諸司所用監生、倶於北監選取、不惟北人精通書筭者少、抑且在監人数、差遣不敷。乞勅該部、今後、南人歳貢、願入北監者許之、則賢才遂観国之心、京師獲多賢之用。……

（10）『皇明太学志』巻七・政事上・歴事「差歴備考」の正統十四年冬の条、『南雍志』巻三・事紀三・正統十四年十二月乙丑の条。景泰七年の変更は『南雍志』巻三・事紀三・景泰七年の条、『英宗実録』巻二六六・景泰七年五月辛未の条、参照。

（11）『皇明太学志』巻七・政事上・廂儀、

凡官恩生・挙人・援例生当入監者、不分南北、惟其所願。惟歳貢生有例、照地方分送南北二監。浙江・江西・福建・湖広・広東・広西・南直隷則送南監、山西・山東・陝西・河南・雲南・貴州・四川・北直隷則送北監。

（12）同書・巻一〇・論議下・革欺弊、

祖宗設立南北二監、惟歳貢一行、各照原定地方、分列南北、例不改移。若挙人・恩生及納銀人等、原無定例、或南或北、聴其自便。或已坐北監而改南、或已坐南監而改北、倶無例禁。

（13）『皇明太学志』巻七・政事上・廂儀の「凡改監」の条にも、

挙人・官恩援例生、南人入北監、或北人入南監、或父兄宦于両京、欲従依侍、有告改者、例得准行。惟歳貢生、各照原定地方分送両監、不得告改、然亦有不得已而改者。……

とある。

（14）南北巻については、檀上寛「明代科挙改革の政治的背景――南北巻の創設をめぐって――」（原載一九八六年。『明朝専制支配の史的構造』再録、汲古書院、一九九五年）、林麗月「科場競争与天下之『公』――明代科挙区域配額問題的一些考察

――」(『国立台湾師範大学歴史学報』二〇、一九九二年)などを参照。

(15) 谷「明代監生の研究(二)」(前掲)八一頁、註(12)。

(16) 『南雍志』巻二・事紀二・宣徳二年正月乙未の条、

工科給事中郭永清奏言、南京国子監生坐堂年深、久未取撥、以致年老、不堪任用。上命、取年深者二百名、送北監読書、遇歴事有闕、相参取撥。

また『皇明太学志』巻七・政事上・歴事「差歴備考」宣徳二年春の条も参照。

(17) 『南雍志』巻二・事紀二・宣徳二年十月乙丑の条、

南京国子監生、多有五十餘歳、在監十五六年、未得出身者、由南京衙門取撥歴事、数少故也。若北監、則在監之日少、而取用歴事、数多。宜査勘両京監生入監年月、循次相兼取撥。

また『皇明太学志』巻七・政事上・歴事「差歴備考」宣徳二年冬の条も参照。

(18) 谷「明代監生の研究(一)」(前掲)六八頁。

(19) 『南雍志』巻三・事紀三・正統十四年十二月乙丑の条、

令、南直隷府州県歳貢生員、俱入北監読書。仍行南監、循次取撥、坐堂監生一百人、転寄北監、相参撥歴。

また『皇明太学志』巻七・政事上・歴事「差歴備考」正統十四年冬の条も参照。

(20) 『南雍志』巻三・事紀三・正統十四年十二月乙丑の条、

先是、監生朱玉等一千五百六十五人、聯名告称、永楽・宣徳中、両監均取撥歴、後因減省、毎年南監惟取三百名、更無別途、以進北監、既取四百名矣。復有由写誥・清黄而出身者。南監該貢地方八処《南直隷・浙江・江西・福建・湖広・広東・広西・雲南》、北監七処《北直隷・河南・山東・山西・陝西・四川・貴州》。以南監九年計之、則多北監、三年之貢、而取用反少於北監、諸生久淹。至於衰老、職此故也。於是礼部、以適宜奏請、乃下是令。(《 》は割註)

(21) 『南雍志』巻四・事紀四・成化十二年二月己卯の条。

(22) 本文に提示した以外の典拠は、『南雍志』巻三・事紀三・景泰元年三月甲申の条。

(23) 谷「明代監生の研究㈠」(前掲)七二頁、八〇頁・註(22)。
(24) 『皇明太学志』巻七・政事上・歴事、及び谷「明代監生の研究㈠」(前掲)七三頁。
(25) 谷氏が明らかにした一〇〇〇名内外という数値と一致する(同右)。
(26) 谷「明代監生の研究㈠」(前掲)七三〜七五頁。
(27) 『皇明太学志』は巻七・政事上・歴事の記載による。ただ『皇明太学志』では嘉靖十五、十六年の長差の歴事期間を、それぞれ一年六ヶ月、一年三ヶ月と記しており、この点から「ほぼ同じ」とした。
(28) 例えば『皇明太学志』巻一〇・論議下・酌差歴によると、嘉靖十六年六月、礼部の奏に、弘治十五年と嘉靖六年には在学監生の減少に応じて歴缺を削減したとあり、また、そこに引用された同年の吏部の奏によると、歴缺の数は原額が正・雑歴あわせて八八七名で、歴事期間は正歴十二ヶ月、長差二十四ヶ月だが、在学監生が減少した嘉靖十年には、正・雑歴あわせて一三五名を削減し、期間は正歴十五ヶ月、長差三十六ヶ月に、それぞれ延長した。これとは反対に、在学監生が増加した嘉靖十五年には、歴缺の数は原額の八八七名にもどし、期間は正歴十二ヶ月、雑歴九ヶ月、長差十八ヶ月に、それぞれ短縮して疏通を図った、ということがわかる。
(29) 『南雍志』巻四・事紀四・弘治七年正月辛丑の条、
本監、以坐班人少、行取原坐北監南人納粟民生楊懐等、改送本監、補班。
(30) 谷「明代監生の研究㈡」(前掲)七八頁。
(31) 『南雍志』巻四・事紀四・成化十六年四月、同年十一月己亥の各条。
(32) 同右、成化二十一年閏四月辛丑の条。
(33) 同右、成化二十三年四月の条、
令、北方科貢・納粟監生、告入南監者聴。
(34) 同右、成化二十三年十月甲午の条、丘濬の奏言に、
北監南人数少、誠為偏重。有失夾持進学之意。欲将本年会試下第挙人到部、告入南監、及新中挙人放回依親者、照依北

監挙人奏准入南監事例、尽数送入本監読書。

(35) 同右、成化二十三年四月、同年十月甲午の条。

(36) 『明史』巻二八六・文苑二・羅玘伝、

丘濬為祭酒、議南人不得留北監。

(37) 『南雍志』巻四・事紀四・弘治十七年八月の条。

(38) 南監では、改入者には撥歴の一〇分の三を割当てるに止めた「三七の法」の実施により、北監からの改入を抑制した。『南雍志』巻四・事紀四・成化十六年正月己亥の条ほか参照。

(39) 『皇明太学志』巻一二・人材下・歳報、

歳報監生之冊、周所謂学士之版也。毎歳終、総一歳諸生之数、分挙貢官例、旧管新収開除実在之目、具冊以献於天府。蓋人材興替、於是験焉。

(40) 林『明代的国子監生』（前掲）一八〜二〇頁。

(41) 『南雍志』と『皇明太学志』のそれぞれに掲載された監生数を比べると、年次によって多い少ないは異なり、一定しない。このことから、一方の書が在籍監生全体の数を示しているのではないと言える。かつて多賀秋五郎氏は、『南雍志』掲載の監生数を「南北両監の数とみてよいようだ」（「明太宗の学校教育政策」（前掲）九一頁、註（36））と述べたが、谷氏はじめ諸氏が述べるように、南監の在籍監生を示したものであり、また『皇明太学志』掲載のそれは北監の在籍監生を示したものである。

(42) 北京国子監の設置を、『太宗実録』巻一七と『南雍志』巻二・事紀二ではともに永楽元年二月庚戌の条に載せているが、『皇明太学志』巻一・典制上・建学では永楽二年のこととする。なお北京国子監は洪熙元年に「行在」を称し、正統六年に「行在」を取ったというように、厳密には呼称に変化があった。本章では、呼称の相違によって論の展開に違いが生ずる訳でなく、また繁雑になるのを避けるために、北京国子監または北監で統一した。そして、これに対応して、南京のそれを南京国子監または南監と記している。

(43) 『太宗実録』巻二〇下・永楽元年五月甲午の条。
(44) 『太宗実録』巻三七・永楽二年十二月丙申の条、『南雍志』巻二・事紀二・永楽二年十二月丙申の条。
(45) 谷「明代監生の研究(二)」(前掲)七二～七三頁。
(46) 『太宗実録』巻二三八・永楽十九年六月甲寅の条、
国子監生、歳益増、又会試下第挙人、例送監、今学舎隘不能容。請以監生南人者、送南京国子監、下第挙人、発還原学、進業以待後科。自今、歳貢生員、請如洪武三十年例、府一年、州二年、県三年貢一人。従之。
(47) 谷「明代監生の研究(二)」(前掲)七〇頁・表。
(48) 谷「明代監生の研究(二)」(前掲)七五頁。
(49) 『宣宗実録』巻二八・宣徳二年六月己卯の条、
行在礼部尚書胡濙奏、北京国子監生及見撥各衙門歴事者、其間有年老貌陋、不堪教用。請、令六部尚書・都察院都御史・通政司・大理寺・翰林院堂上官・六科給事中、公同監官揀選、凡年五十五歳以上及残疾貌陋不堪者、皆罷為民、庶幾不孤教養。上従之。……
(50) 北監からの追放者数について、『宣宗実録』巻二九・宣徳二年七月戊戌の条に「凡一千九十五十人」とあり、『明会要』巻二五・学校上「国学」宣徳二年七月の条に「一千九百餘人」とあることから、このときの人数を一九五〇人と判断した。そのほかの典拠は以下の各条。『宣宗実録』巻五八・宣徳四年九月甲寅。『南雍志』巻二・事紀二・宣徳十年夏四月戊午、同年冬十一月丁酉。『英宗実録』巻五八・正統四年八月丁酉、巻八一・同六年七月丁巳、巻九一・同七年四月丁巳、巻一〇四・同八年五月丙辰。
(51) 府州県学の教官については、五十嵐正一「儒学教官の任用法」(『中国近世教育史の研究』(前掲)七七～九九頁)に詳しい。
(52) 『宣宗実録』巻一五・宣徳元年三月庚戌の条。副榜挙人の任用を求める上奏は、例えば『英宗実録』巻八六・正統六年閏十一月辛卯、巻一一五・同九年四月乙酉、巻一六三・同十三年二月戊辰の各条に見える。

(53) 例えば『英宗実録』巻一六四・正統十三年三月丙申の条にのせる礼部の上言によると、副榜挙人のうち入監希望者が四一三人いるのに対し、教官に就くのを希望する者は一八九人だという。
(54) 『南雍志』巻二・事紀二・宣徳十年八月戊辰、『英宗実録』巻一三四・正統十年十月乙巳の各条。
(55) 前註(45)。
(56) 『南雍志』巻二・事紀二～巻三・事紀三。谷「明代監生の研究㈡」（前掲）七三頁。
(57) 渡昌弘「捐納入監概観」（本書・第八章）二三〇頁。
(58) 『憲宗実録』巻二七・成化二年三月癸亥の条。谷「明代監生の研究㈡」（前掲）七三～七四頁。
(59) 谷「明代監生の研究㈡」（前掲）七五頁。
(60) 『皇明太学志』巻一〇・論議下・汰衰庸、
　成化二年令、両京監生、礼部・都察院堂上公同祭酒、一年一次考選。其老疾鄙猥不堪作養者、給與冠帯閑住。
(61) 『南雍志』巻四・事紀四・成化二年の条。
(62) 『憲宗実録』巻一三・成化元年正月癸酉の条、
　戸部右侍郎薛遠奏、処置両広軍餉、凡七事。……其六、両広等処放回依親監生、坐監三年以上者、納米一百五十石、未及三年者、納米二百五十石、免其坐監、起送聴選。其聴選給仮回還者、納米一百石、不拘挨次、就便選用。……従之。
(63) 典拠は『憲宗実録』の以下の各条。巻一三・成化元年正月癸酉、巻二一・同年十月戊子、巻二五・同二年正月己巳、巻二六・同年二月癸巳、巻二七・同年三月戊申。
(64) 『憲宗実録』巻一四六・成化十一年十月丙申の条。
(65) 明一代を通じた捐納入監の展開については、さしあたり渡「捐納入監概観」（前掲）を参照。

［補記］
　本章のもとになった論文は「明代監生の増減に関する一検討」（『東北大学東洋史論集』第九輯、二〇〇三年）で、『太学文献

大成』所収の『皇明太学志』を利用して、文字通り監生の増減について述べたものであった。しかし『皇明太学志』は『南雍志』に比べて年月の表記に曖昧なところがあるため、本章では、もとの論文で引用した『皇明太学志』の一部を『南雍志』に置き換えた。

第五章　明代中期の国子監官と監生

はじめに

明代における官僚選抜（官吏登用）制度の中心は科挙であるが、それを補完する役割を果したのが国子監である。すなわち太祖洪武帝によって人材養成と官僚選抜を同一機関にて行うことも試みられたのであった。そうした国子監の盛衰を見る上で参考となるものに在籍者の増減があり、これについては既に述べられ[1]、また監生が本籍地などに帰省する回籍の状況も一部明らかにされ、成化・弘治の頃の南京国子監では在籍者の七〇％ほどが回籍していた[2]。

ところで、国子監教育の実態を知るには、こうした監生側の状況だけでなく監官側からも見る必要がある。国子監に限らず、学校での教育の成果は師弟双方がうまくかみあって現れるからであり、この場合の成果とは官僚に任用されることである。そもそも祭酒をはじめとする国子監官には定員があり、指導に適切な監生の数には自ずと限界が生ずる。実際の指導という点からすると、回籍の割合云々よりも在学者数が重要になるのであり、在学監生に対して如何なる指導が行われ、任用されていったのかに検討を加える必要がある。すなわち、監官側から指導の状況を見ることも、国子監の実態を知る上で重要と思われる。しかしながら、これまでの研究は主に監生側から進められてきた感があり、指導を行う監官側からの検討は十分と言えない。とりわけ監官と監生との関わりを述べたものは少なく、しかも国初が中心である[3]。

次に示す清代編纂の『明史』『欽定続文献通考』は明一代を通観したものだが、そこに名が挙げられている人物は特記すべき指導を行ったということであろう。本章では、この二書の記述を手掛かりに祭酒・司業を取り上げ、監官側から検討を加えることにする。無論、祭酒・司業以外の監官も見る必要があるが、それは別の機会に譲る。なお念の為に付言すれば、明代国子監の祭酒・司業は言わば大学の総長・副総長であるが、監生に講義等を行う学官でもあった。(4)

さて『明史』巻一六三の伝賛に、

明太祖の時、国学の師儒は、体貌優重なり。魏観・宋訥は祭酒と為り、人才を造就（養成）し、克く其の職を挙ぐ。諸生は銜命奉使し、往往擢せられて大官と為り、科目（科挙）を以て進むを専らにせざるなり。中葉以還、流品稍や雑《ま》ざり、撥歴も亦た具文と為り、成均（国子監）の師の席は、儒臣序遷の地と為るに過ぎず。李時勉・陳敬宗の諸人は方廉清鯁にして、表範卓然なり。類《まと》めて之を伝うれば、観る者法《のっと》る所有るに庶からん。(5)

とあり、魏観・宋訥が祭酒であった洪武、そして永楽を通じて国子監は盛んで、監生から高官に就く者もいた。中葉以降、祭酒等は官僚の昇任の通過点に過ぎなくなったが、正統の初め頃に二人の名祭酒、陳敬宗と李時勉が出たという。両人は「南陳北李」と併称されたが、(6)同書・巻六九・選挙志一に、

……進士は日に益々重んぜられ、薦挙は遂に廃れて、挙貢は日に益々軽し。積分・歴事は初法を改めず、南北祭酒陳敬宗・李時勉ら、加意振飭すと雖も、已に漸く其の始めの如《ごと》からず。衆情の趨向せる所、専ら甲科（進士）に在ればなり。(7)

とあるように、両人の頃でさえ洪武・永楽には及ばず、衰微に傾いており、その理由を進士志向の高まりとする。(8)

また『欽定続文献通考』では巻四七・学校考一に、明代に於ける国子監教育の変化が、国初と中葉、万暦以後の三つの時期に分けて述べられている。(9)このうち第一期の国初は、宋訥ら祭酒が活躍した洪武・永楽年間、第二期は李時

勉ほか名祭酒の出た中葉で、ピーク時、第三期はそれ以後の衰退期とする。すなわち『明史』で指摘された「南陳北李」以降を、さらに二つの時期に分けているのである。第一期については既に検討が加えられているので[(10)]、本章ではそれに続く第二期について述べることにしたい。この『欽定続文献通考』巻四七・学校考一には、第二期について、

中葉に至るに及び、名儒輩出し、李時勉・陳敬宗・章懋・羅欽順・蔡清・崔銑・呂柟の如きは、南北に分教す。昼は則ち会饌堂を同じくし、夜は則ち灯火旦《よあけ》に徹し、家塾の其の子弟を教うるが如し。故に成材の士、多く其の門より出づ。筮仕（初任）の後、礼儀を知り廉隅を重んじ、主を尊び民を庇う。事業には皆原本有り[(11)]。

とあり、陳敬宗・李時勉のほかにも祭酒等の名があげられており、これも参考とする。なお国子監の規定には飲食の支給があり、毎日監内の会饌堂に於いて会饌することになっていたが、北監では宣徳三年より、南監では景泰中より停止された[(12)]。よって右の記述に昼は「会饌堂を同じくし」たとあるものの、必ずしも実際の様子を示したものではなく、続けて夜は「灯火旦に徹し」たとあることと合わせて、昼夜ともに監生を指導したことを象徴的に記したものと言えよう。

以下では、まず陳敬宗・李時勉の指導状況を取り上げ、つづいて彼ら以降のそれを見、最後に任用の実態を知るために進士合格者に占める監生の割合を提示する。祭酒等の任免時期は、特に断らない限り『皇明太学志』『南雍志』『続南雍志』に依拠しており[(13)]、また遷都等に伴う改称に関わらず、北京に設立された国子監を北京国子監または北監、南京のそれを南京国子監または南監と称する。

第一節　南陳北李

後述するように、弘治三年（一四九〇）謝鐸が南監祭酒に任用されたが、彼に対する李東陽の「送南京国子祭酒謝公詩序」に、

国朝、肇め監学を置き、宋公訥創制立法し、聖祖の知る所と為り、之を勅諭に著し、載せて史冊に在り、後生晩進の得て測る所に非ざるなり。英宗のときに在りて、李公時勉の若きは、清直にして阿《おもね》らず、恩義の激しき所、士或は身を以て代わり、避くるを為さざるに難し。陳公敬宗は、厳重にして体有り、士の糧を裹《づつ》みて負笈（遊学）し、北方より南して学ぶ者も、亦た或は之れ有り。其の他の名師碩士、高躅（遺業）を踵《つ》いで餘光を延ばす者、蓋し亦た多し。……(14)

と見え、宋訥ののち、英宗正統帝の時代に輩出した祭酒の李時勉と陳敬宗を高く評価している。「南陳北李」と併称されたので、まず「南陳」の陳敬宗から見てみる。

（一）　陳敬宗

『南雍志』巻一九・陳敬宗伝に、

人と為りは鬚髯に美しく、容儀は端整なり、歩履に定則有り。……久しく太学に居り、力めて師道を以て自任す。少かも厭倦せず、厳に教条を立て、痛く旧習を革《あらた》め、日々諸生を励まし、学を進め徳を成さしむ。違犯有る者は坐堂の月日を扣除して、悉く虚曠と為すこと、豫め示して堅く之を守らしむ。是を以て（諸生は）畏憚し、敢え

て放肆せず、成均の粛なること朝廷の若し。(15)

とあり、師道を自任して熱心に監生の指導に当たり、違犯があった場合に「坐堂の月日を扣除」、すなわち歴事への取撥の基準となっていた在学期間を控除することを周知させ、監生の放恣を抑えた。その結果、

太学に官たること二十餘年、諸生の位に卿・弐に至る者有り。(16)（同前）

とあるように、彼自身は陞任することはなかったが、のちに高官に昇った監生もいたという。

ところで南京国子監では、宣徳になり元年（一四二六）四月に祭酒であった胡濙が礼部尚書に陞任し、代わって七月に陳璉が就いたが、まもなく服喪のために去り、空缺となった。祭酒不在のもと、翌二年七月に司業に任用されたのが陳敬宗で、九年十月に祭酒に陞り、景泰元年（一四五〇）十月まで勤めた。

蔡献臣「澹然先生年譜」宣徳二年の項には、五一歳で南監司業に任ぜられ、八月に赴任したと記すのに続けて、

時に監規廃弛し、師生刁潑なるは、素より四凶の号有り、助教瞿致道・宋琮・呉顒、学録章鼎新と曰うなり。景象此の如くなれば、之を為すこと奈何。(17)

と、赴任当初は四凶とされる助教瞿致道らにより監規が乱されていたとある。(18)さらに同年譜の四年の項にも、

……是より先、監規廃弛し、各衙門行賄し、弁事せる者を取出するに、名数有る無く、終歳在外遊蕩し、業に復せるを肯んぜず、坐堂の数少なく、弁事の数多きを致し、全く規矩無かりき。宣徳三年奏准せられしより、挨次撥弁し、名数を減節するに及びては、各々定規有り。然る後に坐班（在学）せる者、日々増加するを見、背書講書、作課写倣、悉く旧制に復せり。考試は時を以てし、科挙進士に人を得たれば、南京の縉紳、始めて翕然として之を称《たた》えたり。(19)

と見える。具体的には、監規が守られておらず、また「各衙門行賄」とあるから、歴事への取撥も賄賂が必要とされ

ているために監生は在学せず、よって歴缺の数（監生が取撥される衙門の数）に比べて在学監生が相対的に少ない状況に陥っていた。これに対し、陳敬宗による宣徳三年の奏准により在学生が増加し、従前のように勉学に励むようになり、ひいては進士合格者も見られるようになったという。

右の宣徳三年の奏准は『南雍志』巻二・宣徳三年七月丁卯の条に見え、歴缺の数が恒常的でない状況にあって、歴事の期間を六ヶ月とすべきとし、裁可されたものである(20)。歴缺の数は永楽年間が終わると削減されたが(21)、それは取撥までの期間の長期化をもたらした。そのため監生の在学忌避が目立ち、また回籍（帰省）するとなかなか復監しない監生が増えつつあったのだが、歴事期間の設定により改善が見られたようである。

ただ回籍監生の増加は撥歴の序次に問題を引き起こした。すなわち省親等により回籍した場合に、回籍期間と撥歴の序次を如何に扱うかという問題が生じ(22)、周知のとおり、正統三年七月に陳敬宗の上言によって撥歴の基準が入監の日月から在学期間の長短へと改訂された(23)。陳敬宗の功績の一つとして、後述する李時勉とともに、撥歴の序次の基準を変更した点があげられるが、実際の変更は正統年間に至ってからのことで、宣徳年間には以上のように歴事期間を六ヶ月に設定したのであった。

さて、以上のことは歴事に関わる事柄だが、前掲の年譜に「科挙進士に人を得たれば、南京の縉紳、始めて翕然として之を称えたり」とあったように、他方では当然ながら科挙受験をも促した。合格の好例が、次に示す楊鼎の場合である。

楊鼎は正統四年（一四三九）に戸部尚書となった人物で、『南雍志』巻一九・陳敬宗伝に、

戸部尚書関中の楊鼎、初め郷試に発解（及第）し、春官（礼部）に赴くも利あらず、北京より南監に入り、敬宗に従いて業を卒《お》えんことを求む(24)。

とあり、また、黄佐の「戸部尚書楊公鼎伝」に、

楊鼎……郷試首薦を領し、正統丙辰（元年）春官に上るも、第《きゅうだい》せず。当に北監に入るべきも、（南監）祭酒陳敬宗の学行を聞き、乃ち南監に入りて業を卒えんことを求む。一僮をも携えず、以て自ら攻苦力学に随い、躬自《みずか》ら執爨恬如するなり。[25]

とある。宣徳十年（一四三五）に挙人となったのち、翌正統元年（一四三六）の会試に合格せず、入監するのだが、本来の北監ではなく、南監に入学した。楊鼎については、さらに、

郡守（知府）有り、其の子を以て之れに妻《めあ》わさんと欲するも、鼎は父母に告わざるを以て辞と為す。乃ち鼎の同郷の兵部尚書徐琦と敬宗とに托し、言いて曰く「鼎は清貧なり、而るに彼は富裕なり」と。父母之れを聞き、心に于いて必ず安んぜり。敬宗も亦た鼎に之れに従わんと勧むるも、鼎対《こた》えて曰く「原憲は貧なりと雖も道に於いて則ち富み、倚頓は富なりと雖も道に於いて則ち貧し。鼎や敢て富を貪らんか」と。敬宗は益々其の操守を羨み、旦夕之れと與に講解し、亹亹として倦《う》まず。[26]（同前）

とあり、清貧に徹し、知府から結婚を勧められても断った。[27] 陳敬宗はこうした生き方を羨み、時間をいとわずに指導した。さらに、

（楊鼎）南監に入りし時、南京は夜灯を禁ぜられ、而して国学は尤も厳なり。鼎は潜《ひそ》かに小罌を具え、之に籠灯を竅して誦《よ》めり。巡者の覚ゆる所と為るも、陳（敬宗）は其の端慎なるを知りて之を貸《ゆる》せり。[28]（同前）

とあり、当時禁じられていた夜間の勉学も認めたという。

楊鼎はのちに榜眼（殿試次席合格）となったが、それは結果である。程度の違いはあれ、おそらく陳敬宗は他の監生に対しても熱心に指導していたものであろう。それゆえ先に引用した『南雍志』陳敬宗伝に、「……成均の粛なる

こと朝廷の若し」「太学に官たること二十餘年、諸生の位に卿・弐に至る者有り」と記されたと思われる。
なお、陳敬宗在任中の在学者数については未詳である。

（二）　李時勉

次に李時勉だが、彼の祭酒任用の前年、正統五年（一四四〇）の六月、北京の国子監官に対し勅諭が下された。(29)『皇明太学志』巻三・謨訓上には、

爾ら北京国子監の官、敬慎に務めず、学規を堕弛し、歳月を玩愒せり。洪武・永楽中、六堂の諸生には咸《みな》季試有り、高下を考第し、以て勧励を伸べり。今、南監は尚お旧規に循うも、北監は廃して挙げず。其の間、師為るものの能く講授に勤め、弟子為るものの能く問学に勤むるは、大率之を計うるに、什に二三あらず。此れ教えに長たる者の惰慢に非ざるか。尤も甚だしき者有るは、之れ義を顧みる莫く、惟だ利のみ是れ営むなり。(30)

と見え、洪武・永楽中に行われていた季考（季試。年四回実施）は、正統年間に至って南監では従来通りの実施が確認されるが、北監では廃止された。師弟ともに学業に励む者は十の二、三にも足りないとある。

こうした事態に陥ったのは監生が歴事終了による出身を求めた結果であり、そのため入監の日月のみが重要とされ、会講等の学習や季考等の試験は実施されてはいても、出身の資格獲得に何ら関与するところがない。(31)歴事による出身が盛んに求められているのは南監と同様だが、右の勅諭は続けて、その取撥の序次が正しく守られていないことを指摘している。(32)すなわち、富貴の子弟や有力者の子弟は賄賂や嘆願書により入監から短期間（一ヶ月から二年）で取撥されるのに対して、そうでない貧窮の子弟などでは一〇余年経っても待機中だと述べられているのである。例えば勅諭の前年、四年の十二月、北監の監生五三三名が「坐監の年深きものは、年浅き監生に攙越取用せらる」(33)と上奏したの

も、このことを指しているのであろう。

そして五年六月の勅諭では、これに関与しているのが監官だとした上で、『南雍志』巻三・事紀三に、

自今、宜しく改過自新すべし。凡そ監学常行の規は、堕廃を許さず、歴事に撥する者は、必ず資次に依り、攙越を許さず、弁事せる者も、亦た須べからく公当なるべく、徇私を許さず。但だ私相嘱托し、聴従して奏聞せざる者有らば、必ず罪して恕さず。北監祭酒貝泰、多く贓賄を受けしを以ての故なり。(34)

とあり、祭酒貝泰の収賄によって撥歴の序次が正しく守られなくなったと明白に述べている。北監では以上の件に関わって、宣徳二年より祭酒の任にあった貝泰に代わり、李時勉が任用された。

李時勉は正統六年閏十一月の任で、王直の「故祭酒李先生墓表」に、

時に太学は祭酒を缺き、而して其の人に難し。諸公皆先生に如くは莫しと謂い、相與に上に言い、遂に以て之に任ぜらる。諸生数千人、皆経芸を習うに、先生開導訓誨し、各々其の才に因り、以て其の旨趣を窮め、領解する所有らしむ。飢えし者の食うを得、渇きし者の飲むを得るが如し。是に於て小大皆造就せる所有り。(35)

とあるように、彼の下で教えを受ける監生は数千人おり、「各々其の才に因」って指導されていたという。同じく王直の「題李祭酒與呉遵詩後」では監生は二千人を下らないが、その中で最も優秀な者は進士を目指し、次に優秀な者は歴事による任用を求めたというが(36)、これも李時勉の指導によるものであろう。ちなみに在任中（正統六年より十二年まで）の北監における在籍者数は最少二九〇六名、最多四一一二名、平均で三五七五名だった(37)。在学者数は未詳である。

さらに尹昶の「古廉李先生小伝」には、正統六年閏十一月に任用されたとあるのに続けて、

時に監規久しく弛み、先生為に厳に教条を立て、才に因りて科を設く。壮んにして仕うべき者には、教うるに吏

事、如今の官府の論・判の類を以てし、幼くして進むべき者には、教うるに挙子の業を以てし、日ごとに課程を考し、夜は則ち学舎に宿らしむ。隆冬盛寒と雖も、先生は経史を講解するを俯就《ひきうけ》し、毎に通宵に至れり。是に於て諸生各々造就せる所有り、当時の作人之れ盛んなり。商輅・姚夔・彭時・岳正・萬安の諸彦の如きは、倶に廷試にて天下に魁となり、其の餘は或は進士高第に中り、或は御史・黄門部属二司・守令に任ぜられし者あるは、皆先生教導の力の然らしむるを致せばなり。(38)

と見え、熱心な指導振りがうかがわれるのだが、着目すべきは「才に因りて科を設」けたとあること、すなわち若い者には歴事による任用を、まだ幼い者には科挙合格を目指すようにさせたことであり、王直が記した方法に共通する。そして、その結果、後者の途を歩んだのが商輅・姚夔・彭時・岳正・萬安らであった。因みに『明史』の各列伝では、右の商輅はじめ五人が国子監に入学したことは記されていない。(39)

五人が在学中の様子を見ると、商輅（字は弘載）は、李時勉の「贈商弘載第状元序」に、

弘載は聡明にして篤厚、温雅にして簡静、貧なりと雖も、而れども人に苟取せず、資用匱乏せるも、憂見する無く、人に急難有らば、橐を傾けて之を済うに吝かならず。其れ成均に在るや、志を学に篤くし、游惰を以て其の業を廃せず、毎試必ず首選に在り、会元と為り、状元と為るに及びて、人皆之を称誉す。(40)

とある。国子監（成均）在学中は学習意欲が旺盛で、どの試験も首席を占め、のち（正統十年）には会元となり、かつ状元でもあったという。

のちに吏部尚書にまで上った姚夔は、「姚文敏公神道碑」に、

公、諱は夔。……正統戊午（三年）春秋を以て浙江郷試第一に挙げられ、会試は乙榜を辞して、太学に入れり。祭酒李公時勉・司業趙公婉一見して之を器重し、少保楊公溥は名を聞き、且つ子壻を遣わして従学せしめたり。

而るに公は自ら満たされず、復た鏴忠愍公〔劉球〕の門に遊びて請益し、士大夫は其の志を高しとせざる莫し。壬戌〔七年〕会試は第一に中り、従弟龍と倶に進士に登れば、人焉《これ》を栄耀せり。(41)

とあり、正統四年の会試に合格できず、副榜挙人となるのを辞退して入監した。李時勉らは彼に着目し、楊溥は彼の名を聞いて婿をその下で学ばせるほどであった。しかし彼自身には満足できないところがあり、劉球のもとに教えを乞うた（請益）という。これによると李時勉らの指導については分からないが、姚夔は次の正統七年実施の会試に首席で合格した。

また彭時は正統十年、副榜挙人となるのを辞退して入監、学習し、同十三年に状元となったが、彼は『彭文憲公筆記』で、李時勉が号房内での勉学を厳命しただけでなく、自らこっそり出かけて監生らの勤惰の状況を観察したと記している。(42)

岳正は、李東陽の「蒙泉公補伝」に、

公、姓は岳氏、諱は正。……京闈の郷試に挙げられ、国子の業を卒れり。李忠文公〔李時勉〕は祭酒と為り、四方の名士を簡《えら》びて講下に置く。公と商文毅〔商輅〕・彭文憲〔彭時〕・王三原〔王恕〕の諸公とは、皆焉《これ》に預かれり。(43)

とあり、これによると李時勉が四方の名士を選抜して指導したことがうかがわれ、続いて正統十三年の会試に首席で合格したこと等が記されている。

萬安は正統十三年の進士で、のちに吏部尚書にまで上ったが、国子監在学中の様子はよく分からない。

さて、以上に示された李時勉の指導の仕方を見ると、尹昶の「古廉李先生小伝」に「日ごとに課程を考し」とあったことから、正統五年の勅諭で指摘されていた「季考」を復活させたものと推測される。そのほか夜遅くまで勉学を奨励したともあるが、それ以上に特徴的なのは、監生全体を一律に指導したのではなく、進士・歴事に応ずる者に分けたり、あるいは特定の監生を選んで指導したことである。商輅ほか五人の年齢を見ると、合格時には商輅が四二歳（会元、状元）、姚夔三九歳（会元）、彭時二三歳（状元）、岳正三一歳（会元）。萬安は不詳であるが、全体では三〇～四〇歳といったところである。この年齢を高いと見るか低いと見るかは即断し難いが、ただ若い者と幼い者とに分け、後者に科挙受験を目標とさせた李時勉による指導の結果であることは確かである。

本節では明代中期の名祭酒として知られた陳敬宗と李時勉を取り上げた。両人に共通して見られたのは、南北ともに監生には賄賂を用いてまでも歴事終了による任官を求める傾向が高まっている中で、夜までも勉学を奨励したことであり、これが監生の進士合格につながった。

第二節　「南陳北李」以後

陳敬宗と李時勉に続き、本節では、「はじめに」で提示した『欽定続文献通考』所載の他の祭酒を対象とすることにする。具体的には章懋・羅欽順・蔡清・崔銑・呂柟であるが、このうち章懋は弘治十六年から正徳三年まで南監祭酒、羅欽順は弘治十五年から正徳二年まで南監司業であった。蔡清は正徳三年、南監祭酒任用の命が届く前に亡くなり、(44)崔銑は嘉靖二年から三年まで南監祭酒、呂柟は同十四年から十五年まで北監祭酒に任用されていた。よって蔡清を除くと、章懋以下の祭酒は弘治末年の南監、嘉靖初の南監、嘉靖中期の北監で、それぞれ指導に当たったということができる。以下では便宜上南監と北監とに分け、右に挙げられていない祭酒等にも目を向けて、それぞれの時期の指導状況を見ていく。

【南京国子監】

景泰元年（一四五〇）十月、陳敬宗の次に祭酒に任用されたのが呉節であった。北監と同様、監生は依親の令により回籍せしめられており、同四年二月には一〇〇〇人のみ在学させることになった。こうした時期に任用された呉節について、『南雍志』巻三・天順八年（一四六四）八月戊戌の条に、

初め陳敬宗、厳毅を以て教えを為し、晩年益々峻なるを加え、諸生に堪えざる者有り。〔呉〕節一切之に反し寛を以てせり。其の始め両京の士夫は、称誉して得体と謂えるも、其の後、士風は古ならず、多く規矩に戻《もと》れり[45]。

と見え、次第に弛緩に流れていったという。

成化年間になり、三年（一四六七）十一月に祭酒に任用、七年五月に北監祭酒に転じた周洪謨について、『南雍志』巻四・成化七年正月の条に「南丞（南監監丞）劉俊の後に在りて、学規縦弛す。〔周〕洪謨、始めて旧規を振挙し、士類粛然として之を憚る[46]。」とあり、また徐溥の「資徳大夫正治上卿太子少保礼部尚書諡文安周公洪謨神道碑」に「公、諱は洪謨、……祭酒と為るに及び、規矩を整飭し、生徒に表率たる[47]。」とあり、弛緩していた監規をもとに戻したという。しかし十一年七月頃、在学監生はわずか二〇〇余人で、在籍者二〇四六人の一〇%程度[48]にまで減少していたから、彼の指導の効果は疑問である。

また十八年四月、祭酒に任用された劉宣について、『南雍志』巻四・事紀四・成化二十二年十二月の条に、

〔劉〕宣……其れ祭酒と為るや、教条を脩立し、病を恤み死に賻《おく》る。士夫之を称《たた》う[49]。

とあり、王時槐の「南京工部尚書劉公宣伝」に、

劉宣……南司成（南監祭酒）と為り、諸生を待するに誠意藹然なり、教えに条式有り、其の材に因りて勉めて之を進む[50]。

とある。ただ劉宣在任中の十九年九月には五八八人、在籍者一七一六人の約三四％しか在学していなかったから(51)、右の内容はあるいは形式的な表現かもしれない。

また二十三年正月任の徐瓊について、張昇の「太子太保礼部尚書東谷徐公瓊墓誌銘」に「一時南士悉く造就を頼り、行文卒《つい》に正しきに帰せり(52)。」とあるが、これも具体性が乏しい。

弘治になり、三年（一四九〇）正月に謝鐸が祭酒に陞擢された。『南雍志』巻二〇・謝鐸伝に「……動もすれば身を以て教え、毎に約束を厳にす(53)。」とあるが、翌四年四月には致仕した。なお同書・巻四・事紀四・弘治四年正月庚子の条にのせる、六項目におよぶ奏言の中に、

今より観るに、惟だ撥歴のみ最も緊要為り、而して会饌は之に次ぐ(54)。

と、撥歴が極めて重要だと指摘しているが、これは六年十二月に南監祭酒羅璟が述べたところ(55)の、在学監生が少なく歴事への取撥に支障が生じているとの指摘と同様の趣旨のものであろう。因みに八年六月の在学者数は四九六人であった(56)。

次に、弘治九年二月に南監祭酒に任用された劉震について、呉寛の「朝議大夫南京国子監祭酒劉公墓碑」に、

公……、其れ教えを為すに身を以て諸生に率先し、少さかも縦逸せず、日課季試は必ず厳なり、而して公が歳遣の歴事諸司に至りては、人の敢て其の序を紊《みだ》す者無し。其れ師席に居り、其の容貌を望み、親しくすべからざるが若し。然るに恩義に篤く、寒窶なる者を見れば、多く之を周済（救済）す。南監の廬舎、歳久しく甚だ敝《やぶ》れたれば、公用を節縮し、修治殆んど遍ねし。諸生は其の学政を条し、相與《とも》に詩を作りて之を紀《しる》せり。其の放恣して教えに率《したが》わざる者は、則ち造為謗言し、以て外に騰ぜしも、公卒するに及び、猶お詩を作り以て辨誣せる者有るは、則ち公の是《ぜ》在るに有り。而して君子始めて益々其の人と為《な》りの賢なるを信ず(57)。

とある。自ら監生の指導に当たり、試験は厳格に実施し、また歴事への取撥は「人の敢て其の序を紊す者無し」とあるから、所定の序次にしたがって行われたようである。そのほか貧困の監生を救済することもあった。さらに監舎の修理も行った。なかには劉震の教えに従わない者もいたが、のちには正しく評価された。

こうした状況下で任用されたのが章懋と羅欽順である。謝鐸が弘治十二年十二月に北監に転出するが、その後任が章懋で、『南雍志』巻二〇・章懋伝に、

> 孝宗は励精にして、儒宿を任ぜんと図り、北は謝鐸を以て祭酒と為し、南は以て懋に属《しょく》す。懋、方に父の喪に遭い、力めて辞せば、詔して司業を添設し、虚位にし以て待てり。[58]

とある。南監祭酒に任用されたが、父の死にあったため、喪があけてから赴任した。十六年八月のことで、それまでの間祭酒は空席とされ、司業の羅欽順（十五年四月任）が職務を代行した。厳嵩の「吏部尚書致仕贈太子太保謚文荘羅公欽順神道碑」に「公、諱は欽順……南京国子司業に擢せられ、正容端則なれば、六館以て粛なり。蘭谿の章公懋、祭酒と為り、深く信重せられ、事多く公に咨りて行えり。[59]」とある。

右の『南雍志』章懋伝には、続けて、

> 終制に及びて官に就かば、榘度（規律）を謹み、徳化を尚び、廉恥に厲《はげ》めり。六館の士は翕然として風に向い、豪傑にして志有る者、排日（毎日）経を執りて質問し、疑える所、方に随いて答えたれば、人人自ら以て師を得たりと為せり。《割註省略》姑蘇の尤樾が母病み、例に拠るに帰省するを得ず、昼夜涕泣せり。懋、之の帰るを許さば、或ひと以て言を為せり。懋曰く「吾寧んぞ違制を以て罪を獲んや。其の母子の情を絶つに忍びざるなり」と。聞く者歎服せり。学政・時政を両疏し、宿弊を条陳せるも、皆報ぜられず。[60]

とあり、熱心な指導ぶりがうかがわれるとともに、母を亡くした監生の帰省を規定に反して許したこともある。こう

した情の熱さが前掲の『欽定続文献通考』に名が挙げられていた理由であろう。

ところで、在学者数は弘治十四年八月に一四〇〇余人と増加したが、[61] 十八年二月のそれは五三七人[62]であった。章懋と羅欽順の在任時期は、それぞれ弘治十六年八月から正徳元年正月まで、弘治十五年四月から正徳二年七月まで、であった。熱心な指導だけでは在学者数を維持するのは困難だったようである。

正徳になると、南監では三年（一五〇八）末に一三二六名が在籍していた。[63] 成化・弘治の頃と同様に在籍者の約三〇%が在学していたとすると、在学者は四〇〇名前後ということになる。

翌四年七月より祭酒となった石瑤について、『南雍志』巻二〇・石瑤伝に「教法厳邃なるも、之を済うに恕を以てす。[64]」とあり、また「大学士石文隠公瑤伝」に「〔石〕瑤は国子に在り、身を以て人を率え、教えは厳なり、而して諸生は敢て犯す莫し。[65]」とあるが、あるいは形式的な記述と言えるかもしれない。

また七年二月より南監司業であった穆孔暉について、『南雍志』巻二一・穆孔暉伝に、

壬申（正徳七年）、本監司業に陞る。既に至り身を以て諸生を率《したが》え、惟だ静黙せしめ、義理を窮究し、瑣瑣なる口耳・記誦する毋く、中人以上、類ね多く之れに従えり。癸酉（十一年？）北監に改められ、艱に罹《あ》いて帰る。然る後、教えられしの徒、模範の孔暉の如きものは得易からずと思えり。[66]

とあり、正徳五年九月任の南監祭酒王瓚に代わって、司業でありながら監生を指導したことがうかがわれる。なお穆孔暉は八年正月に北監司業に任用されたが、喪に服した。

王瓚の次の南監祭酒は呉一鵬で、八年十月の任用であった。方鵬の「南京吏部尚書白楼呉公一鵬伝」に、

……出でて南京国子祭酒と為れり。至らば則ち誠心を以て士に待し、簡易を以て法を立てり。又た饌金を積み、民居を易えて学官の寓舎と為し、経史に缺板多ければ、亟かに之を補完す。[67]

とある。指導の様子は抽象的だが、そのほかに欠けている経史書の版木の補充などをしたという。

北監祭酒を勤めた後に、十一年十一月より南監祭酒となった賈詠について、李濂の「光禄大夫柱国少保兼太子太保礼部尚書武英殿大学士贈太保謚文靖賈公詠行状」に、

公、諱は詠。……公、祖宗の旧規を申明し、厳に章程を立つ。監事振挙し、廨宇を修葺し、経籍を刊補するが如し。公にして以て歴に撥し、廉にして以て属に莅《のぞ》む。凡そ生徒に疾病の者有らば、咸《みな》医薬を給す。恩義兼施し、士心悦服せり(68)。

とあり、監規の申明のほか、公平な撥歴、医薬の給付などに努めたという。

北監司業ののち、十五年より南監司業を勤めた景暘については、焦竑の「景中允伝」に、

……時に南方の士は便利を競う。中允（景暘）は請託に於いて、一切謝して行わざれば、士習稍《だんだん》や正しく、諸生と講解し、寒暑も典籍を輟《や》めず(69)。

とあり、請託を一切謝絶し、講義も行ったという。十六年、景暘の次に南監司業に任用された郭維藩について、呉国倫の「中憲大夫太常寺少卿兼翰林院侍読学士□夫郭先生維藩墓誌銘」に、

先生、姓は郭、名は維藩、……先生、大学は賢士の関わる所なりと謂い、乃ち毅然として師氏の教えを修復せんとして、日々帷中に端坐し、六館の諸博士・弟子に経業を講授す。蓋し国子に居ること三年にして、士習一正せり(70)。

とあり、三年間勤めるうちに士習が改まったという。景暘と郭維藩はともに司業であったが、如上のように監生を指導した。このとき祭酒であった汪偉（十三年六月～嘉靖元年正月）について特記すべきことはないが、あるいは司業中心に指導することになっていたのかもしれない。

南監で**嘉靖**二年（一五二三）三月、汪偉・魯鐸についで祭酒に任用されたのが崔銑である。『南雍志』巻二〇・崔銑

伝に、

尋いで南京国子祭酒に擢せらる。諸生相顧て曰く「吾輩、師を得たり」と。銑は誠心を開きて正義を崇び、教条に明るくして祀事を厳にし、文体を正して雋彦に奨め、軽惰を警して遊戯を禁じ、廩餼を清くして蠹耗を革め、日々衣冠にて東堂に坐せり。諸生は朝夕問難し、銑は響答して倦まず、貧を周《すく》い老を佚《やす》んじ、疾《やまい》を問い喪に賻《おく》り、士林大いに説《よろこ》べり(71)。

とあり、日々「東堂」に座し、また監生の質問に疎むことなく答えていたという。崔銑は『欽定続文献通考』の記事（前掲）に見られた人物だが、これを見るかぎり他の祭酒等の指導と大きく異なるところはない。

二十年六月、南京国子監祭酒に抜擢された龔用卿について、林庭機の「朝列大夫南京国子監祭酒龔公用卿墓志」に「学舎を増修し、監規を申飭せば、一時士習、変を為せり(72)。」とあるが、詳細を欠く。因みに、翌二十一年に在籍者が約一四〇〇人、うち在学生は四〇〇名程度であった(73)。

次に三十四年十一月、南監祭酒に陞任した王維楨は、郷里に帰省中、地震にあって亡くなった(74)。その年の三月に司業に任用されていたのが朱大韶だが、王弘誨の「南司業朱文石公大韶行状」に、

公、諱は大韶、……時に南都の士習侈《おご》る。公、漸は長ずべからずと謂い、嘗て慨然として曰く「太学は故より養士□□、諸生は皆孔子を誦法せり。而るに鮮衣・怒馬、六博・蹋□もて戯れと為し、尚歯貴爵の訓に明るき者有る無し」と(75)。

とあり、国子監が勉学ではなく、娯楽の場になっていることを示している。

南監を卒業した李楽が、『見聞雑記』巻二に、

余れ、嘉靖己未（三十八年）南雍を卒業せり。時に大司成（祭酒）に人を欠き、司業馬孟河先生一龍動《やや》もすれば高

皇帝の監規に遵いて事を行えり。(76)

と記すように、三十八年当時、南監では祭酒を欠き、司業の馬一龍が代行していたというが、李春芳の「南京国子監司業孟河馬公一龍墓志」に、

公、名は一龍、……南少司成（南監司業）に擢せられ、大司成（祭酒）の事を摂す。諸生を縄約せるに、悉く矩矱に遵えば、諸生は検束を楽しまず、飛語を造りて公を中《ちゅうしょう》する者有り。公は動《どうよう》ずるを為さず、「吾は吾が職を尽くすを知るのみ。庸ぞ其の他を恤れまん」と曰えり。成均八事を条上せんとするも、語多く時政を譏切せば、僚友は之を止め、果たせず。今其の草具在す。(77)

とあり、監生は司業の指導には従わなかったという。馬一龍は三十八年三月の任用で、同年八月になり空缺の祭酒に秦鳴雷が任用された。

以上で南監を終え、次に北監を見てみよう。

【北京国子監】

「南陳北李」以後、呂柟が登場する嘉靖中期までの間、やはり他の祭酒等にも目を向けていく。

正統十二年（一四四七）春、李時勉が辞した後の祭酒に蕭鎡が任用された。雷礼の「資善大夫太子少師戸部尚書兼翰林院学士尚約蕭公鎡伝」に「景泰元年、老疾を以て辞さんとするに、監丞鮑相、国子生三千人を合して留めんと請い……」(78)とあるから、**景泰**元年（一四五〇）に少なくとも監生三〇〇〇人は在学していたようだが、勉学の状況等は不詳である。因みに同年の在籍者数は五二〇二名であった。(79)

景泰三年、蕭鎡の次に祭酒に任用されたのが劉鉉で、『皇明太学志』巻一一・人才上に「……条教を厳にし以て諸

生を約せり。諸生皆之に楽従す。[80]」とあるが、『水東日記』巻八「劉詹事遺事」には、さらに具体的に、

詹事劉先生は簡静にして……、久しく翰林に在り、初めて祭酒と為る。……祭酒の苦しむ所は、諸生の出身資格、権要の撓《みだ》す所と為るの一事たり。先生曰く「此れ易きのみ」と。諸生を立て之と約して曰く「規格を守らずして出身を図る者有らば、必ず同館の諸生、辞を合して共に推し、即ちに行わしむ。然らずんば得べからざるなり」と。他日之を図る者有らば、動もすれば諸生の譁詈せる所と為り、容るる能わざるに至る。是に由り、此の風遂に絶ゆ。[81]

とある。当時の祭酒が苦しんでいたのは監生の出身資格の賦与が権要に左右されていた問題で、劉鉉がその解決に当たったというが、おそらく、これは撥歴の序次にかかわることであっただろう。

ところで、「土木の変」以後、財政支出の抑制が必要となり、景泰五年三月には依親による回籍が命ぜられ、北監には一〇〇〇名のみ在学が許された。[82]これは天順年間に入っても同様で、三年（一四五九）より六年まで祭酒をつとめた劉益の四年三月の上奏によると、在学監生の数は六四〇名から九六〇名の間になり、[83]やはり一〇〇〇名以下であった。このころの劉益については「国子監祭酒劉益伝」に、

〔劉〕益は寛厚坦夷にして、城府を為さず、至る所政《まさ》に顕迹無し。国学を主教するに及びても、惟だ資序を按じて撥歴するのみにして、建明する所無かりき。[84]

とあり、特別に建言することはなく、撥歴による任用を推し進めていた。

成化に入り、邢譲が二年（一四六六）八月から四年四月まで祭酒を勤めたが、「礼部左侍郎邢譲」に、

初め〔邢〕譲は祭酒と為り、声聞、前人の上に出ださんと欲し、勅諭・学規等の碑を創立し、国子監通志を修し、躬ら諸生に課し、誦するに小学より以て諸経に及び、痛く謁告（給仮願い）の弊を懲らしたれば、人是を以て之

を称誉せり(85)。

とあり、碑を創立し国子監通志を編纂したほか、監生に講学なども行い、前任者以上の名声（声聞）を得ようと努力した様子がうかがわれる。

邢譲の次の北監祭酒は陳鑑であるが、その在任中の五年に入監した呉裕について、呉寛の「明故亜中大夫太僕寺卿呉公神道碑銘」に、

公……、成化戊子（四年）、広東の郷貢に挙げらる。明年礼部に試するも、偶せず、太学に入る。時に吏部尚書耿公、司業と為り、毎試輙ち称許せらる。名益々起り、四方の挙子、多く其の文を録し以て蔵せり(86)。

とあり、七年正月に司業となった耿裕が所定の考試を実施していた。

同年七月、周洪謨が南監より転じて祭酒となった。彼については既に南京国子監祭酒のところで触れたほか、丘濬の「太子少保礼部尚書謚文安周公墓誌銘」に、

……其れ南京の太学に在りて、安成の呉〔節〕先生の寛厚なりしの後を承け、事に廃弛せること多し。公、之を振作せば、士気之が為に一に倡《さか》んなり。北来して教を掌るに及び、適《たまた》ま士子納馬入監の例有り、科貢の士は之と撥歴の先後を争い、屢ば奏擾を行えり。公、之を処し、各々其の宜しきを得、異論始めて息《や》みぬ(87)。

とあり、撥歴を科貢と捐納等とで区分し、これにより序次をめぐる争いを終息させたという。十一年のことであった(88)。

さて、七年正月より司業の耿裕は、十二年十二月に祭酒となってから、自らは講学せず、「翰林院検討掌監丞事林公大猷伝」に、

林大猷……国子学録に遷り、関洛普魯の士、経を執りて従游せるもの、無慮数百人。斎舎容るる能はざるに至り、輪番聴講せしむ。又た日を約して通く集め、太学の諸生聴講す、之を普講と謂う。祭酒耿公裕待するに賓礼を以

てす。監丞に進みて尽く宿弊を剔《のぞ》き、講学益々勤めて替《かわ》らず。諸生の貧なる者には衣を授け、病者には薬を給い、死すれば則ち躬ら詣《いた》り之を哭き殮《おさ》め、或は其の郷人に属《しょく》し喪を挾みて帰らしめ、或は捐俸して為《ため》に地を京師に買い以て葬れり。久しくして力給する能はず。……翰林検討に陞り、仍お監丞の事を掌れり。疾《やまい》を以て官に卒す。……卒せるの日、六館の諸生、咸《みな》之を哀悼す。(89)

とあり、学録林大猷に任せていた様子が知られる。さらに林大猷は監丞に陞ってからも講学を続けただけでなく、貧しい監生への衣服の支給なども行っていたことも分かる。このころ指導の中心となっていたのは祭酒でなかったようである。とうぜん監生に感謝されたのは祭酒耿裕ではなく、学録そして監丞を勤めた林大猷であった。

耿裕の次に北監祭酒となったのは『大学衍義補』の刊行で名の聞こえた丘濬で、彼の監生指導に関して、費宏の「南京吏部右侍郎贈礼部尚書謚文粛圭峰先生羅公玘墓誌銘」に、次のようにある。

先生、諱は玘……。成化乙巳（二十一年）、入粟賑飢の詔に応じ、例として国監に升れり。時に閣老丘文荘公（丘濬）祭酒為り、議して南士は北に留まるを聴《ゆる》さず。先生固く以て請い、三たび朴《むち》を受くるに至るも、鋭にして少《いささ》かも挫けず。公が心之を異とし、然して猶お且《しばら》く之に教えて曰く「若し能く幾字を識《し》らば、崛強なること乃《すなわ》ち爾《しか》り」と。先生昂首して大声し、対《こた》えて曰く「惟だ中秘（の蔵書）のみ未だ嘗て読まず」と。乃ち姑らく之を留め、而して其の名を堂柱に識《しる》せり。数日を越えて季試あり、先生が稿立《た》ちどころに就《な》ること宿搆（予め作成しておく詩文）の若し。六館の士数百人、能く之に及ぶ者有る無し。公、驚歎して曰く「士の此くの如く有りて、薦書に名をせざるは、誠に有司の過ちなり」と。(90)（傍線は引用者）

と、羅玘は捐納で入監したが、季試（季考）での成績は優秀だったとされ、これにより監内では考試が規定通りに行われていたことが分かる。なお傍線部によると、在学者は数百人ということになる。この羅玘は成化二十三年に進士

となった。(91)

成化二十二年十月からは費闇が北監祭酒を勤め、「礼部右侍郎費闇伝」に「……其れ国学に在ること最だ久しく、士子は造就せる所多く、詩文を為《つく》るに清健にして則有り、著す所自考詒笑補菴諸集有り。(92)」とあるが、具体的な様子は分からない。なお翌二十三年二月の上奏には、その年に七〇〇余人が在学している(93)とあり、在籍者一四三六人(94)の約半分に当たる。

弘治に入り、三年（一四九〇）正月より南監祭酒であった謝鐸が、十二年十二月からは北監祭酒を勤めた。李東陽の「明故通議大夫礼部右侍郎管国子監祭酒事致仕贈礼部尚書謚文粛謝公神道碑銘」には、

北監に在り、号舎を増し堂室を修めんこと請えり。又謂うに、廟門の衢面は狭斜多く、以て褻慢と為し、其の地を買いて之を廓《ひろ》くす。又官廨三十餘区を買い、学官を居らしめ、以て僦直を省き、皆夫皂雇役を出だし、餘は悉く藉りて公用と為す。諸生の貧困なる者に亦た給有り、死せる者には京府に請いて賻《おくり》を致し、駅（の費用）を給して其の喪に帰らしむ。(95)

とある。また謝鐸が北監祭酒の時、監生として在籍した崔銑の伝（『南雍志』巻二〇）に、

崔銑……庚申（弘治十三年）、太学に入る。祭酒謝鐸歴試するに首を称し、大いに之を奇とす。(96)

と見えることから、監内では考試が規定通りに行われていた。このとき監内考試で首席であった崔銑は、弘治十八年に進士、嘉靖二年に南監祭酒に任用された（前出）。この弘治の頃の在学者数については不詳である。

正徳に入り、十一年（一五一六）九月祭酒任の魯鐸について、『南雍志』巻二〇・魯鐸伝および『皇明太学志』巻一一・人才下に、

……国子司業に遷り、南京祭酒に進み、尋いで北京に改めらる。〔魯〕鐸は屢々成均を歴し、其の教えは理道を

主とし、章句を事とせず。南北の士は造就せる所多く、尤も清操を持し宿弊を湔《あら》い、縉紳之に歆仰せるも、屡々病を謝して帰れり。[97]（傍線は引用者）

とある。なお傍線をほどこしたところは、文字通りとすれば大義に通ずることを求める指導だが、朱子学に基づく解釈が説かれていたことをさすのであろう。

ついで十四年三月任の趙永について、「南京礼部右侍郎趙永伝」に、

趙永……国子監祭酒に陞り、師模を表建し、厳に士習を飭《ただ》し、請托を抑えて廉節を進む。動もすれば矩範に遵い、権要に阿《おもね》らざれば、海内嚮風し、翕然《きゅうぜん》として丕《おお》いに変われり。[98]

とあり、請託を抑えたこと等が記されている。なお、この正徳の頃の在学者数は不詳である。

嘉靖年間になると、李本の「資善大夫南京礼部尚書季泉孫公陞行状」に見える、孫陞なる人物の伝に、

諱は陞……嘉靖乙酉（四年）郷薦を領し、丁亥（六年）太学に遊ぶ。大司成（祭酒）今の少師分宜の厳公〔厳嵩〕及び上海の陸公〔陸深〕両試して、皆首選（首席合格）し、而して孫季子〔孫陞〕の名、京師を動かせり。[99]

とあるから、厳嵩・陸深が祭酒であった嘉靖初めのころ、監内の考試は所定の通りに実施されていたようである。ただ在学監生は多くなく、十年（一五三一）二月には四〇〇人以下で、歴缺の半分にも及ばなかった。[100]

また嘉靖十一年二月任の林文俊は、柯維騏の「侍郎掌国子監事林公文俊伝」に、

……北の祭酒に改めらる。乗輿臨幸に値れば、文俊は『尚書』を以て講説し、世宗甚だ悦び、衣二襲を賜えり。凡そ南北の六舘の生、規条を粛遵せざるなく、貴游の子と雖も、序を躐《こ》ゆるを得ず。南の一生《あるがくせい》盗に遇い、程法を稽べて当に贖金すべきに、文俊、其の将に子を鬻がんとするを聞き、惻然として捐俸するを為し、吏議して卒に贖を免ず。[101]

とある。南北両監生は監規を遵守したといい、「貴游の子と雖も、序を躐ゆるを得ず」ともあるから、撥歴での「請託」を許さなかったものであろう。そのほか盗難に遇った監生には贖うのを免除したという。

次に十四年七月、祭酒に陞った呂柟について、馬汝驥の「通議大夫南京礼部右侍郎涇野呂公柟行状」に、

首め監規を発明し、人に教うるに正心を以て本と為し、忠孝もて先と為し、儀礼を取り及び詩を為《つく》りて図譜を楽しみ、諸生をして講肄せしめ、毎試文の優なる者を刻し、以て多士に式《のっと》らしむ。復た監規五事を申明せば、上、皆行うを允せり。公、監に在り、諸生に疾《やまい》有らば、必ず問いて医《いや》し、死せる者有らば必ず哭《な》き、而して骨を其の郷に帰し、喪有らば必ず弔い且つ賻《おく》り、孝廉著聞なる者有らば、則ち諸簿を識《しら》べ、榜して以て之を旌《あらわ》す。又た撥歴を先にして勧を示し、仍お奏して歴を減じ、以て淹滞を通ぜり。[102]

とある。監生を直接指導し、病気の者に病状を尋ねるなどしたが、そうしたことは他の祭酒等にも見られた。呂柟の名が『欽定続文献通考』（前掲）に見られるのは、それらに加えて、監規五事を申明し、歴事期間の短縮をも実現したためではなかろうか。

嘉靖年間には呂柟以下、許成名はじめ二六名が任用されたが、特記すべき事柄は見当らない。

なお北監の在学監生は、上奏等によると十九年四月が一〇〇余人、四十五年六月が二〇〇人程度[103]と、かなり減少していた。

以上、第一、二節で、「南陳北李」以降、嘉靖のころまでの国子監内の指導状況について見てきた。それによると、次のようなことが分かった。

まず、在学者数には詳細な統計がなく、上奏等によると、「南陳北李」の頃の北監では二千人を下らなかったよう

だが、南監は未詳である。それ以後は一千人を超えることもあったが稀で、おおよそ南北両監それぞれ数百人であった。次に、そうした在学状況の下、指導に熱心であった祭酒等には、昼夜の徹底指導、病気の場合の医薬給付のほか、取撥の序次の厳守とそのための請託謝絶といった特徴が指摘できるが、こうした特徴は『欽定続文献通考』（前掲）に名前が記されているか否かに関わらず見られた。無論、墓誌銘・列伝の類を史料としたため、潤色されていたり形式的であったり、あるいは事実と異なるところがあるかもしれない。しかし、その吟味は容易でなく、ここでは記述された内容に従っておく。

さて、こうした指導の成果はどうであったのか。次節ではこの点について、任官の一方途である進士合格者との関連を見てみたい。

第三節　進士合格者に占める監生の割合

周知のように、嘉靖年間になって任官の方途に於いて「三途並用」の復活が唱えられたが、それは国子監生の場合、そのままでの任用が困難で、とりわけ高官を目指すには進士合格が必須になっていたことを示す。進士合格を目指すのは生員・儒生などもおり、監生が目標とし監官が指導したとしても、結果が伴うとは限らない。仮りに祭酒等の指導と進士合格との間に関連があると想定すると、監生の会試または殿試の受験者数を確定する必要があるが、それは史料上の制約により困難であり、よって監生の全受験者数に対する合格者数の比率は算出し得ない。しかしながら、例えば進士合格者の九〇％以上を監生が占めるとなれば、監官による指導がなされ、少なくとも監生の受験レベルが高まっていたのではないか。すなわち、合格者に占める監生の割合の高低は、祭酒等の指導との関わりを一定程度反映している可能性がある。

進士中に占める監生の割合については、『皇明太学志』巻一二・人才下・科名により、宣徳年間から万暦初までの期間の数値を示すことができる。それが［表］である。既に林麗月氏の『明代的国子監生』[104]表七にまとめられたことがあるが、参照した資料の欠落のため成化二十三年と弘治年間の数値を欠く。よって［表］は、その欠如を補うものでもある。紙幅の都合で詳細な検討は別稿に譲るが、この［表］からは少なくとも監生が正統年間以降に状元など上位の成績で合格したことが分かるとともに、進士中に占める監生の割合が天順年間から嘉靖中期まではおよそ六〇％を上回っていたと言ってよく、成化二十年には九三％の高率を占めたことも特徴として指摘できる。[105]

そこで、この［表］を参考にして、「はじめに」で提示した『欽定続文献通考』に見られた祭酒それぞれの在任時期に於ける進士合格者に占める監生の割合を見てみる。

まず「南陳北李」の頃であるが、陳敬宗（宣徳九年から景泰元年まで南監祭酒）と李時勉（正統六年から十二年まで北監祭酒）の在任中に実施された殿試は五回（正統元年、四年、七年、十年、十三年）であり、進士合格者に占める監生の割合は最高四六・七％、最低九・一％、平均二六・四％で、他に比べて低率の時期であった。なかでも陳敬宗の南監に入学した楊鼎が榜眼で合格した正統四年は、最低の九・一％である。

次に、章懋（弘治十六年から正徳三年まで南監祭酒）と羅欽順（弘治十五年から正徳二年まで南監司業）の在任中には、弘治十八年実施の殿試があったが、合格者に占める監生の割合は未詳である。崔銑（嘉靖二年から三年まで南監祭酒）の在任中、嘉靖二年の合格者に占める監生の割合も未詳である。また呂柟（嘉靖十四年から十五年まで北監祭酒）の在任中、嘉靖十四年の合格者に占める監生の割合は四六・二％である。

本節では、『欽定続文献通考』所掲の明代中期の祭酒を手掛りに、指導の成果を見るべく、各在任中の進士合格者

23（1487）	351	235	67.0	程　楷	費　宏		
弘治 3（1490）	258	204	79.1	銭　福	銭　福		
6（1493）	298	214	71.8	汪　俊	毛　澄	徐　穆	
9（1496）	300	198	66.0	陳　瀾	朱希周		
12（1499）	300	201	67.0	倫文叙	倫文叙	豊　熙	劉　龍
15（1502）	300	187	62.3	魯　鐸	康　海		
18（1505）	未詳	未詳					
正徳 3（1508）	350	253	72.3	邵　鋭	呂　柟	景　暘	戴大賓
6（1511）	350	148	42.3		楊　慎		
9（1514）	400	254	63.5				蔡　昂
12（1517）	350	229	65.4		舒　芬		
16（1521）	330	186	56.4			陸　釴	費懋中
嘉靖 2（1523）	未詳	未詳					
5（1526）	300	157	52.3				欧陽衢
8（1529）	323	163	50.5			程文徳	
11（1532）	未詳	未詳					
14（1535）	325	150	46.2	許　穀		孫　陞	呉　山
17（1538）	320	185	57.8				羅　珵
20（1541）	300	159	53.0				
23（1544）	320	未詳					
26（1547）	300	180	60.0	胡正蒙	李春芳		
29（1550）	320	177	55.3	傅夏器	唐汝楫		
32（1553）	400	未詳					
35（1556）	300	143	47.6		諸大綬	陶大臨	
38（1559）	303	122	40.3	蔡茂春			
41（1562）	299	138	46.2	王錫爵		王錫爵	余有丁
44（1565）	400	134	33.5		范応期		
隆慶 2（1568）	400	130	32.5				趙志皐
5（1571）	396	152	38.4		張元汴	劉　瑊	
万暦 2（1574）	299	84	28.1	孫　鉱		余孟麟	王応選

表　進士に占める監生の割合（典拠；『皇明太学志』巻一二・人才下・科名）

殿試・会試年代	進士総数(a)	監生(b)	(b)／(a)	会試	殿試		
				会　元	状　元	榜　眼	探　花
永楽 4（1406）	219人	27人	12.3%				
9（1411）	84	15	17.9				
10（1412）	106	57	53.8		馬　鐸		王　鈺
13（1415）	351	137	39.0				
16（1418）	250	未詳					
19（1421）	201	未詳					
22（1424）	118	未詳					
宣徳 2（1427）	101	未詳					
5（1430）	100	34	34.0				
8（1433）	99	23	23.2				
正統 1（1436）	100	25	25.0				
4（1439）	99	9	9.1	楊　鼎		楊　鼎	
7（1442）	150	29	19.3				
10（1445）	150	48	32.0	商　輅	商　輅		
13（1448）	150	70	46.7		彭　時		
景泰 2（1451）	200	97	48.5		柯　潜		
5（1454）	349	167	47.9		孫　賢		
天順 1（1457）	294	201	68.4			徐　瓊	
4（1460）	未詳	未詳					
8（1464）	247	155	62.8		彭　教		
成化 2（1466）	353	230	65.2	章　懋	羅　倫		
5（1469）	未詳	未詳					
8（1472）	250	197	78.8	呉　寛	呉　寛		
11（1475）	300	206	68.7			劉　戩	
14（1478）	350	未詳			曽　彦		
17（1481）	300	226	75.3	趙　寛		黄　珣	張天瑞
20（1484）	300	279	93.0		李　旻	白　鉞	旺　敕

に占める監生の割合を取り上げた。その結果、未詳な場合が多く、分かるのは「南陳北李」の正統の頃と呂柟の嘉靖十四年のみである。そのうち正統の頃は、上述したように南北両監から楊鼎・商輅・姚夔・彭時・岳正・萬安といった合格者が輩出されたものの、その割合・成績とも以後の時期に比べて振るわないことが明らかになった。嘉靖十四年については今後の検討に委ねたい。かりに各在任時期に少し幅を持たせて、対象を弘治末年、嘉靖初期、嘉靖中期に広げたとしても、他の時期に比べて特徴を指摘することは難しい。

以上により、たとえ名祭酒とはいえ、在任中の指導が進士合格者の増加に直接結びつくことはなかったと言えよう。ただ、これは師弟のうちの師のみから検討したものであり、あるいは当然の結論かもしれない。また永楽以降、国子監は南北に並立していたから、両監同時に指導に熱心な監官が任用されていなければ、数値に顕著な違いは現れなかった可能性も否定できない。（そうであるとすると、「南陳北李」の頃はなおさら低率と言える。）

おわりに

本章では、明代中期の祭酒等の指導状況、ならびに進士合格者に占める監生の割合に検討を加えた。後者について、とりわけ「南陳北李」の頃は低率であった。であるとすれば、例えば『明史』巻一六三・陳敬宗伝で、

明の世を終るまで賢なる祭酒の者を称して、南陳北李と曰えり。(106)

と両人の指導が称賛される理由は何であるのか。最後にこの点について触れておきたい。

李東陽の「送南京国子祭酒謝公詩序」に、

祭酒は政に與《あずか》らずと雖も、而れども政は由りて出づるを以てし、百司・庶府の一職を分かち一務を領する者の比

に非ざるなり。必ず其の人は、作人厲俗し、以て教化を成すを以てするに足り、然る後に称《かな》えりと為す。中世以後、世は毎《つね》に視て間官と為し、漫として意を加えず之と為る者も、亦た或は重きと為す所以を知らず。……[107]

と、祭酒が重要な官職と見なされなくなったとある。また、本章「はじめに」でも引用した『明史』巻一六三の伝賛に、

　中葉以還……成均の師の席は、儒臣序遷の地と為るに過ぎず[108]。

と、国子監の官缺が他官へ遷る一つの階段になったことが記されていたが、事実、嘉靖以後、祭酒と司業は一、二年で交代している場合が多い[109]。これに比べ、陳敬宗は南監祭酒としては一六年ほど（宣徳九年～景泰元年）であるが、それ以前に南監司業を勤めており、また李時勉は北監祭酒として五年ほど（正統六～十一年）勤めていた。陳敬宗はもちろん、李時勉も在任期間が比較的長く、それは監生を直接指導できる時間が長かったことになるが、そのことが「南陳北李」と称賛された理由ではなかろうか。『欽定続文献通考』（前掲）に見られた章懋ほかの場合、在任期間が長いとは言えないが、やはり同様に直接指導したために名が挙げられたのではなかろうか。つまり、多くの進士合格者を出したということではなく、直接に指導したことに対する評価であると思われる。

註

（1）谷光隆「明代監生の研究――仕官の一方途について――㈠㈡」（『史学雑誌』七三―四・六、一九六四年）、渡昌弘「監生の増減」（本書・第四章）。

（2）谷「明代監生の研究㈡」（前掲）七八頁。

（3）五十嵐正一「明代国子監の六堂教官」（原載一九六六年。『中国近世教育史の研究』再録、国書刊行会、一九七九年）、多賀秋五郎「近世中国における教育構造の成立と明太祖の文教政策」（『近世アジア教育史研究』、文理書院、一九六六年）、同「明太宗の学校教育政策」（『近世東アジア教育史研究』、学術書出版会、一九七〇年）。ほか。

（4）五十嵐「明代国子監の六堂教官」（前掲）一八四頁。
（5）『明史』巻一六三の伝賛、
明太祖時、国学師儒、体貌優重。魏観・宋訥為祭酒、造就人才、克挙其職。諸生銜命奉使、往往擢為大官、不専以科目進也。中葉以還、流品稍雑、撥歴亦為具文、成均師席、不過為儒臣序遷之地而已。李時勉・陳敬宗諸人、方廉清鯁、表範卓然。類而伝之、庶観者有所法焉。
（6）『南雍志』巻一九・陳敬宗伝。『明史』巻一六三・陳敬宗伝。
（7）『明史』巻六九・選挙志一、
……進士日益重、薦挙遂廃、而挙貢日益軽。雖積分・歴事、不改初法、南北祭酒陳敬宗・李時勉等、加意振飭、已漸不如其始。衆情所趨向、専在甲科。
（8）衰微に傾いた理由として、河住玄氏は『明代の教育制度』（三）国子監（梅窗書屋、一九五四年）の中で、監生出身者の科挙合格率の低さにより入監の魅力が失われたことが一因とする見方を示した（一二四～一二六頁）。しかし、本章第三節で提示するように、その合格率は必ずしも低くはなく、妥当な見方とは言えない。
（9）『欽定続文献通考』巻四七・学校考一の原文は、次の通り。なお便宜上、段落に区分した。
国学之政、莫備於明初。其諸生則取之公卿之子、抜之郡国之秀。広為号舎以居之、厚其衣食以養之。在学十餘年、始撥歴出身、往往仕至顕宦。而所重者、尤在司成一席。特簡大学士・尚書・侍郎為之。

及至中葉、名儒輩出、如李時勉・陳敬宗・章懋・羅欽順・蔡清・崔銑・呂柟、分教南北。昼則会饌同堂、夜則灯火徹旦、如家塾之教其子弟。故成材之士、多出其門。筮仕之後、知礼儀重廉隅、尊主庇民。事業皆有原本。

至万暦以後、雖屢勤振飭、然求之法、而不求之人。如怯古正誼之倪元璐、講席未暖、斥之而去。則当日之所振飭、亦徒事文具耳。
（10）多賀「近世中国における教育構造の成立と明太祖の文教政策」（前掲）、同「明太宗の学校教育政策」（前掲）。
（11）『欽定続文献通考』巻四七・学校考一。前註（9）参照。

（12）谷「明代監生の研究(二)」（前掲）七七頁。

（13）任用の年は、渡昌弘「明朝監官一覧稿」（『藝』五、二〇〇八年）としてまとめた。『皇明太学志』は首都図書館編『太学文献大成』（中国・学苑出版社、一九九六年）所収のものを利用。

（14）李東陽『懐麓堂集』巻二九「送南京国子祭酒謝公詩序」、

国朝、肇置監学、宋公訥創制立法、為聖祖所知、著之勅諭、載在史冊、非後生晩進所得而測也。在英宗、若李公時勉、清直不阿、恩義所激、士或以身代、難不為避。陳公敬宗、厳重有体、士之裹糧負笈、由北方而南学者、亦或有之。其他名師碩士、踵高躅而延餘光者、蓋亦多矣。……

（15）『南雍志』巻一九・陳敬宗伝、

為人美鬚髯、容儀端整、歩履有定則。……久居太学、力以師道自任。不少厭倦、厳立教条、痛革旧習、日励諸生、進学成徳。有違犯者、扣除坐堂月日、悉為虚曠、豫示而堅守之。以是畏憚、不敢放肆、成均粛若朝廷焉。

（16）同右、

官太学二十餘年、諸生位有至卿弐者。

（17）蔡献臣「澹然先生年譜」宣徳二年の項、

時監規廃弛、師生刁潑、素有四凶之号、曰助教瞿致道・宋琮・呉顒、学録章鼎新。景象如此、為之奈何。

（18）「澹然先生年譜」宣徳三年の項にも、

先是、四凶瞿致道等、惟務把持官府、刻剝師徒、全無教養之方、致煩□聖慮。……

とあり、割註に、

先是、四凶瞿致道等、肆行無忌。諸生畏避坐堂、不分年月遠近、巧求当道、取撥弁事、致坐堂数少、弁事数多、全無規矩。……

とある。なお『南雍志』巻六・職官表下によると、四凶のうち助教宋琮と呉顒は宣徳元年の任、学録章鼎新（章鼎？）は永楽二十一年の任、瞿致道については不詳である。

(19)「澹然先生年譜」宣徳四年の項、

……先是、監規廃弛、各衙門行賄、取出弁事者、無有名数。終歳在外遊蕩、不肯復業、致使坐堂数少、弁事数多、全無規矩。自宣徳三年奏准、挨次撥弁、及減節名数、各有定規。然後坐班者、日見増加、背書講書、作課写倣、悉復旧制。考試以時、科挙進士得人、南京縉紳、始翕然称之。

(20)『南雍志』巻二一・事紀二一・宣徳三年七月丁卯の条にのせる南監司業陳敬宗の奏言は①歴事期間の制定、②諸生への書籍の付与、③膳夫の額数の制定を内容とし、①については、

一曰、定歴事之期、以均労佚。在京各衙門、歴事監生、近因事簡、比旧減半。其弁事監生、惟是急務差遣、不拘常数、餘則斟酌事務繁簡、以次量撥、宜以半年更代、庶使均得肄業。

と、歴缺の数が恒常的でない現状において、その期間を六ヶ月とすべきとし、裁可されたものである。このように歴事期間を制定しなければならなかったのは、右の傍点部からうかがわれるように、歴缺削減に原因があった。なお「澹然先生年譜」では、申明旧制・整理監規・阻抑奔競・沙汰冗濫・増添膳夫・禁革奸弊の六項目が記されている。

(21)歴缺の数は、永楽年間において、北京衙門のそれは不詳だが、南京衙門については十三道御史が七四名で、全体では大約四〇〇名といわれる（渡昌弘「歴事出身法の再検討」、本書・第三章、七八頁）。その歴缺は、洪熙元年（一四二五）一〇月に南京五府六部等衙門で五〇名が、翌宣徳元年（一四二六）二月に大理寺で九名が、それぞれ削減がされ（『南雍志』巻二一・事紀二一）、監生は復監して学業に励むことになった。その他の削減については未詳で数字を示すことはできないが、永楽が終わると削減されていたことは確かであろう。その結果、取撥までの待機期間が長くなり、その対策として南監生の北監転送ならびに北京衙門への取撥が認められた（渡「監生の増減」（前掲）一一七〜一一九頁）。こうした状況にあって監生の在学忌避が目立つようになった。宣徳元年十二月乙亥、行在礼部が、給仮によって帰省し、なかなか復監しない監生が増えつつあることを上奏し、これに対して帝より、期限を定め、期限内に復監しない者を吏に充てることが命ぜられた（『南雍志』巻二一・事紀二一）。

(22)『南雍志』巻二一・事紀二一・宣徳元年五月辛丑の条に、

監生泰和等四十七人、以裁減復監。会取撥、有崔勝者、遠年省親、復監得往歴事、而和等不與。友麒等亦復歴事、而和等復不與。和乃独詣行在、以不平奏聞。久之、行在礼部、乃以其事議上。乃令査崔勝等応否復監、歴事仍発、和還監肄業。許本監官自懲治之。

とあるように、歴缺削減のため復監した泰和らは、長期間省親したのちに復監した崔勝・友麒らが取撥されたのに自分たちが取撥されなかったことに不平を抱いて上奏した。その結果、崔勝らの撥歴は再審査が認められたのに対し、泰和には国子監に戻ることが命ぜられた。ここに生じているのが回籍期間と撥歴の序次を如何に扱うかという問題である。

(23) 谷「明代監生の研究㈠」(前掲) 六八頁、参照。

(24)『南雍志』巻一九・陳敬宗伝、

戸部尚書関中楊鼎、初発解于郷試、赴春官不利、自北京求入南監、従敬宗卒業。

(25)『国朝献徴録』巻二八・黄佐「戸部尚書楊公鼎伝」、

楊鼎……領郷試首薦、正統丙辰、上春官、不第。当入北監、聞祭酒陳敬宗学行、乃求入南監卒業。不携一僮、以自随攻苦力学、躬自執爨恬如也。

(26) 同右、

有郡守欲以其子妻之、鼎以不告父母為辞。乃托鼎同郷兵部尚書徐琦與敬宗言曰、鼎清貧、而彼富裕。父母聞之、于心必安。敬宗亦勧鼎従之、鼎対曰、原憲雖貧、於道則富、倚頓雖富、於道則貧。鼎也敢貪富乎哉。敬宗益羨其操守、旦夕與之講解、亹亹不倦。

(27) 実際には三〇歳を過ぎてから結婚したが、このことも着目された。黄佐「戸部尚書楊公鼎伝」。

(28)『国朝献徴録』巻二八・黄佐「戸部尚書楊公鼎伝」、

入南監時、南京禁夜灯、而国学尤厳。鼎潜具小甖、竅之籠灯而誦。為巡者所覚、陳知其端慎貸之。

(29)『南雍志』巻三・事紀三・正統五年六月甲午の条。谷「明代監生の研究㈠」(前掲) 六七頁、註 (28) 所引。『皇明太学志』巻三・謨訓上・勅諭・正統五年六月二十四日にも見えるが、一部内容を欠く。

(30)『皇明太学志』巻三・謨訓上、
爾北京国子監官、不務敬愼、堕弛学規、玩愒歳月。洪武・永楽中、六堂諸生、咸有季試、考第高下、以伸勧励。今、南監尚循旧規、北監廃而不挙。其間為師能勤講授、為弟子能勤問学、大率計之、什不二三。此非長教者之惰慢乎。尤有甚者、莫之顧義、惟利是営。
(31)渡「歴事出身法の再検討」(前掲)八四〜八五頁。
(32)本文に引用した勅諭には、つづけて次のようにある。
南北諸生、貧富不斉。入監或一月或数月、或一年二年、即得撥諸司弁事、亦有遂出身者、利之能移人也。有坐監十餘年、貧不得出身、使之艱難嗟怨、其寧忍乎。又與諸司交通、凡弁事者、一人有闕、干求撥補、簡帖動致一二十紙、則有勢力者、終得之。借曰為勢所逼、何為不執以奏。師之所行如此、何以表励学者。
(33)『英宗実録』巻六二・正統四年十二月癸未の条。
(34)『南雍志』巻三・事紀三・正統五年六月甲午の条、
自今、宜改過自新。凡監学常行之規、不許堕廃、撥歴事者、必依資次、不許攙越、弁事者、亦須公当、不許徇私。但有私相囑托、聴従而不奏聞者、必罪不恕。以北監祭酒貝泰多受贓賄故也。
(35)『古廉文集』巻一一・王直「故祭酒李先生墓表」、
時太学缺祭酒、而難其人。諸公皆謂莫如先生、相與言於上、遂以任之。諸生数千人、皆習経芸、先生開導訓誨、各因其才、以窮其旨趣、俾有所領解。如飢者得食、渇者得飲。於是小大皆有所造就。
(36)渡「歴事出身法の再検討」(前掲)九三頁。
(37)『皇明太学志』巻一一・人才下・歳報。
(38)『古廉文集』巻一一・尹昶「古廉李先生小伝」、
時監規久弛、先生為厳立教条、因才設科。壮而可仕者、教以吏事、如今官府論判之類、幼而可進者、教以挙子業、日考課程、夜則令宿学舎。雖隆冬盛寒、先生俯就講解経史、毎至通宵。於是諸生各有所造就、当時作人之盛。如商輅・姚夔・彭時・岳正・萬安諸彦、倶廷試魁天下、其餘或中進士高第、或任御史・黄門部属二司・守令者、皆先生教導之力致然也。

(39)『明史』では、商輅・彭時・岳正は巻一七六に、姚夔は巻一七七に、萬安は巻一六八に、それぞれ伝が立てられている。

(40)李時勉『古廉文集』巻五「贈商弘載第状元序」、

弘載聡明篤厚、温雅而簡静、雖貧而不苟取於人、資用匱乏、而無憂見、人有急難、傾橐済之而不吝。其在成均、篤志於学、不以游惰廃其業、毎試必在首選、及為会元、為状元、人皆称誉之。

(41)『皇明文衡』巻七九「姚文敏公神道碑」、

公、諱夔。……正統戊午、以春秋挙浙江郷試第一、会試辞乙榜、入太学。祭酒李公時勉・司業趙公琬一見器重之、少保楊公溥聞名、且遣子壻従学。而公不自満、復遊鄒忠愍公之門請益、士大夫莫不高其志。壬戌、会試中第一、與従弟龍、倶登進士、人栄耀焉。

(42)渡昌弘「監生の回籍」(本書・第十章)二七三〜二七四頁。

(43)李東陽『懐麓堂集』巻七一「蒙泉公補伝」、

公、姓岳氏、諱正。……挙京闈郷試、卒国子業。李忠文公為祭酒、簡四方名士置講下。公與商文毅・彭文憲・王三原諸公、皆預焉。

(44)『国朝献徴録』巻七四・林俊「中順大夫南京国子祭酒晋江虚斎蔡先生墓碑」。

(45)『南雍志』巻三・事紀三・天順八年八月戊戌の条、

初陳敬宗、以厳毅為教、晩年益加峻、諸生有不堪者。節一切反之以寛。其始両京士夫、称誉謂得体、其後士風不古、多戻規矩。

『国朝献徴録』巻七〇「太常寺卿兼翰林院侍読学士呉節伝」にも、『実録』を引いて次のようにある。

呉節……其為祭酒、承陳敬宗之後。敬宗師道厳甚、流為寡恩。〔呉〕節矯之以寛、士類悦服。久之流于縦弛、声望不逮敬宗云。

(46)『南雍志』巻四・事紀四・成化七年正月の条、
在南丞劉俊之後、学規縦弛。洪謨始振挙旧規、士類粛然憚之。
(47)『国朝献徴録』巻三三・徐溥「資徳大夫正治上卿太子少保礼部尚書謚文安周公洪謨神道碑」、
公諱洪謨、……及為祭酒、整飭規矩、表率生徒。
(48)『南雍志』巻四・事紀四・成化十一年七月乙亥の条。
(49)同右、成化二十二年十二月の条、
宣……其為祭酒、脩立教条、恤病賻死。士夫称之。
(50)『国朝献徴録』巻五二・王時槐「南京工部尚書劉公宣伝」、
劉宣……為南司成、待諸生誠意藹然、教有条式、因其材而勉進之。
(51)『南雍志』巻四・事紀四・成化十九年九月の条。
(52)『国朝献徴録』巻三三・張昇「太子太保礼部尚書東谷徐公瓊墓誌銘」、
丁未春、陞南京太常寺卿掌南国子監事、一時南士悉頼造就、行文卒帰於正。
(53)『南雍志』巻二〇・謝鐸伝、
……動以身教、毎厳約束。

また李東陽『懐麓堂集』巻八一「明故通議大夫礼部右侍郎管国子監祭酒事致仕贈礼部尚書謚文粛謝公神道碑銘」にも、同様の記事がある。
(54)『南雍志』巻四・事紀四・弘治四年正月庚子の条、
自今而観、惟撥歴最為緊要、而会饌次之。
(55)同右、弘治六年十二月乙丑、同七年正月辛丑の各条。
(56)同右、弘治八年六月丙辰の条。
(57)呉寛『家蔵集』巻七六「朝議大夫南京国子監祭酒劉公墓碑」、

公……、其為教以身率先諸生、不少縦逸、日課季試必厳、而公至於歳遣歴事諸司、人無敢紊其序者。其居師席、望其容貌、若不可親。然篤於恩義、見寒窶者、多周済之。南監廬舎、歳久甚敝、節縮公用、修治殆遍。諸生条其学政、相與作詩紀之。其放恣不率教者、則造為謗言、以騰及外、及公卒、猶有作詩以辨誣者、則公是有在。而君子始益信其為人之賢矣。

(58)『南雍志』巻二〇・章懋伝、

孝宗励精、図任儒宿、北以謝鐸為祭酒、南以属懋。懋方遭父喪、力辞、詔添設司業、虚位以待。

(59)『国朝献徴録』巻二五・厳嵩「吏部尚書致仕贈太子太保謚文荘羅公欽順神道碑」、

公諱欽順……擢南京国子司業、正容端則、六館以粛。蘭谿章公懋、為祭酒、深見信重、事多咨公而行。

(60)『南雍志』巻二〇・章懋伝、

及終制就官、謹榘度、尚徳化、厲廉恥。六館之士、翕然向風、豪傑有志者、排日執経質問、所疑随方而答、人人自以為得師。《割註省略》姑蘇尤樾母病、抝例不得帰省、昼夜涕泣。懋許之帰、或以為言。懋曰、吾寧以違制獲罪。不忍絶其母子之情也。聞者歎服。兩疏学政時政、条陳宿弊、皆不報。

(61)『南雍志』巻四・事紀四・弘治十四年八月辛亥の条。

(62)同右、弘治十八年二月の条。

(63)『南雍志』巻一五・儲養考上・儲養生徒之名数。

(64)『南雍志』巻二〇・石珤伝、

(正徳)己巳、遂補南監祭酒、教法厳邃、済之以恕。

(65)『国朝献徴録』巻一五「大学士石文隠公珤伝」、

珤在国子、以身率人教厳、而諸生莫敢犯。

(66)『南雍志』巻二一・穆孔暉伝、

壬申、陞本監司業。既至以身率諸生、惟令静黙、窮究義理、毋瑣瑣口耳記誦、中人以上、類多従之。癸酉、改北監、罹艱帰。然後被教之徒、思模範如孔暉、不易得也。

(67)『国朝献徴録』巻二七・方鵬「南京吏部尚書白樓呉公一鵬伝」、
……出為南京国子祭酒。至則以誠心待士、以簡易立法。又積饌金、易民居為学官寓舎、経史多缺板、亟補完之。

(68)同書・巻一五・李濂「光禄大夫柱国少保兼太子太保礼部尚書武英殿大学士贈太保謚文靖賈公詠行状」、
公諱詠。……公申明祖宗旧規、厳立章程。監事振挙、如修葺廨宇、刊補経籍。公以撥歴、廉以涖属。凡生徒有疾病者、咸給医薬。恩義兼施、士心悦服。

(69)焦竑『澹園集』巻二四「景中允伝」、
……時南方士競便利。中允於請託一切謝不行、士習稍正、與諸生講解、寒暑不輟典籍。

(70)『国朝献徴録』巻二〇・呉国倫「中憲大夫太常寺少卿兼翰林院侍読学士□夫郭先生維藩墓誌銘」、
先生姓郭、名維藩、……先生謂大学賢士所関、乃毅然修復師氏之教、日端坐帷中、與六館諸博士弟子、講授経業。蓋居国子三年、士習一正。

(71)『南雍志』巻二〇・崔銑伝、
尋擢南京国子祭酒。諸生相顧曰、吾輩得師矣。銑開誠心崇正義、明教条厳祀事、正文体奨雋彦、警軽惰禁遊戯、清廩餼革蠹耗、日衣冠坐東堂。諸生朝夕問難、銑響答不倦、周貧佚老、問疾賻喪、士林大説。

(72)『国朝献徴録』巻七四・林庭機「朝列大夫南京国子監祭酒龔公用卿墓志」、
辛丑、擢南京国子監祭酒、増修学舎、申飭監規、一時士習、為変。

(73)五十嵐正一「張居正の教育政策」（原載一九六六年。『中国近世教育史の研究』（前掲）再録、一九七九年）一五八頁。

(74)『国朝献徴録』巻七四・瞿景淳「南京国子監祭酒槐野王公維楨行状」に、
公……為南京国子監祭酒。公謝恩畢、即日陛辞、倍道西馳。不数日過西岳、為文虔禱、請以身代。母太孺人聞公至、病亦少愈。是年（嘉靖乙卯。三十四年）冬、関中地大震、山摧川溢、城郭廬舎多傾毀、民人圧死者過半、而公亦不免。

とある。また『明史』巻二八六・王維楨伝、参照。

(75)『国朝献徴録』巻七四・王弘誨「南司業朱文石公大韶行状」、
公諱大韶、……時南都士習侈。公謂漸不可長、嘗慨然曰、太学故養士□□、諸生皆誦法孔子。而鮮衣怒馬、六博蹋□為戯、無有明於尚歯貴爵之訓者。

(76)李楽『見聞雑記』巻三、
余、嘉靖己未、卒業南雍。時大司成缺人、司業馬孟河先生一龍動遵高皇帝監規行事。

(77)『国朝献徴録』巻七四・李春芳「南京国子監司業孟河馬公一龍墓志」、
公名一龍、……擢南少司成、摂大司成事。縄約諸生、悉遵矩矱、諸生不楽検束、有造飛語中公者。公不為動、曰、吾知尽吾職耳。庸恤其他。条上成均八事、語多譏切時政、僚友止之、不果。今其草具在。

(78)同書・巻十三・雷礼「資善大夫太子少師戸部尚書兼翰林院学士尚約蕭公鎡伝」、
景泰元年、以老疾辞、監丞鮑相、合国子生三千人請留、……

(79)『皇明太学志』巻一二・人才下・歳報。

(80)同書・巻一一・人才上、
……厳条教以約諸生。諸生皆楽従之。

(81)『水東日記』巻八「劉詹事遺事」、
詹事劉先生簡静……、久在翰林、初為祭酒。……祭酒所苦、諸生出身資格、為権要所撓一事。先生曰、此易耳。立諸生而与之約曰、有不守規格図出身者、必同館諸生、合辞共推即遣行。不然不可得也。他日有図之者、動為諸生所譁詈、至不能容。由是、此風遂絶。

(82)『英宗実録』巻二三九・景泰五年三月戊午の条。

(83)同書・巻三一三・天順四年三月己丑の条。

(84)『国朝献徴録』巻七三「国子監祭酒劉益伝」、
益、寛厚坦夷、不為城府、所至政無顕迹。及主教国学、惟按資序撥歴、無所建明。

(85) 同書・巻三五「礼部左侍郎邢譲」、
初譲為祭酒、欲声聞出前人上、創立勅諭学規等碑、修国子監通志、躬課諸生、誦小学以及諸経、痛懲謁告之弊、人以是称誉之。

(86) 呉寛『匏翁家蔵集』巻七七「明故亜中大夫太僕寺卿呉公神道碑銘」、
公……、成化戊子、挙広東郷貢。明年試礼部、不偶、入太学。時吏部尚書耿公為司業、毎試輒見称許。名益起、四方挙子、多録其文以蔵。

(87) 丘濬『重編瓊臺藁』巻二三「太子少保礼部尚書謚文安周公墓誌銘」、
……其在南京太学、承安成呉先生寛厚之後、事多廃弛。公振作之、士気為之一倡。及北来掌教、適有士子納馬入監例、科貢士與之争撥歴先後、屢行奏擾。公処之、各得其宜、異論始息。

(88) 谷「明代監生の研究㈠」（前掲）七一頁、参照。

(89) 『国朝献徴録』巻七三「翰林院検討掌監丞事林公大猷伝」、
林大猷……遷国子学録、関洛普魯之士、執経従游、無慮数百人。斎舎至不能容、輪番聴講。又約日通集、太学諸生聴講、謂之普講。祭酒耿公裕待以賓礼。進監丞尽剔宿弊、講学益勤弗替。諸生貧者授衣、病者給薬、死則躬詣哭殮之、或属其郷人挟喪帰、或捐俸為買地京師以葬。久而力弗能給。……陞翰林検討、仍掌監丞事。以疾卒于官。……卒之日、六舘諸生、咸哀悼之。

(90) 同書・巻二七・費宏「南京吏部右侍郎贈礼部尚書謚文粛圭峰先生羅公玘墓誌銘」、
先生諱玘……。成化乙巳、応入粟賑飢之詔、例升国監。時閣老丘文荘公為祭酒、議南士不聴北留。先生固以請、至三受朴、而鋭不少挫。公心異之、然猶且教之曰、若能識幾字、而崛強乃爾邪。先生昂首大声、対曰、惟中秘未嘗読耳。乃姑留之、而識其名於堂柱。越数日季試、先生稿立就、若宿搆焉。六館士数百人、無有能及之者。公驚歎曰、有士如此、而不名薦書、誠有司之過也。

(91) 渡昌弘「捐納監生の資質について」（本書・第九章）二六一～二六二頁。

(92)『国朝献徴録』巻三五「礼部右侍郎費誾伝」、
……其在国学最久、士子多所造就、為詩文清健有則、所著有自考詒笑補菴諸集。
(93)『南雍志』巻四・事紀四・成化二十三年二月癸未の条。
(94)『皇明太学志』巻一二・人才下・歳報。
(95)李東陽『懐麓堂集』巻八一「明故通議大夫礼部右侍郎管国子監祭酒事致仕贈礼部尚書謚文粛謝公神道碑銘」、
在北監、請増号舎修堂室。又謂、廟門衢面多狭斜、以為褻慢、買其地而廓之。又買官廨三十餘区、居学官以省僦直、皆出夫皂雇役、餘悉藉為公用。諸生貧困者亦有給、死者請京府致賻、給駅帰其喪。
(96)『南雍志』巻二〇・崔銑伝、
崔銑……庚申、入太学。祭酒謝鐸歴試称首、大奇之。
(97)『南雍志』巻二〇・魯鐸伝および『皇明太学志』巻一一・人才下、
……遷国子司業、進南京祭酒、尋改北京。鐸屢歴成均、其教主于理道、不事章句。南北士多所造就、尤持清操湔宿弊、縉紳歆仰之、屢謝病帰。
(98)『国朝献徴録』巻三七「南京礼部右侍郎趙永伝」、
趙永……陞国子監祭酒、表建師模、厳飭士習、抑請托進廉節。動遵矩範、不阿権要、海内嚮風、翕然丕変。
(99)同書・巻三六・李本「資善大夫南京礼部尚書季泉孫公陞行状」、
諱陞……嘉靖乙酉、領郷薦、丁亥、遊太学。大司成今少師分宜厳公及上海陸公両試、皆首選、而孫季子之名、動京師。
(100)和田正広「明代挙人層の形成過程」（原載一九七八年。『明清官僚制の研究』再録、汲古書院、二〇〇二年）二四一頁、註(27)(28)。
(101)『国朝献徴録』巻七三・柯維騏「侍郎掌国子監事林公文俊伝」、
……改北祭酒。値乗輿臨幸、文俊以尚書講説、世宗甚悦、賜衣二襲。凡南北六舘生、罔不粛遵規条、雖貴游子、不得躐序。南一生遇盗、稽程法当贖金、文俊聞其將矞子、惻然為捐俸、吏議卒免贖。

(102) 同書・巻三七・馬汝驥「通議大夫南京礼部右侍郎涇野呂公柟行状」、
乙未、陞国子監祭酒、首発明監規、教人以正心為本、忠孝為先、取儀礼及為詩楽図譜、俾諸生講肄、毎試刻文之優者、以式多士。復申明監規五事、上皆允行。公在監、諸生有疾、必問而医、有死者必哭、而帰骨其郷、有喪必弔且賻、有孝廉著聞者、則識諸簿、榜以旌之。又先撥歴示勧、仍奏減歴、以通淹滞。

(103) 『世宗実録』巻二三六・嘉靖十九年四月甲戌、巻五五九・同四十五年六月辛酉の各条。

(104) 台北、私立東呉大学中国学術著作奨助委員会、一九七八年。

(105) こうした数値は、近年刊行された「天一閣蔵明代科挙録選刊」所収の進士登科録からもほぼ同様に導きだすことができる。

(106) 『明史』巻一六三・陳敬宗伝、
終明世称賢祭酒者、曰南陳北李。

(107) 李東陽『懐麓堂集』巻二九「送南京国子祭酒謝公詩序」、
祭酒雖不與政、而政由以出、非百司庶府分一職領一務者比。必其人足以作人厲俗、以成教化、然後為称。中世以後、世毎視為間官、漫不加意而為之者、亦或不知所以為重。……

(108) 『明史』巻一六三の伝賛、
中葉以還……成均師席、不過為儒臣序遷之地而已。

(109) 渡「明朝監官一覧稿」(前掲)参照。

［補記］
本章のもとになった論文は「明代中期の国子監官と監生について」(『歴史研究』第五四・五五合併号、愛知教育大学歴史学会、二〇〇九年)である。

第六章　嘉靖期の国子監政策

はじめに

永楽年間（一四〇三〜二四）を過ぎると、就官の途として進士が第一とされ、相対的に監生からの任用、国子監に於ける人材養成は軽視されるようになった[1]。そうした国子監が再び着目されるのは、嘉靖年間（一五二二〜六六）に入ってからのことである。

『皇明太学志』巻一二・人材下・甄除の冒頭では、監生の任用について概観し、科挙再開後、監生は科道（台諫）・布政司（藩）・按察司（臬）といった重要な官缺に就くことはできず、たとえ就くことができるとしても極めて稀れになったことを述べた[2]のに続けて、

　往年、張相当国し、嘗て力《つと》めて三途並用の議を主せしも、僅かに一たび焉《これ》を行うのみ[3]。

と、万暦（一五七三〜一六二〇）の初めに張居正（張相）が一度だけではあったが、三途併用を実行に移した旨が記されている。ところが同項の最後の箇所に、

　正統より以来、挙貢監生に、復た径《ただ》ちに台諫及び藩・臬の長・弐を授けらるる者有る無し。嘉靖八年、廷議し、復た三途並用の例を申す。是に於いて、挙人監生孫翥を以て給事中と為し、挙人監生阮薇・歳貢監生張澍もて監察御史と為せり[4]。

とあるように、既に嘉靖八年（一五二九）の廷議を経て三途併用が命ぜられ、挙人や監生が給事中・監察御史に任命

されたという。

右の『皇明太学志』の記述に続いて示された事例[5]によると、科道官（給事中・監察御史）への任用は洪武・永楽年間（一三六八〜一四二四）に盛んに行われたが、それ以後では右に示した孫翥ら三人だけである。これは初任に限られ、無論すべての事例を網羅している訳ではないが、傾向をつかむことはできよう。嘉靖・万暦の頃には科道官が進士初任のポストとして殆ど拝命されなかったことに照らしても[6]、三人とはいえ、監生からの任用は異例と言える。

このように嘉靖年間に任用の見直しが行われたが、その背景に世宗により推し進められた三途併用が挙げられる。嘉靖期の国子監政策に関する研究の一つとして、本章では右の記事を手掛りにして、まず三途併用について触れ、ついで政策の一端を見ることとしたい。

第一節　世宗の三途併用

嘉靖年間に始まった「三途並用」の語それ自体は、『世宗実録』では巻一一九・嘉靖九年（一五三〇）十一月己酉の条が初見である。ただし突如現れたものではなく、内容自体は徐々に展開されていき、挙人・監生との併用が同書では巻九七・嘉靖八年正月乙丑、丙寅両条に見える[7]。「はじめに」で示した『皇明太学志』が記す嘉靖八年の廷議云々は、おそらくこの両条に基づき、後になって現れた三途併用の語を、この年の廷議の内容（挙人・監生との併用）に結びつけたものであろう。また、そこに続けて記された孫翥ら三人の任用（初任）は、実際には十年四月の事例である[8]。よって八年の時点で科道官を念頭に置いて三途併用が下命された訳ではない。

まだ「三途並用」の語が現れていない嘉靖八年正月、吏部尚書方献夫らが上奏し、知県に適切な人材がいない現状に、進士合格者数を増額して任用すべきと述べた。これに対し世宗は増額を認めず、挙人・監生を併用すること、また昇進に当たり出身によって区別しないことを命じた。[9] このとき世宗は併用を命ずるとともに輔臣たちに意見を求めてもいた。輔臣のうち、下命に賛意を示す大学士楊一清は「論補県令奏対」の中で、各地で災害が頻発し、そのため考察の結果、知県に欠員が生じている状況を述べる[10]ほか、次のようにある。

> 及び照するに、両直隷・十三布政司所属の県分共せて一千一百三十餘処、当に用うべき知県一千一百三十餘員なり。進士の取る所は三、四百名に過ぎず、両京に選任せるを除くの外、当に選ぶべき知県は多きも二百員に及ばず。若し必ず進士を以て方に好官と為して、乃めて能く民を安んぜんとするも、然れども十分中の一、二に過ぎず。此の外の県令、豈に概て貪懦の官を用い以て民を害すべけんや。惟だ上の人、之を鼓舞するのみ。道有らば則ち進士・挙人・歳貢に拘らず、皆能く其の自りて立つ所を慎み、而して民の恵を受くる者も亦た多からん。[11]

知県のうち一～二割が進士より任用されるに過ぎず、また進士出身以外の者が民を害している訳ではない。道を弁えてさえいれば、出身に拘わらず民は恩恵を得ている筈だというのである。楊一清はさらに続けて、

> 吏部は人才を推擢するに、亦た甲科に偏重する無く、挙人の曾経《かって》旌薦せられし者は、進士と一般に（同様に）行取して、科・道・部属等の官を選授し、歳貢の治声有る者は、挙人と一体に府佐・州正の員缺に推補せん。[12]

と述べ、挙人や歳貢からの任用は知県に止まらず、他の官缺をもその対象にすべきと主張した。

ところで、挙人・監生との併用は進士偏重を改めること（進士出身者の抑制）であり、如上のように、方献夫らの上奏が契機となり、楊一清も賛意を示したのは確かであるが、実はこのころまでに他からも同様の趣旨の意見が述べられていた。著名なものとしては陸粲の上言をあげることができる。この陸粲の主張は、例えば清代の学者趙翼により、高拱・張居正へと受け継がれたものとして評価されている。[13]

このとき工科給事中であった陸粲の上言は『世宗実録』巻八五・嘉靖七年二月辛亥の条に見え[14]、冒頭で用人が進士一途のみになっているために優秀な人材が興ってこないと述べ[15]、結果として選用全般、地方学の教官、王府の官、辺方の州郡官、塩法・馬政の五つの面で弊害が生じていることを指摘する。そのうち第一の弊害つまり選用については、

> 選用・行取及び奏保・旌異の類は、専ら進士を重んず。賢才は何ぞ往て之れのみ無からん。豈に独り進士のみ用うべけんや。今、此の途に由りて仕うる者、或は治に善状無しと雖も、上に在る者猶お之を護持す。……其の人進士に非ざれば、則ち瑕疵を指摘し、動もすれば摧抑を加う。人情として慕う所無くんば、則ち勉むる所有る能はず。吾れ既に之を薄《うと》んぜば、彼寧んぞ自棄せざらん。是れ之を不善に駆り、而して民をして其の殃《わざわい》を受けしむるや。臣謂らく、挙人・監生等の出身者に、果して賢能なるもの有らば、宜しく進士と兼取して並用すべし、と[16]。

とあり、進士と挙人・監生等との併用を求めた。次いで述べた四つの打開策の中では、制科（薦挙）の復活を提起している。つまり進士・科貢に加えて薦挙の復活をも主張したのであるが、他のことは採納されたものの、その復活だけは認められなかった。

また右の陸粲の上言には、つづけて「属者《ちかごろ》言官建白し、已に嘗て此に及べるも、然るに論ずる所は止だ遠方為るのみ、臣猶お其の未だ広からざるを病む。」とあり、遠方の官における併用が、他の言官によって既に指摘されていたことも分かる。それが具体的に誰による何を指すかは未詳であるが、ともあれ、併用は陸粲独自の考えという訳でもなかった。

なお、方献夫らの上奏を記した『世宗実録』巻九七・嘉靖八年正月乙丑、丙寅両条に、この陸粲の上言との関わりを感じさせる箇所は見当らないが、その影響を受けていたことは確かであろう。

ところで、陸粲は嘉靖五年の進士で、その時期に力を持っていたのが大礼派の中心人物たる張璁であった[17]。彼の建

議により、陸粲は右の上言から二ヶ月後に浙江郷試の主考官を命ぜられたが[18]、その終了後に記した「浙江郷試録序」では、浙江の人の文章には優れたものがあると聞いていたが、実際に郷試の答案を見てみるとそうでもなかった[19]と嘆いている。そこに進士偏重に対する陸粲の疑問を読み取ることができるが、より明確に進士に対する考え方を示しているのが、次の「贈訓導厳用文之官寧海序」である。

> 正徳の間、中丞恒山張公、御史を以て璽書を奉じ、南畿の学政を督せり。公……歳乙亥（十年）、呉中を按試せるの時、則ち吾が長洲の士、優列に在る者五人、而して甫里の厳君用文、名は第一なり。公亟かに諸人に称して曰く「此れ進士の才なり」と。是に於いて君の声挙がり、一言隠然なり、江左の所在を動かし、其の文を伝誦す。咸《みな》曰く「此れ進士の才なり」と。然るに君数奇なり、屢々郷に試するも利あらず。頃《しばら》くして貢を以て京師に上れり。廷試の日、翰林華侍読子潜・閔編修師、其の巻を望閲し、驚歎して曰く「貢士の中に乃ち斯の人有り、既にして銓部の選に従い、山東の寧海州に分教するを得たれば、諸ろの嘗て與に交游せし者争って之を惜しみ、謂うに、君の才の如きは、寧ろ科目に自ら奮する能わずして、僅かに此れを得たり。君と雖も亦た何ぞ能く豫《たの》しまざること無からんや」と。粲、之を聞き、竊かに以為《おもえ》らく、是れ未だ知言為る者にあらず。夫れ科目の以て人材を尽くすに足らざるや久し[20]。

これは、厳用文の山東寧海州赴任を記したもので、彼は提学官張公に「進士の才なり」と言われながらも結局は郷試に合格できず、監生となることで就官せざるを得なかったとある[21]。無論、右の記述は同郷（蘇州府長洲県）の厳用文に対する賛辞であり、また続きの部分に「矧んや今天子明聖なり、屢々中外に詔し、賢能を選抜するに、資格を限らず、士の貢を以て升りし者、進士と並用するを得云々」とある。世宗の併用策採納後の記述であるから、文字通りに受け取れないとの見方もできるが、筆者としては厳用文の件が進士偏重に疑問を抱かせる契機であったと考えておきたい。

それはさておき、嘉靖七年二月に工科給事中陸粲の上言があり、翌八年正月、知県補任における三途併用の命が下された。ところが、この三途併用には反対の意見が出された。九年正月戊申、巡撫保定右副都御史銭如京の上言に、

畿輔は地重ければ、守令には宜しく其の選を慎むべし。請うらくは悉く銓するに進士を以てし、已む無ければ則ち挙人とせるも、宜しく歳貢に濫授すべからず。(22)（『世宗実録』巻一〇九）

とあり、前年の勅旨に対し、直隷の地ではむしろ従来通り進士からの任用を重視すべきことを求めたのであるが、世宗は認めなかった。(23)張璁もこれについて「論用人（嘉靖九年）」で勅旨に反するものとし、続けて、

夫れ進士、顧名図進せる者固より多く、恃勢虐民せる者も亦た少なからず。若し一切科名を以て重しと為し、監生の輩もて尽く之を軽棄せば、則ち彼皆其の身を惜しまず、復た奮発する無く、誰か朝廷の為に尽心し百姓を撫字せんや。(24)

と、進士出身者が官僚として必ずしも相応しくないことを述べている。

おそらく世宗はこの意見も容れて、この年の十一月、吏・礼両部に詔を下し広く人材を求めることを命じたのだが、その詔の中に初めて「三途並用」の語が見られる。(25)ついで翌十年正月庚寅、吏部が世宗の命に従う趣旨の上奏をしたのに対し、

今後、務めて累朝の事例に遵照し、三途並用し、必ず求めて人を得、以て朕が用賢沢民の意に称え。(26)（『世宗実録』巻一二二）

と旨が下り、ここにも「三途並用」の語が見える。

以上の経緯を見ると、挙人・監生との併用は、当初知県など地方官を念頭に置いたものであった。しかし、方献

夫・陸粲・張璁らの意見を採納していった世宗は、嘉靖十一年四月丙午に至り、次のように科道官を対象として下命する。吏部が上疏して推官・知県等を行取し科道へ選補することなどを求めたが、それに対する旨に、

科道は乃ち朝廷の耳目なり、必ず端謹老成にして、斯れ能く職に称う。疏内に開具せる人員、擬の如く行取するも、慎みて考選を加えよ。仍お査するに、節《しばし》ば三途用人の詔旨を降せり。如し賢能彰著にして、実心愛民せる者有らば、挙人・歳貢の出身を論ずる無く、一体に取用す。……著して令と為せ。[27]（『世宗実録』巻一三七）

とあり、科道官に挙人・歳貢出身者をも併用するよう命じたのである。そこに至る経緯にはさらなる検討が必要ではあるが、ともあれ、これが科道官と三途併用を結び付ける最初の下命であった。[28]

ところで世宗は、決着を見たとはいえ、「大礼の議」を通じて科道官に対し悪感情を抱いており、[29]併用すなわち挙人・歳貢の直接採用を通じて自らの意向に従う科道官を多く輩出すれば、様々な場面で反対勢力を抑えることが可能となり、十一年四月の下命はそれを実現化するものであった。

悪感情を抱いた点は大礼派官僚も同じである。大礼派は世宗の信任を得て擡頭した方献夫・張璁らの一派で、陸粲もその一人張璁とのつながりが強かった。嘉靖七年四月に郷試の主考官を命ぜられたのみならず、八年八月に大礼派の張璁と桂萼が私人起用を理由に一時的に失脚したが、その際に陸粲も事情を知りながら速やかに糾弾しなかった責任を問われ、処分を受けているからである。[30]

世宗の政策の多くは張璁もしくは彼をはじめとする大礼派の主張を容れたものと考えられるが、この科道官における三途併用の場合、そのようには言い難い。なぜなら、世宗が挙人・監生の任用に関心を寄せたのは、張璁らの完全な政権掌握（嘉靖六年秋頃）よりも早く、しかも科道官のみを対象に考えていたのではない。すなわち、既述の『皇明太学志』に見られた三人の任用は十年四月で、[31]十一年四月の下命よりも前のことであったし、また四年九月乙亥、

吏部尚書廖紀が、有司が短期間で他に転出している状況に対して、規定通りに九年の任期を満了せしむべきことなどを上言したのに対し、[32]

守令は倶に九年を以て満と為し、政績卓異なる者有らば、進士・挙人・監生に拘らず、擬に依りて陞秩せしむ。[33]

（『世宗宝訓』巻六）

と、既にこの時、守令の昇進が出身に左右されないよう命じていたからである。廖紀は「大礼の議」をめぐって世宗と対立的であったが、『明史』巻二〇二・廖紀伝に「帝は但だ其の士風を正す・守令を重んずの二事を納れしのみ。[34]」とあるように、地方官任用についての意見は採納されていた。こうしたことからもわかるように、進士偏重の見直し（つまり三途併用）は、あるいは漠然としたものであったにしろ、もともと世宗自身が抱いていた考え方で、それに合致した方献夫をはじめとする大礼派の主張が採納されていったのである。

以上、不十分ながらも嘉靖期の国子監政策に影響を与えたものとしての三途併用を見てきた。この併用がもたらした任官状況については他に譲るとして、次に節をあらため、併用が唱えられている中で行われた国子監見直しについて検討を加えることにしたい。

第二節　歳貢の基準変更と挙人の強制入監

世宗は三途併用を命じ、初任、昇進とも進士以外とりわけ挙人及び歳貢生からの任用が着目されることとなった。言うまでもなく挙人と歳貢生はともに国子監に関わりがあり、したがって世宗の関心は当然のように在学監生の資質に向けられた。

まず着目されたのは歳貢で、起貢の基準が変更された。国子監への歳貢にはそれまで在学期間の長い廩膳生が充てられていたが、高齢者が多いとの指摘を受けた世宗は在学期間だけにとらわれず選抜するようにとの詔を下した。嘉靖六年十月以降、実施に移されたが、結果は選抜の現場に混乱を招いた。一時的に元の基準に戻されるなどしたため、嘉靖十一年五月には異なる四つの方式により選抜された生員が上京していたのである(35)。このとき選抜者全員に対し廷試を課すことにしたところ、同年より十四年までに歳貢を欠くところが一一九〇余りの箇所に及んだ(36)。こうした事態に陥ったのは、以下に述べるように起貢の責任の所在に起因していた。すなわち翌月（十一年六月）庚寅、廷試で及第しない生員は五九名だったが、これに関して礼部が、

提学官の貢士、既に専委せるを得ざれば、則ち罪譴は必ず宜しく分任すべし。況んや（生員の被黜）一名以上は提問、五名以上は降級なれば、立例太だ厳なるに似たり。臣恐るらくは、提学官罪を畏れ、必ず敢えて起貢せざるの処有るに至り、偏方下邑、遂に人無きに至らん。学校の政廃れ、教化の原塞がるは、議の得るところに非ざるなり。……請うらくは、自今、提学官をして勅諭を遵奉し、悉心従事せしめ、其の歳貢は例に照し、先ず食粮年深の者を取考し、果して堪えざるもの有りて、方めて其の次を以て考究す。御史及び二司の各官、侵越するを得なからしむれば、責任既に専らにして、以て自効すべきに庶からん。既に譴罰せられしは、当に亦た詞無かるべし(37)。（『世宗実録』巻一三九。括弧は引用者）

と覆言した。ここからわかるように、廷試の結果、黜退された生員が一名以上ならば提問、五名以上ならば降級という処分を受けたが、それは提学官だけが対象であった。つまり、このとき巡按御史や布按二司官と会同して起貢することが命ぜられていたにも拘わらず、廷試の結果に責任を負うのは提学官だけで、ここに提学官が歳貢を忌避する理由があった。

礼部は、前例に照らして食糧年深者（在学期間の長い廩膳生）から選抜すべきと述べるとともに、御史と布按二司の侵越行為が問題だとした。これに対して世宗は、歳貢における会選は祖制であり、提学官の職務は提調にあるゆえ、選抜された者が不適格であれば当然責任を負うべきとした。そして会同は継続するが、処罰に関しては嘉靖十一年の起貢分よりとし、また食糧年深者から選抜する方式に戻すことになった(38)。

なお廷試の結果により処罰を受けた提学官としては、右の嘉靖十一年六月に崔相・張鯤・敖英・王邦瑞の四名、十三年に潘潢・孔天胤の二名の名前がわかる(39)。

以上のように、世宗によって歳貢には御史・布按二司との会同が命ぜられ、一時、選抜の対象が食糧年深者ではなくなった。このことにより若年者が選抜される可能性が生じていたのだが、それが黜退される生員の増加（ひいては処罰を受ける提学官の増加）に直接関わるかは議論の余地もあろう。しかし、現実は起貢を忌避する提学官が殆どであった。

さて、右の嘉靖十一年六月の措置はけっきょく成果を上げなかった。ついで十五年三月辛酉に至って礼部が、現行の方法が祖宗の意に反することを挙げ、続けて、

自後、惟だ食粮の年深なる者より二人を起送し、考選して正貢堪えざれば、陪貢を以て考充するを許す。必ずしも巡按二司官と会同せず、亦た概学通く考し、以て夤縁倖進の路を啓《ひら》くを許さざらしめん。……(40)（『世宗実録』巻一八五）

と、正貢・陪貢の二人より考取する方式に戻すこと、提学官は必ずしも御史・布按二司と会同しないこと、さらには必ずしも処罰を加えないことを主張し、裁可された(41)。すなわち従来の方法に戻されたのである。

このように、世宗は従来から指摘されているように歳貢生が高齢である点を憂慮し、必ずしも在学期間の長短を基

準としない方式での起貢を求めたが、厳しい処罰をも伴っていたため、大半の提学官が起貢を忌避する事態に陥った。そこで、正貢・陪貢より考取する方式に戻したのであった。

以上のことは南京国子監の在籍者数の増減からもうかがわれる。毎年末の在籍者数を調査のうえで作成された歳報冊に基づく数値は、南京国子監については嘉靖七年から二十一年の総数が分かる。それによると、その期間の最多は二二五一名、最少は八七〇名なのだが、九〜十四年が一二〇〇名以下で、減少していた時期なのである。[42]すなわち、ここからもわかるように、歳貢に着目して起貢の基準を変更させた改善策は、在学生を減少させてしまったのである。北京国子監については、嘉靖十年二月頃に在学生が四〇〇人以下[43]であることがわかるだけだが、傾向は南京国子監と大差なかったであろう。

さて、歳貢における起貢基準の変更は、けっきょく嘉靖十五年三月に元の方式に戻された[44]が、それからしばらくたった二十六年二月己亥、廷試後の歳貢生を入監させることに主眼を置いた南京国子監祭酒程文徳らの提案が出された。その内容を確認しておけば、

(南監)祭酒程文徳・陳棐ら奏す、欲すらくは教に就く生員の守部候選せる者を将て、其れをして坐監就業せしめ、以て国学を実《みた》し、未だ廷試を経ざる者は、倶に発回送監せん。以後、歳貢の生員、初めて礼部に到らば、量りて数十名に准し、部に送りて教に就け、餘りの年五十以下の者は、倶に両監に分送して肄業せしめん。……吏部議すらくは、候選の生員、復た入監せしむるは、人情として堪えず。宜しく部に留めて選用すべし。其の後の続いで至る者は、当に其の言の如くすべし。……可と詔す。[45](『世宗実録』巻三二〇)

とあり、廷試後の歳貢生のほぼ全員を強制入監させるというものであった。国子監―吏部により歳貢生入監策が講じられた訳であるが、これに対しては翌二十七年の九月甲戌、歳貢生員張仕良らの「年老家貧なれば、入監を願わず」

との疏言、吏科都給事中劉学易らの「其の便ならざるを称す」との上疏を受けて、礼部が、

文徳の初議は、祇だ近年の選法壅滞し、各生の守候艱難なるは、其れをして入監して廩餼に就け、以て国学を実《み》たさしむるに若《し》かずを以てするのみ。其の意、実は欲するに之を便にするを以てし、之を苦しむるに非ざるなり。而るに諸生の楽従せざる者、則ち亦た説う有り。蓋し往年、貢に常数有り、選途壅がらず、即《たと》い在監の生儒なるも、例として告送就選せらるるを得たり。故に人々、入監を以て憚煩と為さず、而して監も亦た充実せり。選貢・増貢の例開かれしより、老成は少壮に格り、人数は往昔に倍し、仕禄の念彌《いよい》よ急にして、銓選の法益々滞れり。是を以て部に在りては日々に其の多きを見、監に在りては日々其の少なきを見る。一たび送監を聞かば、則ち惨然として楽まず。蓋し龐眉皓首《ほうびこうしゅ》の人（老人）、力、升散の労に任ずる能はず、復た之をして循次時を踰え、以て有司の選を俟たしむれば、則ち年待つに及ばず、其の志も已に灰《ほろ》びん。故に寧ろ部に留まりて選を候《ま》ち、以て禄養の計を遂ぐるを願うよりは、入監を願わず、需選に僥倖を以てして、必ずしも官に之《ゆ》くを得べからず。[46]

（『世宗実録』巻三四〇）

と覆言した。すなわち、「選貢」「増貢」が実施されてから就官が困難となったために、入監を望まない生員が増加したことを理由に挙げ、続いて、

乞うらくは令して、今後、歳貢生員の年力精壮なる者は、送監肄業せしめ、其の自ら守部就教を願う者有らば、亦た各々其の便に従う。下第挙人に至りては、則ち多く年少気高に係り、監に就くを屑とせざるは、貢生と同じからず。宜しく尽く両監に発して肄業せしめ、託故回籍するを許さざるべし。其の已に送監せしむるも遷延して至らざるもの、及び到監して故無く潜かに回る者有らば、該監之を治す。全く赴監せず輒ち原引を持つもの、及び原籍より起送入監し文書もて投試せる者有り、（また）回籍の後、陸続と投告送監し以て赴試を覬《のぞ》む者有らば、

本部之を治し、仍お会試を聴さず。此くの如くせば、則ち必ずしも歳貢に仮《か》りずして、国学自ずから実《み》たん。[47]

（同前）

と、歳貢生に代わり挙人の強制入監により国子監を充足させるべきことを提案した。言わば吏部の覆議を経て裁可された歳貢生入監策に礼部が異を唱えたもので、結局この礼部の主張が採納された。

この嘉靖二十七年の規定は、既に和田正広氏により取り上げられ、挙人を対象に事実上の全員入監規定と見做されるものと指摘された[48]。ただ、それは上述したように、従来の歳貢に代わる増加策として提起されたものであった。この入監策は期待通りの成果を上げなかったが[49]、そのことは以下に示す北京国子監の在籍者数の変化からも裏付けられる。

歳報冊に基づく数値は、北京国子監の場合、嘉靖二十二年以降、全体数の他に内訳も分かる[50]。それによると当該期の挙人監生の数は、

年次	人数
嘉靖 22 年	10
23	58
24	23
25	18
26	656
27	17
28	54
29	336
30	17
31	25
32	228
33	8
34	45
35	193
36	14
37	8
38	302
39	40
40	32
41	162
42	8
43	29
44	159
45	38

となり、会試実施の年（二十三年以降、三年ごと）に急増している。ただし、その人数は、嘉靖以前、例えば成化・弘治年間のそれに比べても[51]、とりたてて多いわけではない。つまり、歳貢の改善策の次に実施された挙人の全員入監も、在籍者そして在学者の安定した増加にはつながらなかったと言える。

南京国子監では嘉靖二十一年の在籍者が約一四〇〇人、うち在学生が四〇〇名程度[52]だったことが知られるだけだが、やはり北京国子監と同様の傾向だったのではなかろうか。

おわりに

以上述べてきたように、世宗は三途併用の語が現れる以前から、挙人監生と歳貢生の任用に関心を示していた。ために歳貢基準の変更・厳格化および挙人監生の統制を実施したが、目指したのは在学監生の増加ならびに入監者の資質の向上であっただろう。しかしながら、歳貢ついで挙人の入監策は不調に終わった。となると、それに代わる増加策として選貢が再び注目されたが、選貢はむしろ続く隆慶・万暦年間のほうが盛んであった。

さて嘉靖年間、修学方法には引き続き歴事法が用いられており、例えば嘉靖十年四月の監生は歴事終了により任官の資格を得ていた[53]。歴事法の実施は監内に於ける学習がさほど重要視されていないことを示すが、換言すれば、監生の資質向上に格別力点を置く必要はないとの認識があったことを示すものであろう。つまり監生の資質が一定水準に達していることを前提に在学者の増加に力が注がれたと言えるのだが、その歴事法に見直し（つまりは積分法の復活）が行われるのも、この嘉靖中期のことであった。

註

（1）『明史』巻六九・選挙志一。

（2）本章では首都図書館編『太学文献大成』（中国・学苑出版社、一九九六年）所収の『皇明太学志』を用い、当該箇所には、

国初太学生、皆貢自郡邑、選郷学之秀彦者充之、其後乃有各省郷試挙人。時進士之科未盛、内而臺諫、外而藩臬、率以授諸太学生之成材者。自制科（＝科挙）既重、太学生成材者、與天下賢士、尽入蒐羅。於是、内外要重之司、皆帰進士。而挙貢所称監生者、則有遺賢、銓入高等、不過授以省府幕僚・郡佐・州正、而臺諫・藩臬、則必待其歴官有誉、而後得之。然亦千百而什一耳。

とある。

（3）『皇明太学志』巻一二・人材下・甄除、

往年、張相当国、嘗力主三途並用之議、僅一行焉。

（4）同右、

自正統以来、挙貢監生、無復有径授臺諫及藩臬長弍者。嘉靖八年廷議、復申三途並用之例。於是、以挙人監生孫翥為給事中、挙人監生阮薇・歳貢監生張澍為監察御史

（5）『太学文献大成』所収の『皇明太学志』巻一二では、三八、三九両葉が原缺とあり、王圻『続文献通考』巻五五・学校・太学「太学出身事例」を参考にした。しかし欠落はない。渡昌弘「王圻『続文献通考』所載「太学」の記事について」（『藝』四、二〇〇七年）。

（6）城井隆志「明代の六科給事中の任用について」（『史淵』一二四、一九八七年）。大野晃嗣「明代の廷試合格者と初任官ポスト」（『東洋史研究』五八―一、一九九九年）。このほか林麗月氏は、成化年間以後、監生が科道官に任用されなくなったことを指摘し、それは明初に未確立であった文官制度がこの時期に正規の段階に入ったことの反映だと結論づけた（『明代的国子監生』第三章「国子監生与明代政治」、台北、私立東呉大学中国学術著作奨助委員会、一九七八年。五〇～五一頁）。孫翥らの任用はこうした見方に反するものであるが、林氏の考え方に従えば、あるいは文官制度のいわば不備を補うものとして一時的に国子監が見直されたことになるのではなかろうか。

（7）明代における官吏の任用法は三途と称され、当初薦挙・進士挙貢・吏員をさしたが、薦挙が殆ど行われなくなったために、正統以降には進士・挙貢・吏員をさすことになったと説明されてきた（谷光隆「明代銓政史序説」『東洋史研究』二三―二、

一九六四年、ほか）。これに関して近年、潘星輝氏が『明代文官銓選制度研究』第二章「永・宣以後、漸循資格」第一節「選人出身」（北京大学出版社、二〇〇五年）で三途併用について詳述し、それによると、三途併用は嘉靖年間に始められた語で、これを世宗が任用の原則として正式に確認したのは嘉靖十年正月のことだとする。加えて、三途併用と称するけれども理論上では進士・挙人・貢生・吏員・薦挙出身の五種に及び、当時すでに理解は一致しておらず、世宗は臣下との議論の中では進士・挙人・歳貢を、詔書の中では科挙・歳貢・薦挙を、三途と規定していたという。因みに、章潢『図書編』巻八五・三途並用議（原文提示は省略）を見ると、その記述が①帰有光の「三途並用の議」、②嘉靖十年正月の吏部の題奏と詔から構成され、①と②の間に「前詔は吏員に及ばず、此の議は薦挙に及ばず、茲に両つながら之を存し、以て考に備ふ。」とあり、このことから薦挙に言及していない「議」は帰有光の議であり、吏員に言及していない「前詔」は嘉靖十年正月の詔ということになる。つまり①では進士・科貢・吏員を、②では進士・歳貢・薦挙を、それぞれ三途と称しているが、世宗が想定していたのは後者であり、この記述は潘氏の主張を裏付ける。また潘氏は「並用」と「併存」の相違に着目すべきとも述べるが、本章ではそうした論点に立ち入っていない。

（8）『世宗実録』巻一二四・嘉靖十年四月乙卯朔の条、

選授歴事挙人孫翥為工科給事中、阮薇為広東道御史、歴事監生張澍為広西道試御史。

（9）同書・巻九七・嘉靖八年正月乙丑、丙寅両条。

（10）『世宗宝訓』巻六・審用舎・嘉靖八年二月戊寅の条にのせる聖旨を掲げた後に、楊一清自らの考えを記している。

（11）楊一清『閣諭録』巻三「論補県令奏対」、

及照両直隷・十三布政司所属県分共一千一百三十餘処、当用知県一千一百三十餘員。進士所取不過三四百名、除選任両京外、当選知県多不及二百員。若必以進士方為好官、乃能安民、然不過十分中之一二耳。此外県令、豈可概用貪懦之官以害民哉。惟上之人鼓舞之。有道則不拘進士・挙人・歳貢、皆能慎其所自立、而民之受恵者亦多矣。

（12）同右、

吏部推擢人才、亦無偏重甲科、挙人曾経旌薦者、與進士一般行取、選授科・道・部属等官、歳貢有治声者、與挙人一体推補府佐・州正員缺。

(13)『陔餘叢考』巻一八・有明進士之重。

(14)『世宗実録』のほか、陸粲『陸子餘集』巻五、『皇明経世文編』巻二八九に収められている。

(15)陸粲『陸子餘集』巻五「去積弊以振作人材疏」によると、次の通り。

我祖宗朝用人、初未嘗拘泥一途。近時典選者、専守資格、偏狭固滞、壊尽人材、其弊已非一日矣。

(16)同右、

選用行取、及奏保旌異之類、専重進士。賢才何往無之。豈独進士可用。今由此途而仕者、雖或治無善状、在上者猶護持之。……其人非進士也、則指摘瑕疵、動加摧抑。人情無所慕、則不能有所勉。吾既薄之、彼寧不自棄。是駆之於不善、而使民受其殃也。臣謂挙人監生等出身者、果有賢能、宜與進士兼取並用。

(17)曺永禄『中国近世政治史研究――明代科道官의言官的機能――』第二篇第二章「嘉靖이래首輔権강화와科道의대응」(ソウル、知識産業社、一九八八年)。同書の邦訳は渡昌弘『明代政治史研究――科道官の言官的機能――』(汲古書院、二〇〇三年)。

(18)『世宗実録』巻八七・嘉靖七年四月庚戌の条。

(19)陸粲『陸子餘集』巻一「浙江郷試録序」、

於是皇明之号令・典法炳焉、與三代同風、而浙之文、遂先天下。粲不佞嘗好観国朝故事、而知其概矣。乃今承乏考校、始尽得其賢士者之文而縦観、焉有取之無窮、而読之不厭者、信乎其為盛也。於是知皇祖之沢遠矣。

(20)同右「贈訓導厳用文之官寧海序」、

正徳間、中丞恒山張公、以御史奉璽書、督南畿学政。公脩政疆執、不受請託、黜陟明允、一時士類、畏而仰之、若神明焉。歳乙亥、按試呉中時、則吾長洲之士、在優列者五人、而甫里厳君用文、名第一。公亟称諸人曰、此進士才也。於是君之声挙、一言隠然、動江左所在、伝誦其文。咸曰此進士才也。然君数奇、屢試于郷不利。頃以貢上京師。廷試日、翰林華侍読子潜・閔編修師望閲其巻、驚歎曰、貢士中乃有斯人、既而従銓部選、得分教山東之寧海州、諸嘗與交游者争惜之、謂如君之才、寧不能自奮科目、而僅得此。雖君亦何能無不豫耶。粲聞之、竊以為、是未為知言者。夫科目之不足以尽人材也久矣。

(21) 隆慶『長洲県志』巻六・科第・国朝歳貢によると、正徳年間（年次不詳）の同県学からの歳貢生に「厳鎧《推官》」とあり、唯一の厳姓であるから、本文引用史料の中に見える厳用文とはこの人物であろう。ただ彼の寧海州赴任の時期、および彼に対する評価が一般的であったかにも注視する必要があるが、いずれも管見の限り不詳である。

(22) 『世宗実録』巻一〇九・嘉靖九年正月戊申の条、
畿輔地重、守令宜慎其選。請悉銓以進士、無已則挙人、不宜濫授歳貢。

(23) 同右、
上曰、畿輔親民之官、固当慎択。然四方万姓、皆祖宗赤子、授官分牧、不宜有異。前屢勅所司、随才任用、不拘資格、但有治行宜民者、一体旌擢。……宜申明前旨行。

(24) 張璁『張璁集』巻六「論用人（嘉靖九年）」、
夫進士、顧名図進者固多、而恃勢虐民者亦不少。若一切以科名為重、而監生之輩尽軽棄之、則彼皆不惜其身、無復奮発、誰為朝廷尽心撫字百姓邪。

(25) 潘『明代文官銓選制度研究』（前掲）五三〜五四頁。

(26) 『世宗実録』巻一二一・嘉靖十年正月庚寅の条、
今後務遵照累朝事例、三途並用、必求得人、以称朕用賢沢民之意。

(27) 同書・巻一三七・嘉靖十一年四月丙午の条、
科道乃朝廷耳目、必端謹老成、斯能称職。疏内開具人員、如擬行取、慎加考選。仍査、節降三途用人詔旨。如有賢能彰著、実心愛民者、無論挙人・歳貢出身、一体取用。……著為令。

(28) 念のために付言すれば、進士・挙人・歳貢を三途とし、薦挙は用いないこととしたのである。因みに『国榷』と『明通鑑』でも、この時の詔は科道官に進士・挙人・歳貢から任用すべきとの命に解している。

(29)『嘉靖皇帝大伝』六「箝制朝臣張君権」（遼寧教育出版社、一九九四年）一二一頁。

(30) 城井「明代の六科給事中の任用について」（前掲）、曺『中国近世政治史研究』（前掲）第二篇第一章「嘉靖初期의 大礼議를 둘러싼 政治対立과 科道官」など参照。

(31) 前註（8）参照。

(32)『世宗宝訓』巻六・審用舎・嘉靖四年九月乙亥の条

吏部尚書廖紀言、……邇来官不久任、遷転大頻、人無固志。宜如祖宗朝、有司九年為満、不次超擢。又昔年致仕大臣、年力未衰、才識可用者、乞量加陞用。

(33) 同右、

守令倶以九年為満、有政績卓異者、不拘進士・挙人・監生、依擬陞秩。

(34)『明史』巻二〇二・廖紀伝、

……帝但納其正士風、重守令二事而已。

(35) 渡昌弘「明代附学生の郷試受験と歳貢に関する一検討」（『歴史研究』四九、二〇〇三年）三四～三五頁。

(36)『世宗実録』巻一三八・嘉靖十一年五月丙辰の条。渡「明代附学生の郷試受験と歳貢に関する一検討」（前掲）。

(37)『世宗実録』巻一三九・嘉靖十一年六月庚寅の条、

提学官貢士、既不得専委、則罪譴必宜分任。況一名以上提問、五名以上降級、似乎立例太厳。臣恐提学官畏罪、必至有不敢起貢之処、偏方下邑、遂至無人。学校之政廃、而教化之原塞、非議之得也。……請、自今、令提学官、遵奉勅諭、悉心従事、其歳貢照例、先食粮年深者取考、果有不堪、方以其次考究。御史及二司各官、毋得侵越、庶責任既専、可以自効。既被譴罰、当亦無詞。

(38) 同右。

(39)『世宗実録』巻一三九・嘉靖十一年六月庚寅の条。『国朝典彙』巻八四・貢士・嘉靖十三年の条。呉金成「明代提学官의 一研究」（『東洋史学研究』六、一九七三年）四三頁。

(40)『世宗実録』巻一八五・嘉靖十五年三月辛酉の条、
自後惟于食粮年深者、起送二人、考選正貢不堪、許以陪貢考充。不必会同巡按二司官、亦不許概学通考、以啓僥縁倖進之路。……

(41) 呉「明代提学官의 一研究」（前掲）四三～四四頁。ただし嘉靖四十三年に至り、十一年の規定が復活した。

(42)『南雍志』巻一五・儲養考上「儲養生徒之名数」。『続南雍志』巻一三・造士考「士之版籍」。谷光隆「明代監生の研究――仕官の一方途について――(二)」（『史学雑誌』七三―六、一九六四年）六九～七一頁。

(43) 和田正広「明代挙人層の形成過程」（原載一九七八年。『明清官僚制の研究』再録、汲古書院、二〇〇二年）二四一頁、註(27)(28)。

(44) こうした変更に関連し、帰有光の「送王博甫北上序」（『震川先生集』巻一一）に、次のようにある。
予昔嘗貢礼部、試奉天門。時張懋恭〔張璁〕行歳貢旧法、頗有選為尚書属及御史者。然流俗終以賤簡。未幾、法復変。今少師徐公〔徐階〕、毎言貢法当復祖宗之旧、尚未有行。

(45)『世宗実録』巻三二〇・嘉靖二十六年二月己亥の条、
祭酒程文徳・陳棐等奏、欲将就教生員守部候選者、令其坐監就業、以実国学、未経廷試者、倶発回送監。以後歳貢生員、初到礼部、量准数十名、送部就教、餘年五十以下者、倶分送両監肄業。……吏部議、候選生員、復令入監、人情不堪。宜留部選用。其後続至者、当如其言。……詔可。

(46) 同書・巻三四〇・嘉靖二十七年九月甲戌の条、
文徳初議、祇以近年選法壅滞、各生守候艱難、不若令其入監就廩餼、以実国学。其意実欲以便之、非苦之也。而諸生不楽従者、則亦有説。蓋往年貢有常数、選途不壅、即在監生儒、例得告送就選。故人不以入監為憚煩、而監亦充実。自選貢増貢之例開、而老成格于少壮、人数倍于往昔、仕禄之念彌急、銓選之法益滞。是以在部日見其多、而在監日見其少。一聞送監、則惨然不楽。蓋龐眉皓首之人、力不能任升散之労、復使之循次踰時、以俟有司之選、則年不及待、而其志已灰。故寧願留部候選、以遂禄養之計、而不願入監、需選以僥倖、不可必得之官也。

（47）同右、

乞令今後歳貢生員年力精壮者、送監肄業、其有自願守部就教者、亦各従其便。至于下第挙人、則多係年少気高、不屑就監、與貢生不同。宜尽発両監肄業、不許託故回籍。其有已送監而遷延不至、及到監而無故潛回者、該監治之。有全不赴監輙持原引、及原籍起送入監文書投試者、有回籍之後陸続投告送監以覬赴試者、本部治之、仍不聴会試。如此、則不必仮歳貢、而国学自実矣。

（48）和田「明代挙人層の形成過程」（前掲）二二五〜二二九頁。和田氏は「北監祭酒程文徳は云々」（二二五頁）と述べているが、程文徳は南京国子監の祭酒であった。

（49）和田「明代挙人層の形成過程」（前掲）二二八〜二三二頁。

（50）『皇明太学志』巻一二・人才下・歳報。林『明代的国子監生』（前掲）一八〜二〇頁、表（一）。

（51）『皇明太学志』巻一二・人才下・歳報。渡昌弘「監生の増減」（本書・第四章）一二六頁。

（52）五十嵐正一「張居正の教育政策」（原載一九六六年。『中国近世教育史の研究』再録、国書刊行会、一九七九年）一五八頁。

（53）註（8）参照。「歴事挙人」「歴事監生」とあることから、歴事終了により任用資格を獲得したことがわかる。

［補記］

本章のもとになった論文は「嘉靖期、国子監政策の一検討」（『山根幸夫教授追悼記念論叢　明代中国の歴史的位相』上巻、汲古書院、二〇〇七年）である。

第七章　明代後期、南人監生の郷試受験

はじめに

明代の地方志には科挙合格者の一覧が載せられているが、郷試の場合、その中にはそれぞれが所属する省だけでなく、順天府もしくは応天府での合格者名も挙げられている。例えば崇禎『松江府志』巻三四・郷挙には、洪武三年（一三七〇）より崇禎三年（一六三〇）の間に実施された郷試合格者のうちに、両府で合格した者も記されている。各年号により実施回数は異なるため、一回あたりの合格者数を計算してみたところ、嘉靖年間（一五二二～六六）以降、順天府郷試での合格者が急増した傾向がうかがえるのだが、[1]のみならず、成績も上位で、特に万暦年間（一五七三～一六二〇）には高洪謨（十年）、徐光啓（二十五年）、王献吉（三十四年）、包鴻逵（三十七年）と、四人の解元（首席合格者）が出現している。勿論これらは監生での合格である。科挙の受験は原則として本籍地に限られていたが、それは主に生員の場合であり、監生には本籍地以外での受験が認められており、順天府もしくは応天府での受験が一般的であった。

明代中期以降、国子監の学生である監生は、積分法に代わった歴事法、[2]もしくは科挙合格によって官僚となる途を進もうとしていた。そうした傾向は、特に人口が稠密で経済的に裕福な地域で強かったと思われるが、松江府も当然そうした地域に含まれる。

本章は、明代監生の動向に関する研究の一つとして、科挙（狭義）の第一段階である郷試の受験について検討を加

えようとするもので、右に触れた松江府に見られる傾向を手掛かりに、動向の一端を明らかにしたい。

第一節　南北国子監の並立

繰り返しになるが、監生の郷試受験は本籍地のある省でも可能だが、ふつうは国子監のある直隷で受験した。永楽年間（一四〇三～二四）以降、北京監生は順天府で、南京監生は応天府で受験したのだが、では南北何れに入監したのか。

監生のうち、府州県学から選抜される歳貢生については、遅くとも正統三年（一四三八）には次のように入監先が決められていた(3)。

北京国子監…北直隷、河南、山東、山西、陝西、四川、貴州。

南京国子監…南直隷、浙江、江西、福建、湖広、広東、広西、雲南。（雲南は景泰七年以降、北監へと変更）

洪武中期の改革により、国子監は地方の府州県学と歳貢により結びつけられた。定期的に入監し、またその人数が確定している点で、歳貢は言わば基本となる入監の途である。国子監の南北並立以後、彼ら歳貢生にだけ本籍地による入監先が定められたのは、そこに理由があったと思われる。他の入監は不定期で、たとえ人数が多くを占めることはあっても、それは結果であった。

ところで、洪武帝はじめ諸皇帝は北人の獲得に力を注いだが、それらの政策は却って南人抑制として実施され、科挙では南北巻により行われた(4)。周知の通り、実際には南北中の三巻に区分されたが、それは次に示すように、北人四、南人六という比率に基づいていた。

科挙の南北巻実施の機運の中、審議を命じた洪熙元年（一四二五）四月の仁宗の言に、[5]

自今、科場の取士は、十分を以て論ずれば、南士は六分を取り、北士は四分を取らん。爾ら、其れ各布政司の名数を定議して以聞せよ。[6]（『仁宗実録』巻九下・洪熙元年四月庚戌の条）

とあり、北人四、南人六という比率が基準とされた。これを受け、仁宗の急死後、同年九月になって、次のように省別の解額（合格者数）が決定し、南北巻も実施されるに至った。

行在礼部奏して科挙取士の額を定む。……是に至り議して奏すらく、凡そ郷試の取士、南京国子監及び南直隷は共せて八十人、北京国子監及び北直隷は共せて五十人、江西布政司五十人、浙江・福建各四十五人、湖広・広東各四十人、河南・四川各三十五人、陝西・山西・山東各三十人、広西二十人、雲南・交阯各十人、貴州所属の試を願う者有らば、湖広に於いて試に就く。礼部会試は、取る所百人に過ぎず、と。上［宣宗］曰く、南士は十の六を取り、北士は之れ十の四。大抵、国家の設科取士は治を致すの本為り。……[7]（『宣宗実録』巻九・洪熙元年九月乙卯の条）

このような経緯から分かるように、解額は北人四、南人六という比率を基準にして定められたが、では南・北はどの地域であったのか。淮水を境に区分するのは周知の通りだが[8]、西へ行けば曖昧な地域がある。具体的にはどこなのか。

郷試の地域別合格者数をもとに南北の比率が決められたが、それを先に示した南北両監の区分によって分け、北直隷・河南・山東・山西・陝西・四川・貴州を北、南直隷・浙江・江西・福建・湖広・広東・広西・雲南を南とすると、解額の総計五四〇名中、北の合計が二一〇名で、全体の三九％にあたり、おおよそ北人四、南人六という比率になる。

郷試合格者数は正統五年（一四四〇）と景泰七年（一四五六）に増額されたが、同様にして計算すると、それぞれ北の割合が全体の四〇％、四二％となり、[9]やはり、ほぼ北人四、南人六という数値になる。机上の計算に過ぎないかもしれないが、そもそも比率はこのようにして定められるのであろう。もちろん実際の合格者と若干の誤差は生ずるけれども、明代に於いて北人、南人という場合、右のような地域区分を念頭に置いたものと見て大過なかろう。

ところが、科挙の場合は南北中の三巻に区分され、地域は次のようになっていた。

北巻…北直隷、河南、山東、山西、陝西。

中巻…広西、貴州、雲南、四川、南直隷の一部（鳳陽府など）。

南巻…南直隷の一部（応天府など）、浙江、江西、湖広、福建、広東。

南北両監の地域区分と科挙南北中巻とは、もちろん無関係ではないが、本稿では明白につながりを論じ得るものでもない。ともあれ、双方を比較すると、科挙南北中巻のほうが極めて技術的あるいは政治的な印象を受ける。印象だけで云々するのは適当でないとしても、中巻に含まれる地域のうち、広西・貴州・雲南に比べて四川・南直隷は遥かに人才が豊富だが、そのうち四川は南北何れに含めるか判断し難い面があるものの、国子監の区分では南に入る地域で、これを科挙では中巻に含めている点、また、鳳陽府などを南直隷から分離して中巻に含めている点から、そのように感じられるのである。

この科挙南北中巻の施行時期について、檀上寛氏は宣徳二年（一四二七）の会試からとする。[10]入監先の区分は遅くとも正統三年には確定していたが、何年に設けられたか明確にし得ない。ただ、両者が同時、もしくは南北巻が先で南北中巻がのちに定められたのでないと不自然であり、とすれば歳貢生の入監先は、宣徳二年以前に確定、施行されていたものと推測されるが、詳細は後考に待ちたい。

なお、明代後期、万暦年間になると、科挙の南北中巻を念頭において、入監を南北で厳格に分けるべきとの意見が出てきた。同二十五年（一五九七）十一月八日、候補太僕寺少卿傅好礼が上言して、会試の区分に倣って入監も南北で明確に区分すべきと述べたのだが、これに対して異論が出され、裁可は下されなかった。[11]とはいえ、こうした意見が出されるようになったのは、おそらく歳貢以外の入監（選貢や捐納など）により両監の在籍者数に大きな相違が生じたためであろう。

第二節　両京郷試の解額

監生が受験するのは、ふつう両京で実施される郷試であった。[12]北京監生は順天府で、南京監生は応天府で挑んだのだが、この二ヶ所の郷試は、もともと国子監生だけでなく直隷の生員のために実施された。そのため解額（合格者数）は他地域よりも若干多めで[13]あるとともに、字号により分けられていた。例えば万暦二十五年（一五九七）十一月八日、左中允全天叙の弁言に、

切に照するに、京闈の試巻、字号は三有り。凡そ只だ三を用い、字号を成さざるは、則ち順天等各府州県の生儒なり。凡そ加うるに皿の字号を用うるは、則ち各衙門の坐監・歴事・聴選の監生なり。歳貢・選貢・官生・恩例粟を分かたず、皆監生と称し、則ち皆皿の字を用う。凡そ加うるに雑の字号を用うるは、則ち雑色・員役人等なり。[14]（『続南雍志』巻六・事紀）

とあるように、試巻（答案用紙）の上に「皿」もしくは「雑」を記すか、もしくは何も記さないかで三巻に区別されていたのである。そのうち全ての監生のそれには「皿」の字号が付けられていた。

順天府郷試では「皿」が三〇名、「雑」が五名とされていたが、監生の合格は大体三一名に固定されていたようで

ある。[15]

他方、応天府では、この皿字号について、『南雍志』巻一五・儲養考上「儲養生徒之定制」に、

宣徳・正統中、天下の郷試の解額を定め、応天府は八十名より増して百名に至り、例として監生二十名を取る。景泰七年、三十五名を増し、則ち監生の取中（合格）せる者、必ず三十人以上なり。今（嘉靖）に至るまで之を行えり。[16]

とある。応天府郷試の解額が一〇〇名となったのは正統五年（一四四〇）で、[17] そのうちの二〇名が監生からの合格者とされていたが、景泰七年（一四五六）からは一三五名中の三〇人以上とされた。しかし万暦四十年某月戊寅、応天府尹汪道亨の奏請に、

臣按ずるに、景泰元年、国学・南畿の士を合せて取中せるは二百人、四年に中《あた》るは二百五人。其の時、試に就く者は合せて一千九百有奇、而して太学の人少なく、中式せる者は八人、九人に過ぎず。今則ち監生の試に入る者、已に景泰の通場の数の如く、生員は五千を踰ゆるに至る。……景泰七年、復た選挙の額を定め、南北直隷各一百五十名なり。其の時、生員・監生は未だ額を分かつこと有らざるなり。而して両京の太学の、天順三年は中るもの六人、六年は中るもの七人、成化元年は中るもの十人、嘉靖四十年に至りて、許国一榜、遂に中るもの二十六人に至れり。自後、万暦三十四年、三十七年は、皆中るもの許国榜の数の如くし、襲いて以て常と為す。而して生員の中る数、遂に旧より減る。[18]（『続南雍志』巻七・事紀）

とある。もともと監生と生員とで合格者が明確に区分されていた訳ではない。景泰の頃に監生の受験者は少なく、合格者も八〜九人に過ぎなかったが、それ以後増加し、嘉靖四十年（一五六一）には二六人を数えた。以後、この二六人が目安となっていたという。

嘉靖～天啓年間に於ける合格者については、『続南雍志』巻一三・造士考「士之登庸」により人数が知られ、左記のようになる。

年次	監生の合格者数
嘉靖 1年	21名
4	11
7	11
10	5
13	32
16	35
19	32
22	30
25	29
28	15
31	22
34	20
37	26
40	27
43	25
隆慶 1	8
4	50
万暦 1	30
4	20
7	29
10	28
13	28
16	28
19	28
22	30
25	42
28	38
31	28
34	28
37	27
40	28
43	31（3名増）
46	31
天啓 1	37（6名増）
4	27

嘉靖四十年の合格は二七人で、汪道亨の奏請とは食違いがあり、また同年に急増した訳でもない。むしろ嘉靖十三年より増加しているが、ともあれ三〇人という人数が厳格に満たされていたのではない。

そもそも字号は二つの側面を持っていた。[19]監生の成績が優秀な場合に監生の合格を制限することになり、逆に生員の成績が優秀であれば生員の合格を妨げることになるのだが、どちらに作用していたかを知る出来事が、隆慶元年（一五六七）に発生した。字号が廃止され、そのために応天府郷試では監生の合格者が激減する事態におちいったのである。右に挙げた人数表からも分かるように、それまで二〇人以上が合格していたのに、この年は南監監生が八人しか合格しなかったのである。これについて『続南雍志』巻一三・造士考「士之登庸」は、

南闈の諸生の巻面、別《わ》くるに皿の字を以てし、歴科皆然り、中式に数を分かつ有り。隆慶元年、御史耿定向の言を用て、皿の字を除去し、一例に（一様に）編号せるに、是の年は止だ中るもの八人なるのみ。諸生譁然とし、下科は即ち皿の字を復して編号せり。庚午（隆慶四年）中るもの五十人、斯れ已に侈《おお》し。万暦壬午（十年）より壬

子（四十年）に至るまで、中式は倶に二十八名を以て率と為し、間《まま》溢るる者有るも、則ち特恩に属す。蓋し恩・選貢は間《まま》行われ、時に臨みて酌す処なり。万暦乙卯（四十三年）の後、額を広ぐるを以て三名を加え、今、三十一名を以て例と為せり。[20]

と記している。だが、ここで興味深いのは順天府郷試との相違で、『皇明貢挙考』巻一・入郷試之人に、

按ずるに、是の科の両京場中、皿の字号を去るに因り、北京は監生の中式せる者、相伝うらく七十有六人なるを以てせるも、主司は例に限られ、止だ三十有一人を録すのみにして、餘は悉く汰去せり。故に五十三名より後、復た監生の登録せる者有る無し。南京は止だ監生八人を録すのみ。文巻の生員に及ばざるを以ての故なり。彼此殊《こと》なり、路に当る者は、以て便ならずと為し、庚午（隆慶四年）に及びて、竟に旧号を復せり。[21]

とある。順天府での監生の合格は七六人と伝えられたが、従来どおり三一人を合格としたため、五三位以下の者はいなかった。すなわち、合格者の上位五二人中の三一人が監生であったという。監生の成績が優れていた様子がうかがわれるのに対し、応天府郷試でのそれは僅か八名で、理由は成績が生員に及ばないからだというのである。

こうした結果に対して、南京では大騒動となり、けっきょく一度廃止されただけで元に戻されたのだが、[22]このことにより皿字号の設置は、順天府郷試では監生の合格を制限する役割を果たしていたのに対し、応天府郷試では逆に生員の合格を妨げていたことが分かる。換言すれば、順天府郷試の受験者は生員よりも監生が優秀であり、逆に応天府では生員の方が優秀だったのである。優秀か否かはもちろん相対的な問題だが、それは合格の難易度と関係する。[23]

順天府郷試では屢々冒籍者の合格が発覚したが、[24]それは南直隷など南人に含まれる地域の生員が、監生の合格が制限されている順天府郷試での受験を企図したものであった。その逆に北人がそうした不法手段を講じてまで応天府郷試を受験した事例は見当らず、[25]こうしたことからも分かるように、合格しやすい受験地を求めての行動であった。

他方で生員には合法的に監生に上昇して受験する方法があるが、その場合は両京での受験が可能である。それによって、先に引いた万暦四十年某月戊寅、応天府尹汪道亨の奏請にも見られるような受験者の増加があり、応天府郷試での増額要求へとつながった。受験者の増加は入監者の増加によるものだが、それは選貢や捐納（援例）など歳貢以外の方途による入監に起因していた。次節で、まず選貢から見てみよう。

第三節　監生の増加と解額

【選貢】

府州県学より優秀な人材を入監させる選貢は、南京国子監祭酒章懋の上奏により、弘治十七年（一五〇四）以降、在学監生の不足を補うために三～五年に一度実施された(26)。万暦年間になると、同十九年（一五九一）二月庚午、北京国子監祭酒劉元震の条陳に対する礼部の覆議に、

国学は空虚にして、人才は希少なり。乞うらくは、常貢の額の外に、六年の間に選貢の法を行い、尽《ことごと》く数南北二監に送りて肄業せしめ、以て太学を充たさん(27)。（『神宗実録』巻二三二）

とあるように、やはり在学監生を増加させるために、選貢を六年に一度実施すべしと述べられた。この覆議に対して取りあえず同二十、二十一年に実施されることになった(28)。これが二十年代に於ける郷試受験者増加の一因となったが、それは北監で顕著であった。万暦二十二年春正月辛卯、南京礼部儀制司郎中張鼎思は、

祖宗の監を立てて両都に分峙せるは、南北の英を羅《あつ》め、作人の地を広くする所以にして、二百余年、未だ軒輊有らず。（しかるに）祭酒劉元震が選貢の請は、豈に北監を専らにせんや(29)。（『続南雍志』巻六・事紀）

と述べ、選貢は北監のために実施されていると反発した。南北両監に分かれて入学することとなっていたが、規制はなく、実際には万暦二十四年十二月丁丑、南京国子監祭酒馮夢禎の陳言に、

　是より先、万暦二十二年、天下の選貢生、咸《みな》北監の科場に留まること約《およ》そ一千二百余り。皇上、科部の議を採り、額に二十名を加う。南監の選貢、百名に及ばざるを以て、額を加うるの例に在らず。[30]（同書・巻六・事紀）

とあるように、同二十二年、選貢による入監者は北監に一二〇〇余名も入学し、監生の順天府郷試合格者数を増加させるほどであったのに対し、南監では一〇〇名にも及ばない、という相違を見せていたのである。

　このように選貢生が北監に集まった理由については、右にも引いた張鼎思の建言に、

　今、府州の選は已に略分送し、而して各県の選は則ち院試を以てせり。郷試の期迫るに距り、南より来るは便ならざるもて尽く北監に帰《き》すは、士子を体恤するの情厚しと雖も、而るに二監の規摹を以て之を観れば、一は則ち済々として維れ新たなるも、一は則ち落々として故の如し。是れ北雍の人才は当に実るべきも、南雍は虚なるべきなり。科挙の後、其の南するを聴《ゆる》すと曰うと雖も、然れども応試は北に在り、而して肄業は南に在り。是れ庠序は南雍なり。……[31]（同書・巻六・事紀）

とあり、郷試の時期が迫ると、受験生に便宜をはかり、南監に入れるべき南人を北監に入学させているためだという。そして張鼎思は、そうした措置により北監では監生を満たしているが、南監では寂しい限りだとし、さらに郷試受験は北、学習は南という区別を生み出している、とも述べる。

　ともあれ、増額によって選貢生の合格率は高まった。万暦二十二年、順天府郷試では一五〇名が、応天府郷試一三五名が、それぞれ解額となっていた。こうした中で実施された両京郷試について、同二十四年十二月丁丑、南京国子監祭酒馮夢禎の陳言に、

然して北監の選貢の中式せる者は五分の四を以てし、是れ二十人にして中るは一人なり。南監の選貢の中式せる者は三分の一に居るを以てし、是れ三十人にして中るは一人なり。南は更に余る有り、北は更に足らず。選貢に優劣有るに非ず、人数に多寡有ればなり。実を以て之を較《くら》ぶれば、北は加額の恩を蒙れりと雖も、選貢は病なり。(32)

(『続南雍志』巻六・事紀)

とあり、南監では選貢生のうちの三分の一が合格したのに対して、北監では五分の四が、また競争率は南監で三〇倍であるのに対し、北監では二〇倍と低いことが述べられ、順天府郷試での合格率が高かったことが知られる。そして右に続けて、

其の年、科挙の後、北監選貢の紛々として南に改めらるる者、七百余人を下らず。今南監の収むる所の選貢、未だ撥歴せざるもの及び方めて来る者を以て、通く之を計うれば、明くる歳、応天の科挙、大約千数の外よりす。是れ選貢は、昔北に聚まり、今は南に聚まるなり。皇上、加額の恩、昔は北に施さる。今は独り南に施すべからずや。(33)(『続南雍志』巻六・事紀)

とあり、郷試に不合格であった北監の選貢生が南監への改送を願うという。京闈での受験は一度限りとされていたから、応天府郷試で再度合格をはかるものであろう。(34)ただ選貢生に限らず、北監の監生が南監への改送を願った背景として、合否のみならず、南京国子監或は南京という都市が持つ文化的特性を考慮する必要があるが、それは後考に待ちたい。

ともあれ、馮夢禎はこの改送による増加を理由に、万暦二十二年の順天府郷試の例にならって応天府でも二〇名を増額すべきと述べ、翌二十五年、一〇名増額が認められた。(35)

このように解額の増加をもたらした選貢であるが、同二十七年、歳貢の妨げとなっているという礼部の覆議が容れ

られて、停止されることとなった(36)。

【恩貢】

選貢と同じように実施された入監の方途に、恩貢がある。隆慶元年、提学御史周弘祖の題疏により、廩膳生より優秀な者一人を入監させることが許可されたが(37)、これにより入監者が増えた。そのため隆慶四年（一五七〇）二月、北京国子監祭酒孫鋌が、

隆慶元年……詔して、天下の府州県学、廩を食む生員の数内より、其の俊異なるものを抜きて起貢前来し、両京国子監に分発して肄業せしむるを許す。号して恩貢と曰う。加うるに常年貢途の外《ほか》にし□、先時抜貢し即ち歳貢に充つる者と同じからず。誠に天地浩蕩の恩にして、これより前に未だ有らざる所なり。臣が領する所の本監に即《つ》きては、隆慶三年六月十二日に入監せるは三百四名、十月十九日に入監せるは三百七十七名。今、各省より続到投牒し、礼部より本監に分発せらるる者、又幾何名なるやを知らず。夫れ常年より之を論ずるに、本監及び各衙門の考選監生の応試せるもの八百餘名なり。是を以て額を定め、中式は参拾名なり。蓋し亦た三十にして一を取るは、難しからずと為さず。乃ち今恩貢の数、殆ど且に之に過ぎん(38)。（『皇明太学志』巻九・増科額）

と述べ、続いて両京の解額をそれぞれ二〇〇名に増加することを求めた。ただ採否は、この年（隆慶四年）一度限り、それぞれ一五名の増額が認められただけであった(39)。

恩貢の実施について、管見の限り、ほかは不詳である。ただ一時的にせよ、その実施による監生の増員に対応して解額が増加されたのである。

【捐納】

次に、明代後期の監生増加の要因であった捐納については、その人数を精確に示す数値は殆どないが、全体の七割を占めると述べられる[40]ほどに増加していた。ところが、その増加を受けて解額を増加すべきだとする意見は、管見の限り見当らない。むしろ、万暦十六年五月己卯、礼科都給事中苗朝陽の上言に、次のようにある。

国初、首め太学を建て、慎みて郡邑廩餼の士を選び、之を国に貢して之を作養し、以て異日の用に備え、原より未だ民生入監の例有らず。故に京門の解額の増は、貢士の為に設け、援例の為に設くるに非ざるなり。正統の間、偶ま納粟の例を開き、以て辺方を済《たす》け、後来因沿して、援例漸く広がれり。即《たと》い才俊の士なるも、学較の拘検を厭《いと》い、多く此の途に由り、以て科第を取れり。然して其の援例の始めに当たりては、猶お厳に稽審を為すなり。今は則ち当日の制の如きこと能はず。……[41]（『続南雍志』巻五・事紀）

両京の解額の増加は歳貢生など「貢士」のためのものであること、及び捐納生は実施当初に比べて優秀でなくなったと指摘されており、少なくとも万暦の頃には捐納のための増額は主張されなかったのである。

以上述べたところから分かるように、選貢・恩貢の実施に伴う監生の増加に対応して、順天府・応天府の郷試の解額が増加された。ただ、その額・時期は一律ではなく、それぞれの状況に応じたものであった。

おわりに

万暦二十五年十一月八日、候補太僕寺少卿傅好礼の上言に、

聞くならく、今科、監生の選に入る者、順天は二千余名なるも、応天は其の半ばにも及ばず。而して中式の額同

じなれば、何と南の幸いにして、北の不幸ならんや。査するに、今科、監生の順天郷試に登る者、南直隷・浙江両処は幾ど四十名、而るに北直隷・山東・河南等一十三処は、其の四分の一にも及ばず。何ぞ南・浙二処は才を儲《たくわ》うること是の如く煩にして、一十三処は才を生むこと是の如く寡《すくな》きや。(42)（『続南雍志』巻六・事紀）

とある。この年の順天府郷試は解額が一五〇名で、うち五〇名が「皿」字号であったが、そのうちの四〇名が南直隷・浙江両地方からの合格者であったという。これほど多くの合格者を出したのは、高い競争を回避し本籍地でなく順天府で郷試を受験したためで、前述した選貢もしくは恩貢による入監の結果であろう。

他方、捐納の場合にも看過できない結果が見られる。すなわち、管見の限りでは、王圻『続文献通考』などにより、科挙に合格した捐納監生二〇人の姓名が知られ、その中には解元（郷試首席合格）や会元（会試首席合格）、状元（殿試首席合格）であった人物もおり、捐納とはいえ必ずしも学力は低くなかった。全体から見れば僅かな例ではあるが、上位の成績で合格していたのであり、そのうち明らかに順天府郷試で合格したのは解元八人を含む一一人で、彼らの本籍地を見ると南直隷六人、四川三人、江西一人、不明一人（解元であったのは四川の三人以外）であった。(43)捐納による入監でも、選貢などと同じく南人は南監に入る必要がなく、そのため合格しやすいと判断した順天府郷試での受験を図って、北監に入学した。特に嘉靖二十二年以降、歳貢と援例による監生は、順天府もしくは応天府での郷試受験が一度限りと決められており、(44)このことをも想起すると、右の合格例から見て捐納監生といえども学力は高かったと考えられる。

以上のことから、次のように言えよう。国子監が南北に並立するようになると、歳貢にのみ入監区分が行われた。いわゆる南人は南監への入学が規定されたのであるが、選貢など歳貢以外の入監では北監への入学が可能で、それは順天府郷試での合格者多数へとつながった。特に南直隷・浙江からの合格者が多く、それは両地方での挙人の増加を

表　郷試合格者数（松江府）

年間	実施回数	合格者総数	応天府郷試合格者数	順天府郷試合格者数
永楽	8	86［10.7］	6［0.7］	1［0.1］
宣徳	4	28［ 7.0］	0	0
正統	4	55［13.7］	5［1.2］	5［1.2］
景泰	3	64［21.3］	0	6［2.0］
天順	2	36［18.0］	0	3［1.5］
成化	8	97［12.1］	4［0.5］	7［0.8］
弘治	6	71［11.8］	1［0.1］	4［0.6］
正徳	5	59［11.8］	2［0.4］	1［0.2］
嘉靖	15	227［15.1］	14［0.9］	24［1.6］
隆慶	2	26［13.0］	1［0.5］	4［2.0］
万暦	16	268［16.6］	10［0.6］	40［2.5］
天啓	3	49［16.3］	3［1.0］	11［3.6］
崇禎	1	12［12.0］	1［1.0］	3［3.0］

備考；合格者数の単位は人。［　］は一回あたりの人数。
典拠；崇禎『松江府志』巻三四・郷挙。

もたらしたと推測される。本章の「はじめに」で示した、嘉靖年間以降、順天府郷試に上位の成績で合格する者が増加した松江府の例は、その一つである。ただし郷試の次に受験する会試では南北中巻による制限があり、容易に進士増加へとは結びつかなかったと思われる。

註

（1）崇禎『松江府』巻三四・郷挙に記された郷試合格者名をもとに、年号ごとに人数を整理すると、上の表の通り。洪武年間は省略。

（2）歴事法についての研究には、谷光隆「明代監生の研究――仕官の一方途について――㈠」（『史学雑誌』七三―四、一九六四年）、五十嵐正一「明代監生の履修制度」（原載一九五八年。『中国近世教育史の研究』再録、国書刊行会、一九七九年）、林麗月『明代的国子監生』（台北、私立東呉大学中国学術著作奨助委員会、一九七八年）ほかがある。

（3）『皇明太学志』巻七・政事上・歴事「差歴備考」の正統十四年冬および『南雍志』巻三・事紀三・正統十四年十二月乙丑の各条。景泰七年の変更は『南雍志』巻三・事紀三・景泰七年、『英宗実録』巻二六六・景泰七年五月辛未の各条、参照。

（4）檀上寛「明代科挙改革の政治的背景――南北巻の創設をめぐっ

て――」（原載一九八六年。『明朝専制支配の史的構造』再録、汲古書院、一九九五年）、林麗月「科場競争与天下之『公』――明代科挙区域配額問題的一些考察――」（『国立台湾師範大学歴史学報』二〇、一九九二年）。

（5）檀上氏は同年五月のこととする。前掲書・一八二頁、註（27）。

（6）『仁宗実録』巻九下・洪熙元年四月庚戌の条、

自今、科場取士、以十分論、南士取六分、北士取四分。爾等其定議各布政司名数以聞。

（7）『宣宗実録』巻九・洪熙元年九月乙卯の条、

行在礼部奏定科挙取士之額。……至是議奏、凡郷試取士、南京国子監及南直隷共八十人、北京国子監及北直隷共五十人、江西布政司五十人、浙江・福建各四十五人、湖広・広東各四十人、河南・四川各三十五人、陝西・山西・山東各三十人、広西二十人、雲南・交阯各十人、貴州所属有願試者、於湖広就試。礼部会試、所取不過百人。上曰、南士取十之六、北士之十四。大抵、国家設科取士、為致治之本。……

（8）桑原隲蔵「歴史上より観たる南北支那」（原載一九二五年。『桑原隲蔵全集』二、再録、岩波書店、一九六八年）。

（9）明代郷試の解額は、万暦『大明会典』巻七七・礼部三五・貢挙・科挙・郷試「凡郷試額数」により変化が知られる。林麗月氏が同書の記述をもとに補訂し、表に整理している（「科場競争与天下之『公』」（前掲）九頁）。これらによると、正統五年は総計七四五名、北が三〇〇名で四〇％、景泰七年は総計一一五五名、北が四九〇名で約四二％。和田正広氏も「明代挙人層の形成過程」（原載一九七八年。『明代官僚制の研究』再録、汲古書院、二〇〇二年。二四〇～二四一頁、註（25））で、この数値を整理しているが、ここでは林氏の補訂によった。

（10）檀上『明朝専制支配の史的構造』（前掲）、一六八頁。

（11）万暦二十五年十一月八日、候補太僕寺少卿傅好礼の五つに及ぶ条陳の一つに、

入監宜分南北者、何。蓋推進士之科、分南北中之意也。両京並設国子監以養士、郷試倶設三十五名以待挙。産於南者、宜入南監、而応試於南、産於北者、宜入北監、而応試於北、不但選挙均、而道里亦均也。……職謂、南直隷・浙江・湖広・江西・福建・両広入南監、北直隷・山東・河南等八処、宜入北監、而応試亦因之、不然。制科（＝会試）已分南北

中矣。何独於郷科（＝郷試）而疑之。此南北之宜分也。（『続南雍志』巻六・事紀）

とある。

(12) 因みに宋代には、太学生は国子監解試で学力を試され、合格すると省試を受験できた。国子監解試は京師で実施される開封府解試とは別のものであったが、一時期、両解試の合格者数を合同で定めた（熙寧八年）。荒木敏一『宋代科挙制度研究』第一章第七節「国子監解試」（東洋史研究会、一九六九年）。

(13) 前註（9）参照。

(14) 『続南雍志』巻六・事紀・万暦二十五年十一月八日の条、

切照、京闈試巻、字号有三。凡只用三、不成字号者、則順天等各府州県生儒也。凡加用皿字号者、則各衙門坐監・歴事・聴選監生也。不分歳貢・選貢・官生・恩例粟、皆称監生、則皆用皿字。凡加用雑字号者、則雑色・員役人等也。

(15) 例えば、本文に引用した『皇明貢挙考』巻一・入郷試之人に「主司は例に限られ、止だ三十有一人を録すのみ」とあるところから知られる。

(16) 『南雍志』巻十五・儲養考上「儲養生徒之定制」、

宣徳・正統中、定天下郷試解額、応天府自八十名増至百名、例取監生二十名。景泰七年、増三十五名、則監生取中者、必三十人以上。至今行之。

(17) 前註（9）参照。

(18) 『続南雍志』巻七・事紀・万暦四十年某月戊寅、

臣按、景泰元年、合国学・南畿之士、取中二百人、四年中二百五人。其時、就試者、合一千九百有奇、而太学人少、中式者不過八人九人而已。今則監生入試者、已如景泰通場之数、而生員至逾五千矣。……而景泰七年、復定選挙之額、南北直隷各一百五十名。其時、生員・監生、未有分額也。而両京太学、天順三年中六人、六年中七人、成化元年中十人、至嘉靖四十年、許国一榜、遂中至二十六人。自後、万暦三十四年、三十七年、皆中如許国榜之数、襲以為常。而生員中数、遂減于旧。

(19) 林「科場競争与天下之『公』」(前掲) 二〇～二二頁。

(20) 『続南雍志』巻一三・造士考「士之登庸」、

南闈諸生巻面、別以皿字、歴科皆然、中式有分数。隆慶元年、用御史耿定向言、除去皿字、一例編号、是年止中八人。諸生譁然、下科即復皿字編号。庚午中五十人、斯已侈矣。自万暦壬午至壬子、中式俱以二十八名為率、間有溢者、則属特恩。蓋恩・選貢間行、臨時酌処也。万暦乙卯之後、以広額加三名、今以三十一名為例。

(21) 『皇明貢挙考』巻一・入郷試之人、

按、是科両京場中、因去皿字号、北京以監生中式者、相伝七十有六人、主司限於例、止録三十有一人、餘悉汰去。故自五十三名而後、無復有監生登録者。南京止録監生八人。以文巻不及生員故也。彼此殊矣、当路者、以為不便、及庚午、竟復旧号。

(22) 隆慶元年の皿字号廃止については、本文提示の『皇明貢挙考』のほか、『穆宗実録』巻一二・隆慶元年九月甲戌、『続南雍志』巻三・事紀・隆慶元年の正月乙丑、九月辛未の各条、参照。

(23) これに関連し、馮琦の「為大比届期乞賜申明省直歴満応試通例以便遵守疏」(年次不詳。『北海集』巻三八)に、

照得、歳貢・選貢・恩貢・例貢・官生・恩生入監者、俱謂之監生。京府郷試、別置中額制也、而聴選監生、許就本処郷試亦制也。従其便也。蓋歴満帰家、而復之京師科挙、往返数千里、誠不便於孤寒之士。然南方監生多利於京闈、而北方監生多安於省試、則中式難易之大較耳。

とあり、さらに、

……而両科未及申明。於是有以監生占生員之額、如丁酉(万暦二十五年)而生員称不便者、有以監生分監生之増額、如庚子(万暦二十八年)而監生称不便者、乃知本処郷試之法、為各省監生設、非為両直隷設。而監生編生員之号、在各省則可、在両京則不可、何也。各省監生、可京可省、而両直則総之、京闈無有両也。各省監生中式、無另額、而両京監生中式、有另額也。無另額則合之、有另額則分之。此理之確然而不易者。

とある。すなわち、歴事を満了した聴選監生は帰省するが、彼らが郷試を受験する場合、京師との往復の不便を考慮し、本

籍地での受験も認めているのが定制だが、合格の難易度を考えると、南人監生は両京での受験に利があり、北人監生は本籍地での受験に安んじているというのである。そして、その根本的な理由は、両京では監生の合格者数が別枠になっているのに対し、本籍地では監生と生員との区別が設けられていないところにあるという。馮琦は続けて、こうした現状については異論もあるが、従来どおりであるべきことを述べ、裁可された。

(24) 沈徳符『万暦野獲編』巻一六・科場「乙酉京試冒籍」など参照。

(25) 林「科場競争与天下之『公』」(前掲)一〇～一一頁。

(26)『明史』巻六九・選挙志一では開始の年を記していないが、『国朝典彙』巻八四・貢士では弘治十七年三月の条に章懋の上奏をのせる。以後、隆慶元年にも実施された。

(27)『神宗実録』巻二三二・万暦十九年二月庚午の条、
国学空虚、人才希少。乞常貢額外、六年間、行選貢之法、尽数送南北二監肄業、以充太学。

(28)『続南雍志』巻五・事紀・万暦十九年二月丙子の条。

(29) 同書・巻六・事紀・万暦二十二年春正月辛卯の条、
祖宗立監、分峙両都、所以羅南北之英、広作人之地、二百餘年、未有軒輊。祭酒劉元震選貢之請、豈専北監。

(30) 同書・巻六・事紀・万暦二十四年十二月丁丑の条、
先是、万暦二十二年、天下選貢生、咸留北監科場、約一千二百餘。皇上、採科部議、加額二十名。南監選貢、以不及百名、不在加額之例。

(31) 同書・巻六・事紀・万暦二十二年春正月辛卯の条、
今府州之選、已略分送、而各県之選、則以院試。距郷試期迫、南来不便、尽帰北監、体恤士子之情雖厚、而以二監規摹観之、一則済済維新、一則落落如故。是北雍之人才当実、而南雍可虚也。雖曰科挙之後、聴其告南、然応試在北、而肄業在南。是庠序南雍也。……

(32) 同書・巻六・事紀・万暦二十四年十二月丁丑の条、

然北監以選貢中式者五分之四、是二十人而中一人。南監以選貢中式者居三分之一、是三十人而中一人。南更有餘、北更不足。非選貢有優劣、人数有多寡也。以実較之、北雖蒙加額之恩、而選貢病矣。

(33) 同右、

其年、科挙後、北監選貢紛紛改南者、不下七百餘人。今南監所収選貢、以未撥歴及方来者、通計之、明歳、由応天科挙、大約千数之外。是選貢者、昔聚於北、今聚於南矣。皇上、加額之恩、昔施於北者。今独不可施於南乎。

(34) 『世宗実録』巻二七九・嘉靖二十二年十月辛巳の条。

(35) 『神宗実録』巻三〇七・万暦二十五年二月甲申、『続南雍志』巻六・事紀・万暦二十五年四月壬午の各条。

(36) 『神宗実録』巻三三七・万暦二十七年七月戊申朔の条。

(37) 『皇明太学志』巻九・増科額、『続南雍志』巻三・事紀・隆慶二年正月丙寅の条。

(38) 『皇明太学志』巻九・増科額、

隆慶元年……詔許天下府州県学於食廩生員数内、抜其俊異、起貢前来、分発両京国子監肄業。号曰恩貢。加□常年貢途之外、與先時抜貢、即充歳貢者不同。誠天地浩蕩之恩、前所未有也。即臣所領本監、於隆慶三年六月十二日入監三百四名、十月十九日入監三百七十七名。今各省続到投牒、礼部分発本監者、又不知幾何名也。夫自常年論之、本監及各衙門考選監生応試、八百餘名。是以定額、中式参拾名。蓋亦三十而取一、不為不難矣。乃今恩貢之数、殆且過之。

(39) 孫鋌の上言を受けた礼部の覆奏に対し、

奉聖旨、是。両京各准増十五名、不為例。

とある。『皇明太学志』巻九・増科額。

(40) 謝肇淛『五雑俎』巻一五・事部三。精確な統計は『南雍志』巻一五・儲養考上「儲養生徒之名数」にのせる正徳十六年の内訳。

(41) 『続南雍志』巻五・事紀・万暦十六年五月己卯の条、

国初、首建太学、慎選郡邑廩餼之士、貢之国而作養之、以備異日之用、原未有民生入監之例。故京門解額之増、為貢士設、非為援例設也。正統間、偶開納粟之例、以済辺方、後来因沿、援例漸広。即才俊之士、厭学較之拘検、多由此途、以取科第。然当其援例之始、猶厳為稽審也。今則不能如当日之制。……

（42）同書・巻六・事紀・万暦二十五年十一月八日の条、

聞、今科、監生入選者、順天二千餘名、応天不及其半。而中式之額同、何南之幸而北之不幸也。査、今科、監生之登順天郷試者、南直隷・浙江両処幾四十名、而北直隷・山東・河南等一十三処、不及其四分之一。何南・浙二処、儲才如是之煩、而一十三処、生才如是之寡耶。

（43）「捐納監生の資質」（本書・第九章）二六二～二六四頁。

（44）前註（34）。

［補記］

本章のもとになった論文は「明代後期、南人監生の郷試受験について」（『明代史研究会創立三十五年記念論集』、汲古書院、二〇〇三年）である。

第八章　捐納入監概観

はじめに

捐納《えんのう》とは特例として米穀や金銭などの納入者に官職・資格など種々の特典を与える制度で、秦の始皇帝の時代に始まったと言われ、とりわけ清代にはその実施が著しかった[1]。明代には官職・爵位が与えられたほか、中期以降、人材養成の面にも拡大された。生員等に国子監入学を許可する捐納入監はその一つであり、監生の人数増加と質的変化をもたらした。

捐納入監は当初生員だけが対象であったが、のちには庶民[2]にも許可されるようになった。生員にとっては監生となることが入官の早道である点[3]に、捐納の魅力があった。徭役を免除されない庶民が監生になるのを願う理由については贅言を要すまい。こうした魅力のある捐納入監の実施は監生の質・量両面に変化をもたらし、それに伴って人材養成を目的とする国子監の立場と権威とがそこなわれるに至ったが、影響はそれのみにとどまらず、官界はもとより郷里社会など多方面に及んだ。

このように重要な問題をはらむ捐納入監ではあるが、これまでの研究[4]では実施状況すら明確にされていない。そこで本章では、まず実施状況を概観し、その特色を明らかにしていく。なお捐納によって監生となる場合、生員は納貢、庶民は例監と区別する[5]のが本来であるが、混用されているのが普通なので、両者を捐納監生と一括して述べていく。

第一節　実施状況

【一、捐納監生の数】

まず捐納による入監者の数を見ておこう。明一代を通じて精確に記す史料は見当らないが、上奏からわかるものを挙げると次のようである。(6)

○景泰年間　八〜九〇〇〇人
○天順年間　七〇〇〇〇余人
○成化二年（一四六六）　一〇〇〇〇余人
○成化一一年頃　一五〇〇〇余人
○成化二〇年一〇月〜二三年五月　六〜七〇〇〇〇人

在籍者数がわかるものとして、

○正徳三年（一五〇八）　九三六人
○正徳一六年　数千人

がある。(7) 以上は南北両国子監の人数であるが、北京国子監では、嘉靖二十二年（一五四三）から万暦九年（一五八一）までの間、最多が六二四人、最少が一一三人で、(8) 平均すると一年当たりの在籍者数は約三一六人であった。

次に、増加した捐納監生が全体のどのくらい（比率）を占めたかを見ると、正徳三年には南北両国子監の在籍監生の七〇・五%（九三六人）に及んでいた。(9) また北京国子監では、嘉靖二十二年から万暦九年までの間、七・六より七七・〇%、平均して四七・八%を占めていた。このほか謝肇淛の『五雑俎』[11]には、明代末期の監生のうちで七割が捐納による入監者であった、との記載がある。[10]

年によっては七〇%以上の高率を占めるに至った第一の原因は、捐納入監が時代を下るにしたがって頻繁に実施されるようになった点にある。それを見ておこう。

【二、捐納入監の創始】

明代に於ける捐納入監の創始時期については景泰元年（一四五〇）説と同四年説があるが、[12]『英宗実録』では巻二二八・同四年四月己酉の条が初見で、

右少監武艮・礼部右侍郎兼左春坊左庶子鄒幹ら奏す、……及び臨清県学生員伍銘ら願いて米八百石を納め、入監して読書せんと乞えり。今、山東等の処、正に粮儲を缺く。乞うらくは、其の請を允し、以て権宜を済われんことを、と。之に従う。幷びに詔して、各布政司及び直隷の府州県学の生員、能く米八百石を臨清・東昌・徐州の三処に出して賑済し、入監読書を願う者は聴す。[13]

とある。山西臨清県県学の生員伍銘らが米八〇〇石を納入して国子監入学を乞うたところ、許可されたのみならず、全国の生員にも同様に認められた。納入地は山東の濮州臨清県・東昌府と南直隷の徐州との三所で、山東地方の飢民救済を目的に実施されたのである。この時期、「土木の変」（正統十四年）以後の緊張関係（対オイラート）が継続中で、従って軍事費捻出の必要から支出抑制が図られていた。監生について言えば、依親（一時本籍に放回して、原学にて勉学せしめること）が徹底して行われ、また一部監生への支給米が減額されてもいる。[14]そうした抑制の中で生員の捐納入監が創始されるのだが、契機は山東地方に於ける飢民救済だったのである。

景泰四年四月に実施された右の捐納入監は、納入に応ずる生員が少なかったためか、早くも翌五月に五〇〇石に減額され(15)、ついで八月に停止された。『英宗実録』巻二三二・同四年八月癸巳の条に、

礼部奏す、邇《ちか》ごろ済寧・徐州飢えたるに因り、巡撫官に勅し、権宜拯済せしめたり。而して臨清県儒学の増広生員王銘ら四人、各々米五百石を輸し、国子監に入りて読書せんことを願えり。権宜と云うと雖も、実に士習を壊すなり。請うらくは其の令を弛められん。（しからば）生徒をして学行を以て相励ましむるに庶からん、と。之に従う(16)。

とある。既にその前月（七月）に、秋の収穫後に飢民救済が成し遂げられたら停止する旨が提示されていたが(17)、実際には八月になって生員の捐納入監は士風を敗壊させるという礼部の主張が容れられ、停止された。同四年四月創始とすれば、四ケ月足らずの実施であった。短期間の実施は臨時の措置であったことを示している。

【二、捐納入監の展開】

景泰年間に山東地方の飢民救済を背景として創始された捐納入監は、以後も期間等を限定して断続的に実施され、遂に廃止されることはなかった。王圻は『続文献通考』巻五〇・選挙考・貲選で、

按ずるに、我が朝の納粟入監の事例、此に濫觴し、其の源一《ひと》たび開かるれば、末流復《ふたた》び塞ぐべからず。後来、遂に此の例を援《ひ》きて以て飢えを賑《たす》け、甚しきは此れを援きて以て大工を接済するに至り、止息の期無し(18)。

と述べている。ここで捐納入監に関する記載を『実録』から抜き出して整理すると、［表］のようになる。

表　捐納入監の沿革

年・月	実施の理由	一人当たりの納入額、対象地域など	典拠
景泰　四・四	山東の水害	「生員」のみ。米八〇〇石。	同年同月己酉
〃・五	同右	五〇〇石に減額。	〃　庚申
〃・七	河南開封府儒学教授黄鑾が停止を乞う→停止せず		〃　庚辰
〃・八	停止（礼部の上奏による）		〃　癸巳
天順　五・一〇	陝西での軍馬不足	馬七匹。	〃　壬申
成化　二	荊・襄の乱	米一〇〇石。	①
〃・三	南京の飢民救済に実施が許可されず（礼部尚書姚夔の上奏による）		同年同月癸亥
〃・閏三	南直隷での飢饉	廩膳生は米一〇〇石、増広生は一五〇石。江西・浙江・南直隷より。南京国子監生とする。	〃　癸酉
三・三	実施を禁止（礼部尚書姚夔の上奏による）		〃　甲申
二〇・九	山西・陝西での飢饉	廩膳生は米八〇石、増広生は一〇〇石。総計一〇〇〇名のみ。翌年三月まで実施。	〃　戊子
〃・一〇	同右	同右。	〃　丙辰
二一・三	河南での飢饉	河南・浙江・南北直隷より総計一〇〇〇名のみ。	〃　庚辰
〃・閏四	各辺の軍糧不足	廩膳生は銀二五〇両、増広生は三〇〇両、附学生は三三〇両。	〃　戊戌
〃・五		同二〇年九・一〇月実施の事例による入監者を二〇〇〇名増加。	〃　丁巳
二二・二	南直隷鳳陽府での水旱害	鳳陽府のみ。	〃　庚子

年・月	実施の理由	一人当たりの納入額、対象地域など	典拠
弘治 元・四	停止（吏部尚書王恕の上奏による）		②
正徳 三・四	軍糧不足	廩膳生は銀一五〇両、増広生は二〇〇両、附学生は二三〇両。	同年同月乙亥
四・二	秋の収穫後に停止する旨が示される。		〃 癸未
一〇・七	三辺での軍糧不足	総計一五〇〇名のみ。	〃 甲寅
一二・八	湖広での水害	廩膳生は銀二〇〇両、増広生は二八〇両、附学生は三四〇両。浙江より七〇名、江西より七〇名、南直隷より一〇〇名。	〃 癸亥
〃・一二	宣府・大同での軍糧不足	納入額は右に同じ。総計一五〇〇名のみ。	〃 戊午
一三・一一	同右	右の事例による入監者を五〇〇名増加。	〃 癸亥
一四・四	南直隷での水害の救済に実施が許可されず（戸部の覆議による）		〃 乙丑
〃・六	同右（同右）		〃 戊子
〃・九	宸濠の乱	廩膳生は銀二〇〇両、増広生は三〇〇両、附学生は三五〇両。総計一五〇〇名のみ。翌年正月まで。	〃 戊戌
一六・四	停止（詔による）		〃 壬寅
嘉靖 四・八	仁寿宮の営建		〃 戊子
六頃	停止		一〇年正月壬寅
一〇・六	仁寿宮等の営建		同年同月乙卯
一五・七	大同での軍糧不足	山西より八〇名、陝西・河南・山東より各六〇名、順天等八府より各三〇名。	〃 癸酉

年・月	実施の理由	一人当たりの納入額、対象地域など	典拠
一六・五	七陵の修復等	「民間の子弟」にも許可する。	〃戊申
一七・一二	〔大工〕		〃己酉
一八・一二	〔大工〕	三年間に限って実施。	〃庚辰
二九・一〇	軍糧不足	同三三年末まで。	〃戊子
〃・一二	軍器の修造	浙江・福建・湖広・河南・四川・陝西・貴州のみ。	〃壬申
三一・三		同二九年一〇月実施の事例を、同三四年末まで延長。	〃壬寅
三五・三	軍糧不足		〃庚午
三六・八	〔大工〕		〃癸卯
三九・五	貴州での軍役	既に実施されている事例の期間を三年間延長。	〃乙卯
四一・七	〔大工〕の終了に伴い、停止（戸部の議による）		〃癸巳
〃・一〇	軍糧不足		〃辛酉
四五・六	軍糧不足（同右？）	期間を三年間延長。	〃戊辰
隆慶 二・二	延綏等での軍糧不足		〃庚子
三・二	停止（南京国子監祭酒姜宝の上奏による）		〃丙子
万暦一一・五	陝西での飢饉		〃癸巳
一二・三	慈寧宮等の営建		〃庚子
一八・五	延綏等での軍糧不足		〃辛亥
二四・五	軍糧不足		〃辛巳

（典拠は、①が『明会要』巻四九・選挙三・納貲。②が『王端毅奏議』巻八。その他は『明実録』の当該の各条。）

ところで張萱『西園聞見録』巻四五・礼部四・国学「前言」には、捐納入監について、弘治年間の前後を比較して、

> 陳建曰く、生員・吏典の納銀の事例、……向《かつ》て（弘治以前）猶お以て不美の政と為し、廷臣屢々経《すで》に議して革《あらた》むるも、今は則ち尋いで習い、視て当然と為し、常事と為し、已《や》むべからざるの規、無かるべからざるの挙と為し、而して復た之を訾議《しぎ》する者有る無し[19]。

と、同年間以後（より正確には正徳年間以後）[20]には反対論が減少し、実施されるのが当然と看做されたと述べられているが、こうした変化は［表］からも見受けられる。すなわち、次の点が特色として指摘できるのである。まず、実施の回数は正徳年間以後頻繁になり、特に嘉靖中期以後に多いこと。次に、実施期間は成化以前には一から三年と短いのに比べ、正徳年間以後は回数の多いことと相俟って、停止されている時期がないほどであったこと。入監を許可する人数は、正徳以前には大略制限があったが、嘉靖年間以後は無制限となっているようであること。実施の理由は、正徳年間以前には飢民等の救済及び軍糧不足であったが、嘉靖年間以後はさらに営建も加わるようになったこと。また、孝宗の弘治年間には、実施せずの方針が貫かれたこと（これについては後で触れる）。以上である。そしてこれらの点から、当初臨時措置であった捐納入監は徐々にその性格を失い、王圻の『続文献通考』や『西園聞見録』の記述のように、常に実施される傾向が強まっていったと言えるのである。

なお、［表］に記さなかった明朝最末期には、崇禎五年（一六三二）に詔が下されて停止されたこと[21]もあるが、華北に於ける農民反乱・後金（清）の侵入に伴う軍事費急増のため、直ちに復活してしまうのであり、明朝滅亡時まで継続された[22]。

さて、創始当初の景泰年間には僅か八～九〇〇人に過ぎなかった捐納監生も、時代が下るにしたがって増加し、監生全体の七七％を占めた年もあるが、それは右で述べたような回数の増加だけでなく、捐納入監を許可する対象の拡

大にも起因していた。

【四、捐納資格者】

周知のように、生員は上から下へ、廩膳生・増広生・附学生の三等級より成っていた。この等級を考えると、増広生の納入額（一人当たり）が廩膳生よりも多いのは当然である。下位の者の納入が上位の者と同額であったはずはない。換言すれば、差が設けられているのは、廩膳生のみならず、増広生などにも捐納が許可されていることを示す。では、そのようになった時期はいつか。管見の限りでは、『憲宗実録』巻二八・成化二年（一四六六）閏三月癸酉の条の、次の記載が初見である。

総督南京糧儲右都御史周瑄……又言く、応天・鳳陽、居民は他処に百倍し、預備倉の糧数少なし。乞うらくは、常例と為さず、江西・浙江幷びに南直隷の儒学に移文し、廩膳生の能く米一百石を備うもの、増広は一百五十石、缺糧の処に運赴し上納せる者は、南京国子監生に充つるを許し、……。上、言いし所皆な救荒防患の急務なるを以て、悉く之に従う(23)。

成化二年閏三月以降、南直隷地方での救荒策の一つとして捐納入監が実施されるが、生員のうちでも廩膳生は一〇〇石、増広生一五〇石とされているのである。それ以前について振り返ってみると、［表］の典拠とした『実録』などの記述では、何れも「生員」となっている。

生員は、儒学（府州県学）の学生全体を指すのがふつうだが、限定して廩膳生のみを示すこともある。正統元年（一四三六）創設の提学官に対する勅諭の中で(24)、

一、生員に廩を食むこと六年以上にして、文理を諳んじざる者有らば、悉く発して吏に充て、増広生の入学して

六年以上にして、文理を諳んじざる者は、罷黜して民と為し差に当てよ。[25]（『英宗実録』巻一七・正統元年五月壬辰の条）

と、「生員」が増広生と区別されているのが、その一例である。提学官は一旦廃止された後、天順六年に復活されるが、その際下された勅諭にも、右とほぼ同じ条文が見られる。しかも勅諭であるから、それは公的な区別であった。つまり、この条文から、少なくとも正統より天順年間にかけては、公的には生員が廩膳生のみを指していたと言えるのである。捐納入監はこの間の景泰年間に創始されているから、許可された「生員」は廩膳生のみであったと考えて、大過なかろう。また景泰四年八月の礼部の上奏（前出）には、

礼部奏す、邇《ちか》ごろ済寧・徐州飢えたるに因り、巡撫官に勅し、権宜拯済せしめたり。而して臨清県儒学の増広生員王銘ら四人、各々米五百石を輸し、国子監に入りて読書せんことを願えり。[26]……（『英宗実録』巻二三二）

とあり、結局許可されなかったが、増広生四人が捐納入監を乞うている。この時期には捐納が実施されており、その対象に増広生も含まれているとすれば、かかる上奏は不要なはずである。この上奏の内容は右の推測を裏付けるものといえる。そして、恐らく続く天順と成化初年も同様だったのではあるまいか。

以上のことから、『実録』などに明記されてはいないが、景泰年間以降実施されてきた捐納入監では廩膳生のみが対象で、成化二年閏三月に増広生にも認められるようになったと考えるのが妥当と思われる。増広生にも認可された理由は、次の附学生の場合と同様、捐納に応ずる者の数が少なかったからであろう。

さて、[表] からうかがわれるような成化末年の度重なる実施は、多数の捐納者を必要としていた。結局のところ、定員がある廩膳生と増広生の納入だけでは、必要な量の食米を確保し得ない状況に陥ってしまい、その補充のために、無定員の附学生にも捐納入監が許可されるのであった。そのことについて『憲宗実録』巻二六五・成化二十一年閏四

月戊戌の条に、次のように見える。

> 戸部奏す、各辺の軍儲、近ごろ屢々急を告げたり。此より前、巡撫延綏都御史呂雯奏し准されたる各学生員の納米送監の事例あるも、道遠くして応じたる者有ること少なし。続《つ》いで該本部左侍郎李衍奏し准され、生員をして本部に銀を納めしむるに、廩膳は二百五十両、増広は三百両とせるも、応じたる者亦た纔かに十四。茲に附学生員の納むるを願う者有れば、宜しく増広の銀の例の如くし、再に三十両を加えしめ、亦た入監を許し、且つ仍りて各学に通く行して召納せん、と。之に従う(27)。

各辺で不足している軍糧を補充するために、巡撫延綏都御史呂雯の上奏によって捐納入監が実施されていたが、納入地が現地（延綏付近か？）であるために運搬距離が長く、納米する生員（廩膳生のみか否かは不詳）は僅かであった。そこで戸部左侍郎李衍の上奏により、現地でなくて戸部の官衙に、米ではなくて銀で納入させることに変更されたが、それでも納米した生員（この場合は廩膳生と増広生）は、たったの一四人に過ぎなかった。このように納入に便宜を計りながらも、実際には廩膳生・増広生の納入者が僅少であるという状況を見て、戸部はそれまで捐納入監が認められていなかった附学生にも許可し、軍糧不足を補充することを乞い、その実施が允されたのである。すなわち、定員のある廩膳生・増広生のみの納入では必要量を確保し得ないゆえ、さらに無定員の附学生にも許可されたのである。附学生の納入額（一人当たり）が増広生のそれよりも三〇両多かった理由は、改めて述べるまでもなかろう。

このように、景泰年間に創始された捐納入監は、当初生員のうちでも最上級の廩膳生のみに許可されていて、成化年間に増広生及び附学生にも認められるようになったのであるが、さらに庶民へと拡大していった。このことを『明史』巻六九・選挙志一は、

> 納粟の例を開くに迨び、則ち流品漸く淆く、且つ庶民も亦た生員の例を援きて以て入監するを得。之を民生と謂

い、亦た之を俊秀と謂い、而して監生益々軽ろし。(28)

と記している。

庶民にも認められた時期を呉晗及び楊啓樵両氏は正徳年間としているが、(29)ともに史料の提示等がなく、その論拠は不明である。管見の限りでは『世宗実録』巻二〇〇・嘉靖十六年（一五三七）五月戊申の条が最も早い。同条にのせる、七陵等修復に必要な経費の不足を補充するために開かれた捐納の事例に、

一、広く納事の例を開く。……民間の子弟も、亦た銀を納むるを許し、倶に国子監に入れて肄業せしめよ。(30)

と見え、庶民（民間の子弟）の納銀者にも公的に入監が許可されたことがわかる。また崇禎『義烏県志』巻一〇・例監に、

……世宗朝に至り、大工もて推広し、歳として開かれざる無く、始めて民間の俊秀をして、倶に入監するを得さしむ。(31)

と述べられ、世宗の時代には営建を理由としても捐納入監の事例が開かれ、実施されない年がないほどであったが、そうした状況の中で初めて庶民（民間の俊秀）にも許可された、とある。このことから、遅くとも嘉靖中期（十六年頃）に、庶民にも捐納入監が許可されていたことは確認し得る。また額は明示できないが、庶民一人当たりの納入は、当然附学生よりも多かったであろう。

庶民にも許可された理由については、増広生・附学生の場合と同様、必要量を確保できなかった状況が推測されるが、詳細は不明である。今後の課題としておきたい。

ところで、庶民の捐納入監に関して興味深い記載が、万暦『杭州府志』巻七・国朝事紀下にある。嘉靖二十四年に同地方で発生した大飢饉に対する救済措置を述べた提学副使孔天胤の言で、次のようにある。

孔天胤、荒の甚だしきを見、巡臺に建議す。署して曰く、今民間の子弟の国子監に肄業せんと欲する者、類《おおむ》ね学校に由るを得ざるを以て耻と為す。議すらくは、入学を願う者をして、米五十石を入るれば、其れ三日にして即ちに附学名色を以て起送し、銀を納むれば入監籍名するを許さん。[32]

既に庶民にも捐納入監が許可されていた時期の言であるが、孔によると、庶民のまま入監するのは好まれていない。そこで前以て米五〇石を納入した者には、三日後「附学名色」を付すことで救済費用を捻出し、その上で捐納させようというのである。これは実行に移された。右の「附学名色」は、『神宗実録』巻四九・万暦四年（一五七六）四月己巳の条に載せる、礼部右侍郎管祭酒事孫応鰲の捐納入監に関する上奏の中に、

……民間の俊秀子弟に至りては、原より提学に赴かしめ、告して附学名目を准す。故に之を新附と謂い、両京の見任官に随任せる子弟の未だ入学せざる者と、幷びに銀を納めて入監せるは、亦た隆慶以来覆定の事例なり。[33]

とある「附学名目」と同じものであろう。孫応鰲は特定の地域のこととして述べておらず、従って「附学名色」或は「附学名目」の付加（これを「新附」と称した）は、嘉靖中期の杭州府だけの特殊事例ではなく、少なくとも隆慶年間以降には全国的に行われていたと言える。なお、この「附学名色」或は「附学名目」が附学生と異なることは、無定員の附学生と雖も入学者数は定められていて、[34] 提学官が任意に増加し得なかったこと、及び黄儒炳『続南雍志』巻三・事紀・隆慶三年（一五六九）正月乙丑の条にのせる、捐納入監に関する南京国子監祭酒姜宝の上奏の中で、

夫れ所謂民生は、或は発社生と曰い、或は附学生と曰い、或は附学名目と曰い、或は俊秀と曰い、甚しきは則ち商家の子（弟）も併せて、亦た例を開きて収納せり。[35]

と区別されていることから明らかである。

このように、庶民が捐納により入監するには、そのままの資格ないし身分で納入するほかに、提学官より一時的に

「附学名色」或は「附学名目」を得た後に納入する場合があった。後者の途が生じた背景には、孔天胤の言（前出）

にあったように、庶民のままでの入監を恥とする風潮の存在が指摘できよう。

【五、小結】

以上、国子監の立場・権威の低下等の要因でもあった、捐納入監について概観した。表面的な変化をとらえるにとどまったが、ここでその特色をまとめると、次のようになる。

① 実施の回数は、正徳年間以後頻繁になり、特に嘉靖中期以後が多い。

② 実施されている期間は、成化以前は一から三年と短いのに比べ、正徳以後は回数の多いことと相俟って、停止の時期がないほどである。

③ 入監を許可する人数は、正徳以前には大略制限があったが、嘉靖以後は無制限となっているようである。

④ 実施の理由は、正徳以前には飢民等の救済及び軍糧不足であったが、嘉靖以後はさらに営建も加わるようになった。

⑤ 孝宗の弘治年間には実施せずの方針が貫かれた。

⑥ 捐納資格者は、創始当初は廩膳生のみであったが、次第に増広生（成化二年）、附学生（同二十一年）、さらに庶民にも（嘉靖年間）公的に許可されるようになった。

⑦ 少なくとも嘉靖年間以降、庶民の捐納入監には、そのままの資格で納入する途と、提学官より「附学名色」或は「附学名目」を得てから納入する途とがあった。

以上である。これらの点を踏まえて、明代に於ける捐納入監の展開状況を要約すれば、次のように言えよう。景泰年間に創始された捐納入監は当初臨時の処置としての性格が強く、実施の回数・期間も僅かであったが、時代が下るにしたがって実施されない時期がないほどになった。また、捐納資格者の範囲も廩膳生のみから増広生、附学生、そして庶民へと拡大していった。すなわち、当初の臨時措置という性格が次第に弱まり、常に実施される傾向が強まっていったのであるが、そうした変化は正徳から嘉靖にかけて（十六世紀前半）のことであった。

第二節　明代捐納入監の性格

如上のように、明代の捐納入監は時代が下るにしたがい常に実施される傾向が強まっていったが、理念としてはあくまでも臨時措置であった。このことは、[表] から知られる断続的な実施のほか、弘治及び正徳年間の停止からわかる。

まず、孝宗の弘治年間には、元年（一四八八）に吏部尚書王恕の上奏が容れられた後は実施されていない（[表] 参照）。それは『実録』『南雍志』等に記述が見られないばかりでなく、管見の限りでは、地方志に当該期の捐納入監者名が記されておらず、この点からも裏付けられる。実施されなかった理由の一つは文教政策にある。この時代に於ける国子監に関する政策の中で最も特徴的な内容は、同元年規定の、捐納監生のみを対象とした考試であった。『孝宗実録』巻一五・弘治元年六月戊申の条に、

吏科給事中林廷玉、十事を言う。……一、先年、粟を納め入監せる生員、中間に亦た俊秀の人有るも、但だ膏粱の子弟は、貧苦に耐えず、一旦授くるに官職を以てすれば、豈に為国愛民の道を知らんや。乞うらくは、預め三等の法を為し、選時に臨みて、吏部厳に考試を加え、文理通暢なる者を以て上と為し、文理稍や通じ書写端楷な

る者を中と為し、文理を諳んぜず写字鹿拙なる者は下と為し、上・中二等より、其の高下を量りて、科貢と一体選用し、下等は、例に照して衙門職名を塡註し、冠帯閒住せしめん。……奏入り、所司に下して看詳せしむ。……(38)

とある(39)ように、吏部の考試によって上・中・下の三等に区分し、上・中等の者は科貢生（挙人監生・歳貢生）と共に選用するが、下等の者は冠帯閑住せしむることにしたのである。考試の目的は言うまでもなく監生の資質低下の抑制にあったが、かつてこのような淘汰が行われたことはなかった。その資質低下がとりわけ憂慮されていた時代と言えよう。ところで、捐納入監実施の理由は災害救済や軍糧不足の補充であったが、この時代に理由とすべき状況が存在したのか否かを確認しておこう。『実録』等によると、対外関係は比較的安定しており、軍糧不足が重要な問題となっていない。災害は、同書・巻三二・弘治二年十一月己卯の条に、

淮安・鳳陽等処の歳荒を以て人を募り、米を納めて賑済せば、冠帯散官を給し、……(40)

とあるように、南直隷の淮安・鳳陽両府等に於いて捐職（捐納者に虚官を賦与する）の例が開かれるほどの凶作にみまわれたが、これを除くと、収穫は概ね安定していた(41)。すなわち、実施の理由となるべき災害発生・軍糧不足はなかったと見ることができる。弘治年間には捐納入監が実施されなかっただけでなく、捐納監生のみに対する考試も行われたが、その背景に財政上の安定を指摘し得るのである。

これと対照的なのが嘉靖年間である。世宗は即位直後（正徳十六年（一五二一）四月）の詔で捐納入監を禁止し、翌嘉靖元年には右の弘治元年の規定に倣って考試を命じた(42)。つまり弘治年間と同じ政策が断行されようとしたのであるが、けっきょく同四年に復活した（[表]を参照）。復活されると以前にもまして頻繁に行われ、庶民も捐納し得るようになった。財政上の不足を補塡する必要が生じたために所期の国子監政策を断念せねばならなかったのだが、しか

し捐納入監はあくまでも財政が逼迫しなければ実施されない措置であった。

臨時措置とする考え方は災害発生時の論議にも見られる。正徳十四年、南直隷にて発生した水害の救済に際して、『武宗実録』巻一七三・同十四年四月乙丑の条に次のようにある。

　南京御史張翀ら、給事中王紀ら、各々奏言す、廬（州）・鳳（陽）・淮（安）・揚（州）・蘇（州）・松（江）・常（州）・鎮（江）・応天の諸郡、水災重大なり。請うらくは、納銀入監・納粟補官の事例を開き、……以て賑給に備えん。戸部覆議す、監生の例を援《ひ》く者、多く正貢を礙《さまた》ぐる有り、……倶に軽々しく議し難し。……詔す、議の如くせよ。[43]

[表]からうかがわれるように、捐納入監が頻繁に行われた正徳年間であるが、その時代でさえも、軽々しく実施すべきでなく、他の対策で不十分な場合の措置だという考え方が、戸部の側には残っており、その覆議が容れられたのである。

詳細な検討は別稿に譲らざるを得ないが、以上の例から、捐納入監の実施には、何れも少なからざる論争を経ていたことが推測される。そして、このことよりあくまでも臨時措置であったと言えるが、それは次の清代と比較することで一層明白になる。

清代に入ると、それ以前には見られないほど多数の捐納の事例が開かれたが[44]、それらは期限設定の有無により、現行事例（常例）と暫行事例（大捐）とに大別される。前者が期限を設けずに実施されている事例、後者が期限を設けて暫定的に実施される事例で、ともに監生以上の資格の取得が可能であった。監生となる場合に限ってみると、本章第一節で示したように、明代には大約期限付きであり、現行事例に該当する事例は見られない。この相違からもうかがわれるように、清代になると実施するのが当然とされたが、明代にはまだ必要が生じた場合に止むを得ず実施する対策の一つと見做されていたのである。

おわりに

本章では捐納入監を取り上げた。それぞれの事例が実施に至る（或は至らない）背景（財政のみならず政治的側面からも）には十分な検討を加えられなかったが、次の点は明らかにし得たと考える。

捐納入監は当初臨時措置としての性格が強く、実施の回数・期間も僅かであったが、時代が下るにしたがって実施されない時期が存しないほどになった。また、捐納を許す対象も廩膳生のみから増広生、附学生、そして庶民へと拡大していった。要するに、理念としてはあくまでも臨時措置であったとはいえ、正徳・嘉靖年間以後、常に実施される傾向が強まっていったのである。

註

（1）概略は『清国行政法』第四編・第二章・第四節から知られる。

（2）本章では徭役免除の特権を賦与されない階層を庶民として論を進める。なお曽我部静雄「明の関節生員と納粟監生」（『近世東アジア教育史研究』、学術書出版会、一九七〇年）参照。

（3）監生と生員はともに学生である。しかし科挙受験の場合、監生に特別な制限はなかったが、生員には学力優秀等の条件があり（洪武十七年三月頒布の科挙成式）、受験資格を獲得することは容易でなかった。また監生には積分或は歴事終了による就官の途もあった。これらの点で、生員にとって、監生になることが入官の早道だったのである。

（4）本章の原載は一九八六年で、そのころまでの研究で明代の捐納入監に言及したものは次の通り。呉晗「明初的学校」（原

載一九四八年。『読史劄記』所収、一九七九年）、許大齢「清代捐納制度」（原載一九五〇年。『明清史論集』所収、北京大学出版社、二〇〇〇年）、楊啓樵「明初人才培養与登進制度及其演変」（原載年不詳。『明清史抉奥』所収、香港、広角鏡出版社、一九八四年）、林麗月『明代的国子監生』（台北、私立東呉大学中国学術著作奨助委員会、一九七八年）、酒井忠夫「郷紳について」（原載一九五二年。『中国善書の研究』再録、国書刊行会、一九七七年）、谷光隆「明代監生の研究――仕官の一方途について――㈠㈡」（『史学雑誌』七三―四・六、一九六四年）、曽我部「明の関節生員と納粟監生」（前掲）、五十嵐正一『中国近世教育史の研究』（国書刊行会、一九七九年）、呉金成「明代紳士層の形成過程について（上）（下）」（『明代史研究』八・九、一九八〇～八一年）。

（5）『明史』巻六九・選挙志一。

（6）典拠は次の通り。景泰年間は、黄佐『南雍志』巻一五・儲養考上・儲養生徒之権例と王圻『続文献通考』巻五〇・選挙考・貲選。天順年間は、張萱『西園聞見録』巻三一・吏部二・異途・前言にのせる馬文升の言。成化二年は、『明史』巻一五九・高明伝。成化十一年頃は『憲宗実録』巻一四六・同年十月丙申の条。成化二十年十月から二十一年五月は、『南雍志』前掲部分と王恕『王端毅奏議』巻八・吏部「議知府王衡陳言停止納財充吏奏状（弘治元年三月初四日具題）」

（7）『南雍志』巻一五・儲養考上・儲養生徒之名数によると、正徳三年における南京国子監の在籍監生の内訳は、

挙人監生	一五三名
官生	一名
歳貢生	二四一名
捐納監生	九三六名
（合計）	一三三一名（？）

となっている。正徳十六年は『世宗実録』巻一・同年四月壬寅の条にのせる詔（後註（42））より。

（8）王材『皇明太学志』を分析した林麗月氏の統計による。『明代的国子監生』（前掲）参照。

（9）前註（7）。合計一三三六名で計算。

(10) 前註(8)。

(11) 巻一五・事部三。

(12) 呉「明代紳士層の形成過程について(下)」(前掲)の註(107)。曽我部「明の関節生員と納粟監生」(前掲)。この点に関し、曽我部氏は『御撰資治通鑑綱目三編』及び『御批歴代通鑑輯覧』の記載を根拠として、景泰元年には納粟した軍民が冠帯を賦与されて士大夫の身分とすることが行われたのみで、生員の納粟入監が開始されたのは同四年四月のことと主張している。また黄雲眉氏の『明史考証』第二冊(中華書局、一九八〇年。四九一~四九二頁)の中にも言及がある。目下のところ筆者は断定し得るほど有力な史料を得ておらず、さらに本章の目的と直接関係しないので、ここでの検討は差し控え、次のように『明史』の記述に疑問があることを指摘するに止める。すなわち、巻六九・選挙志一には、

例監始於景泰元年、以辺事孔棘、令天下納粟納馬者、入監読書、限千人止。行四年而罷。

と、景泰元年の創始としているが、同書にはこれ以外にも捐納入監の創始を記した部分がある。巻一五二・鄒済伝に附された鄒幹の伝がそれで、

〔鄒済〕子幹、……景帝初、……尋改礼部、兼庶子、考察山西官吏、黜布政使侯復以下五十餘人。巡視河南・鳳陽水災、與王竑請振。又請令諸生輸粟入監読書。納粟入監自此始。

とある。鄒幹が山西布政使等の黜落を請うのは景泰三年十月である(『英宗実録』巻二二二・同年同月癸卯の条)から、創始はそれ以後のことになり、選挙志一の記述と食違いがあるのである。

(13) 『英宗実録』巻二二八・景泰四年四月己酉の条、

右少監武艮・礼部右侍郎兼左春坊左庶子鄒幹等奏、……及臨清県学生員伍銘等願、納米八百石、乞入監読書。今山東等処、正缺粮儲。乞允其請、以済権宜。従之。幷詔、各布政司及直隷府州県学生員、能出米八百石於臨清・東昌・徐州三処賑済、願入監読書者聴。

(14) 依親による放回は『英宗実録』の巻二〇三・景泰二年四月壬寅、巻二一〇・同二年十一月庚申、巻二一七・同三年六月丁卯、巻二三二・同四年八月丙午、巻二三九・同五年三月戊午の各条に記されている。依親せしめられた監生の数は次のよう

で、少なくはない（典拠は『南雍志』巻三・事紀三、『英宗実録』巻二三九・景泰五年三月戊午の条）。

景泰元年十一月　四三一人（南京国子監）
〃 二年十一月　六五〇人（〃）
〃 四年 二月　在監期間の長い監生一〇〇〇人を除く全員（〃）
〃 五年 三月　在監期間の長い監生一〇〇〇人を除く全員（北京国子監）

また支給米の減額については『英宗実録』巻一九〇・景泰元年三月庚申の条に見える。このほか歳貢の額数も減らされている。

(15)『英宗実録』巻二二九・景泰四年五月庚申の条。
令、生員納米入監者、比前例減三百石。

(16) 同書・巻二三二・同四年八月癸巳の条、
礼部奏、邇因済寧・徐州飢、勅巡撫官、権宜拯済。而臨清県儒学増広生員王銘等四人、各願輸米五百石、入国子監読書。雖云権宜、実壊士習。請弛其令。庶使生徒以学行相励。従之。

(17) 同書・巻二三一・景泰四年七月庚辰の条。
河南開封府儒学教授黄鑾奏、……乞速罷之（之＝「納粟入監」）、其已納粟者、止復其家、或旌異其父兄、庶幾浮薄競進之俗少抑。事下、戸部尚書金濂等議曰、納粟貢士、乃救荒権宜之策、而非経久常行之道。請俟秋成、倉廩稍実、飢民得所、然後停罷。従之。

(18) 王圻『続文献通考』巻五〇・選挙考・貲選、
按我朝納粟入監事例、濫觴於此、其源一開、末流不可復塞。後来遂援此例以賑飢、甚至援此以接済大工、無止息之期矣。

(19) 張萱『西園聞見録』巻四五・礼部四・国学「前言」、
陳建曰、生員・吏典納銀事例、……向猶以為不美之政、廷臣屢経議革、今則尋習、視為当然、為常事、為不可已之規、不可無之挙、而無復有訾議之者矣。

(20) 後述するように、元年（一四八八）四月以降、弘治年間には実施されておらず、再び行われるのは正徳年間より後である。
(21) 談遷『国榷』巻九二・思宗・崇禎五年十二月甲戌の条。孫承沢『春明夢餘録』巻五四・国子監「納粟」。
(22) 引き続き南明政権下でも実施されたが、それについては許「清代捐納制度」（前掲）を参照。
(23) 『憲宗実録』巻二八・成化二年閏三月癸酉の条、
総督南京糧儲右都御史周瑄……又言、応天・鳳陽、居民百倍他処、預備倉糧数少。乞不為常例、移文江西・浙江幷南直隷儒学、廩膳生能備米一百石、増広一百五十石、運赴缺糧処上納者、許充南京国子監生、……。上以所言皆救荒防患急務、悉従之。
(24) 提学官については、五十嵐正一「明代における提学官の制度について」（原載一九六四年。『中国近世教育史の研究』（前掲）再録）、呉金成「明朝前期의 生員政策에 対하여――士人層形成過程을 中心으로――」（『歴史教育』一〇、一九六七年）などを参照。
(25) 『英宗実録』巻一七・正統元年五月壬辰の条、
一、生員有食廩六年以上、不諳文理者、悉発充吏、増広生入学六年以上、不諳文理者、罷黜為民当差。
(26) 前註（16）。
(27) 『憲宗実録』巻二六五・成化二十一年閏四月戊戌の条、
戸部奏、各辺軍儲、近屢告急。前此巡撫延綏都御史呂雯奏准各学生員納米送監事例、道遠少有応者。続該本部左侍郎李衍奏准、令生員、於本部納銀、廩膳二百五十両、増広三百両、応者亦纔十四。茲有附学生員願納者、宜如増広銀例、令再加三十両、亦許入監、且仍通行各学召納。従之。
(28) 『明史』巻六九・選挙志一、
迨開納粟之例、則流品漸淆、且庶民亦得援生員之例以入監。謂之民生、亦謂之俊秀、而監生益軽。
(29) 呉「明初的学校」（前掲）、楊「明初人才培養与登進制度及其演変」（前掲）。また［補記］も参照。
(30) 『世宗実録』巻二〇〇・嘉靖十六年五月戊申の条、

一、広開納事例。……民間子弟、亦許納銀、倶入国子監肄業。

(31) 崇禎『義烏県志』巻一〇・例監、

……至世宗朝、大工推広、無歳不開、始令民間俊秀、倶得入監。

(32) 万暦『杭州府志』巻七・国朝事紀下、

(孔)天胤見荒甚、建議于巡臺。畧曰、今民間子弟欲肄業国子監者、類以不得由学校為耻。議令願入学者、入米五十石、許其三日即以附学名色起送、納銀入監籍名。

(33) 『神宗実録』巻四九・万暦四年四月己巳の条、

……至于民間俊秀子弟、原令赴提学、告准附学名目。故謂之新附、與両京見任官随任子弟未入学者、幷納銀入監、亦隆慶以来覆定事例也。

(34) 万暦三年に提学官に与えられた勅諭の条文中に、

……童生必択三場倶通者、始収入学、大府不過二十人、大州県不得過十五人。……(万暦『大明会典』巻七八・礼部三六・学校・儒学「風憲官提督」)

と見え、童生で入学を認可される者(即ち附学生)の数に制限が設けられたのは、遅くとも同年のことである。

(35) 黄儒炳『続南雍志』巻三・事紀・隆慶三年正月乙丑の条、

夫所謂民生者、或曰発社生、或曰附学生、或曰附学名目、或曰俊秀、甚則併商家子[弟]、亦開例収納矣。

(36) 『王端毅奏議』巻八・吏部「議知府王衡陳言停止納財充吏奏状」、

近年以来、各辺幷腹裏、小有灾傷、所在守土等官、止図目前分寸之利、不為国家長久之謀、輒便奏開生員・吏典人等納糧草銀両等項事例。……通将前項陝西・山西・宣府・江西奏行納糧・納草等項事例、限本年四月以裏、通行停止。……弘治元年三月初四日具題。当日奉聖旨、是。欽此。

(37) 正徳『池州府志』巻五・選挙「例貢」、嘉靖『崑山県志』巻八・監冑、嘉靖『湖州府志』巻六・国朝人物表「援例」、嘉靖『上海県志』巻五・登用「例貢」、崇禎『義烏県志』巻一〇・例監、など。

(38)『孝宗実録』巻一五・弘治元年六月戊申の条、
吏科給事中林廷玉言十事。……一、先年納粟入監生員、中間亦有俊秀之人、但膏粱子弟、不耐貧苦、一旦授以官職、豈知為国愛民之道。乞、預為三等之法、臨選時、吏部厳加考試、以文理通暢者為上、文理稍通書写端楷者為中、不諳文理写字俺拙者為下、上・中二等、量其高下、與科貢一体選用、下等、照例塡註衙門職名、令冠帯間住。……奏入、下所司看詳。……

(39)『南雍志』巻四・事紀四・弘治元年七月丁卯の条にも実施の記述がある。

(40)『孝宗実録』巻三二・弘治二年十一月己卯の条、
以淮(安)・鳳(陽)等処歳荒募人、納米賑済、給冠帯散官、……

(41)次の馬文升の具題(弘治十八年四月三日付け)からもうかがわれる。
一、広儲蓄以備凶荒。……至成化二十一年、河南・陝西・四川、大遭荒旱之灾、前積倉粮、不能賑済、人民死亡流移者、十之四五、而四倉之粮、又為之一空矣。以後雖有措置之粮、多被看倉人等侵盗・抵換、所存者糠粃・穀稲、一遇大荒、動経差遣大臣、往彼賑済、不売官鬻爵、即上納監生・吏典、所得無幾、而軍民存活者少、皆由所蓄不多、而賑済不敷也。近日淮・揚・蘇・湖・浙江、乃其明驗。況今承平日久、生歯日繁、頗大州県、人口百餘万、極小州県、亦不下数十餘万口。若非大為儲備、遇荒、豈能賑済、坐視死亡、実所不忍。仁政所重、莫此為先。(『端粛奏議』巻一一・伝奉事)

(42)『世宗実録』巻一・正徳十六年四月壬寅の条、
一、近年、節次奏開生員納銀入監事例、積累数千餘人、大壊選法。今後再不許奏開。違者、吏部該科即時糾劾究治、已開未納者、即便停止。……
万暦『大明会典』巻五・吏部四・選官「凡監生入選」の条、
嘉靖元年奏准、納粟・納馬等項監生、照弘治元年例、臨選考試、分作三等、上・中二等、與科貢一体選用、下者、塡注衙門職銜、冠帯間住。

(43)『武宗実録』巻一七三・正徳十四年四月乙丑の条、

南京御史張翀等・給事中王紀等各奏言、盧・鳳・淮・揚・蘇・松・常・鎮・応天諸郡、水災重大。請、開納銀入監・納粟補官事例、……以備賑給。戸部覆議、監生援例者、多有礙正貢、……倶難軽議。……詔、如議。

（44）清代の捐納についての理解は、許「清代捐納制度」（前掲）及び『清国行政法』前掲部分による。

［補記］

本章のもとになった論文は「明代捐納入監概観」（『集刊東洋学』第五六号、一九八六年）で、『皇明太学志』の刊本が発行される前に発表したものである。

捐納制度全般を取り上げた伍躍『中国の捐納制度と社会』の第一章「明代と例監と納貢」三九頁（京都大学学術出版会、二〇一一年）では、「庶民」に捐納入監が許可されたのを正徳年間とするが、筆者は本章で述べたように嘉靖中期と考える。氏の論拠は『南雍志』にある「遇例納銀民生」の表記かと思われるが、ここの「民生」は「官生」に対しての用法と考えられ、庶民を含んでいる否かは明確でない。正徳年間に許可されていたとすれば具体例を挙げる必要があろう。

第九章　捐納監生の資質

はじめに

創設以来、明代の国子監には科貢生（挙人監生・歳貢生）及び官生（七品以上の官僚の子弟）が在学していたが、宣徳年間以降それら以外にも入監の途が開かれた。その最たるものが捐納《えんのう》で、在籍監生の七〇％を占めたこともある(1)。新たに許された捐納等は雑途あるいは異途と称され、科貢等の正途と区別された。入監が無銓衡であったために、捐納監生(2)は科貢生よりも学力・資質の面で劣るとされていたからである。創始以来屢々出された捐納の中止を求める意見(3)の中でも、この点が指摘されている。

また、そのような評価ゆえに、様々な面で区別されていた。区別は、まず撥歴に見られる。撥歴とは歴事に取撥すること、つまり監生身分のまま諸衙門に赴いて吏務を実習することで、所定の期間担当すると就官の資格が得られたが、成化十一年（一四七五）以降、科貢と捐納等の援例とに区分されて行われるようになった(4)。就官のポストも同年間以降次のように定められている。科貢生（正途）が、京官では部・院・府・衛・司・寺の小京職、外官では府の佐弐官と州県の正官を上限とするのに対し、捐納等の異途が、京官では光禄寺・上林苑の属、外官では府の首領官、州県の佐弐官、雲南・貴州・広西及び各辺省（遼東・山西・陝西）軍衛の有司・首領官と衛学・王府の教授であった(5)。このほか、科挙合格の順位にも影響を及ぼしている。成化五年、山西平陽府安邑県に本籍を有する張璲は、第一甲（定数は三人）に入るべき成績で殿試に合格したが、捐納監生であったために第二甲の首席に落とされてしまった(6)。さらに、前章第二節で触れたところの捐納監生のみを対象とした考試の実施も、この一例である。

捐納という手段を考えると、右のような捐納監生と科貢生との区別は、確かに首肯し得るかのようである。しかしながら、捐納に応じた者の中に生員も含まれていること、ならびに歳貢では、例えば府学の場合で一年に一人と、入監が極めて困難であったこと等を勘案すると、捐納入監者の中にも当然優秀なる者が含まれていた筈である。このような点から、本章では捐納監生の資質について取り上げたいと思う。具体的には、まず捐納監生の資質・学力を劣悪とする評価を確認し、次にかかる見方に反する実例として、科挙の合格者を提示する。(7)

第一節　捐納監生に対する評価

金銭等の納入により入監の資格が得られ、しかも無銓衡であったため、捐納監生に対する評価は低かった。このことを明白に記すのは沈徳符『万暦野獲編』巻一五・科場・納粟民生高第で、次のように見える。

景泰より以後、冑監始めて納馬の例有り、既にして改めて輸粟と為る。初め青衿例《れい》を援《ひ》くに過ぎざるも、既にして白身も亦た加倍輸納せるを許され、名づけて俊秀子弟と曰う。是に于いて辟雍遂に銅臭の目を被り、且つ其の人の冀う所、一命もて栄と為すに過ぎず、留意帖括する者有る無し。是に于いて士子叱《ののし》りて異類と為し、居家せば則ち官長之を凌忽し、斉民と甚しく別ならず。(8)

これによると、捐納入監の創始以来、国子監は金銭欲の深い者が集まっており、加えて彼らの願いは一時の栄誉にあり、勉学に励むことなどないとされていた。そしてそれゆえに、科貢生たちは彼らを異類と罵り、また郷里では知県などの地方官も庶民とさほど違わないものに見做していたことがわかる。張萱『西園聞見録』巻四五・礼部四・国

学・前言にも、

袁表曰く、……納監の例、景泰に濫觴し、今日に漏卮す。縉紳の子、商賈と同に伍し、例として挙貢を行わば、一例に挨選し、彝倫（堂）は遂に銭虜交易の地と為る。(9)

と、捐納創始後の国子監が、「縉紳」の子弟と商人とが交流し、また守銭奴（銭虜）の往来する所になったと記している。このほか何良俊『四友斎叢説』巻一〇・史六に、

景泰元年、詔し、辺圉孔《はなは》だ棘《きゆう》なるを以て、凡そ生員の納粟上馬せる者、入監を許し、千人に限りて止む。然して餼廩に与らず、人甚だ之を軽んず。(10)

とあり、朱国禎『湧幢小品』巻一一・民生にも、

近日、民生納粟の一途、人之を軽んじ、在庠の士の下たること遠く甚だし。(11)

とある。

このような記載から知られるように、捐納監生は金銭に対する執着心が強いとされ、また軽視されていた。方途を考えると至極当然の評価であるが、批判はそのような点のみにとどまらない。

天順六年（一四六二）十月甲申、戸部の上奏に、

今、国子監、……其の陝西の納馬せる監生、先に該の礼部奏す「其れ学を進むるの日浅く、経書未だ習わず、礼度（礼法）未だ知らず、……」……(12)（『英宗実録』巻三四五。括弧は引用者）

とあり、成化十一年（一四七五）十月丙申、礼部の上奏に引用された科貢生の言に、

……而るに各学の生員、近ごろ納粟実辺して入監を得る者有り、一千五百餘人なり。況んや未だ経て廩を食《は》まず、時に臨みて寄名冒籍せる者有りて、率ね多くは幼稚なり、……(13)（『憲宗実録』巻一四七）

とあり、また同二十一年三月二十三日、礼部尚書周洪謨らの題奏に、

南京吏部等衙門尚書等官陳俊ら題したる内の一件に、各処府州県学の廩膳生員、近年の救荒もて、米銀を納めて入監出身を許さるるに、中間に多く白丁の銭虜有り、或は学に在りて成る無く、或は入学して未だ久しからず、或は時に臨みて冒報し、有司応令起送に急なれば、詳審に服さず。此くの似《ごと》くにして生徒は学業未だ成らず、礼義未だ明らかならざるも、僥倖入監し、書を束ねて日を計れり。……[14]（戴金『皇明条法事類纂』不分巻「十八歳以下納粟依親監生復学肄業、聴提学官考校」）

とあるように、捐納に応じた中には、儒学（府州県学）に在学しているが成績不振の者、入学後間もない者、或は名義上在学していたことにしたり、本籍を詐称して入学したりする者が含まれていたことがわかる。

かかる状況を反映して、捐納入監者の年齢が低いとの指摘もある。例えば馬文升の「災異陳言疏」（『皇明名臣経済録』巻一八）に、

天順年間に至るに迨び、……又生員の納馬入監して読書するを許し、其の納馬の数、又た七千餘名有り。以後、四川・陝西地方の荒歉、軍民の缺食乏糧の賑済もて、守臣具奏し、生員の上粮して、亦た入監を許さば、通前共《あわ》せて数万有り、中間多く幼男に係る。……[15]（傍線は引用者）

とあり、正徳五年（一五一〇）二月戊戌、北京国子監祭酒王雲鳳の上奏にも、

国学の納銀せる監生、年少者多く、此の輩他日多く選せられて州県の親民の官と為るも、未だ学問に及ばざれば、何を以て任に勝《た》えん。……[16]（『武宗実録』巻六〇）

と見える。具体的には、成化七年八月丙午、聴選官劉剛の上奏に、

一、納馬・納粟せる入監監生、中間に年纔か十三・四、句読未だ知らざる者有り、……[17]（『憲宗実録』巻九四）

とあり、同二十一年三月甲辰、捐納監生についての覆議に、

……其の年十三・四或は十六・七なれば、則ち倶に各処の提調学校官に行し、本学に収入して肄業し、十年を満たし乃《はじ》めて復監せしめん。(18)(同書・巻二六三)

とあるように、一三～四歳の者もいたようである。

科貢生のうちの挙人監生は郷試に合格し会試を受験した者であるから、明確な数字は提示し得ないものの、年齢が比較的高かったものと推測される。また歳貢による入監者は、景泰の頃より在学期間の長い廩膳生の中から選ばれており、以後もこの状況に変わりはなかった。(19)例えば弘治十七年(一五〇四)閏四月、南京国子監祭酒章懋の上奏に、

本監の歳貢の諸生は、先に各処の府州県学に在り、附学為り、増広為り、亦た既にして年有りて、然る後に廩を得。其の廩膳は必ず二十餘年或は三十年にして、而る後に貢を得。貢せられて国学に入るに迨び、遠き者は十餘年、近きも亦た三・五年、而る後に撥歴せらる。又歴事一年にして選に掛かる。前後の年数を通計するに、已に五六十歳なり。……(20)(『皇明名臣経済録』巻二六)

とあるので、逆算すると、入監時には四〇代より五〇代半ばくらいの年齢になる。歳貢生も入監時にはかなりの年齢に達しており、したがって就官時に高齢であることが懸念されていた。この状況を打開するため、のちには新たに選貢(21)が実施されたほどである。

このように捐納監生の年齢は一般に科貢生よりも低く、一三歳の者すら含まれていた。このことは困難な途を勝ち進んできた科貢生の、捐納監生に対する批判として現れている。顕著な例は『憲宗実録』巻一四六・成化十一月十月丙申の条にのせる礼部の上奏に引用された、次の論争である(22)(一部前出)。

国子監生三百六十一人奏す、臣ら皆科貢に発身し、循次入監せり。而るに各学の生員、近ごろ納粟実辺して入監

を得る者有り、一千五百餘人なり。況んや未だ経て廩を食まず、時に臨みて寄名冒籍せる者有りて、率ね多くは幼稚なり、……(23)

と、要するに儒学在学期間の不足・欠如（すなわち低年齢であること）を理由に、捐納監生がおおむね幼稚だと述べた。これに対し、

是に於いて、納粟生二百一十二人も亦た奏す、以為《おもえ》らく、臣ら皆学校より出で、亦た曽て科挙を経たる者有り。朝廷、辺儲缺用を以て、輸粟入監の例を下したるも、初《かつ》て年歯長幼を以て論ぜず(24)。

と、捐納監生は年齢の上下を云々するのはおかしいと反論しているのである。この論争は若年者の入監を裏付けるとともに、年齢が低いために学力が不足していると見做されていたことを示している。このような見方は、前出の戸部の上奏（天順六年十月甲辰）に引用された礼部の奏に、

其れ学を進むるの日浅く、経書未だ習わず、礼度未だ知らず、……(25)（『英宗実録』巻三四五）

とあり、また礼部尚書周洪謨らの題奏（成化二十一年三月二十三日）にも、

……此くの似くにして生徒は学業未だ成らず、礼義未だ明らかならざるも、僥倖入監し、書を束ねて日を計れり(26)。

（戴金『皇明条法事類纂』不分巻「十八歳以下納粟依親監生復学肄業、聴提学官考校」）

とある。

以上述べたところから確認できるのは、次のような点である。すなわち、その方途ゆえに捐納監生は金銭に対する執着心が強いとされ、軽視されていた。内実を見ると、儒学に在学していたが成績不振の生員、入学後間もない者、或は名義上在学していたことにしたり、本籍を詐称して入学したりする者が含まれていた。要するに、儒学教育を十分受けることなく入監しており、科貢生に比べて低年齢で、学力・資質が劣ると見做される一因になっていたのであ

る。(27)

第二節　捐納監生の科挙合格

如上のように、捐納監生は科貢生よりも学力・資質の面で劣るとされていた。では、かかる見方は果たして妥当なのであろうか。その基準は一つに限定し得ないが、科挙の合否で判断することに異存はなかろう。本節では、劣悪とする見方に対する反例として、捐納監生からの合格者を提示する。

郷試に合格した例は既に天順年間に見られる。『皇明条法事類纂』巻八・吏部類・貢挙非其人「納粟等項監生、坐堂十年撥歴、若有郷試中式、許通計前先坐監年月、依歳貢等項監生坐堂事例、挨次撥歴例」に、

……天順七年十月初十日、本部（吏部）の送りて准けたる兵部の杏を奉じたるに、該の通政使司の連状に、送りて抛けたる成信の告にいうに、陝西岐山県儒学の廩膳生員に係り、天順五年十一月の内に、例に遇いて馬七匹を備え、参賛軍務兵部右侍郎白某の処に赴きて納め訖るも、未だ曾て起程せられず。就ち天順六年の郷試に応じて式に中《あた》るも、会試は下弟（第）し、〔成〕信を将て監に送り読書せしむ。……(28)

と見える陝西鳳翔府岐山県の県学の廩膳生たる成信が、それである。また同じ部分には、

……査するに及び、成化七年二月初二日、本部（吏部）の准けたる戸部の杏を送りたるに、該の通政使司の連状に、送りて抛けたる熊応周・邵智・周彝らの告にいうに、四川等布政司重慶等府栄昌等の県の人に係り、各々府県儒学の廩膳生員より、成化二年、例に遇いて米を納め、各々起送入監せしめらるるを蒙り、倶に成化七年の順天郷試に応じて式に中れり。……(29)

とあり、四川重慶府等の府学・県学の廩膳生たる熊応周らも成化二年に捐納入監し、同七年に順天府郷試に合格したことが知られる。このように天順と成化年間には入監後間もなく郷試に合格した捐納監生の事例が見られるほか、「はじめに」で触れた張瑶のように会試に合格した者もいる。『四友斎叢説』巻一〇・史六には、

　成化己丑（五年）、進士安邑の張瑶、当に首甲に在るべきも、援例を以て抑え二甲第一に置けり。(30)

と見える。第二甲に落とされたことからもうかがわれるように、捐納監生に対する評価は相変わらず低かった。しかし、この見方は成化末年の羅玘の合格により一変する。

『万暦野獲編』巻一五・科場・納粟民生高第に、

　惟だ成化丙午（二十二年）、羅文粛圭峰試を累《かさ》ね、有司録せざれば、遂に俊秀を以て貲を入れ、順天解元に挙げらる。次年、進士に登り、庶常（庶吉士）と為り、詞林（翰林院）に顕重なり、其の年且に不惑を踰えて久し。是に于いて士人に始めて此の輩に刮目せる者有り。(31)

とある。羅玘（羅圭峰）は江西建昌府南城県に本籍を有する生員で、(32)歳試等を七度受けたが成績不良で、郷試受験・歳貢の資格を獲得できなかった。そのため彼は捐納により北京の国子監に入学した。四〇歳のときのことである。その後、成化二十二年順天府郷試を首席（解元）で通過し、翌二十三年に第二甲合格で進士となり、翰林院編修を授けられてもいる。(33)規程によると、翰林院編修は第一甲（三人）のうちの第二・三名で合格した者が任ぜられることになっており、この場合は特別であろう。そして、彼の合格以後、はじめて捐納監生にも目が向けられるようになったという。羅玘の合格は、また『四友斎叢説』巻一〇・史六にも、

　成化甲辰（二十年）、山西・陝西大いに飢え、復た納粟入監せしめらる。……丘文荘［丘濬］礼侍（礼部侍郎）を以て監事を掌り、季考には南城の羅玘を以て首と為し、曰く「此れ解元の才なり」と。之を取る者、其れ惟だ李

賓之・程克勤のみ。是の年丙午（二十二年）の京闈、果たして二公文柄を主《つかさど》る。論題は仁者《は》物と体と為る。玘は我《が》無ければ則ち天下の我《が》に非ること無きを視《み》るを以て説を立て、理は既に明暢にして、詞も亦た奇古なり。参するに前後の場倶に称うを以て、遂に首選に置かる。連《つづけて》りに第《きゅうだい》して史館に入り、文名海内に震く。是に於いて援例の士、価を増せり。(34)

と記され、『湧幢小品』巻一一・民生にも、

近日、民生納粟の一途、人之を軽んじ、在庠の士の下たること遠く甚だし。之を考うるに、羅圭峯は七たび試するも、有司録せず、貲を北雍に入れ、解元・会元に中れり。人自立を顧る。豈に小試に在りての利不利、俗人の眼孔浅ければ、之を以て分別せるは笑うべけんや。……(35)

とある。『湧幢小品』の記述はさらに黄汝成『日知録集釈』(36)に引用されているほどであるから、当時としてはよほど著名な出来事だったに相違ない。ただ同じ第二甲の合格でも、羅玘が、それ以前の成化五年に進士となった張璲よりも注目された理由については、よくわからない。

ところで、右の『万暦野獲編』の記述は続けて、同じ合格例として項徳楨・呉正志・汪以時の三人を挙げた(37)後に、

其の他の知るに及ばざる者、必ず尚多きなり。(38)

と、ほかにも多くの合格者があったことを示唆している。しかし捐納という手段は名誉なことではなく、むしろ恥ずべき行為だったので、墓志銘などに記されることは稀である。したがって捐納監生であった人物の姓名を知ることは容易でないけれども、管見の限りでは、以上の諸書のほかに王圻『続文献通考』(39)にも見出すことができた。それらに記された合格者を『明清歴科進士題名碑録』及び地方志の記載をも参考にして整理してみると、［表］のようになる。

この［表］は、もちろん全ての合格者を網羅してはいないが、特徴として出身地（本籍）にかたよりが見受けられ

表　捐納監生の科挙合格例

姓名	本籍	郷試	会試	殿試	明史
成信	陝西・鳳翔府岐山県	合格			
張璲	山西・平陽府安邑県			第二甲（成化五年）	
熊応周	四川	順天府郷試合格（成化七年）			
邵智	〃	〃			
周彜	〃	〃			
羅玘	江西・建昌府南城県	順天府郷試解元（成化二二年）	会元（成化二三年）	第二甲（成化二三年）	286
周光宙	?	〃　〃（正徳一一年）			
馬一龍	南直隷・応天府溧陽県	〃　〃（嘉靖七年）			
馬従謙	〃　〃　〃	〃　〃（嘉靖一〇年）		第二甲（嘉靖一四年）	209
沈紹慶	〃　蘇州府崑山県	〃　〃（嘉靖二二年）		第三甲（嘉靖二九年）	
曹大章	〃　鎮江府金壇県		会元（嘉靖三二年）	榜眼（嘉靖三二年）	
范応期	浙江・湖州府烏程県			状元（嘉靖四四年）	
荘允中	南直隷・松江府華亭県	順天府郷試解元（隆慶元年）			
高洪謨	〃　〃　上海県	〃　〃（万暦一〇年）			
唐文献	〃・〃　華亭県			状元（万暦一四年）	216
項徳楨	浙江・嘉興府秀水県			第三甲（万暦一四年）	
王衡	南直隷・蘇州府太倉州	解元（万暦一六年）	第二（万暦二九年）	榜眼（万暦二九年）	218
呉正志	〃　常州府宜興県			第二甲（万暦一七年）	
汪以時	〃　徽州府婺源県			第三甲（万暦一七年）	
徐光啓	〃　松江府上海県	順天府郷試解元（万暦二五年）		第三甲（万暦三二年）	251

る。つまり、不明の周光宙を除くと、南直隷十一人（うち松江府四人、蘇州・応天府各二人）、四川三人、浙江二人、江西・山西・陝西各一人で、特に長江下流デルタを中心とする地域に多く、しかも郷試のみならず、会試や殿試に首席・次席で合格する学力の保持者が含まれていたのである。かかる背景としては、生産力の高さから、それらの地域に富裕な家が数多く存在する点、かつそれに関連して伝統的な学問の先進地帯である点が想定でき、したがって優秀な生員等を輩出する家が多かったということになろう。

それはともかくとして、第一節で示したように、捐納監生は軽視されていた。けれども〔表〕の合格例からわかるように、彼らの中には郷試・会試あるいは殿試に上位の成績で合格する者もいたのであり、科貢生に比べて学力・資質が劣るとは即断できない。とは言え、諸書に合格例が記されているのはむしろ希有な出来事ゆえと思われ、捐納監生全体から見ると僅少であったことも、やはり否めない。

おわりに

景泰年間以降、国子監には捐納による入監者も在学することになったが、本章では、この捐納監生に関する研究の一つとして、資質に検討を加えた。その結果、科貢生に比べて劣ると考えられていた捐納監生ではあるが、彼らの中には羅玘をはじめとする科挙合格者もおり、劣悪とは即断し得ないことが判明した。

ところで、官僚となってからはどうだったであろうか。〔表〕に示した中より羅玘・馬従謙・唐文献・王衡・徐光啓の列伝（『明史』）を見る限りでは、捐納監生ゆえの遜色はうかがわれない。科挙に合格して官僚となった場合、かつて捐納の途を歩んだか否かで大差はなかったのではあるまいか。そもそも〔表〕以外にも捐納監生から任用された者はいたはずであり、そのことをも考えあわせると、捐納であったがゆえに劣悪とする判断はやはり早計と思われる。

註

（1）筆者は先に明代の捐納入監について小論を発表したが、発表当時この分野の研究は少なかったため、実施状況を概観するにとどまった。「捐納入監概観」（本書・第八章）。

（2）「捐納入監概観」（前掲）と同様、本章でも納貢（生員の場合）と例監（庶民の場合）との区別はせず、両者を捐納監生と一括する。また徭役免除の特権を賦与されない階層を庶民とする。

（3）許大齢氏は「清代捐納制度」（原載一九五〇年、『明清史論集』所収、北京大学出版社、二〇〇〇年）の緒論で、反対意見の中で指摘された理由を簡潔に次の四点にまとめている。①捐納監生には貪欲な者が多く、官僚として適切な人材を得られないため、民が害を受けることが多い。②監生数が官缺の数に比べて過多となり、人材が淹滞する。③国家による人材育成の地である国子監の入学に捐納が用いられると、世の中では財力が大きいことを基準として賢と見做すようになり、士風が敗壊していく。④捐納者が競って国子監に赴いたり、愚鈍な者が正規の入監者とともに習業したりするのは、盛世のことではない。

（4）谷光隆「明代監生の研究――仕官の一方途について――㈠㈡」（『史学雑誌』七三―四・六、一九六四年）参照。

（5）谷光隆「明代銓政史序説」（『東洋史研究』二三―二、一九六四年）参照。

（6）何良俊『四友斎叢説』巻一〇・史六（後出。本章第二節）。

（7）歳貢生員制度については、五十嵐正一「明代における国子生の生活について」（原載一九五六年。『中国近世教育史の研究』再録、国書刊行会、一九七九年）、谷「明代監生の研究」（前掲）、松本隆晴「洪武学制改革の政治的意図」（『史観』一〇一、一九七九年）。

（8）沈徳符『万暦野獲編』巻一五・科場・納粟民生高第、
景泰以後、胄監始有納馬之例、既改為輸粟。初不過青衿援例耳、既而白身亦許加倍輸納、名曰俊秀子弟。于是辟雍遂被銅臭之目、且其人所冀、不過一命為栄、無有留意帖括者。于是士子叱為異類、居家則官長凌忽之、與斉民不甚別矣。

(9) 張萱『西園聞見録』巻四五・礼部四・国学・前言、
袁表曰、……納監之例、濫觴於景泰、漏卮於今日。縉紳之子、與商賈同伍、例行挙貢、一例挨選、彝倫遂為銭虜交易之地。

(10) 何良俊『四友斎叢説』巻一〇・史六、
景泰元年、詔以辺圉孔棘、凡生員納粟上馬者許入監、限千人而止。然不與饌饘、人甚軽之。

(11) 朱国禎『湧幢小品』巻一一・民生、
近日民生納粟一途、人軽之、在庠士下遠甚。……

(12) 『英宗実録』巻三四五・天順六年十月甲申の条、
今国子監、……其陝西納馬監生、先該礼部奏「其進学日浅、経書未習、礼度未知、……」……

(13) 『憲宗実録』巻一四六・成化十一年十月丙申の条、
……而各学生員、近有納粟実辺得入監者、一千五百餘人。況有未経食廩、臨時寄名冒籍者、率多幼稚、……

(14) 戴金『皇明条法事類纂』不分巻「十八歳以下納粟依親監生復学肄業、聴提学官考校」、
南京吏部等衙門尚書等官陳俊等題内一件、各処府州県学廩膳生員、近年救荒、許納米銀入監出身、中間多有白丁銭虜、或在学無成、或入学未久、或臨時冒報、有司急於応令起送、不服詳審。似此生徒学業未成、礼義未明、僥倖入監、束書計日。……

(15) 馬文升「災異陳言疏」(『皇明名臣経済録』巻一八)、
迨至天順年間、……又許生員納馬入監読書、其納馬之数、又有七千餘名。以後四川・陝西地方荒歉、軍民缺食乏糧賑済、守臣具奏、生員上粮、亦許入監、通前共有数万、中間多係幼男。……

(16) 『武宗実録』巻六〇・正徳五年二月戊戌の条、
国学納銀監生、年少者多、此輩他日多選為州県親民之官、未及学問、何以勝任。……

(17)『憲宗実録』巻九四・成化七年八月丙午の条、
　一、納馬納粟入監監生、中間有年纔十三・四、句読未知者、……
(18)同書・巻二六三・成化二十一年三月甲辰の条、
　……其年十三・四或十六・七、則倶行各処提調学校官、収入本学肄業、満十年乃復監。
(19)このことは、次の上奏よりうかがわれる。景泰二年（一四五一）九月己酉、礼科給事中李春らの上奏、
　永楽年間、各処生員、惟以食粮在先者充貢、今或以食粮多者充貢。……（『英宗実録』巻二〇八）
天順初年、歳貢についての給事中何琮の上奏、
　歳貢之設、……近来但取食糧年深者貢之、苟資次該貢、雖残疾衰老昏昧鄙猥者、一槩起送、……（『国朝典彙』巻八四・貢士）
成化三年（一四六七）三月十七日、裁可された礼部尚書姚夔の題奏、
　一、各処歳貢生員、以廩膳食粮故多者起送。……（『皇明条法事類纂』巻八・吏部類・貢挙非其人「脩明学政例」）
弘治元年（一四八八）十二月丁酉、礼科給事中王綸の上奏、
　謂、各処歳貢生員、倶以食粮年深、輪充取之、既不精。……（『孝宗実録』巻二一）
(20)章懋「国子監革弊事宜」（『皇明名臣経済録』巻二六）、弘治十七年閏四月壬午（二十二日）の上奏、
　本監歳貢諸生、先在各処府州県学、為附学、為増広、亦既有年、然後得廩。其廩膳必二十餘年或三十年、而後得貢。迨貢入国学、遠者十餘年、近亦三五年、而後撥歴。又歴事一年而掛選。通計前後年数、已五六十歳。……
(21)選貢は、歳貢の不備を補うために、弘治年間に南京国子監祭酒章懋の建議で実施されたのが最初である（『明史』巻六九・選挙志一）。章懋の上奏は『国朝典彙』巻八四・貢士の同十七年三月の項を参照。『実録』は記載なし。
(22)全体は撥歴の序次をめぐっての論争である。谷「明代監生の研究㈠」（前掲）を参照。
(23)『憲宗実録』巻一四六・成化十一月十月丙申の条、
　国子監生三百六十一人奏、臣等皆発身科貢、循次入監。而各学生員、近有納粟実辺得入監者、一千五百餘人。況有未経

食廩、臨時寄名冒籍者、率多幼稚、……

（24）同右、

於是、納粟生二百一十二人亦奏、以為臣等皆出自学校、亦有曾経科挙者。朝廷以辺儲缺用、下輸粟入監之例、初不以年歯長幼論也。

（25）前註（12）。

（26）戴金『皇明条法事類纂』不分巻「十八歳以下納粟依親監生復学肄業、聴提学官考校」、

……似此生徒学業未成、礼義未明、僥倖入監、束書計日。

（27）厳密に言えば、本文で引用した捐納監生に対する評価は、おおむね正徳以前、すなわち生員にのみ捐納入監が許可されていた時期のものである。庶民にも許可された、遅くとも嘉靖中期以後については、ここでは提示し得ないが、正徳以前の評価がさらに低下したことには間違いあるまい。

（28）『皇明条法事類纂』巻八・吏部類・貢挙非其人「納粟等項監生、坐堂十年撥歴、若有郷試中式、許通計前先坐監年月、依歳貢等項監生坐堂事例、挨次撥歴例」、

……天順七年十月初十日、奉本部（吏部）送准兵部咨、該通政使司連状、送拠成信告、係陝西岐山県儒学廩膳生員、天順五年十一月内、遇例備馬七匹、赴参賛軍務兵部右侍郎白某処納訖、未曾起程。就応天順六年郷試中式、会試下弟、将（成）信送監読書。……

（29）同右、

……及査、成化七年二月初二日、送本部（吏部）准戸部咨、該通政使司連状、送拠熊応周・邵智・周彝等告、係四川等布政司重慶等府栄昌等県人、各由府県儒学廩膳生員、成化二年、遇例納米、各蒙起送入監、倶応成化七年順天郷試中式。……

（30）『四友斎叢説』巻一〇・史六、

成化己丑、進士安邑張璲当在首甲、以援例抑置二甲第一。

また［補記］も参照。

(31)『万暦野獲編』巻一五・科場・納粟民生高第、

惟成化丙午、羅文肅圭峰累試、有司不録、遂以俊秀入貲、挙順天解元。次年、登進士、為庶常、顕重于詞林、其年且踰不惑久矣。于是士人始有刮目此輩者。

(32)生員であったことは、費宏「南京吏部右侍郎贈礼部尚書謚文肅圭峰先生羅公玘墓誌銘」(『国朝献徴録』巻二七)、『明史』巻二八六・羅玘伝から確認できる。

(33)万暦『大明会典』巻五・吏部四・選官、

凡進士選除、洪武間定、第一甲第一名、除翰林院修撰、第二・第三名、除編修。

(34)『四友斎叢説』巻一〇・史六、

成化甲辰、山西・陝西大飢、復令納粟入監、……丘文荘以礼侍掌監事、季考以南城羅玘為首、曰、此解元才也。取之者其惟李賓之程克勤乎。是年丙午、京闈果二公主文柄、論題仁者與物為体、玘以無我則視天下無非我立説、理既明暢、詞亦奇古、参以前後場俱称、遂置首選、連第入史舘、文名震海内。於是援例之士増価矣。

(35)『湧幢小品』巻一一・民生、

近日民生納粟一途、人軽之、在庠士下遠甚。考之羅圭峯七試、有司不録、入貲北雍、中解元・会元。人顧自立、豈在小試利不利、而俗人眼孔浅、以此分別、可笑。……

(36)巻一七・生員額数の趙氏註。

(37)『万暦野獲編』巻一五・科場・納粟民生高第、

……以余所知、近年則同邑項元池名徳楨、亦厄于里試、入北畿、試乙酉(万暦十三年)第三名、丙戌(同十四年)進士高第、経芸為時所式、今為参議。己丑(同十七年)科呉徹如名正志、以乃翁赴任不及試、命入南監、即聯捷為郎、建言今年以光禄丞召入矣。是年又有徽州人汪以時者、年五十餘、尚為儒童而酷貧、其親友哀之、為納銀游北監、亦連挙郷会為御史、今已陞冏卿。

（38）同右、
其他不及知者、必尚多也。

（39）巻五〇・選挙考・貲選「貲選登巍科姓名」。同項では洪武年間に任亨泰と許観が記されているが、この二人は捐納入監者ではない。

［補記］

本章のもとになった論文は「捐納監生の資質について」（『歴史』第六八輯、東北史学会、一九八七年）である。

伍躍『中国の捐納制度と社会』第一章「明代と例監と納貢」（京都大学学術出版会、二〇一一年）六二〜六三頁で、本章で取り上げた捐納監生の羅玘について詳しく述べられている。また、本章の「はじめに」ほかで取り上げた張璲なる人物について、『成化五年進士登科録』では「河東運司学生」とあり、よって彼が捐納により獲得した身分は監生か生員かを調べる必要があるとする（同書七五〜七六頁、註（77））。これについては検討を続けたい。

第十章　監生の回籍

はじめに

筆者は第八章で捐納入監《えんのう》に検討を加えたが、実施状況を概観するにとどまった。しかし、創始当初の景泰年間には臨時措置としての性格が強く、実施の回数・期間も僅かであったが、十六世紀前半（正徳・嘉靖）以後には常に実施される傾向が強まっていった、という点は明らかにした。

さて、筆者が捐納入監に着目するのは、いわゆる「郷紳」形成の解明に一つの手掛かりが得られるであろうと考えているからである。「郷紳」の存在が政治的・社会的に注目されるようになるのは、明代中期、十六世紀後半以降のことで、我が国の明清時代史研究でもこの点が着目され、「郷紳的土地所有」或は「郷紳支配」という概念を設定して、この時代の史的構造をとらえる試みもなされている。(1) しかし、そのような諸研究では、例えば寺田隆信氏が指摘するように、(2)「郷紳」の概念規定に言及されることは殆どなく、従って用いられる概念は共通の理解を欠いており、さらには「郷紳」を生みだした科挙或は学校制度からのアプローチも欠如している。かかる不備を指摘する寺田氏は「郷紳」を生員以上ととらえ、その存在が注目されるようになるのは人数増加にも関連がある。明一代を通じて科挙合格者（進士）の数には目立った変化がないのに比べ、学校（国子監及び府州県学）から誕生した監生・生員の数は特に中期以降に急増しており、これが一因だとする。氏の主張は実証に基づいたものではないけれども、これまでの研究の中、その成立の契機として強調されてきた徭役免除の特権に鑑みただけでも、主張は妥当なように思われる。特権を有する監生・生員の増加は、土地の投献・詭寄などの風潮を助長したのではないかと推測されるからである。

他方、この「郷紳」に関連して、呉金成氏が学位所持者と官職経験者を包括する概念として「紳士」という語を用い、明代さらには清代の史的構造をとらえようと試みた。著書『中国近世社会経済史研究――明代紳士層의形成과社会経済的役割――』(3)で、十五世紀中葉以降「紳士」という一つの階層が台頭したことを、出現の制度的背景と具体的事例としての水利工事への介入との二つの観点から論じたのである。同書の内容は多岐にわたるが、本章で課題とする監生に限ると、次の見解はおおよそ妥当であろう。すなわち、十五世紀中葉以降、政治や官缺の安定に伴う入官の機会の相対的減少と例監生（捐納監生）の出現による総数激増のため、その資格のみでの入官が極めて困難となった。その結果、大多数の監生は郷村に定着せざるを得なくなった、という点である。

周知のように、監生は入監→習業→積分または歴事→聴選→選考・任用という過程を経て官僚になったが、本来それら一切を国子監内に留まって行うことが義務付けられていた。にもかかわらず郷村に定着した理由は、給仮と依親による回籍（本籍地に回ること。帰郷）にある。谷光隆氏は「明代監生の研究――仕官の一方途――」(4)の中で、景泰・天順年間以降これらの措置によって回籍する者が増加し、成化・弘治年間には南京国子監の在籍監生の七〇％にも達していたことを明らかにした。「郷紳」か「紳士」かという概念の違いはあるが、ともに、これを踏まえたものである。

ところが監生といってもその待遇は必ずしも同一ではなく、むしろ正途たる科貢生（挙人監生・歳貢生）とそれ以外の雑途とでは大きく異なっていた。これについては前章で触れたところがあるが、回籍もその一例である。谷氏の右論文でもこの点に注意は払われているが、十分とは言えない。そこで本章では、氏の成果に依拠し、科貢生と雑途の大半を占める捐納監生(5)との相違に留意して、この回籍の問題に制度的側面から再度検討を加え、「郷紳」もしくは

「紳士」形成の解明の一助としたい。

第一節　正統期の監生

監生は本来入監から就官まで国子監内に留まることになっていたが、実際はどうだったのであろうか。その実例を見ておこう。

正統十年（一四四五）二月、副榜挙人となった彭時は、大部分の会試不合格者が選ぶように教職には就かず、北京国子監に入学したのだが(6)、その時の様子を次のように記している。

> 是の時、古廉李先生時勉は祭酒為り、趙先生俶は司業為り。李先生は衆に教うるに正大なり、意を極めて人才を造就す。初め至らば坐堂せしめられ、一月の後、乃ち廂房に散処し、格致誠正の四号の号房中に列す。家室有る者は外に居り、晨《あした》に饌堂に入りて読書す。倶に朔望には堂に升る(7)。（『彭文憲公筆記』巻上）

これによると、監生の中には妻子のある者もいたが、その者たちは宿舎内に寝泊まりせず、夕方には自宅に帰り、翌朝に戻って来て勉学に励んでいたことがわかる。つまり会食肄業の規定は乱れていたのである。しかし「倶に朔望には堂に升る」とあることから、毎月一日と十五日の釈菜の礼(8)だけは依然として行われていた。

彭時が入監した時の祭酒は李時勉であった。右につづく部分には彼の指導法が記されているが、その内容を意訳すると、おおよそ次の通りである(9)。

> 格致誠正の号房では暇を見つけて勉学に励むことが尤も切である。夜の読書は十二時近くまで行われた。夜が明けると、膳夫が鈴を手に提げ、号の門ごとに起床して読書するよう促した。時には李時勉自らこっそりと出かけ

ていって勤惰の状況を観察したりもした。また、夜に灯のついていない者を見つけると暗記を命じ、さらに無灯は処罰することを明示した。それ以後、灯光が明け方までつき、書を読む声は絶えず、学ぶ者は感激して、競って勉学に努めるようになった。

このように監生に対して勉学を厳命した李時勉ではあるが、翌日への影響を考えて夜十二時過ぎの読書は良しとしなかった[10]。この書の筆者彭時は李時勉と同郷（江西省吉安府安福県）であるから[11]、特に右の記述は割り引いて理解しなければならない。しかし、夜遅くまで監生が勉学に励んでいた様子はうかがわれるのではなかろうか。

また、丘濬は「設学校以立教五」（『名臣経済録』巻二六）の中で、所定の成績を収めた者に就官の資格を賦与する積分に代わって、諸衙門に赴いて政務などを担当する歴事が出身法として行われるようになったこと[12]を述べたのち、次のように記している。

> 方に其の学校に在る時、毎月の中、会講・背書は、皆定日有り、毎季一たび試し、惟だ高下を第し、以て激勧の方と為すのみにして、出身に於いて関預する所無し。又内外の諸司に輪差し、其れをして政事を習わしめ、半年にして学に回り、昼は則ち事に各司に趣き、夕は則ち宿に斎舎に帰り、之を優游するに歳月を以てし、之を琢磨するに義理を以てし、之を約束するに規法を以てし、学校に廩食せば則ち其れをして経史を習わしめ、各司に歴事せば則ち其れをして政法を習わしめ、大比の科に遇わば、其の試に就くを許す。其れ教法為るや、本末兼挙すと謂うべし[13]。

これによると、監生は所定の会講（学官の講解）及び背書（背誦暗記）を履修し、季ごとに試験を受ける。しかし、就官の資格はそうした学習の成績によるのではなく（出身に於いて関預する所無し）、各衙門に赴いて従事する政務などの終了によって与えられた（歴事出身の法。右の例では半年で終了）のである。この場合、昼間はその仕事を行うが、夜には宿舎に帰って来る。これは規定に従ったものである。このほか科挙（郷試）の年になると、もちろんその受験をも許可されている。丘濬はこうした状況を本と末、すなわち学力と事務担当能力が兼ね行われている、と賞賛する。[14]

このように、彭時の記述によると、妻子を有する監生は必ずしも監内に居住していなかったが、早朝から夜遅くまで勉学に励んでいた様子はうかがわれる。また丘濬によると、歴事のために各衙門に出向いた場合でも、夜には監内に戻ってくるという。したがって以上の二例からは、明初規定の監規が厳格に守られてはいなかったにしろ、正統末年頃の国子監教育はさほど乱れていなかったように見受けられる。しかしながら実情は若干異なっていたようである。すなわち、不正に回籍する監生が増えつつあったのである。給仮による回籍者も洪武以来少なくなかったが、とりわけ依親が命ぜられてからその数は増大した。以下、この点について論じていきたい。

第二節　給仮による回籍

給仮とは省親（父母の安否を尋ねること）・丁憂（父母の喪に遭うこと）・畢姻（婚礼）などの場合に一定の期間休暇を給わって回籍し、家事を処理することで、明代では監生にも官僚と同じく規定があった。しかし、早くも洪武年間（一三六八〜九八）の後半に於いて、復監の期限は守られなかった。すなわち、同二十年代に父母の年齢を詐って省親のための回籍を企てた監生が少なからずおり、また同末年には期限を過ぎても復監しない回籍者が二二〇人ほどいたのである。[15]

永楽（一四〇三〜二四）の頃の様子はよくわからないが、宣徳年間（一四二六〜三五）にもやはり復監の期限が守られていなかった。元年四月癸未、行在礼部の上奏に、監生何幹ら六十二人、省親・祭祖もて限に違い、例として応に吏に充つべし。而るに各々病を患うと言ふに因り故らに緩めたり。請ふらくは姑く監に送りて肄業せしめ、以て復勘を俟たんことを。[16]（『宣宗実録』巻一六）

と見え、期限に遅れた監生が何幹はじめ六二人いるが、彼らは病気をその理由に挙げているので、しばらく入監させて事実を確認したいという。この場合の確認の結果は未詳だが、病気というのは在宅期間を延長するための一つの手段であった。正統三年（一四三八）七月、南京国子監祭酒陳敬宗の上奏に、次のようにある。

近ごろ読書に志無き者、或は給仮・下第に因りて括故し、在家延住し、限に違うこと十餘年に至る者有り、移文査催せば、則ち有司を買嘱して、公然と到らず。歴事の年月を叩算するに将に近づかんとするに至るに及び、乃めて患病の文書を捏取して来る。[17]（『南雍志』巻三・事紀三）

給仮等によって回籍した監生の中には、在宅の期間が十年以上に及ぶ者もいたことが知られる。彼らは有司を買収（買嘱）してあるから、復監の命令にも容易に応じない。しかし、就官の資格を与えられる歴事への取撥の時期が近づくと、病気であったとの証明書を偽造し、持参して復監するというのである。取撥の序次が入監年月の先後を基準とされていた（在監の期間は関係なし）から、かかる行為に及んだのであるが、これにより、病気が在宅期間を不正に延長する手段として用いられていたことがわかる。なお、この陳敬宗の上奏は歴事への取撥の序次を在監期間の長短に改定すべきと述べたもので、裁可が下っている。[18]したがって上奏自体は正統三年のものだが、それ以前も状況は同じだったであろう。

さて、宣徳元年十二月乙亥、行在礼部の上奏には、

両京の国子監生、多くは給仮もて郷に還り、経歴せる年久しきも、託故して来らず。[19]（『宣宗実録』巻二三）

とある。病気以外にどのような理由にかこつけたかは不明だが、いったん回籍するとなかなか復監しなかった。この

上奏を得た宣宗は、礼部に命じて移文させ、改めて期限を設定して復監を促した。[20] けれども効果はなく、同五年四月にはその数が九〇〇人に達したという。[21]

以上のように、給仮による回籍では既に洪武年間から復監の期限が守られておらず、宣徳年間も同様であった。また前出の陳敬宗の上奏内容から、その状況は正統年間（一四三六～四九）には、さらに深刻化していたと考えられる。監生が回籍を願った理由としては科挙合格による就官を目指したこと、逆に就官の希望を捨てたことなどが推測できよう。それらについては稿を改めることとするが、以上から監生の回籍志向は確認できる。そして、そのような状況を助長したのが依親の令であった。

第三節　依親の令

かつての国子監教育を学力と事務担当能力が兼ね行われていると賞賛した丘濬は、そのことを述べた（前述）あと、

> 近年以来、辺方事起こるの故の為に、建議せる者、京儲を存省し、以て急用に備えんと欲す。始めて依親の例を為《つく》れば、教法稍や変ず。祖宗の旧は、疆場事無く、儲蓄日に充てり。[22]（『名臣経済録』巻二六・「設学校以立教五」）

と記している。「依親の例」が開かれて以来、好ましかった状況に変化が起きたというのである。

依親とは監生を一時本籍に放回し、原学（本籍地の府州県学）に於いて勉学せしめることをいう。したがって、給仮が監生の個人的な理由に基づくのに対し、ここで取り上げる依親は政府の財政上の都合によって命ぜられるものであった。その淵源は洪武二十六年（一三九三）にある。南京国子監祭酒を勤めた陳敬宗の年譜である「澹然先生年譜」では、正統十三年（一四四八）の項に、

是の歳、鄧茂七衆を聚めて作耗せり。朝廷命じて将に出師して之を勦《ほろぼ》さんとし、糧儲を撙節（節約）するを以て、太学生を放ち原籍に回し、依親読書せる者千餘人。(23)

とあることから、鄧茂七の乱を契機に依親が命ぜられたという。ただ管見の限り、この点に関する史料を他に見いだせない。

また同年譜では、正統十四年の項に、

景泰即位し、正統を太上皇と遥尊す。一時草寇生発し、軍器を造るに民壮を起し、糧草を運ぶに百姓騒擾し、添設せらるる尚書・侍郎・都御史と内臣鎮守とは、各処愈益《ますます》寧んぜず、糧儲を撙節するを以て、太学生を放ちて原籍に回し、依親読書せる者一千餘人。是れ皆醜奄王振、此の大禍を成せばなり。(24)

とあり、翌十四年の「土木の変」勃発によっても命ぜられたことがわかる。この依親が問題化するのは、例えば『憲宗実録』巻一七七・成化十四年四月癸丑の条に、

初《かつ》て依親の例無かりしも、正統十四年に至り、京儲を存省して、始めて年浅の監生を以て、原学に放還し、依親読書せしめたり。其の放肆して恥ずる無き者、遊説干謁、為さざる所なし。(25)

とあるように、正統十四年（一四四九）以後とされている。英宗が漠北に連れ去られるという「土木の変」の勃発により、軍事費捻出の必要から命ぜられた(26)もので、復監の令が下るまでの期間、郷里在住が許可されたというのである。その対象は「年浅」、すなわち在監期間の短い監生であった。周知のように、以後もオイラート部との緊張関係は継続し、それに伴う下令の盛行で回籍する者が増加していった。

この点を確認しておけば、景泰二年（一四五一）十一月庚申、吏科給事中毛玉の疏に、

両京の国子監生は、本朝廷の儲養待用の才なるも、近ごろ辺儲未だ充たざるに因り、悉く放還依親せしめられ、

> 教官の饌米も亦た皆支を停められ、両京の弦誦をして聞ゆる無く、六館の師儒をして閑坐せしむるを致す。(27)（『英宗実録』巻二一〇）

とあり、同四年八月壬子、工科給事中徐廷章の上奏に、

> ……歳貢（の数）も亦た昔に四倍なるも、入監に及びては、即ち京儲を存省せるを以て、悉く遣して家に還らしめたり。科・貢の多きも、誠に益無きなり。(28)（同書・巻二三二）

とある。また同五年三月戊午、裁可の下った戸部左侍郎孟鑑らの上奏には、

> 京師の粮用浩大なり。山東・河南等の処、累《しき》りに災傷を報じ、軍民の餽運艱難なり。今、国子監生、二千余人を下らず、倶に給を官廩に仰げば、費用寔に繁し。乞うらくは年深き者一千人を存留して、差用を聴候せしめ、其の餘の年浅くして取撥未だ到らざる者は、□令して原籍に回還して、依親読書せしめ、次を以て行取せば、銭粮簡省し、京儲積む有るに庶幾からん。(29)（同書・巻二三九）

と、財政支出の抑制と山東・河南に於ける災害発生を理由にして、在監期間の長い（年深き）監生一〇〇〇名だけを残し、それ以外を依親せしめている。英宗復辟後の天順年間（一四五七〜六四）も同様で、元年三月己丑に、

> 令すらく、年深き監生は、数を量りて存留し、監に在りて読書し、辦事に撥せらるるを聴《ま》たしめ、其の餘の年浅き及び会試下第・副榜の挙人・歳貢の生員の初めて入監せる者は、悉く放還依親し、以て取用を俟たしめ、京儲を撙留し、以て預備と為せ。(30)（『南雍志』巻三・事紀三）

とある。北辺も治まって糧儲に余裕が生じてきたのを背景として、同四年三月に、一部の監生（天順以前に依親による回籍を命ぜられた挙人監生、同年二月の会試の副榜挙人で教職に就くのを忌避する者ならびに不合格者）に在監が認められたこともある(31)が、直ちに撤回されている。

このように、景泰・天順の頃には監生に対して依親による回籍が徹底されるようになった。ところで、回籍させるか否かの規準は在監期間の長短にあったが、その理由は恐らく当時（正統三年に南京国子監祭酒陳敬宗の上奏が裁可されて以来。前述）の歴事への取撥の序次が在監期間の長短にあったからであろう。すなわち、取撥に支障が生じないように、それにあずかる順番の早い監生（つまり在監期間の長い監生）に引き続き在監が許されたものと思われる。したがって、その対象となるのは挙人監生でも歳貢生でもよかったのである。

かかる下令の結果、回籍せしめられた監生の数は、南京国子監では景泰元年十一月に四三一人、二年十一月に六五〇人を数え、さらに四年二月には一〇〇〇人のみ在監させることとした（『南雍志』巻三・事紀三）。北京国子監でも右で述べたように、五年三月に一〇〇〇人のみの在監が命ぜられた。すなわち南北国子監には各一〇〇〇人が在監していたはずである。天順年間にも同様で、四年三月己丑、北京国子監祭酒劉益らの上奏に、

宣徳・正統より以前、凡そ科貢生員は、倶に監に在りて肄業せしも、景泰年間に至り、戸部奏して、京儲を存省せんと欲し、止だ監生千餘人のみを留め、餘は放ちて依親せしめたり。是に於いて、三十二班の学官、毎員教うる所の生徒は、二三十人に満たず、廩禄虚糜、六堂寂寥なれば、誠に祖宗の設監育才の盛意に非ざるなり。[32]（『英宗実録』巻三一三）

とあるように、三二班の各班の教官が担当する監生が二〇〜三〇人に過ぎない状況（ゆえに在監監生の数は六四〇人から九六〇人の間）に陥っていた。

さて、依親の令により回籍する監生の数が過多となり、在監者が減少しすぎると、撥歴に支障をきたすようになる。深刻化したのは成化（一四六五〜八七）後半以後で、例えば同十四年五月庚辰、南京国子監祭酒王㒜の上奏に、

監生、旧より依親の事例無きも、後、廩食を減省せるを以て、暫く放ちて依親せしめたり。当時、監に在る者、

数千を以て計えしも、今は監生の依親せるもの、及び教職・雑職に就くを告すもの、米を納めて選に入るもの、冠帯間住せる者甚だ多く、各班の坐堂せるは、数十輩に過ぎず。諸司の歴事は、毎に人に乏しきに至り、以て諸生の太学を視ること伝舎（宿屋）の如く、教条を以て餘事（他事）と為すを致す。(33)（『憲宗実録』巻一七八）

とあるほか、後出の上奏にも同様の指摘がある。かかる状況を打開するために本籍地からの復監が命ぜられた。王倎は右のような現況を述べたのち、

宜しく成化十五年より始めと為し、歳貢・挙人を分かたず、応に南監に入るべき者は、倶に留めて作養すべし。永く定例と為さん。(34)（同前）

と上奏し、裁可されている。すなわち、南京国子監に入るべき者の在監が、挙人監生、歳貢生を問わず命ぜられたのである。同様の上奏は、弘治六年（一四九三）十二月乙丑、南京国子監祭酒羅璟によっても、

坐班は人少なく、差用敷《ふ》せず。今より後、科貢の入監せる者は、倶に暫く留めて坐班せしめ、以て差用に備え、後来数多きなるを俟ちて、仍お例に照らして放回せん。……(35)（『南雍志』巻四・事紀四）

と述べられている。万暦『大明会典』巻二二〇・国子監・依親に、

弘治十二年奏し准されたるに、歳貢幷びに挙人・官生の入監せる者は、倶に留めて監に坐せしめ、暫く依親を止む。(36)

とあるから、羅璟の上奏内容自体は、同十二年には裁可されていた。

このように依親の令が景泰の頃より盛んに下された結果、成化年間後半以降、撥歴に支障が生ずるようになった。そのため在郷の科貢生を主な対象として復監の令が下されたのである。しかしながら、弘治十七年閏四月、南京国子監祭酒章懋の上奏に、

……已に南京礼部に行し、先年放回せし依親・搬取・養病・送幼子等の監生を将て、各々取回を行うも、今に至るまで監に到る者、十に一二も無し。[37]（『南雍志』巻四・事紀四）

とあるように、一旦帰省した監生は容易に復監には応じなかった。これを種類別にみると、正徳八年（一五一三）七月庚寅、北京国子監祭酒石珤の上奏に、

其の依親せる者、多くは年を限るも未だ行取に該《あた》らず、已に行取せられし者も、又多く期を過ぐるも至らず、今班に坐し糧を食するは、僅かに六百餘人。科貢は什の三四を裁《へら》し、其の間挙人尤も少なく、……[38]（『武宗実録』巻一〇二。傍線は引用者）

とあるように、科貢生はその三〇～四〇％が回籍していたが、とりわけ挙人監生の割合が高かったという。挙人監生の場合、強制入監（復監）の規定が屢々下されたが、その効果はなく、結局在郷を認可することとなった。[39]科貢生に対するかかる措置は、景泰以降、撥歴に支障が生じない範囲での回籍を認めようとするものであったように思われる。これに対し、雑途の主たる捐納監生には、少し異なった策が講じられた。

第四節　捐納監生の回籍

景泰年間になると捐納によって入監する者も出現した。その人数がまだ多くなかった時期から、すでに彼らにも回籍が命ぜられていた。天順六年（一四六二）十月甲申、戸部の上奏に引用された、陝西にて馬を納入することで監生となった者に関する礼部の上奏に、

其れ進学して日浅く、経書未だ習わず、礼度未だ知らざれば、正純（統）年間の官生の事例の如く存留し、監に

在り読書せること十年にして、挨次出身せしめん。[40]（『英宗実録』巻三四五）

とある。官生とは七品以上の官僚の子弟での入監者を指すが、彼らに対して実施された「官生の事例」というのはよくわからない。それはともかく、学問・礼度の欠如している捐納監生は十年間在監・学習させた後、出身（就官の辞令書）を与える（換言すれば十年間は就官を許可しない）べきである、と礼部が上奏したのである。そこからは、資質が劣悪とされる捐納入監者を国子監に於いて育成し、監生全体の質の低下を防止しようという意図を読み取ることができよう。礼部の上奏に見られるような捐納監生に対する評価は、明一代を通して一般的であった。それは、その方途ゆえに儒学教育を充分に受けることなく入監しており、科貢生よりも低年齢であった[41]ためである。

ところが、この礼部の上奏に対して戸部は、

査し得たるに、各生の家小（妻子）有る者には、月ごとに米九斗を支し、無き者には、月ごとに三斗を支す。若し監に在らしむること十年なれば、量を用うること数多にして、民を労して供運せしめん。欲すらくは、納馬せし監生の見《げん》に在る者を将て、尽《ことごとく》数放回し、依親読書せしむること十年、日を満たさば行取し、挨次撥用せん。出身の未だ到らざる者も、一体に放回せん。[42]（同前）

と、十年間の在監は京儲節約の趣旨に沿わないことを理由に反対し、捐納入監者は全員依親によって回籍せしめ、十年後に復監（行取）させ、撥歴すべきだと主張した。けっきょく戸部の主張が容れられ、捐納監生の質的向上を企図した礼部の意向は、当時の緊急課題であった京儲節約という財政事情の前に屈することになる。

だが右の措置は景泰・天順の頃の一時的なものと思われる。すなわち、万暦『大明会典』巻二二〇・国子監・撥歴「凡納粟等項監生」の条には、

例に照らし、坐堂せること十年にして、挨次撥歴す。[43]

とあり、定例として撥歴までの十年間の在監が義務付けられており、右の礼部の意向が容れられた形になっているからである。また、これとは別に、右の条には続けて、

其の未冠の坐監を願う者も、亦た十年を満たして、方めて復監の数と作《な》す。(44)

と記されている。二〇歳未満（未冠）の者に十年間の依親が命ぜられていたのである。これについても規定の時期は不詳である。しかし成化二十一年（一四八五）三月甲辰、捐納監生について述べた礼部の議覆に、

其の年十三・四或は十六・七なれば、則ち倶に各処の提調学校官に行し、本学に収入して肄業し、十年を満たし乃めて復監せしめん。(45)（『憲宗実録』巻二六三）

とあり、裁可されている。つまり一八歳未満の捐納監生は原学に戻して学習させ、十年後に再び国子監に入学させることになった。ところが翌二十二年五月には、

令すらく、米・銀を納めし監生、監に到りて両月ならば、原籍に放回し、増広生員に収充す。年二十以下の者は八年、二十以上の者は五年、日を満たさば行取入監し、坐班序撥せしむ。(46)（『南雍志』巻四・事紀四・成化二十二年五月の条）

とあり、捐納監生は入監後二ヶ月で本籍地の儒学の増広生とされたこと、その期間は二〇歳以上と未満とで違いがあったことがわかる。

なお、このような措置を下した理由は明言されていないが、やはり当時の一般的な捐納監生に対する評価ゆえであろう。この点、次にあげる上奏では明確である。正徳五年（一五一〇）二月戊戌、北京国子監祭酒王雲鳳の上奏に、

国学の銀を納めし監生には、年少の者多し。此の輩他日多くは選せられて州県の親民の官と為るも、未だ学問に及ばざれば、何を以て任に勝《た》えん。且つ又科貢の正途を壅滞し、而して未冠の士の諸曹に歴事せるも、亦た事体

に非ず。乞うらくは、二十四歳以下の者をして、概て原学に発して肄業せしめ、本学の生員と同に考校し、学行の成る無き者は、民と為さん。若し部に赴きて考選し、曳白并びに文理通ぜざるの者有らば、提学等の官を罪せん。[47]（『武宗実録』巻六〇）

とある。結局は吏部の議覆を経て裁可され、原学で習業させる捐納入監者の年齢が二四歳以下と明確に規定された。二四歳という規準は、成化二十年三月の詔に続けて、

尋いで令すらく、監生の年二十四歳以下の坐監を情願せる者は、其れをして自ら柴米を備え、監に寄せて読書せしめ、年二十五歳以上を扣《ひかえとど》めて、方めて糧を食し収撥せるを准す。[48]（『南雍志』巻四・事紀四）

とあり、二四歳以下の全監生に食糧を支給しないことになっていたが、この規定を緩和し、科貢生を除外したものであろう。さらに万暦『大明会典』巻二二〇・国子監・依親に、

嘉靖十四年題准すらく、納銀せし生員の年二十四歳以下の者は、本監限を定めて、放回依親し、明文もて行取せるを候《ま》ちて作養す。[49]

とあるように、嘉靖十四年（一五三五）にも同様の措置がとられている。

前述したように、捐納監生には撥歴までに十年間の在監が義務付けられていたから、仮りに二五歳で復監した場合、早くても三五歳頃になって、やっと撥歴にあずかることになる。つまり、以上の規定に従えば、捐納監生はたとえ一〇代で入監できたとしても、三〇歳代後半にならないと就官の資格が得られる歴事へ取撥されなかったのである。

なお、この捐納監生の場合も、嘉靖三十八年四月丙午、南京国子監祭酒潘晟の上奏を受けた礼部の覆議に、

其の歳貢・援例の生員、或は入監すと雖も、又た多くは依親・患病・給仮等の項を捏告して回籍し、期に依りて復班せるを行わず、以て在監の人少なく、撥歴に敷《ふ》せざるを致す。[50]（『世宗実録』巻四七一）

と見えるように、いったん回籍するとなかなか復監に応じなかったことは、科貢生と同様である。

おわりに

以上、明代に於ける監生の回籍について検討を加えた。要約すると次のようになる。

給仮によって回籍することが許されていた監生の中には、洪武以来、復監の期限を守らない者が少なからずいた。しかし、その数をさらに増大させたのは、正統末年以降に盛んに下された依親の令であった。徹底した依親の実施は歴事への取撥に支障を生ずることになったため、逆に復監の令が下された。けれども、いったん回籍した監生は容易には応じなかった。これは主として科貢生に対する措置の変遷であるが、捐納監生には独自の策も講じられていた。すなわち、若年者に定例として十年間の依親が命ぜられたほか、復監後も撥歴にあずかるまでには十年間の在監を要したのである。

ところで、明代後半に監生全体の約七〇%を占めるに至った捐納監生には、低年齢の者が多かったと考えられる。よって、右の検討で明らかにした定例に従えば、彼らの多くは回籍することになる。景泰年間以降に出現した捐納監生も本来国子監内に於いて生活するはずであったが、入監後十年間は依親が命ぜられるなどし、郷里での活動が行いやすかったことがわかるのである。換言すれば、郷里での居住が制度上保証されており、その結果、捐納監生の在郷活動が他の監生に比べて一層活発であったものと推測される。谷氏により成化・弘治年間には南京国子監の在籍監生の七〇%ほどが回籍していたことが明らかにされているが、回籍した中では捐納監生の比率が高かったであろう。

註

(1) 森正夫「日本の明清時代史研究における郷紳論について㈠㈡㈢」(原載一九七五～七六年。『森正夫明清史論集』一、再録、汲古書院、二〇〇六年)、呉金成「日本に於ける明清時代紳士層研究について」(『明代史研究』七、一九七九年)、など参照。

(2) 寺田隆信「郷紳について」(原載一九八一年。『明代郷紳の研究』再録、京都大学学術出版会、二〇〇九年)。氏は進士などの終身化が明代固有の存在である郷紳の登場につながったとしている。

(3) 一九八六年刊、一潮閣(ソウル)。同書の内容等については渡昌弘「呉金成『中国近世社会経済史研究——明代紳士層の形成と社会経済的役割——』について」(『明代史研究』一六、一九八八年)などを参照。邦訳は渡昌弘『明代社会経済史研究——紳士層の形成とその社会経済的役割——』(汲古書院、一九九〇年)。

(4) 『史学雑誌』七三—四・六、一九六四年。

(5) 本章でも納貢(生員の場合)と例監(庶民の場合)との区別はせず、両者を捐納監生と一括する。

(6) 原載の「明代監生の回籍について」(『山根幸夫教授退休記念　明代史論叢』上、二二八頁)では南京国子監としたが、北京国子監の誤り。

(7) 『彭文憲公筆記』巻上、

是時古廉李先生時勉為祭酒、趙先生俶為司業。李先生教衆正大、極意造就人才。初至令坐堂、一月後、乃散処於廂房、列格致誠正四号号房中。有家室者居外、晨入饌堂読書。倶朔望升堂。

(8) 谷「明代監生の研究」(前掲)を参照。

(9) 原文は次の通り。

其於四号閑励尤切、夜読務尽二更、時五更復令膳夫提鈴、循号門催喚起読書、或自潜以察勤惰、無灯者令人暗記、明示之責罰。自是灯光達旦、書声不絶、学者感激、競相勧勉。

(10) 『彭文憲公筆記』巻上、

且曰、三更是陰陽交代時、読書宜二更即止、不可過此時。過則次早無精神。

(11) また李時勉は、

先生多宿廂房、毎隔三五夜、必召予同郷三二人、侍坐談講。先生端坐儼然、或説郷曲旧事、或論詩文、言簡而確、婉而有味、聴者忘倦、毎至更深、乃已。（同前）

と、同郷の者に夜遅くまで、郷里の昔話や詩文について話をしてくれたという。

(12) 五十嵐正一「明代監生の履修制度」（原載一九五八年。『中国近世教育史の研究』再録、国書刊行会、一九七九年）、谷「明代監生の研究」（前掲）などを参照。

(13) 丘濬「設学校以立教五」（『名臣経済録』巻二六）、

方其在学校時、毎月之中、会講・背書、皆有定日、毎季一試、惟第高下、以為激勧之方、而於出身無所関預。又輪差於内外諸司、俾其習於政事、半年回学、昼則趣事於各司、夕則帰宿於斎舎、優游之以歳月、琢磨之以義理、約束之以規法、廩食学校則俾其習経史、歴事各司則俾其習政法、遇大比科、許其就試。其為教法、可謂本末兼挙矣。

(14) 万暦『大明会典』巻二二〇・国子監・監規に、洪武二十年の定制として、

生員於各衙門辦事者、毎晩必須回監、不許於宿歇、因而生事。

とある。

(15) 本書・第二章「明初の科挙復活と監生」を参照。

(16) 『宣宗実録』巻一六・宣徳元年四月癸未の条、

監生何幹等六十二人、省親・祭祖違限、例応充吏。而各言因患病故緩。請姑送監肄業、以俟復勘。

(17) 『南雍志』巻三・事紀三・正統三年七月の条、

近無志読書者、或因給仮・下第括故、在家延住、有違限至十餘年者、移文査催、則買嘱有司、公然不到。及至叩算歴事年月将近、乃捏取患病文書而来。

(18) 谷「明代監生の研究」（前掲）を参照。

(19) 『宣宗実録』巻二三・宣徳元年十二月乙亥の条、

両京国子監生、多給仮還郷、経歴年久、託故不来。

(20) 同右、

上曰、古云才難、諸生未及任、先負罪名、即為終身之玷。宜量地方遠近、定與限期、如再於限外不来、皆発充吏。於是、礼部定限、自移文到日為始、交阯・雲南・貴州十閲月、四川・両広九閲月、福建・陝西七閲月、山西・湖広六閲月、江西・浙江・山東・河南五閲月、両京・直隷四閲月。

(21) 『宣宗実録』巻六五・宣徳五年四月辛巳の条、

行在礼部尚書胡濙奏、監生周琮等九百人、給仮・省親還郷、違限有半年・一年之上者、貪恋郷土。

(22) 丘濬「設学校以立教五」(『名臣経済録』巻二六)、

近年以来、為辺方事起之故、建議者欲存省京儲、以備急用。始為依親之例、教法稍変。祖宗之旧、疆場無事、儲蓄日充。

(23) 蔡献臣「澹然先生年譜」正統十三年の項、

是歳、鄧茂七聚衆作耗。朝廷命将出師勦之、以樽節糧儲、放太学生回原籍、依親読書者千餘人。

(24) 蔡献臣「澹然先生年譜」正統十四年の項、

景泰即位、遥尊正統太上皇。一時草寇生発、造軍器起民壮、運糧草百姓騒擾、添設尚書・侍郎・都御史與内臣鎮守、各処愈益不寧、以樽節糧儲、放太学生回原籍、依親読書者一千餘人。是皆醜奄王振、成此大禍。

(25) 『憲宗実録』巻一七七・成化十四年四月癸丑の条、

初無依親之例、至正統十四年、存省京儲、始以年浅監生、放還原学、依親読書。其放肆無恥者、遊説干謁、靡所不為。

(26) 万暦『大明会典』巻二二〇・国子監・依親には、

正統十四年令、監生年浅者、放回原学、依親肄業、聴取復班。

とある。

(27) 『英宗実録』巻二一〇・景泰二年十一月庚申の条、

両京国子監生、本朝廷儲養待用之才、近因辺儲未充、悉放還依親、教官饌米亦皆停支、致令両京之弦誦無聞、六舘之師儒閑坐。

(28) 同書・巻二三二・景泰四年八月壬子の条、

……歳貢亦四倍於昔、及入監、即以存省京儲、悉遣還家。科貢之多、誠無益也。

(29) 同書・巻二三九・景泰五年三月戊午の条、

京師粮用浩大。山東・河南等処、累報災傷、軍民餽運艱難。今国子監生、不下二千餘人、俱仰給官廩、費用寔繁。乞存留年深者一千人、聴候差用、其餘年浅取撥未到者、□令回還原籍、依親読書、以次行取、庶幾銭粮簡省、京儲有積。

(30) 『南雍志』巻三・事紀三・天順元年三月己丑の条、

令、年深監生、量数存留、在監読書、聴撥辦事、其餘年浅及会試下第副榜挙人・歳貢生員初入監者、悉放還依親、以俟取用、撙留京儲、以為預備。

(31) 『英宗実録』巻三一三・天順四年三月己丑の条。

(32) 同右、

自宣徳・正統以前、凡科貢生員、俱在監肄業、至景泰年間、戸部奏、欲存省京儲、止留監生千餘人、餘放依親。於是、三十二班学官、毎員所教生徒、不満二三十人、廩禄虚糜、六堂寂寥、誠非祖宗設監育才之盛意也。

(33) 『憲宗実録』巻一七八・成化十四年五月庚辰の条、

監生旧無依親事例、後以減省廩食、暫放依親。当時在監者、以数千計、今監生依親、及告就教職・雑職、納米入選、冠帯間住者甚多、各班坐堂、不過数十輩。諸司歴事、毎至乏人、以致諸生視太学如伝舎、以教条為餘事。

(34) 同右、

宜自成化十五年為始、不分歳貢・挙人、応入南監者、俱留作養。永為定例。

(35) 『南雍志』巻四・事紀四・弘治六年十二月乙丑、

坐班人少、差用不敷。自今後、科貢入監者、俱暫留坐班、以備差用、俟後来数多、仍照例放回。……

(36) 万暦『大明会典』巻二二〇・国子監・依親、

弘治十二年奏准、歳貢幷挙人・官生入監者、倶留坐監、暫止依親。

(37)『南雍志』巻四・事紀四・弘治十七年閏四月の条、

……已行南京礼部、将先年放回依親・搬取・養病・送幼子等監生、各行取回、至今到監者、十無一二。

(38)『武宗実録』巻一〇二・正徳八年七月庚寅の条、

其依親者、多限年未該行取、已行取者、又多過期不至、今坐班食糧、僅六百餘人。科貢裁什之三四、其間挙人尤少、……

(39) 和田正広「明代挙人層の形成過程」(原載一九七八年。『明清官僚制の研究』再録、汲古書院、二〇〇二年)。

(40)『英宗実録』巻三四五・天順六年十月甲申の条、

其進学日浅、経書未習、礼度未知、如正純年間官生事例存留、在監読書十年、挨次出身。

(41) 渡「捐納監生の資質について」(本書・第九章)を参照。

(42)『英宗実録』巻三四五・天順六年十月甲申の条、

查得、各生有家小者、月支米九斗、無者、月支三斗。若令在監十年、用量数多、労民供運。欲将納馬監生見在者、尽数放回、依親読書十年、満日行取、挨次撥用。出身未到者、一体放回。

(43) 万暦『大明会典』巻二二〇・国子監・撥歴「凡納粟等項監生」の条、

照例坐堂十年、挨次撥歴。

(44) 同右、

其未冠願坐監者、亦満十年、方作復監之数。

(45)『憲宗実録』巻二六三・成化二十一年三月甲辰の条、

其年十三四或十六七、則倶行各処提調学校官、収入本学肄業、満十年乃復監。

(46)『南雍志』巻四・事紀四・成化二十二年五月の条、

令納米銀監生、到監両月、放回原籍、収充増広生員。年二十以下者八年、二十以上者五年、満日行取入監、坐班序撥。

（47）『武宗実録』巻六〇・正徳五年二月戊戌の条、
国学納銀監生、年少者多。此輩他日多選為州県親民之官、未及学問、何以勝任。且又壅滞科貢正途、而未冠之士歴事諸曹、亦非事体。乞令二十四歳以下者、概発原学肄業、同本学生員考校、学行無成者、為民。若赴部考選、有曳白幷文理不通者、罪提学等官。

（48）『南雍志』巻四・事紀四・成化二十年三月の条、
尋令、監生年二十四歳以下、情願坐監者、令其自備柴米、寄監読書、扣年二十五歳以上、方准食糧収撥。

（49）万暦『大明会典』巻二二〇・国子監・依親、
嘉靖十四年題准、納銀生員年二十四歳以下者、本監定限、放回依親、候明文行取作養。

（50）『世宗実録』巻四七一・嘉靖三十八年四月丙午の条、
其歳貢・援例生員、雖或入監、又多捏告依親・患病・給仮等項回籍、不行依期復班、以致在監人少、不敷撥歴。

［補記］

本章のもとになった論文は「明代監生の回籍について」（『山根幸夫教授退休記念　明代史論叢』上巻、汲古書院、一九九〇年）で、手を加えたところがある。

進士などの身分ないし資格の終身化が郷紳の登場につながったとする寺田隆信氏は、論文「郷紳について」をも収めた『明代郷紳の研究』（京都大学学術出版会、二〇〇九年）を刊行され、成立の制度的検討と事例研究を通じて「郷紳的生き方」を論じた。郷紳の内実を現職・退職官僚、進士、挙人、監生、生員とすると、郷紳の成立を考える上でも国子監の果たした役割に着目することは重要である。

第十一章　国子監入学者の一検討

はじめに

隋代に始まり清代に廃止された官吏登用制度である科挙に関して、その廃止後一〇〇年を契機に中国そして我が国でも研究が大幅に進展し、資料の編纂・刊行、著書の出版、シンポジウムの開催等が相次いでいる。従来とは異なり、とりわけ数の多さが目立つ[1]。

この科挙に関する研究では、例えば状元に関する専著があるように、最終段階の合格者つまり進士を中心に検討を加えられることが多いように見受けられる。しかし、高い競争率が示すように進士の数よりも不合格者のほうがはるかに多く、しかも進士ですら、一部の上位合格者を除いて任官に至るのは容易でなかった。不満を抱く者は少なからずいたと思われ、例えば歴代王朝には反乱を起こした者がいるが、不合格者全体からすれば極めて僅かであった。僅かであった理由の一つは、恐らく不合格者が合格できずとも納得していたからで、それも単に妥協・諦めといった心情の面にとどまるのではなく、一定の官途が開かれていたから、換言すれば、進士にならずとも任用されていたからであろう。進士合格が社会の規準として絶対的なものと信じられていた科挙社会であればこそ、合格に準ずる制度の存在が必要だった筈であり、その存在は王朝の安定に寄与していたとも考えられる[2]。この点は科挙が実施されていた何れの時代にもあてはまるが、明代にそうした役割の一翼を担ったのが国子監であった。

明代初期、洪武から永楽にかけ、国子監の業を卒えた監生が高位高官に就くことのできたことは周知の通りだが、その後、進士となることが任用の基本資格となるに及んでも、国子監は一定の役割を果たした。すなわち、明代科挙社会において南北両京に置かれ、人材の養成かつ選抜の機関であった国子監は、のちに科挙受験のための予備段階になったとされるが、科挙盛行の時期においても傍系の官途として科挙を補完する役割を果たしていた。こうした点の解明には、既に明らかにされている制度の側面にとどまらず、実際に入監した者の姿からも検討を加える必要があろう。(3)

本章では、生員および挙人が入監後いかなる動きを示したかを探ることで、この課題解明の一助にしたいと考えるが、筆者の力量からして取り上げるのは、おおよそ正統から成化までの、したがって任用の面で進士が重視されていく時期の、極めて限られた数例にとどまる。

第一節　生員での入監

洪武中期の改革により、生員が任官を目指す途としては科・貢、すなわち郷試合格と国子監入学とが確定した。この二途は正途として尊ばれたのに対し、それ以外の途は異途と称された。(4)地方儒学からの入監は主に正途のうちの歳貢によっていたが、まず、その例を挙げよう。(5)

(一)　歳貢

明代国子監は永楽以降南北に鼎立したが、歳貢の場合のみ、いわゆる北人は北京国子監に、南人は南京国子監に入学する規定であった。(6)以下に挙げる歳貢に例外は見られない。

江西・饒州府鄱陽県の人姚善（洪武十一～正統六）は、

> 君、幼くして学ぶを喜び、穎悟にして儕輩より出づ。既に長じ、選せられて邑庠（県学）の弟子員と為る。学成り、貢せられて太学に入り、師を隆《とうと》び友を取り、勤励して懈《おこた》らず。四明の陳先生〔陳敬宗〕、時に司業為り、特に之を器重す。六舘の士も、亦た多く其の賢に譲る。宣徳癸丑（八年）山東道監察御史に擢拝せられ、敬恭夙夜、以て其の職を脩む。(7)（王直「御史姚君墓表」）

と、歳貢によって南京国子監に入学し、陳敬宗にも一目置かれ、宣徳八年に五六歳で監察御史に任用された。歴事終了により任用資格を得たものであろう。陳敬宗は同元年より司業であったから(8)、姚善は五〇歳前後で入監したことになる。

姚善の歳貢入監の契機は数回に及ぶ郷試不合格であったが、こうした例は他にも見られる。南直隷・蘇州府呉県の人王琬（永楽十八～弘治十六）は、

> 正統の間、有司、県学の生員を選ばんとするに、里中の子弟は皆な走匿せしも、公、独り入学を請えり。時に年二十一なり。自ら学後《おく》るるを以て、時に流輩に及ばざるを耻じ、感憤奮発し、其れ刻苦し、人の及ぶ能はざる所の者有り。屢々郷に挙がるも偶せず、遂に貢せられて太学に入れり。之を久しくして試事し、畢りて知湖広光化県を授けらる。(9)（呉寛「封詹事府少詹事兼翰林院侍読学士前光化県知県王公墓誌銘」）

と、正統年間に二一歳で生員となったが、郷試不合格により入監し、歴事終了により知県となった。また在職中に亡くなった、南直隷・鳳陽府臨淮県の人顧震（永楽四～天順六）について、

> 少くして邑学に游び、易を治めて声有り。郷に挙げられんとするも累《しき》りに詘《しりぞ》けられ、竟に貢を以て冑監に入れり。之を久しくして石屛知州を授けらる。(10)（呉寛「明故奉議大夫順天府治中顧公墓表」）

とあるのも、そうした例である。蘇州府呉県の人黄篪（正統七～弘治十三）も同様に、

幼くして郡校（府学）に入り、予（呉寛）に従いて学ぶ。故解元賀君其栄・今僉都御史陳君玉汝と講習を同にす。累りに郷挙に応ぜしも偶せず、乃ち貢せられて南雍に入れり。之を久しくして留務を歴試し、選を俟ちて家居せること又た数年、常に自ら其れ衰え、久しく仕うるを得ざるを嘆く。(11)（呉寛「黄和仲墓誌銘」）

とあり、不合格で入監し、歴事を終了して任用を待っていた。なお右文中に見える賀其栄は賀恩（後出）で、成化四年の解元であった。

浙江・金華府浦江県の人鄭璽（宣徳十～成化二十二）は、

鄭氏は世々義門と称せられ、家範甚だ整然たるも亦た久し。君少くして県学に入り、弟子と為り、能く礼度を失わず、義門の子弟と称せらる。累《しき》りに郷に試せしも偶せず、歳貢の例に循いて、南京国学に入れり。祭酒より下、其の出る所を知り、皆な之を優待せるも、君も亦た自重せり。(12)（呉寛「明故江西上猶県知県鄭君墓表」）

とあり、また蘇州府長洲県の人謝縉（永楽十八～弘治元年）についても、

……遂に郡学の弟子員に補せられ、易を治むること甚だ勤なり。顧れば屢々郷に挙がるも、偶せず、始めて貢せられて冑監に入り、居ること数年にして安仁知県を授けらる。(13)（呉寛「江西安仁県知県致仕謝君墓表」）

とある。これらは郷試に合格できず入監した例であり、蘇州府呉県の人韓熙（永楽二一～？）について、

少くして郡学に入り、尚書を習い、諸生中に翹然《ぎょうぜん》たり。累《しき》りに郷に挙がるも偶せず、例に循いて国学に入れり。居ること数年にして始めて徳州同知を選授せらる。(14)（呉寛「山東徳州同知韓君墓誌銘」）

とあるのも同様である。ほかに常州府無錫の人張遜（宣徳八～弘治九）も、

君、少くして県学に入り、弟子と為る。年二十四にして郷挙に中り、後《のち》、五たび進士に挙せられんとするも、輒

ち中らず。始めて福建同安知県を授けらる。(15)（呉寛「明故福州府知府張君墓誌銘」）

とある。彼の場合、二四歳で挙人となったが、連続して五回会試に不合格であったとすれば、知県への任用は三七歳より後となる。

以上は何れも南人の例で、姚善を除いて入監の時期は未詳だが、その契機は郷試不合格であった。

次に陝西・西安府渭南県の人薛敬之（宣徳十～正徳三年）は、

五歳にして読書を愛し、十一にして解《よ》く文を属《つづ》り詩を賦し、稍や長じて言動は必ず古道に称《かな》い先賢に則《のっと》る。景泰丙子（七年）、籍を邑の諸生に獲、居止は端厳にして、流俗に同ぜず、郷閭驚駭し、之を称して薛道学と曰い、文を為り理を説いて華やかなり。毎に督学使者の賞鑑する所と為り、省闈に応試し、十有二次に至るも、竟に售《ごうかく》せず。成化丙戌（二年）、積廩充貢を以て太学に入る。太学生其の言論に接するや、咸嘆服するを為し、一時陳白沙と竝び称さる。是に由り名京師に動ず。(16)（馮従吾「思菴薛先生」）

と、景泰七年に二二歳で生員となったが、十二回受けても郷試に受からず、ついに成化二年に三二歳で歳貢により北京国子監に入学し、陳献章（白沙）と並び称された。ここにある明学の魁として有名な陳献章は正統十三年の副榜挙人で、入監した（後出）。なお薛敬之は結局のところ科挙に合格せず、山西・大同府下の応州知州となった。

以上は歳貢により入監し、歴事を終了して任用された例であるが、むろん進士となった場合もある。

金華府湯渓県の人胡超（洪熙元～弘治元）は、

君の兄弟は九人、少くして独り学を嗜み、県学の弟子員に補せられ、賢名有り。郷挙毎に皆な擬して挙首と為すも、顧れば屢々偶せず、遂に貢せられて南京国学に入れり。成化戊子（四年）応天府に試し、竟に高薦に登り、壬辰（八年）進士第に擢せらる。工部に観政し、初めて都水主事を授けらる。(17)（呉寛「明故工部営繕清吏司員外郎致仕胡君墓表」）

と、歳貢により南京国子監に入学し、成化四年に挙人、二度目の会試等に合格して同八年に四八歳で進士となった。

江西・吉安府泰和県の人曾彦（字は士美）（洪熙元～）も同様に、

成化戊戌（十四年）の春、憲宗皇帝、臨軒策試し、進士三百五十人あり。其の第一人、進士及第を賜る、則ち泰和の曾先生士美なり。先生、早に庠序に游び、屢々有司に偶せず、貢に膺《おう》じ以て起つ。業を南雍に卒え、遂に巍科を掇《と》り、天下の士に魁たり。而して先生は年已に五十有四なり。首《はじ》め翰林脩撰を拝し、九載を満たして、南京侍読に擢せらる。[18]（倪岳「贈南京翰林院侍読学士曾先生致仕栄帰序」）

とあり、歳貢により入監した。歴事により任用資格を得ていたが、さらに勉学に励み、五四歳で進士となったものである。

ところで、以上の墓誌銘を見ると、優秀であるものの数回の郷試に不合格であったため、不本意ながら監生になったとされている。そうした書き方は墓誌銘等に一般的に見られ、定型と言っても過言ではないが、背景として歳貢が低く見られていた点が指摘できる。[19]

嘉靖以降の記述になるが、例えば嘉靖十年十二月辛卯、礼部が都御史史道の上言を覆奏した中に、

邇者《ちかごろ》、建議せるの臣、往往其の衰朽を病み、遂に痛く汰黜を加えんと欲するは、大いに祖宗が建学育才の意に非ず。一学を尽くして之より精選するは、其の年の深浅に拘らざらんと欲するに至る。夫れ是の途の設は、本より累挙不偶の士に待するを以てし、今の貢せらるる者も亦た前の場屋に鋭志せし者なり。今の鋭志せる者も亦た不偶の場屋に卒わる者有り。且つ国家の用人は、科目もて重きと為し、今は止だ少年一日の長きに拠り、遂に充貢せしめらる。是れ其の終身科目の望を阻《さえぎ》り、而して年深たる者をして永《とこし》えに出身の途を無からしむるなり。[20]（『世

宗実録』巻一三三）

と見え、これによると何度挑んでも郷試に合格できない者たちのための方途が歳貢だとされ、また万暦『（浙江）黄巖県志』巻五・人物志上・歳貢に、

論じて曰く、科貢もて士を取るは、正途にして両つながら重き者に非ずと謂うや。然して貢は尤も近古なり。国初、往往にして膴仕を儕して要津（要職）に登る者有り。迺《しか》るに其の後寖《ようや》く初意を失い、則ち貢を左《しも》とし科を右《おも》んず。士なるや斯の途より進む者、亦た率ね卑卑として之を視、建豎する所尠《すくな》し。悲しき夫《かな》。彼の端範、砥節卓然とし、名を時に顕わす者、詎ぞ其の人無からんや。(21)

とあり、正途のうちでも歳貢が軽んじられていた。ただし、嘉靖壬寅（二十一年）五月朔旦の日付がある顧応祥「湖州府学歳貢題名記」（嘉靖『湖州府志』巻一一・芸文上）に、

国家の士を取るに、進士科を重んずと雖も、復た天下の郡県学に令し、歳ごとに其の廩生の資深き者を貢し、太学に升せ、資を以て官に入れしむ。凡そ士の芸を厥の躬に拘《かかわ》り用を時に効《いた》す者は、率ね此の二途より以て進む。其の樹立せる所も、亦た甚だしくは相遠からず。厥の後、時移り勢い変わり、進士の科は愈々重んぜらるるも、歳貢の士は往往衰遅を以て自ら諉《のが》る。是に於いて衡を持す者、低昂する所無き能はず、科貢二途、遂に相懸絶せり。吁《ああ》、立法の意、顧みるに是《かく》の如きか。(22)

とあることから知られるように、これは太祖洪武帝の意図したことではなかった。おそらく歳貢を軽んずる見方は時代を下るにつれて徐々に広まったと思われるが、それに伴い墓誌銘等での書き方がこれに沿うものになっていったのであろう。

さて、生員での入監例は以上のほかにも多数あるが、

公、年十四にして郡庠に游び、六たび浙試に就くも、利あらず、冑監に入る。成化丁酉（十三年）応天郷薦を領し、後《のち》、三年にして進士に登り、工部の政を観す。[23]（林俊「故湖広按察僉事王公墓誌銘」）

と見える浙江・台州府仙居県の人王純（宣徳九～弘治八）も、浙江での郷試に六度不合格となったため国子監に入学し、成化十三年、四四歳で応天府郷試に、同十七年に進士に合格した。ただこの王純の場合、実は歳貢によるものかは明確でない。捐納による入監の可能性もあるのである。次に捐納の例を見ておこう。

（二）　捐納

捐納による入監は景泰年間に始まるが、歳貢に劣るものと考えられていたため、墓誌銘等にも記述は僅かである。挙げられる実例は多くないが、[24]山西・太原府代州の人崔震（宣徳一〇～弘治八）について、

君生まれ、魁碩にして度有り。少くして州庠に補せらるるも、父母の喪に遭い、久しく場屋に困しむ。天順甲申（八年）、例を以て辺に輸し、実に国子生と為る。成化甲辰（二十年）、吏部に試し、泰安州判官を授けらる。[25]（徐溥「泰安州判官崔君墓誌銘」）

とある。歴事終了を経て任用されたものと思われるが、彼の入監は天順八年で三〇歳、任用は成化二十年で五〇歳になっていたから、入監に捐納の手段を講じても格別に早く任用された訳でないことが知られる。

他方、南直隷（安徽）・徽州府婺源県の人葉天球（成化十六～嘉靖六）について、

……年十七、礼記を仲兄太守孟斎より授けらる。二十、提学陳公琳、選びて県学生と為す。二十七、輸粟の例を援《ひ》いて冑監に入り、祭酒藁城石公・司業竟陵魯公、皆其の材を奇とす。又た八年、果たして進士に挙げらる。[26]（呂柟「四川布政司左参政葉公天球墓志銘」）

とあり、また、

……選せられて邑の弟子員に充てられ、粟を輸して太学に入る。並に試は高等なり。癸酉（正徳八年）順天府郷試に中り、甲戌（同九年）唐皐榜進士第に登り、戸部雲南司主事を授けらる。(27)（顧璘「四川参政葉公墓碑」）

とある。弘治十二年に二〇歳で県学生員となり、正徳元年、二七歳のとき捐納により北京国子監に入学した。捐納によってはいたが、祭酒石珤・司業魯鐸ともに彼の才能を高く評価しており、順天府郷試を経て、正徳九年に三五歳で進士となった。

この捐納について、皇甫涍（弘治十〜嘉靖二十五）の記した序文には、

吾観るに、豪傑の士、業を抱き以て顕を求むるも、遏《さえぎ》られて遂げざれば、則ち憤懣《ふんまん》憾悼して平らかならず。殊途異門、苟も其の芸を售るを以てするに足らば、将に毅然として之を為さん。我が国家の鬻爵の制、瀆《けが》れず濫《みだ》れざれば、生徒に命じて粟を納れて太学に入れしむ。然して魁資首族、良法を舆乱す。是に由り綺紈の子は坐食の夫を操籌し、揚揚然として俊造の地に立ち、談を為す者は捧觴す。属者《ちかごろ》両試を歴て甲乙に登る者、又た往往にして其の人有り。是れ吾謂う所の豪傑の業を抱き以て顕を求むるも、遏られて遂げざる者に非ずや。(28)（「送王尚質応詔之武昌輸粟入太学序」）

とある。年次は未詳だが、王尚質なる人物が入監する際に記したものである。捐納は決して汚れたものでなく、進路が遮られている優秀な者（豪傑の士）には勧めており、また最近では進士となる者もいる、と肯定的に述べている。こうした見方は、あるいは少なくなかったのではあるまいか。

第二節　挙人での入監

次に取り上げる挙人の国子監入学は徹底されていた訳ではないが、事例は洪武年間から見られる。[29]会試に不合格で入監する挙人の場合、次回の会試受験は可能だが、これに関して弘治『徽州府志』巻六・選挙・科第に、

（会試）下第者は、国子監に送りて肄業せしむ。期限有り、諸司に撥送して歴事せしめ、吏部の選籍［簿］に入る。再び会試を聴《ゆる》すも、累科第せずして、方めて授任す。[30]

とある。これによると歴事終了により任用資格を得たのちにも会試受験が許されており、その会試に数回不合格の場合は歴事終了の資格で任用されたという。したがって、入監した挙人も他の監生と同様に歴事を終了したのであり、会試に向けた勉学を続けるだけではなかった。この点を確認した上で、挙人のうちでも副榜挙人の場合を挙げよう。

（一）　副榜挙人

会試には不合格だが、合格に準ずる資格を与えられたのが副榜（または乙榜）挙人で、彼らには地方儒学の教官への任用の途があった。その事例は遅くとも洪武二十一年に確認できる。[31]同三十年、副榜挙人のうち三〇歳未満で希望しない者は国子監入学、そのほかは任用される規定となり、そのご建文二年ならびに宣徳五年に、二五歳以上への引き下げが命ぜられたが、必ずしも守られてはいなかった。[32]

浙江・厳州府桐廬県の人姚夔（永楽十二～成化九）は、

正統戊午（三年）、春秋を以て浙江郷試第一に挙げられ、会試は乙榜を辞して、太学に入れり。祭酒李公時勉・

司業趙公婉は一見して之を器重し、少保楊公溥は名を聞き、且つ子婿を遣わして従学せしめたり。……壬戌（正統七年）会試は第一に中り、従弟龍と倶に進士に登れば、人焉《これ》を栄耀す。(33)（「姚文敏公神道碑」）

と、正統四年に二六歳で副榜となり、教官には就かず北京国子監に入学し、同七年に二九歳で会元、のちに吏部尚書となった。右文中の李時勉は正統六年から十一年まで祭酒を勤めたが、この間に彼の指導を受けた副榜挙人には次のような人たちもいた。

浙江・厳州府淳安県の人商輅（永楽十二～成化二二）は、

宣徳十年、郷試第一名に中る。正統紀元、春官に上り、乙榜を辞して帰る。……正統七年、復た会試あり、仍お乙榜を辞す。業を太学に卒えるに、祭酒安成李忠文公に、深《はなは》だ器重せられ、隠然として台輔の望を自負し、弟子の従游せる者衆し。十年乙丑、会試・廷試倶に第一名、冠服銀帯を賜り、翰林院脩撰を授けられ、階は承務郎。(34)（王献「栄禄大夫少保吏部尚書兼謹身殿大学士贈特進光禄大夫太傅諡文毅商公行実」）

とあり、正統七年に二九歳で副榜より入監し、同十年に三二歳で進士となった。南直隷・常州府武進県の人毛玉（永楽九～景泰三）も、

君、意を承けて、研精問学し、日夕少かも懈らず。邑の庠生に補せられ、正統辛酉（六年）の郷薦に応じ、礼部に会試して乙榜を得るも、辞して太学に入り、諸生と為る。時に祭酒古廉李先生、教事を典り、後進を作興せるを以て己が任と為し、其の碩偉逸倫なる者、尤も奨抜せられ、君は其の一なり。故に一時の英俊の士、君の賢を慕い、交はる者は後《おく》るるを恐る。然して君は與に天下の士と游び、学益々富み、知慮益々遠し。……十三年戊辰、進士第に登り、部使者に充てられ、南京に取道し、母を於常に省みる。十四年己巳、今上即位し、復た詔を奉ず。江南六郡に詔諭し、帰りて兵科給事中を拝す。(35)（岳正「吏科給事中毛君行状」）

とあり、正統七年に三二歳で副榜より入監し、同十三年に三八歳で進士となった。

江西・吉安府安福県の人彭時（永楽十四～成化十一）は、

正統辛酉（六年）江右郷試に挙げられ、戊辰（正統十三年）に至り、会試の名は第三、廷試は第一、翰林修撰を授けらる。[36]（商輅「文淵閣大学士諡文憲彭公時神道碑銘」）

とあり、自著である『彭文憲公筆記』に、

是の時（正統十年）古廉李先生時勉祭酒為り、趙先生俶司業為る。李先生衆に教うるに正大なり、意を極めて人才を造就す。初め至らば坐堂せしめ、一月の後、乃ち廂房に散処し、格致誠正四号の号房に列す。中の家室有る者は外に居り、晨《あした》に饌堂に入りて読書す。[37]

とある。正統十年に三〇歳で副榜となり、北京国子監に入学して祭酒李時勉らに学び、同十三年に三三歳で状元となった。

同じく、蘇州府長洲県の人陳鑑（永楽十三～成化七）も、

正統九年、順天府郷試第二人に中り、明年、礼部は乙榜に中る。就かずして国子に入り、李忠文公の弟子と為る。文名益々起り、忠文之を奇とす。十三年、会試十八人に中り、廷試は第一甲第二人に擢せられ、翰林編修を授けらる。[38]（呉寛「前朝列大夫国子祭酒陳公墓誌銘」）

とあり、正統十年に三一歳で副榜、同十三年に三四歳で榜眼となった。

以上の姚夔・商輅・毛玉・彭時・陳鑑はいずれも南人で北京国子監に入学し、李時勉の指導を受けて進士となった人たちである。

景泰五年には、広東・瓊州府瓊山県の人丘濬（永楽十六～弘治八）も三七歳で進士となったが、

正統甲子（九年）、郷に首挙たり、主司其の五策を全て録す。両《ふた》たび礼部に試し、名は乙榜に在り、業を太学に卒えたり。祭酒蕭鎡深《はなは》だ之を器重し、之が為に延誉し、是に繇《よ》り名益々重んぜらる。景泰辛未（二年）帰るを告ぐるに、與に厚き所の者、咸贈るに詩を以てす。編修岳正、其の後必ずや大成せんと知り、序を作り以て之を送る。甲戌（景泰五年）復た礼部に試す。……廷試、魁に当るも、或は貌不揚を以て之を已め、乃ち第二甲第一に賓《お》かる。[39]（黄佐「大学士丘公濬伝」）

と、正統九年の挙人で、同十三年に北京国子監に入学していた。因みに同十二年より祭酒は蕭鎡であったため、李時勉の指導を受けることはなかった。景泰二年に副榜合格となり、辞して帰郷するが、岳正（正統十三年の進士）が序を送ったとある。

このほかに浙江・紹興府餘姚県の人毛吉（宣徳元～成化元）は、

歳甲子（正統九年）郷試に中り、再に礼部に試し、皆乙科なり、就くを屑《いさぎよし》とせず。歳甲戌（景泰五年）進士第に登り、刑部広東清吏司主事を授けらる。[40]（丘濬「毛宗吉伝」）

と、正統十年に二〇歳で副榜、景泰五年に二九歳で進士合格を果たし、南直隷・淮安府の人畢舜修（洪熙元年～？）は、

君少くして魁爽、冠を踰えて山陽儒学生に補せらる。易を学びて自ら之に慊《あきた》らず、給事（中）祝顥先生に呉従し、游びて提学御史孫鼎先生の賞識する所と為る。景泰癸酉（四年）応天府郷試に中り、礼部に上り乙科に中るも、就かず。志益々勇にして、遂に天順丁丑（元年）の進士に挙げられ、工部に観政す。[41]（程敏政「恬退老人畢君墓表」）

と、三〇歳となった景泰五年に副榜、三三歳の天順元年に進士となった。

福建・福州府長楽県の人林廷選（景泰元年～？）は、

……郡庠の弟子員に選補せられ、学益々力《つと》む。……成化丁酉（十三年）郷に挙げられ、明年礼部の会試あり、乙榜に第す。公が雅志、教職に就きて母を養わんと欲するも、所司偶ま公の姓名を遺《のこ》せり。公、之を訴うるに、主者之を慰めて曰く「子、自ら是れ甲科の器なり。茲に偶ま遺すは、殆ど天意ならん」と。公も亦た悟りて帰り、益々力を学に肆《つ》くせり。辛丑（成化十七年）進士に挙がり、蘇州府推官を授けらる。(42)（鄭岳「資政大夫南京工部尚書致仕進階資徳大夫正治上卿竹田林公行状」）

と、二九歳となった成化十四年に副榜、三二歳で進士となった。(43)副榜となるも役人が手続きを忘れたために教官に就けなかったというのは俄かに信じ難いが、ともあれ進士合格が目的であったことがわかる話である。

入学した副榜挙人は他の監生と同様に勉学に励み、歴事を終了したのであるが、右のように進士合格の例がある一方で、当然ながら不合格もあった。

前出のように、丘濬は正統九年の挙人で、景泰五年に進士に合格したが、この丘濬と交遊があった王継甫（生没年未詳）は、

継甫、年弱冠にして、即ち郷薦を領し、春官に試し、校官を得るも、就くを屑とせず、業を太学に卒えたり。再に試し又た中らず、太学に居ること之れを久しくす。尋いで舎選を以て蜀の郫県を得たり。県は卑僻にして民は貧なり。(44)（丘濬「送王継甫南帰序」）

とあり、教官に就くのを辞して入監し、歴事終了を経て任用された。

蘇州府呉江県の人呉璠（宣徳三～成化二十三）は、

甫め九歳にして、即ち邑庠の弟子員に補せられ、勤を以て自ら課し、誦習怠らず、考は輒ち前茅《ぜんぼう》（上位）に列す。景泰七年、書経を以て応天郷薦を領す。天順元年、礼部に試し、乙榜に中るも辞し、業を太学に卒えたり。八年、

選せられて英宗叡皇帝実録を書す。成化三年、実録成りて進御す。詔して宴を礼部に賜り、中書舎人を授けらる。(45)
（史鑑「故奉訓大夫工部営繕清吏司員外郎呉君行状」）

とあり、また、

幼くして県学に入り、勤敏を以て称せらる。景泰七年、応天府郷試に中る。凡そ再《ふた》たび礼部に試し、輒ち副牓に中る。会ま英宗皇帝実録を修め、書に工《たく》みなる者を選ぶに、君は選中に在り、出でて館閣に入る者なり。三年にして復た会試に当たり、君と今の汝汀州行敏〔汝訥〕とは、期するは必ず進士を以て挙げらるるなり、李文達公〔李賢〕に白すも、公は許さず。竟に実録成るを以て、中書舎人を授けらる。(46)（呉寛「明故奉訓大夫工部営繕清吏司員外郎呉君墓誌銘」）

とある。景泰七年の応天府郷試に合格し、翌天順元年の会試では副榜となり、入監した。会試には二度不合格となった後、『英宗実録』の編纂に携わった。会試を受けられないこともあったが、その完成後に中書舎人に任じられた。副榜挙人から入監したが、李賢への申し出からも分かるように、やはり進士となることを第一目標としていた。

また蘇州府呉江県の人張俌（宣徳元年～成化二年）は、

君、弱冠にして郡学に入り、即ち黜華向実を知り、卓然として諸生より出で、尚書を治む。景泰四年、応天府郷試に中る。三たび進士に挙せられんとするも、輒ち乙榜に中る。学官を得るも、輒ち辞して就かず。太学に居れば、一室を掃きて読書し、朝暮は虀塩《せいえん》（粗食）にして蕭然たり。一寒士にして、君益々自ら刻厲す。之を久しくして夏官卿掌の奏疏に従い、居ること一歳にして吏部の考に謁選す。君が才の用うべきこと、奏して南京都察院の刑を理《おさ》むること六閲月、刑に頗類無し。都御史高公、之を才ありとし、其の名を以て上す。成化二年三月、即ち南京福建道監察御史を拝す。浹辰（十二月）、将に道を取りて家に還り、母呉夫人の寿《ことほぎ》を為さんとするも、一夕暴《にわ》かに卒す。閏月乙亥なり。年四十一。[47]（呉寛「南京福建道監察御史張君墓誌銘」）

とあり、景泰四年に郷試に合格、三度めの会試不合格となった天順四年に三五歳で国子監に入学した。その後の歴事終了により、成化二年に任用されたが、急死した。また東皐の人陳愈（景泰二～？）は、

君、諱は愈、字は師韓、姓は陳。……父は希玉、母は許氏。君の生まるるは景泰辛未（二年）二月二十五日、十月に其の父を喪えり。時に許は方に二十有三歳。……成化癸卯（十九年）の郷薦に中る。志養い自ら謀り、乙科に楽しまず。既にして竟に進士たるを得ず、居るに益々貧なり。時に許の年も亦た七十なれば、則ち嘆いて曰く、宰物、我を畛域するなり、と。吏部試に就き、岳州に通判たり。[48]（林俊「承徳郎岳州府通判東皐陳君墓誌銘」）

とある。三三歳となった成化十九年の郷試合格後に副榜となり、進士をめざしたが合格できず、母親が七〇歳となったとき（弘治十一年）、四八歳で岳州府通判に就いた。

張傭や陳愈には歴事終了により任用資格を得ながらも進士を目指していた姿が見られるが、広東・広州府新会県の人陳献章（宣徳三～弘治七三）も同様であった。

本県の儒学生員より、正統十二年の郷試に応じて式に中る。正統十三年、礼部に会試し、副榜に中り、告して国子監に入り読書す。景泰二年、会試下第す。成化二年、本監、吏部文選清吏司に撥送し、歴事す。成化五年、復た会試下第し、告して原籍に回る。累《かさ》ねて虚弱自汗等の疾《やまい》に染まり、又た老母有りて朝夕侍養せば、部に赴き聴選する能はず。成化十五年以来……[49]（陳献章「乞終養疏」）

と自ら述べるように、正統十三年に二一歳で副榜から北京国子監に入学した。祭酒邢譲が彼の詩に驚いたというが、[50]三年後に受けた会試が不合格だったため、歴事に応じて任用資格を獲得した。さらに会試を受けたが不合格で帰郷し、しばらく自身の病気と老母の扶養を理由に戻らなかった。なお、副榜で入監した正統十三年から数えると、撥歴まで

の待機が十八年ほど、また成化二年に取撥で同五年には会試を受験したので、歴事は三年程度であった。

以上、副榜からの入監例を挙げた。教官への任用を忌避してのもので、入監時の年齢は二〇歳から三〇歳代前半で規定に反する者もいたが、ともあれ入監後は歴事終了により任用資格を得ながらも進士合格を目指した姿が確認できる。

（二）一般の挙人

次に、副榜以外の挙人の入監例を挙げよう。

陝西・西安府咸寧県の人楊鼎（永楽八～成化二十一）は、

> 郷試の首薦を領し、正統丙辰（元年）春官に上るも、第せず。当に北監に入るべきも、祭酒陳敬宗の学行を聞き、乃ち南監に入りて業を卒えんことを求む。……南監に入りし時、南京は夜灯を禁ぜられ、而して国学は尤も厳なり。鼎は潜《ひそ》かに小甖を具え、之に篭灯を竅して誦せり。巡者の覚ゆる所と為るも、陳〔敬宗〕は其の端慎なるを知りて之を貸《ゆる》せり[51]。（黄佐「戸部尚書楊公鼎伝」）

とあるように、宣徳十年に二六歳で挙人、翌正統元年に入監した。一般の挙人は必ずしも入監しなくともよいのであるから、以上で取り上げた生員や副榜挙人とは異なり、主体的に入監した面が強い。「北監に入るべき」とあるが、既述のように挙人の入監に南北の制限はなく何れにも入学でき、評判を聞いてか、陳敬宗のいる南監を選んだ。そして勉学に励んだ結果、正統四年に三〇歳で会元・榜眼となり、成化中には戸部尚書にも昇った。

右は北人で南京国子監に入学した例だが、次は北京国子監への入学例である

順天府通州漷県の人岳正（永楽十六～成化八）は、

……京闈の郷試に挙げられ、国子の業を卒えたり。李忠文公〔李時勉〕祭酒為り、四方の名士を簡《えら》びて講下に置けり。公と商文毅〔商輅〕・彭文憲〔彭時〕・王三原〔王恕〕諸公とは、皆焉《これ》に預る。(52)（李東陽「蒙泉公補伝」）

と、正統三年に二一歳で挙人となり、入監した。彼は北人で、祭酒李時勉の下、副榜で入監した商輅らとともに勉学に励み、同十三年に三一歳で進士となった。

広東・潮州府掲陽県の人呉裕（正統八～弘治十四）は、

公、幼くして頴悟、強学善記なり。十歳にして能く文を属《つづ》り、稍々長じては県学に入り、名、諸生中に有り。成化戊子（四年）、広東郷貢に挙げられ、明年礼部に試するも、偶せずして太学に入る。時に吏部尚書耿公司業為り、毎試輒ち称許せられ、名益々起る。四方の挙子、其の文を録し以て蔵すること多し。壬辰（成化八年）進士第に登り、甲午（同一〇年）南京戸部貴州清吏司主事を授けらる。(53)（呉寛「明故亜中大夫太僕寺卿呉公神道碑銘」）

と、成化五年に二七歳で北京国子監に入学し、司業耿裕の評価を得ており、同八年に三〇歳で進士となった。南直隷・揚州府江都県の人高済（景泰六～弘治十二）は、

……江都の学に入りて諸生と為り、秋試に赴くも、三たび利あらず、君益々務めて躬行と為す。……成化丙午（二二年）、南畿郷試第二に挙げられ、南宮に上るも、又た再び利あらず。祭酒三山林公〔林瀚〕六館に試するに、第一なり。弘治癸丑（六年）、進士に挙がり、工部虞衡主事を授けらる。(54)（程敏政「明故奉訓大夫工部屯田員外郎高君墓誌銘」）

と、郷試に三回合格しなかったが、成化二十二年に三二歳で挙人となり、そのご北京国子監に入学して祭酒林瀚より試験を受けることもあり、けっきょく弘治六年に三九歳で進士となった。また明代で最年少の状元といわれる江西・広信府の人費宏（成化四～嘉靖十四）は、

癸卯（成化十九年）、年甫め冠にして郷薦を領す。甲辰（同二十年）、春官（礼部）に試するも利あらず。業を北雍に卒えたり。時に丘文荘公〔丘濬〕祭酒為り、補菴費公〔費誾〕司業為り、皆甚だ公を重んず。公、益々力を学に肆《つ》くし、居常澹を茹《く》い服敝《やぶ》れ、経費を節縮して、購書の資と為せり。蓋し六籍より子・史にいたるまで、旁通して鉤擷せざる莫し。其の芳雋、一家言と為る。是を用て月・季試は、毎に首列に拠れり。丁未（同二十三年）、進士に挙げられ、廷試第一人と為り、翰林院修撰を授けらる。[55]（江汝璧「光禄大夫柱国少師兼太子太師吏部尚書華蓋殿大学士贈太保謚文憲費公宏行状」）

と、成化十九年の挙人で、翌年の会試に不合格で北京国子監に入学し、祭酒丘濬らに高く評価された。月試・季試で上位の成績を収めたとあるから、これらの試験が実施されていたこともわかる。なお入監は一七歳で、同二十三年に二〇歳で状元となった。

以上の呉裕・高済・費宏は何れも南人で北監へ入学し、進士となった例である。[56]

さて、右に挙げた挙人は何れも後に進士になったが、むろん既述の副榜挙人と同様、進士に合格せず歴事終了等により任用された人もいた。

蘇州府呉江県の人汝訥（宣徳八〜弘治六）は、

稍々長じて学宮の弟子員に補せらる。景泰四年、応天府の郷薦を領し、四たび礼部に試するも、皆中らず。然して其の間、業を胄監に卒え、礼部に入りて奏牘を書し、歴満ちて将に選せられんとす。会ま選せられて英宗叡皇帝実録を書す。君が試優等に在り。成化三年、実録成りて進御し、中書舎人を授けらる。[57]（史鑑「故中憲大夫江西南安府知府汝君行状」）

とあり、また、

景泰四年、県学弟子を以て郷試に中式し、屢々礼部に試するも中らず。君素より書を善くし、会ま英宗皇帝実録を修むるに、選せられて史館に入る。歳餘にして将に再び礼部試に従わんとし、期するは必ず甲科を取るなり。時に李文達公〔李賢〕総裁官為りて之を沮む。実録成り、竟に中書舎人を授けらる。(58)（呉寛「明故中順大夫江西南安府知府汝君墓誌銘」）

とあるように、景泰四年の応天府郷試に合格した挙人であった。会試には四度不合格となったが、その間に国子監の業を終え、歴事を満了して任用を待っていた。前出の副榜挙人からの入監者であった呉璠（汝訥と同郷）と同様、『英宗実録』の編纂に携わり、その完成後に中書舎人に任じられた。

蘇州府呉県の人賀恩（正統四～成化十九）は、

成化四年、郷に挙がること第一。明年、例として礼部に試するも、病を以て果たせず。後、凡そ三たび試するも、輒ち屈す。然るに其の業益々精なり、名は益々完たり、嘗《こころ》みに太学に入れり。(59)（呉寛「解元賀君墓誌銘」）

と、三〇歳となった成化四年に解元であったが、病気で翌年の会試を受験できなかった。その後、三度不合格であったために入監し、進士合格を目指して勉学を続けたが、成化十九年に四五歳で病死した。

福建・建寧府建安県の人楊士儆（宣徳八～弘治九）も、

稍々長じて郡学に游び、遂に郷貢に登り、礼部試に上るも偶せず、国学に入れり。時に邢公遜〔之〕祭酒為りて、抗顔もて士を待すも、君の試巻を閲《み》て、甚だ称賞を加え、厚礼もて之を遇せり。両《ふた》たび家艱に遭い、以て甲科を取るを得ず。(60)（呉寛「明故承務郎湖広桂陽州同知楊君墓誌銘」）

と、やはり会試不合格を契機に北京国子監に入学し、祭酒邢譲（字は遜之）の評価は高かったが、進士にはなれなかった。(61)

おわりに

以上、極めて限られた範囲ではあるが、墓誌銘等に記された入監とその後の経緯に、監生の動向を見た。最後にその姿をまとめておきたい。

明代に於いて国子監に入学するには様々な方途があったが、エリート・コースに外れるところがあるため、入学自体は必ずしも好まれたものではなかった。任官の途としては、むろん科挙合格が第一目標とされたが、誰もが合格できる訳ではなく、不本意ながら他の途を目指す者もおり、他途の一つが国子監入学であった。そのため入監の契機は、生員のうち歳貢では数回の郷試不合格であり、捐納の例は僅かであるが、高い競争率からやむを得ないとの見方があった。副榜挙人の場合は教官任用を忌避しての入監で、姚夔のように南人で北監に入学した例があるが、これは後に「南陳北李」と称されたうちの李時勉がいたためと思われる。すなわち会試合格を目指したわけだが、この点は一般の挙人ではさらに明白である。入監が任意の一般の挙人の場合、入監先を見ると、やはり「南陳北李」のうちの陳敬宗の評判を聞いて北人で南監に入学した楊鼎がいた。ただ他方、南人で北監に入学した呉裕らの例もある。

さらに一般の挙人のうち、費宏（成化四～嘉靖十四）は、既述のように成化十九年の挙人で北京国子監に入学し、祭酒丘濬らに高く評価され、同二十三年には状元となったが、彼のことを記した行状に、

初め公の春官に上るや、世父公瑄、方めて都水主事を以て出で呂梁を治するに、之に書を貽《おく》りて曰く「汝、脱《も》し下第せば、南帰する毋かれ。宜しく北監に入りて読書すべし」と。丙午（同二十二年）還り、公、之を訊ねて曰く「伯父、何を以て宏の第せざるを逆知し、而して必ずや北監に入れしめんとせしや」と。復菴笑いて曰く「此

れ爾《しか》く遠到の兆なり。蓋し吾れ嘗て夢みしは、汝の監に入りて班籖を領せるなり。籖は乃ち彭文憲公の故物なり。文憲は嘗て北監に遊び、状元に中れり。汝は第だ之のみに勉めよ」と。是に至り果して然り。人咸之を異とす。[62]

（江汝璧「光禄大夫柱国少師兼太子太師吏部尚書華蓋殿大学士贈太保謚文憲費公宏行状」）

とある。伯父の費瑄から会試不合格の場合に北監へ入学するよう助言を受けていたが、後日その理由を尋ねたところ、夢の中に国子監で学ぶ姿を見たが、それは彭時（文憲）を髣髴とさせるものであったと答えたという。[63] 彭時は前述のように江西吉安府の人で、副榜から入監して状元となった。費宏が江西広信府の人で、歳貢では南監に入るべきであったことをも想起すると、ここに見える夢に云々という表現は、北京国子監入学が状元合格の近道だととらえられていたことを示すものではあるまいか。

こうした事例が多いのかを数値で示すことはできない。しかし、例えば、少なくとも成化から弘治にかけて在監者不足を理由に北監から南監へ監生の改送が命ぜられ、費宏を高く評価した祭酒丘濬ですら、南人が北監に留まらないよう徹底した[64]ことを想起しても、挙人には会試の合格しやすさを求めて北京国子監に入学する傾向のあったことがうかがわれよう。[65]

また墓誌銘等からは、歴事を終了して任用資格を得た上で、進士合格を目指した例も確認された。これは生員、挙人、何れの入監者にも共通して見られたが、監生になったとしても歴事終了による任用のみを図ったのではなく、合格するまで郷試等を受験し続けたものである。むろん合格できずに歴事により任用された例もあるが、それは結果であった。とりわけ挙人にとって、副榜にしろ、そうでないにしろ、国子監入学は郷試に合格していない言わば格下と一緒に学修することになるのだが、それに踏み切ったのは飽くまでも進士合格を希求してのことだったのである。

このような任用を求める監生の活動には、本章で取り上げなかった撥歴をめぐる動きもある。こうした積極的な姿が監生に見られることは、国子監が単なる科挙の予備段階に成り下がっていたのではないことを示している。あるいは設立当初の目的と懸け離れるところがあったとしても、国子監が優秀な人材を吸収する機関であるのはもちろん、傍系の官途としての役割をも果たしていたと言えよう。

註

（1）明代に関する著書に限っても、中国では、陳宝良『明代儒学生員与地方社会』（中国社会科学出版社、二〇〇五年）、龔篤清『明代科挙図鑑』（岳麓書社、二〇〇七年）、陳長文『明代科挙文献研究』（山東大学出版社、二〇〇八年）、趙子富『明代学校与科挙制度研究』（第二版。北京燕山出版社、二〇〇八年）などが刊行された。研究状況を総括した郭培貴氏の『明代科挙史事編年考証』（科学出版社、二〇〇八年）によると、中国以外の研究者が以前にも増して科挙に着目するようになったほか、研究の視野や方法が広まり、例えば官僚予備軍を含む人材の地域分布とその流動性、試験の形式・規模や合格率、科挙合格者と地域社会との関わり、任官制度といった領域での成果に深まりが見られる。また「会試録」などの資料の積極的な公開・刊行により、文献の面における研究も進んだ、とある。

（2）こうした見方は近藤一成『宋代中国科挙社会の研究』（汲古書院、二〇〇九年）にも示されている。

（3）明代国子監に関する研究としては、林麗月『明代的国子監生』（台北、私立東呉大学中国学術著作奨助委員会、一九七八年）、谷光隆「明代監生の研究——仕官の一方途について——㈠㈡」（『史学雑誌』七三—四・六、一九六四年）、五十嵐正一『中国近世教育史の研究』（国書刊行会、一九七九年）ほか。

（4）例えば嘉靖『青州府志』巻九・学校・府儒学に、

三歳則大比、於山東省為郷試、毎歳一人応貢。二者並称正途。

とあり、また嘉靖『長垣県志』巻七・選挙に、

夫今之士、莫貴於科貢。反是焉出、是曰異途。

とある。

（5）繁雑になるため史料の掲示は省略したが、墓誌銘等により確認できる生没年・原籍等を加筆してある。

（6）渡昌弘「監生の増減」（本書・第四章）一一六～一一七頁。

（7）王直『抑菴文後集』巻二五「御史姚君墓表」、

君幼喜学、頴悟出儕輩。既長、選為邑庠弟子員。学成、貢入太学、隆師取友、勤励不懈。四明陳先生、時為司業、特器重之。六舘之士、亦多譲其賢。宣徳癸丑、擢拝山東道監察御史、敬恭夙夜、以脩其職。

（8）祭酒・司業は、渡昌弘「明朝監官一覧稿」（『藝』五、二〇〇八年）で整理した。

（9）呉寛『匏翁家蔵集』巻六四「封詹事府少詹事兼翰林院侍読学士前光化県知県王公墓誌銘」、

正統間、有司選県学生員、里中子弟皆走匿、公独請入学。時年二十一矣。自以学後、時耻不及流輩、感憤奮発、其刻苦、有人所不能及者。屢挙于郷不偶、遂貢入太学。久之試事、畢授知湖広光化県。

（10）同書・巻七二「明故奉議大夫順天府治中顧公墓表」、

少游邑学、治易有声。挙于郷累詘、竟以貢入冑監。久之授石屏知州。

（11）同書・巻六四「黄和仲墓誌銘」、

幼入郡校、従予学。與故解元賀君其栄・今僉都御史陳君玉汝同講習。累応郷挙不偶、乃貢入南雍。久之歴試留務、俟選家居者又数年、常自嘆其衰不得久仕。

（12）同書・巻七三「明故江西上猶県知県鄭君墓表」、

鄭氏世称義門、家範甚整然亦久矣。君少入県学、為弟子、能不失礼度、称義門子弟。累試于郷不偶、循歳貢例、入南京国学。祭酒而下、知其所出、皆優待之、而君亦自重。

（13）同書・巻七二「江西安仁県知県致仕謝君墓表」、

……遂補郡学弟子員、治易甚勤。顧屢挙于郷、不偶、始貢入冑監、居数年授安仁知県。

（14）同書・巻六三「山東徳州同知韓君墓誌銘」、

少入郡学、習尚書、翹然諸生中。累挙于郷不偶、循例入国学。居数年始選授徳州同知。

(15) 同書・巻六三「明故福州府知府張君墓誌銘」、
君少入県学、為弟子。年二十四中郷挙、後五挙進士、輒不中。始授福建同安知県。

(16) 馮従吾『馮少墟集』巻二〇・関学編「思菴薛先生」、
五歳、愛読書、十一、解属文賦詩、稍長言動必称古道則先賢。景泰丙子、獲籍邑諸生、居止端厳、不同流俗、郷閭驚駭、称之曰薛道学、為文説理而華。毎為督学使者所賞鑑、応試省闈、至十有二次、竟不售。成化丙戌、以積廩充貢入太学。太学生接其言論、咸為嘆服、一時與陳白沙竝称。由是名動京師。

(17) 呉寛『匏翁家蔵集』巻七三「明故工部営繕清吏司員外郎致仕胡君墓表」、
君兄弟九人、少独嗜学、補県学弟子員、有賢名。毎郷挙皆擬為挙首、顧屢不偶、遂貢入南京国学。成化戊子、試于応天府、竟登高薦、壬辰擢進士第。観政工部、初授都水主事。

(18) 倪岳『青谿漫稿』巻一九「贈南京翰林院侍読学士曾先生致仕栄帰序」、
成化戊戌之春、憲宗皇帝臨軒策試、進士三百五十人。其第一人、賜進士及第、則泰和曾先生士美也。先生早游庠序、屢弗偶于有司、膺貢以起。卒業南雍、遂掇巍科、魁天下士。而先生年已五十有四矣。首拝翰林脩撰、満九載、擢南京侍読。

(19) 渡昌弘「明代附学生の郷試受験と歳貢に関する一検討」(『歴史研究』四九、二〇〇三年)三五～三七頁。

(20) 『世宗実録』巻一三三・嘉靖十年十二月辛卯の条、
邇者、建議之臣、往往病其衰朽、遂欲痛加汰黜、大非祖宗建学育才之意。至欲尽一学精選之、不拘其年之深浅。夫是途之設、本以待累挙不偶之士、今之貢者、亦前之鋭志場屋者也。今之鋭志者、亦有卒於不偶場屋者也。且国家用人、科目為重、今止拠少年一日之長、遂令充貢。是阻其終身科目之望、而使年深者、永無出身之途矣。

(21) 万暦『黄巖県志』巻五・人物志上・歳貢、
論曰、科貢取士、謂非正途而両重者哉。然貢尤近古。國初往往有膺膴仕登要津者。迺其後寖失初意、則左貢右科。士也□斯途進者、亦率卑卑視之、尠所建豎。悲夫。彼端範、砥節卓然、顕名于時者、詎無其人哉。

(22) 嘉靖『湖州府志』巻一一・芸文上・顧応祥「湖州府学歳貢題名記」、
国家取士、雖重進士科、復令天下郡県学、歳貢其廩生之資深者、升于太学、以資入官。凡士之拘芸厥躬、効用於時者、率由此二途以進。其所樹立、亦不甚相遠。厥後、時移勢変、進士之科愈重、而歳貢之士往往以衰遅自諉。於是持衡者、不能無所低昂、而科貢二途、遂相懸絶。吁、立法之意、顧如是哉。

(23) 林俊『見素集』巻一三「故湖広按察僉事王公墓誌銘」、
公年十四、游郡庠、六就浙試、弗利、入冑監。成化丁酉、領応天郷薦、後三年登進士、観工部政。

(24) 捐納監生の代表として知られるのは羅玘（正統十二～正徳十四）である。そのほかの具体例については、渡昌弘「捐納監生の資質」（本書・第九章）、伍躍『中国の捐納制度と社会』第一章「明代の例監と納貢」（京都大学学術出版会。二〇一一年）等、参照。

(25) 徐溥『謙斎文録』巻三「泰安州判官崔君墓誌銘」、
君生、而魁碩有度。少補州庠、遭父母喪、久困場屋。天順甲申、以例輸辺、実為国子生。成化甲辰、試吏部、授泰安州判官。

(26) 『国朝献徴録』巻九八・呂柟「四川布政司左参政葉公天球墓志銘」、
……年十七、授礼記於仲兄太守孟斎。二十、提学陳公琳、選為県学生。二十七、援輸粟例入冑監、祭酒藁城石公・司業竟陵魯公、皆奇其材。又八年、果挙進士。

(27) 顧璘『息園存稿文』巻六「四川参政葉公墓碑」、
……選充邑弟子員、輸粟入太学。並試高等。癸酉、中順天府郷試、甲戌、登唐皐榜進士第、授戸部雲南司主事。

(28) 『皇甫少玄外集』巻一〇「送王尚質応詔之武昌輸粟入太学序」、
吾観、豪傑士、抱業以求顕、遏而不遂、則憤懣憾悼而不平。殊途異門、苟足以售其芸、将毅然為之。我国家鬻爵之制、不瀆不濫、命生徒納粟入太学。然魁資首族、與乱良法。由是、綺紈之子、操籌坐食之夫、揚揚然立於俊造之地、為談者捧觴。属者歴両試而登甲乙者、又往往有其人。是非吾所謂豪傑抱業以求顕、遏而不遂者耶。

（29）挙人の国子監入学は洪武年間から見られるが、徹底されていた訳ではない。そうした政策が見直されるのは正統年間に入ってからで、『南雍志』巻三・事紀三・正統元年冬十二月甲申の条にのせる、南直隷寧国府南陵県学教諭任綸の建言に、

歴代取士、科挙得人為盛。然業雖精専、時有利鈍。若韓愈・朱熹且猶下第、況餘人乎。近如翰林院修撰馬鐸、始雖不利郷闈、終取倫魁、御史張純輩、先不願除教職、後自太学登第。如挙人下第除教職者、果有豪傑之士。乞照張純等例、寄監読書、以待再試、如三試下第、照歳貢出身。

とある。かつて韓愈や朱熹でさえも不合格になったことがあるように、科挙の合否には運不運がある。近ごろでは翰林院修撰馬鐸が郷試不合格の経験を持つが、のちに状元（倫魁）となり（永楽十年）、また御史張純は副榜より儒学教官になる途を忌避して国子監に入学し、のち進士となったという二例を挙げて、任綸は、会試で副榜の者を入監、勉学せしめて次回（二度目）の会試受験を認め、三度目の会試にも不合格であれば、歳貢生の例によって出身の資格を与えるべきだと述べた。この建言は裁可されたが、その中に示されているように、教官に就く者にも優秀な者（豪傑の士）がいると考えられており、そうした者を年齢に関わらず国子監にて勉学させようというのであった。すなわち、副榜の者を収容することで、国子監に科挙の補完的役割を積極的に担わせようとしたのである。

（30）弘治『徽州府志』巻六・選挙・科第、

下第者、送国子監肄業。有期限、撥送諸司歴事、入吏部選籍。再聴会試、累科不第、方授任。

（31）郭培貴『明史選挙志考論』（中華書局、二〇〇六年）五四頁。

（32）三浦秀一「副榜挙人と進士教職――明代における地方学官と郷試考官の一特徴――」（『集刊東洋学』一〇六、二〇一一年）。同論文には姚夔・商輅・彭時・陳鑑・柯潜・丘濬の六人の副榜挙人が挙げられているが、このうち確認できなかった柯潜以外は何れも北京国子監に入学した。

（33）『皇明文衡』巻七九「姚文敏公神道碑」、

正統戊午、以春秋挙浙江郷試第一、会試辞乙榜、入太学。祭酒李公時勉・司業趙公琬一見器重之、少保楊公溥聞名、且遣子婿従学。……壬戌、会試中第一、與従弟龍、倶登進士、人栄耀焉。

(34) 王献「栄禄大夫少保吏部尚書兼謹身殿大学士贈特進光禄大夫太傅謚文毅商公行実」(『商文毅公遺行集』)、宣徳十年、中郷試第一名。正統紀元、上春官、辞乙榜帰。……正統七年、復会試、仍辞乙榜。卒業太学、祭酒安成李忠文公、深見器重、隠然自負台輔之望、弟子従游者衆。十年乙丑、会試・廷試倶第一名、賜冠服銀帯、授翰林院修撰、階承務郎。

(35) 岳正『類博稿』巻九「吏科給事中毛君行状」、君承意、研精問学、日夕不少懈。補邑庠生、応正統辛酉郷薦、会試礼部得乙榜、辞入太学、為諸生。時祭酒古廉李先生典教事、以作興後進為己任、其碩偉逸倫者、尤見奨抜、君其一也。故一時英俊士、慕君之賢、交者恐後。然君與游天下士、学益富、知慮益遠矣。……十三年戊辰、登進士第、充部使者、於南京取道、省母於常。十四年己巳、今上即位、復奉詔。詔諭江南六郡、帰拝兵科給事中。

(36) 『国朝献徴録』巻一三・商輅「文淵閣大学士謚文憲彭公時神道碑銘」、正統辛酉、挙江右郷試、至戊辰、会試名第三、廷試第一、授翰林修撰。……

(37) 『彭文憲公筆記』巻上、是時、古廉李先生時勉為祭酒、趙先生俶為司業。李先生教衆正大、極意造就人才。初至令坐堂、一月後、乃散処於廂房、列格致誠正四号号房。中有家室者居外、晨入饌堂読書。……

(38) 呉寛『匏翁家蔵集』巻六一「前朝列大夫国子祭酒陳公墓誌銘」、正統九年、中順天府郷試第二人、明年、礼部中乙榜。不就入国子、為李忠文公弟子。文名益起、忠文奇之。十三年、中会試十八人、廷試擢第一甲第二人、授翰林編修。

(39) 『国朝献徴録』巻一四・黄佐「大学士丘公濬伝」、正統甲子、首挙於郷、主司全録其五策。両試礼部、名在乙榜、卒業太学。祭酒蕭鎡深器重之、為之延誉、繇是名益重。景泰辛未、告帰、所與厚者、咸贈以詩。編修岳正、知其後必大成、作序以送之。甲戌、復試于礼部。……廷試当魁、或以貌不揚已之、乃寘第二甲第一。

(40) 丘濬『重編瓊臺藁』巻二〇「毛宗吉伝」、
歳甲子、中郷試、再試礼部、皆乙科、不屑就。歳甲戌、登進士第、授刑部広東清吏司主事。

(41) 程敏政『篁墩文集』巻四八「恬退老人畢君墓表」、
君少魁爽、踰冠補山陽儒学生。学易不自慊之、呉従給事祝顥先生、游為提学御史孫鼎先生所賞識。景泰癸酉、中応天府郷試、上礼部中乙科、不就。志益勇、遂挙天順丁丑進士、観政工部。

(42) 鄭岳『山斎文集』巻一五「資政大夫南京工部尚書致仕進階資徳大夫正治上卿竹田林公行状」、
……選補郡庠弟子員、学益力。……成化丁酉、挙于郷、明年礼部会試、第乙榜。公雅志、欲就教職養母、所司偶遺公姓名。公訴之、主者慰之曰、子自是甲科器。茲偶遺、殆天意乎。公亦悟帰、益肆力于学。辛丑、挙進士、授蘇州府推官。

(43) 林俊『見素続集』巻一〇「明贈太子少保進資徳大夫正治上卿致南京工部尚書事林公竹田墓誌銘」にも、次のようにある。
……喪父、蚤図母乎養、乙科安之、為部史堂稿所遺、登正又遺。鄒宗伯〔南京礼部尚書鄒幹〕曰、賢自大器。公亦黙悟。辛丑、第進士、節推蘇州。

(44) 丘濬『重編瓊臺藁』巻一四「送王継甫南帰序」、
継甫、年弱冠、即領郷薦、試春官、得校官、不屑就、卒業太学。再試又不中、居太学者久之。尋以舎選得蜀之郫県。県卑僻而民貧。

(45) 史鑑『西村集』巻八「故奉訓大夫工部営繕清吏司員外郎呉君行状」、
甫九歳、即補邑庠弟子員、以勤自課、誦習不怠、考輒列前茅。景泰七年、以書経領応天郷薦。天順元年、試礼部、中乙榜辞、卒業太学。八年、選書英宗叡皇帝実録。成化三年、実録成進御。詔賜宴礼部、授中書舎人。

(46) 呉寛『匏翁家蔵集』巻六三「明故奉訓大夫工部営繕清吏司員外郎呉君墓誌銘」、
幼入県学、以勤敏称。景泰七年、中応天府郷試。凡再試礼部、輒中副牓。会修英宗皇帝実録、選工書者、君在選中、出入館閣者。三年復当会試、君與今汝汀州行敏、期必以進士挙、白于李文達公、公不許。竟以実録成、授中書舎人。

(47) 同書・巻六〇「南京福建道監察御史張君墓誌銘」、

君弱冠入郡学、即知黜華向実、卓然出諸生、治尚書。景泰四年、中応天府郷試。三挙進士、輒中乙榜。得学官、輒辞不就。居太学掃一室読書、朝暮虀塩蕭然。一寒士、而君益自刻厲。久之従夏官卿掌奏疏、居一歳、謁選吏部考。君才可用、奏理南京都察院刑六閲月、刑無頗類。都御史高公才之、以其名上。成化二年三月、即拝南京福建道監察御史。浹辰、将取道還家、為母呉夫人寿、一夕暴卒。閏月乙亥也。年四十一。

(48) 林俊『見素集』巻一五「承徳郎岳州府通判東皐陳君墓誌銘」、
君諱愈、字師韓、姓陳。……父希玉、母許氏。君生景泰辛未二月二十五日、十月喪其父。時許方二十有三歳。……中成化癸卯郷薦。志養自謀、不楽乙科。既竟不得進士、居益貧。時許年亦七十、則嘆曰、宰物畛域我也、就吏部試、通判岳州。

(49) 『陳白沙集』巻一「乞終養疏」、
由本県儒学生員、応正統十二年郷試中式。正統十三年、会試礼部、中副榜、告入国子監読書。景泰二年、会試下第。成化二年、本監撥送吏部文選清吏司、歴事。成化五年、復会試下第、告回原籍。累染虚弱自汗等疾、又有老母、朝夕侍養、不能赴部聴選。成化十五年以来、……

(50) 『陳白沙集附録』、張詡「行状」。

(51) 『国朝献徴録』巻二八・黄佐「戸部尚書楊公鼎伝」、
領郷試首薦、正統丙辰、上春官、不第。当入北監、聞祭酒陳敬宗学行、乃求入南監卒業。……入南監時、南京禁夜灯、而国学尤厳。鼎潜具小甖、竅之籠灯而誦。為巡者所覚、陳知其端慎貸之。

(52) 李東陽『懐麓堂集』巻七一「蒙泉公補伝」、
……挙京闈郷試、卒国子業。李忠文公為祭酒、簡四方名士置講下。公與商文毅・彭文憲・王三原諸公、皆預焉。……

(53) 呉寛『匏翁家蔵集』巻七七「明故亜中大夫太僕寺卿呉公神道碑銘」、
公幼頴悟、強学善記。十歳能属文、稍長入県学、有名諸生中。成化戊子、挙広東郷貢、明年試礼部、不偶入太学。時吏部尚書耿公為司業、毎試輒見称許、名益起。四方挙子、多録其文以蔵。壬辰、登進士第、甲午、授南京戸部貴州清吏司主事。

(54) 程敏政『篁墩文集』巻四八「明故奉訓大夫工部屯田員外郎高君墓誌銘」、

……入江都学為諸生、赴秋試、三不利、君益務為躬行。……成化丙午、挙南畿郷試第二、上南宮、又再不利。祭酒三山林公試六館第一。弘治癸丑、挙進士、授工部虞衡主事。

(55)『国朝献徴録』巻一五・江汝璧「光禄大夫柱国少師兼太子太師吏部尚書華蓋殿大学士贈太保謚文憲費公宏行状」、

癸卯、年甫冠領郷薦。甲辰、試春官不利。卒業北雍。時丘文荘公為祭酒、補菴費公為司業、皆甚重公。公益肆力於学、居常茹澹服敝、節縮経費、為購書資。蓋自六籍子史、莫不旁通而鉤擷。其芳雋、為一家言。用是月季試、毎拠首列。丁未、挙進士、為廷試第一人、授翰林院修撰。

(56) このほか、入監先は未詳だが、常州府無錫県の人盛顒（永楽十六～弘治五）は、

正統辛酉（六年）、以尚書蔡氏伝得雋京闈、在太学十年、所交皆海内知名士。景泰辛未（二年）、始登進士第、首擢河南道監察御史。尋以老成掌道事。（丘濬『重編瓊臺藁』巻二三「明故都察院左副都御史盛公墓誌銘」）

と、正統六年の郷試に二四歳で合格したが、会試には不合格で入監し、一〇年後の景泰二年に三四歳で進士となった。

(57) 史鑑『西村集』巻八「故中憲大夫江西南安府知府汝君行状」、

稍長補学宮弟子員。景泰四年、領応天府郷薦、四試礼部、皆不中。然其間、卒業冑監、入礼部書奏牘、歴満将選矣。会選書英宗叡皇帝実録。君試在優等。成化三年、実録成進御、授中書舎人。

(58) 呉寛『匏翁家蔵集』巻六三「明故中順大夫江西南安府知府汝君墓誌銘」、

景泰四年、以県学弟子、郷試中式、屢試礼部不中。君素善書、会修英宗皇帝実録、選入史館。歳餘将再従礼部試、期必取甲科。時李文達公為総裁官沮之。実録成、竟授中書舎人。

(59) 同書・巻六〇「解元賀君墓誌銘」、

成化四年、挙于郷第一。明年例試礼部、以病不果。後凡三試、輙屈。然其業益精、名益完、嘗入太学。

(60) 同書・巻六四「明故承務郎湖広桂陽州同知楊君墓誌銘」、

稍長游郡学、遂登郷貢、上礼部試不偶、入国学。時邢公遜為祭酒、抗顔待士、閲君試巻、甚加称賞、厚礼遇之。両遭家艱、以不得取甲科。

(61) 本章ではおおむね正統から成化の入監例を取り上げた。その時期には外れるが、別稿にて提示した浙江・湖州府烏程県の人姚舜牧（嘉靖二一～天啓七）も、任用資格がありながら会試を受け続けた例である。彼は万暦元年に三一歳で挙人となったが、翌二年の会試には合格しなかった。そのご万暦四年に南京国子監に入学し、翌五年には再度会試に挑んだが合格できなかった。そして南監を三年間で卒業し、名を吏部の選簿に附して授官を待つようになった。しかし会試・殿試合格による任官を目指していたことに変わりはなく、卒業の翌年、三八歳のときも受験して不合格となり、さらに四一歳、四四歳、五〇歳のときにも挑戦している。結局のところ会試に合格せず、五〇歳となった万暦二十年に広東・肇慶府新興県の知県に任ぜられた。渡昌弘「姚舜牧の家系と勉学」（『人間と環境』三、一九九九年）参照。

(62)『国朝献徴録』巻一五・江汝璧「光禄大夫柱国少師兼太子太師吏部尚書華蓋殿大学士贈太保謚文憲費公宏行状」、

初公之上春官也、世父公瑄、方以都水主事出治呂梁、貽之書曰、汝脱下第、毋南帰。宜入北監読書。丙午還、公訊之曰、伯父何以逆知宏之弗第、而必令入北監耶。復菴笑曰、此爾遠到之兆也。蓋吾嘗夢、汝入監領班籤。籤乃彭文憲公故物也。文憲嘗遊北監、中状元矣。汝第勉之。至是果然。人咸異之。……

(63) この内容は既に阪倉篤秀氏により紹介されている。「内閣大学士費宏――三度の入閣を巡って――」（『山根幸夫教授追悼記念論叢　明代中国の歴史的位相』上巻、汲古書院、二〇〇七年）二六四頁。

(64) 渡「監生の増減」（前掲）一二一～一二四頁。

(65) 嘉靖になると挙人に対して事実上の全員入監が規定された。和田正広「明代挙人層の形成過程」（原載一九七八年。『明清官僚制の研究』再録、汲古書院、二〇〇二年）一二三～一二三二頁。

［補記］

本章のもとになった論文は「明代国子監入学者の一検討」（『東北大学東洋史論集』第一二輯、二〇一六年）である。

結　言

本書の目的は、明代の国子監について、諸制度の改変とそれに伴う監生の動向に検討を加えることであった。以下、各章で述べたことを要約して結言にかえたい。

歴代の中国では、官僚として適切な人材を採用する取士の制度について様々な方策が検討され、また実施されてきた。しかし、そうした人材を養成する養士の制度は殆ど放置され、民間に移譲されていた。宋代以降に限ってみると、取士の制度たる科挙と養士の制度たる学校とでは、もとより目的を異にしてはいたが、しかし学校に於いて取士と養士とを結合させせようとする試みもなされた。その典型的な例として宋代の太学に於いて実施された「三舎の法」をあげることができるが、その目的は太学を科挙から独立した養士かつ取士の機関とすることにあった。そして、この法は元代を経て明代の国子監にも継承され、升堂法・積分法として実施された。

第一章「元明交替と国子学政策の継承」では、元明交替期の知識人吸収策に着目し、国子学政策の継承について検討を加えた。その結果、国子学の設置もしくは整備ののちに科挙を実施したことを夏・明に見出したが、こうした手順は元朝でも見られた。ついで明朝は国子監への改称とともに積分法を任用資格が得られる出身法として確定したが、確定以前は元代の升斎法・積分法を踏襲していたのである。すなわち、人材の吸収という点で、民衆反乱の中から成立した政権も従来と大きく異なるところがなかったことを改めて確認した。ただし科挙の実施状況が元明両朝で異なるため、科挙体制下における国子学の位置づけ等について比較は容易でない。

さて、養士と取士とが結合して有効に機能すれば、より適切な人材を官僚に登用することは可能だったであろう。しかしながら、こうした試みは、少なくとも明代に於いては失敗に終わり、特に中期以降、国子監は他の学校（府州県学）と同様、科挙の予備段階としてのみ存在することとなったとされる。とすれば、何故に国子監は人材を養成するという本来の目的を喪失し、単なる科挙の予備段階となってしまったのか。この問題の解明について、筆者は升堂法・積分法の衰退の原因を明らかにすることによって、一つの手掛かりが得られると考える。太学を科挙から独立させる目的を持つ「三舎の法」を升堂法・積分法は継承しており、従って、升堂法・積分法の衰退は国子監それ自体が科挙制度の下に位置づけられることを意味するからである。これについて述べたのが第二章である。

第二章「明初の科挙復活と監生」では、明初・洪武年間の国子監に対する政策に検討を加えた。明代国子監の修学方法である升堂法・積分法は、宋代の「三舎の法」を継承していた。しかし、①升堂法・積分法の課程終了は科挙受験に特典を与えない、②監生任用の官缺に固定性がない、③会試下第挙人の入監が不徹底、という三点からわかるように、その継承は形式のみにとどまっており、国子監を科挙から独立した養士かつ取士の機関にするという確固とした目的を持って升堂法・積分法が実施されたのではなかった。升堂法・積分法による出身よりも、科挙による出身のほうが優遇されていたのである。それゆえ監生は、長期在学が不要で、上位合格者には特定の官缺への任用が保証されている科挙による出身を選択した。そしてその動向は、科挙合格者数の多さや回籍（帰郷）を願う形となって現れたのである。以上のことから、明代の国子監が科挙の予備段階になってしまった理由の一つとして、升堂法・積分法が国子監を科挙から独立した養士かつ取士の機関とする目的で実施されなかった点を指摘できよう。

明代国子監の積分法は独自の歴事法へと転換されたが、つづく第三章ではその歴事法を取り上げた。

第三章「歴事出身法の再検討」では、それまで利用が容易でなかった北京国子監についての史料『皇明太学志』の記述をも参考にして、明代初期の国子監に於いて行われた監生に政務を研修させる歴事制度に再検討を加えた。歴事法への転換の経緯や背景は必ずしも明白ではないが、①歴事が出身法として確立するのは洪武二十九年六月のことで、当初は積分出身法と兼用された。②永楽年間の歴事は、洪武の考覈法が復活し、正確な歴缺の数は不明だが、取撥の序次は入監の年月が基準で、取撥までの待機期間が通常一〇余年であった。③監生は歴事終了による任官を志向するようになったが、それは三ヶ月の担当で進士よりも上位の官に就くことが可能だったからである。すなわち、監生にとって歴事終了は科挙よりも順当な出世コースとなっていた。

以上は出身法について監生の動向と関連させつつ検討を加えた部分であるが、つづく第四章では国子監の盛衰を示す在籍者数の増減に検討を加えた。

第四章「監生の増減」では、『南雍志』に加えて『皇明太学志』を史料に用いた。両書を用いて総数が計算できるのは永楽七年より成化十五年までの期間で、その間において、①南北両監の在籍監生の総数は、永楽二十年に第一のピークを、成化元年に第二のピークをむかえている。両時期とも歳貢数が増額されたほか、前者の場合は挙人の入監があり、後者の場合は例貢・捐納の実施にも起因した。②その総数は宣徳初と成化初に減少しているが、両時期とも老疾監生の追放が実行されたほか、前者では教官への任用も、後者では納米の事例が開かれたことも影響した。

ところで、国子監での人材養成の実態を知るには、こうした在籍者の増減や回籍など監生側の状況だけでなく、監官側からも見る必要がある。国子監に限らず、学校での養成の成果は師弟双方がうまくかみあって現われるからである。この場合の成果とは官僚に任用されることであるが、ともあれ監官側から指導の状況を見ることも国子監の実態を知る上で重要と思われる。

つづく**第五章「明代中期の国子監官と監生」**では、宣徳年間から嘉靖年間の国子監に於ける祭酒等の監官の指導状況とその成果に検討を加え、科挙体制下の教育の一端を明らかにした。「南陳北李」と併称された陳敬宗と李時勉の名が知られるが、この二人に止まらず、名祭酒には昼夜の徹底指導、病気の場合の医薬給付、取撥の序次の厳守とそのための請託の謝絶といった特徴が指摘できる。また指導の結果として進士合格者に占める監生の割合を取り上げたが、その割合はおおむね低く、とりわけ「南陳北李」の頃は低率であった。とはいえ二人が称賛されたのは、在職期間が比較的長く、監生を直接指導した時間が長かったことによるものと思われる。つまり、多くの進士合格者を出したということではなく、直接指導したことに対する評価であると思われる。

国子監は永楽年間を過ぎると、科挙の予備段階となっていくと言われるが、一方で建て直しも試みられた。そのうち嘉靖年間の試みを取り上げたのが第六章である。

第六章「嘉靖期の国子監政策」では、嘉靖年間、三途併用の下で行われた国子監政策に検討を加えた。三途併用の語が現れる以前から、世宗は挙人監生と歳貢生からの任用に関心を示していた。そのため地方学から国子監に入学させる歳貢の基準の変更・厳格化および挙人監生の統制を実施したが、目指したのは在学監生の増加ならびに入監者の資質の向上であった。しかしながら、歳貢ついで挙人の入監策は不調に終わった。となると、それに代わる増加策として選貢が再び注目されたが、選貢はむしろ続く隆慶・万暦年間のほうが盛んであった。

右のように監生の質・量ともに向上が図られた嘉靖期であるが、他方でそれとは相反する政策も実施されていた。それは第八章で取り上げる捐納入監であった。銀などの納入者に国子監入学を許可する捐納入監は世宗の即位と同時に停止されたが、のちに再開され、しかもそれまでは認められていなかった庶民にも納入を許可することになった。入監者の資質維持という点からすれば、この許可は明らかに矛盾と言えるのだが、如何に理解すべきであろうか。この点は今後の課題としておきたい。

第七章「明代後期、南人監生の郷試受験」は、監生の動向に関する研究の一部として、万暦年間を中心とした明代後期の郷試受験に検討を加えたものである。監生の郷試受験は本籍地のある省のほか、国子監のある両京（北京及び南京）でも許可されていた。そのうち北京で実施される順天府郷試はより合格しやすかったため、とりわけ南人が北京国子監に入学して受験し、多数の合格者が出ていた。国子監が南北に並立するようになると歳貢にのみ入監区分が行われ、いわゆる南人は南監への入学が規定されたが、選貢など歳貢以外の入監では北監への入学が可能で、それは順天府郷試での多数の合格者へとつながったのである。ただし、郷試の次に受験する会試では南北中巻による制限があり、容易に南人進士の増加へとは結びつかなかった。

次の第八、第九、第十章では、監生の量的・質的変化に大きな影響を及ぼした捐納入監の問題を取り上げた。

第八章「捐納入監概観」では、明代に於ける監生急増の最大の要因である捐納入監の展開を概観した。その結果、捐納入監は当初臨時措置としての性格が強く、実施の回数・期間も僅かであったが、時代が下るにしたがって実施されない時期が存しないほどになった。また、捐納を許可される対象も廩膳生のみであったものが、増広生、附学生、そして庶民へと拡大していった。要するに、理念としてはあくまでも臨時措置であったとはいえ、十六世紀、正徳・嘉靖年間以後、常に実施される傾向が強まっていったのである。そして、その時期は「郷紳」形成の時期と一致しており、したがって捐納入監の盛行と「郷紳」形成との間に一定のつながりを想定できる。

第九章「捐納監生の資質」では、景泰年間以降、捐納により誕生した監生の資質について検討を加えた。彼らの中には成績不振や低年齢の者が含まれていたため、正規の途を経た監生に比べて学力・資質は劣ると考えられていた。しかし、彼らの中には羅玘をはじめとする科挙合格者が実在し、そのことが示すように、捐納という手段を経ていたがゆえに劣悪とする判断は早計であることが判明した。このことは、例えば『明史』所載の羅玘をはじめとする列伝を見る限り、捐納監生であったがゆえの遜色はうかがわれない点からも言えよう。

第十章「監生の回籍」。回籍とは本籍地に帰ること、帰郷であり、この章では監生の帰郷の状況について述べた。監生は国子監内で学習するのが原則であったが、様々な理由で休暇を与えられ、帰郷が認められていた。帰郷した監生の中には、洪武以来、復監の期限を守らない者が少なからずいた。しかし、その数をさらに増大させたのは、十五世紀半ば、正統末年以降に盛んに下された依親の令であった。依親の徹底は歴事への取撥に支障を生ずることになったため、逆に復監の令が下された。けれども、いったん回籍した監生は容易に応じなかった。これらは主として挙人監生や歳貢生に対する措置の変遷であるが、捐納監生には独自の策も講じられていた。すなわち、若年者に十年間の依親が命ぜられたほか、復監後も撥歴にあずかるまでには十年間の在監を要したのである。明代後半に監生全体の約七〇％を占めるに至った捐納監生には低年齢の者が多かったと考えられるから、本章で明らかにした定例に従うと、彼らの多くは回籍することになり、郷里での活動が行いやすかったことがわかる。換言すれば、郷里での居住が制度上保証されており、捐納監生の在郷活動は他の監生に比べて一層活発であったものと推測されるのである。何れにせよ、これら監生は郷里における諸活動に参画し、「郷紳」の一部を形成していったものと考えられる。

最後の第十一章「国子監入学者の一検討」では、入監前後の監生の動向に触れた。国子監に入学するには様々な方途があったが、入学自体は必ずしも好まれたものではなかった。そのため入監の契機となったのは、生員のうち歳貢では数回の郷試不合格であり、捐納の場合も高い競争率からやむを得ないとの見方からであった。挙人には副榜かそうでないかの別はあるが、何れにせよ入監自体が進士合格を求めたものであったことが確認できる。そのため歴事を終了して任用資格を得た上でも進士合格を目指した例があるが、挙人のみならず、生員からの入監者にも見られた。

さて、既に第十一章で触れたところでもあるが、進士合格が社会の規準として絶対的なものと信じられていた科挙社会であればこそ、例えば制科のような特別採用や進士合格に準ずる任用の制度の存在が必要だった筈で、その存在は王朝の安定にも寄与していたと考えられる。すなわち、科挙による任用を補完する制度の必要性は、科挙が実施されていた何れの時代にもあてはまる。ただ明代になると、科挙の受験資格を原則として地方儒学の学生である生員に限定した関係で、最終的に進士になれなかった者の身分ないし資格も終身化され、そのため前代までと異なる様相を呈するようになった。進士だけでなく、生員・監生・挙人にも諸特権が賦与され、原則として一生その地位を維持することが可能になったのである。成化以降には監生缺・挙人缺と称される監生・挙人出身者が任用されるポストが成立するようになり、また嘉靖から万暦にかけては三途併用の議論が持ち上がったが、それらは終身化に伴ってそれぞれの身分に見合う待遇を与える必要が生じたためと解すことができよう。監生・挙人の存在を等閑にできない状況が生まれた結果とも言えるが、その監生と挙人の双方に関わっていたのが、実は国子監であった。そして、監生に任用を求める積極的な姿が見られることは、あるいは設立当初の目的と懸け離れていったとしても、国子監は科挙のうち郷試の未受験者のみならず郷試・会試の不合格者をも収容・養成する機関として存続したのはもちろん、傍系の官途としての役割をも果たしていたことを示している。

史料には表れなくとも郷試あるいは会試の不合格に不満を抱く者も少なくなかった筈だが、そうした不満はともかく入監したことは、以後に予想される官途を自身が受け入れたことになろう。とすれば、進士に合格していない人材が集まっていた国子監は、不満を吸収する側面も持ち合わせていたのであり、その存在は社会の安定に一定の役割を果たしていたと考えられるのである。とはいえ、このことを明言するにはさらなる理論的な詰めが必要であり、今後深めていきたい。

補論　洪武年間の制挙

はじめに

中国に於いては、宋代以降いわゆる君主の独裁政治が行われ、明代は宋代よりもこの傾向が著しかったと言われるが、このような独裁政治の基盤は官僚組織にあった。従って、この時代の政治的特質を究明するためには、官僚制度全般についての考察が不可欠であり、殊にその任用法は一つの重要な問題点となってくる。ところで、明代に強化された独裁政治を支える官僚制度は、洪武九年（一三七六）頃から改革の動きが見られ、十三～十五年に完成されたが、[1]その時期の主要な官吏任用法は制挙（薦挙）であった。それゆえ官制改革について検討する場合、制挙に言及しないわけにはいかない。しかしながら、制挙は必要に応じて実施される任用法で、臨時的な性格が強いためか、従来の研究には真向から取上げたものはなく、明初（洪武・永楽年間）の政治史及び教育政策を扱う際に触れられているに過ぎない。[2]本論では、当面の課題である制挙と官制改革との関連解明の踏み台とすべく、基礎的作業として、洪武年間、特に前半の制挙を取上げ、実施の背景・推挙の対象となった人材及び実施の方法について明らかにしたい。[3]

第一節　実施の目的

制挙（制科ともいう）とは、周知の通り、漢代に行われた選挙（郷挙里選）[4]のうちの賢良方正等の後身で、他人の推薦を重視する不定期的な官吏任用法である。太祖が採用した任官方法は制挙・科挙[5]・国子生（監生）任用[6]の三つであるが、そのうちで最も大きな役割を果たしたのが、この制挙であった。『太祖実録』[7]によると洪武十二年（一三七九）に五五三人が、翌十三年十二月に八六〇余人が、それぞれ任官されたとあるほか、両年以外にも制挙による任官例が見られる（後述）。

不定期的に実施される制挙の詔は、同書によると甲辰の年（至正二十四年、一三六四）三月が初見である。実施の詔及びそれに関連する記載を同書から抜き出して整理すると、表Ⅰのようになる（便宜上、至正の年号を用いた）。まず実施の背景を見ておこう。

洪武六年（一三七三）以前の制挙実施は、言うまでもなく、領域拡大に伴う官制の整備拡充に起因していた。当初、太祖は元朝の制度[8]に倣い、中書省・行中書省（以下、行省と略す）を設けた。行省は中書省の出先機関で、その設置は単なる占領地域の拡大でなく、それを頂点とする地方官制の整備を意味する。その行省は、改廃を経て、呉元年（至正二十七年、一三六七）までに江西・湖広・浙江に設置されていたが[9]、この年の十一月には次のような詔が下された。

上謂侍臣曰、吾昨観輿地図、所得州県、天下三分、已有其二。若得材識賢俊之士、布列中外、佐吾致治、吾以一心、統其綱紀、群臣以衆力、賛襄庶政、使弊革法彰、民安物阜、混一之業可以坐致。古語云[10]、国無仁賢、則国空虚。爾等、其各挙賢良、以資任用。（『太祖実録』巻二七・呉元年十一月戊戌の条。傍点は引用者。以下同じ）

この年の九月には江南に於ける最後の強敵張士誠を打倒し、中国全土の約三分の二を領域としており、そうした状況下で賢良なる人物の推挙が命ぜられたのである。そして、その翌洪武元年（一三六八）四月には山東行省が設置され、次いで同年九月に左のような求賢の詔が下された。

下詔求賢。詔曰、朕惟天下之広、固非一人所能治、必得天下之賢、共理之。……今天下甫定、願與諸儒、講明治

表Ⅰ　洪武年間制挙一覧

年・月	推挙者	推挙の対象	被推挙者の任官ほか	典拠
至正二四・三	参軍・都督府／有司	有能上書陳言敷宣治道武略出衆者／民間俊秀年二十五以上資性明敏有学識才幹者		一四
二七・一〇	起居注呉琳・魏観	遺賢		二六
〃・一一	(侍臣に命じた)	賢良		二七
洪武一・八	有司	懐材抱徳之士隠於巖穴者		三四
〃・九	有司	巖穴之士有能以賢輔我以徳済民者		三五
〃・一一	文原吉・詹同・魏観・呉輔・趙寿ら	賢才		三六上
二・八	(郡県に命じた)	素志高潔博通古今練達時宜之士年四十以上者		四四
三・二	有司	賢才隠居山林或屈在下僚		四九
〃・五	守令	有学識篤行之士	科挙開設の詔を下した	五二
四・二			始めて会試を実施	六一
〃・四	(中書省に命じた)	儒士・貢挙下第者・山林隠逸者		六四
六・二	有司	賢才	科挙廃止の詔が下された	七九
〃・四	有司	徳行文芸之有称者		八一
八・一〇	有司	郡県富民素行端潔通達時務者		一〇一
九・六			行中書省を廃止して布政使司を設置した	一〇六
一二・一二			天下の博学老成の士が詔に応じて来京した	一二八
〃			この年、儒士五五三人を任官	〃
一三・一			中書省を廃止した	一二九

年・月	推挙者	推挙の対象	被推挙者の任官ほか	典拠
〃・二	（郡県に詔を下した）	聡明正直・孝弟力田・賢良方正・文学之士・精通術数者	来京した賢良方正等の者に廩餼を給した	一三〇
〃・四	（群臣に命じた）	賢才		一三一
〃・五			儒士及び聡明正直の者一一人を任官	〃
〃・一二			来京した聡明正直等の者八六〇余人を任官	一三四
一四・一	有司	才高識広之士		一三五
〃・三	内外倉庫司局官	賢良方正・文学・材幹之士（一人）		一三六
〃・八	（府州県に命じた）	明経老成儒士		一三八
一五・一	朝覲官	一善可称一才可録者		一四一
〃・五	有司	経明行修之士年七十以下三十以上		一四五
〃・八			科挙復活の詔を下し、三年一行の制とした	一四七
〃・九			吏部が経明行修之士三七〇〇余人を入見した	一四八
〃・〃			提刑按察分司を創置し、儒士五三一人を試僉事に任じた	〃
〃・〃			徴した秀才のうちの老疾・下等などの者は、鈔を賜いて帰郷させた	〃
〃・一〇			監察都御史を設け、秀才を任命	一四九
一六・六	（各府に命じた）	儒士・吏員練達時務諳暁治体善於詞命者（或三四人或一二人）		一五五
一七・一			以前に罷免された官のうちから通経術・有才幹の者を来京せしめ、五〇余人を任官	一五九

年・月	推挙者	推挙の対象	被推挙者の任官ほか	典拠
〃・七	(吏部臣に諭した)	其徳行著称衆論所推者		一六三
〃閏一〇			吏部に命じ、儒士の老成者五〇人を各道試監察御史に任ぜしめた	一六七
一八・三			復活第一回の殿試実施	一七二
〃・一二	州県の正官と耆民	孝廉之行著聞郷里者		一七六
一九・六	有司	山林巌穴隠逸之士		一七八
〃・七		経明行修練達時務之士年七十以下者		〃
二〇・閏六		孝廉之士		一八二
二一・八	六部・都察院・通政司・大理寺等の官	文学幹済之士		一九三
二二・六			四〇歳以下の孝廉・茂才(秀才)の者を行人司に差遣した	一九六
〃・八	(府州県に詔した)	高年有徳識達時務言貌相称年五十以上者(一人)		一九七
〃・一一	(吏部をして天下の州県に命ぜしめた)	民間耆年有徳者(毎里一人)		一九八
二三・六			耆民のうちから才徳があり典故を知る者四五二人を任官	二〇二
〃・一二			耆民一六七人を府州県の官に任じた	二〇六
			この年、才智に秀れ任用すべき耆民一九一六人を得た	〃
二四・六	歴事官(布政使司に往かしめて)	賢才		二〇九
〃・七	群臣	賢才		二一〇

(典拠欄は『太祖実録』の巻数)

道、啓沃朕心、以臻至治。巖穴之士、有能以賢輔我、以徳済民者、有司礼遣之、朕将擢用焉。（同書・巻三五・洪武元年九月癸亥の条）

これは河北・福建・広東・広西をほぼ平定した状況で下された詔で、翌二年にはそれらの地域に行省が設置された（北平・広西が三月、河南・広東が四月、福建が五月）。また、それらと相前後して山西・陝西にも行省が設置された（四月）。このように、制挙は領域拡大を背景に実施されており、行省を頂点とする地方官制の整備拡充を目的としたものであったことがわかる。なお同様に、四年七月の四川行省設置の際も、制挙による任官が重要な役割を果たしたと思われる。

制挙はまた、地方官制のみならず、中央官制の整備拡充のためにも実施された。三年二月、廷臣に対する詔に、

……六部総領天下之務、非得学問博洽才徳兼美之士、不足以居之。其有賢才、隠居山林、或屈在才僚、朕不能周知。卿等、其悉挙以聞、朕将用之。（同書・巻四九・洪武三年二月戊子の条）

とあり、続けて天下に下された詔に、

……永惟六部政繁任重、而在位未盡得人。豈朕用賢之道未広歟、抑賢智之士、抗其志節、而甘隠於巖穴歟。詔下之日、有司其悉心推訪、以礼遣之。（同前）

とある。洪武元年八月設立の六部[11]の充実を目的としても、実施の詔が下されたのである。

ところで、洪武改元前後の制挙は、とりわけ太祖の期待に反し、成果は上がらなかった。趙翼も指摘したように、故元の官僚や賢者の多くは山林深く隠れてしまい、推挙に応じなかったのである[12]。それ故に制挙では、官制の整備拡充に必要な官僚数を満たすことは容易でなかったと思われる。その不足は、四年十二月に、

上命礼部、今歳各処郷試取中挙人、倶免会試、悉起赴京用之。時吏部奏天下官多缺員、故有是命。（同書・巻七

○・洪武四年十二月辛巳の条)

と、欠員が多いために、この年の郷試合格者(挙人)に会試を免除して採用せしめたとあることから、同年頃になってもかなり深刻であったことがわかる。しかし六年になると官僚不足は解消されたようである。それは、突然の科挙廃止(六年二月)[13]、及び同年四月の制挙実施後しばらくの間それに関する詔が見られない状況(表Ⅰを参照)から推定できる。

次に、表Ⅰからも明らかなように、七〜十二年の頃に制挙は小休止の状況にあったが、十三年十月の四輔官王本らに対する勅諭の中で、

勅四輔官王本等曰、自胡惟庸不法之後、特召天下賢材、……(同書・巻一三四・洪武十三年十月戊午朔の条)

と太祖自ら述べるように、同年以降再び実施されるようになった。そして、右の勅諭および布政使司(十四年二月に欠が確定)[14]への多数の任用(後述)[15]からわかるように、「胡惟庸の獄」(十三年正月発覚)を契機とした中書省廃止に代表される官制改革を背景に、実施が命ぜられたのである。

以上のように、洪武年間前半に於いて制挙実施の詔は毎年のように下されていた。その背景は、初頭(六年頃まで)には領域拡大に伴う官制の整備拡充、洪武中期(十三年頃)には中書省廃止に代表される官制の改革だったのである。洪武年間後半にも制挙実施の詔は下された。『太祖実録』等には明記されていないが、その実施は、引き続き追及された胡党の処罰(例えば二十三年五月の李善長)や「藍玉の獄」(二十六年二月)によって生じた空缺を補充するためのものだったであろう。

制挙は右で述べたような背景で実施されたわけであるが、その実例を『太祖実録』から抜き出して整理すると[16]、表Ⅱのようになる(参考までに、監生任用者数を附した)。

表Ⅱ　制挙任官の例（洪武年間）

年	制挙　任用数	制挙　任用の缺（品秩）	監生の任用数
一	一	刑部尚書（正三品）	
二	二	国子学助教（従八品）	
三	二	兵部職方司郎中（正五品）　太常寺賛礼郎（従八品）	
四	七	知府（従三品？）　知州（従五品）　都督府都事（従七品）	
五			
六	一一	翰林院編修（正八品）　太子正学（？）　国子学助教（従八品）　府学教授（正九品）	
七			
八			
九			一四
一〇	一	翰林院応挙（正七品）	一以上
一一			
一二	五五三	？	
一三	八六〇余	通政使司試右参議（正五品）　国子学助教（従八品）など	二四
一四	三五	礼部試侍郎（正三品）　兵部試侍郎（正三品） 布政使司左・右布政使（正三品）　同左・右参政（従三品）　同左・右・試右参議（正四品） 諫院右正言（従七品）　起居注（従七品） 都転運塩使司都転運使（正三品）	一
一五	五三以上	戸部尚書（正二品） 監察都御史（正七品）　試監察御史（正九品） 諫院左・右司諫兼左・右春坊左・右庶子（正七品　正五品） 諫院左・右正言兼左・右春坊左・右諭徳（従七品　従五品）　右春坊右賛善（従六品） 布政使司左・右布政使（正三品）　同左・右参政（従三品）　同左・右参議（正四品）	

年	制挙 任用数	制挙 任用の缺（品秩）	監生の任用数
一六	二	按察司副使（正四品）　同僉事（正五品）　按察分司試僉事（？） 国子監祭酒（従四品）　同博士（正七品）　同助教（従八品）　府学訓導（未入流）など 按察司僉事（正五品）	
一七	一三〇余	都察院左・右副都御史（正四品）　同左・右・試右僉都御史（正五品）　試監察御史（正九品） 左春坊司経局試正字（従九品）　同左司直郎（従六品）　翰林院検討（従七品） 布政使司右参政（従三品）　同右参議（正四品） 試左・試右参軍（？）	
一八	一以上	左春坊左賛善（従六品）	
一九			一四
二〇	二以上	「布政司官」　応天府尹（正三品）	三
二一	四	布政使司右参議（正四品）	
二二	六一九以上	？	
二三	六	布政使司右参政（従三品）　承勅郎（従七品）	
二四	三	太常寺賛礼郎（正九品）	一
二五			
二六			六〇余
二七			
二八			二八
二九			
三〇			六
三一			五〇二

全体からすれば僅かな例であり、任官者数については、表Ⅱから同書記載の監生任用数よりも多いことがわかる程度である。しかし、例えば明末の焦竑（嘉靖二十年～泰昌元年、一五四一～一六二〇）が、

論曰、明興之初、取材有四、曰薦挙、曰歳貢、曰挙人、曰進士、蓋未之有軒輊也。当是時、瘡痍甫平、法令明核、士罕楽進取、往往捜之巖沢而貢之、……而時以薦起家者、十之八九。（『国朝献徴録』巻五六・僉都御史淩公漢伝の伝記に続く部分）

と、明建国当初に於ける就官者（起家者）の八～九割が制挙によっていたと記述していることから、実際にはかなり多数の制挙任官者がいたと思われる。また任用の缺（表Ⅱ）を見ると、正二品の六部尚書に任用された者もあれば、未入流の儒学訓導に充用された者もおり、洪武年間を通して固定性は見受けられない。それは太祖が必要な缺に充用した結果であろう。特に洪武中期の布政使司への任官は顕著で、十四～十五年の二年足らずの間に、一二布政使司のうちで左・右布政使に一七人、左・右参政に一三人、左・右参議に一九人が任用されており、(17) 十三～十五年の官制改革に重要な役割を果たした。つまり、太祖が実施した制挙は、明朝の支配機構の確立・改革に有用な働きをしたのである。

さて、このように重要な役割を果たした制挙は、如何なる方法で実施されたであろうか。次節以降でこれを見てみる。

第二節　推挙の対象

制挙は官制の整備拡充・改革を目的に実施されたが、文臣のみがその対象となったのは呉元年（至正二十七年、一三

六七）秋以降である。それより前、甲辰の年（至正二十四年、一三六四）三月の詔では「有能上書陳言、敷宣治道、武略出衆者」と「民間俊秀、年二十五以上、資性明敏、有学識才幹者」、即ち武臣と文臣とが推挙の対象であった（第一節・**表Ⅰ**を参照）。また呉元年三月に下された科挙開設を約束する詔に、

下令設文武科取士。令曰……茲欲上稽古制、設文武二科、以広求天下之賢。……（『太祖実録』巻二二・呉元年三月丁酉の条）

とあり、この詔からも文武並用の姿勢がうかがわれる。陳友諒を既に打倒していたとは言え、残る江南の強敵張士誠との戦闘が継続中で、太祖は文臣だけでなく武臣をも必要としていたのである。

ところが、**表Ⅰ**からわかるように、同年十月に起居注呉琳らに命じたのを始めとして、それ以後に下された詔では「賢才」「懐材抱徳之士」「有学識篤行之士」「徳行文芸之有称者」等が対象とされており、武臣は含まれていない。同年九月の張士誠の自殺により、残された対抗勢力は北方の元朝だけとなった。それゆえ張の死後官制の整備拡充に専念できるようになり、文臣のみが求められることになったと思われる。この点、翌洪武元年（一三六八）四月、陶安[18]に江西行省参知政事への就官を命じた際の詔に、

上曰、躬擐甲冑、決勝負於両陣之間、此武夫之事、非儒生所能、至若承流宣化、綏輯一方之衆、此儒者之事、非武夫所能也。朕之用人、用其所能、不強其所不能、卿才宜膺是任。故以授卿。……（同書・巻三一・洪武元年四月癸亥の条）

とあり、文武の別を明確にし、行省の缺には文臣を任用せんとする太祖の意図がうかがわれる。洪武三年十一月頃を画期として中書省・行省の缺から武臣が排除された[19]が、そのための文臣確保は洪武改元の前年である呉元年（至正二十七年）九月頃から開始されていたのである。

さて文臣として確保される対象となったのは、求賢の詔に屢々述べられているように、故元に仕官することを忌避して山林深く隠居していた所謂《いわゆる》儒者および故元の官・吏が主であった。では何を基準として彼らを求めたのであろうか。これは科目と深く関わっていた。

漢代の選挙（郷挙里選）では科目によって推挙の対象となる人材が異なっていた。[20]すなわち、学識が乏しくても実務に堪能な文吏（廉吏）を推挙する科が察廉・秀才、実際の政治にはくらいが学識は豊かな儒者を対象とする科が賢良方正・明経・射策甲科で、また徳行を資格の基準とするものが孝廉であった。実務・学識・徳行を基準に、科目は三つに大別されていたのである。明代洪武年間の制挙にもこうした科目の区別があったようだが、その数については諸書の伝えるところが一でなく、[21]また同一人物の科目が異なって記されている場合も見られ、容易に断定し得ない。そこで取り敢えず『太祖実録』の記載に従って科目を区別することとしたいが、その前に同書記載の制挙例から科目のわかる人物を抜き出し、[22]科目別・年次別に整理しておくと、**表Ⅲ**のようになる。

この**表Ⅲ**を参考に、科目の変化を見てみる。

洪武元年から六年の間には、少なくとも儒士・秀才・才幹・明経の四科があり、学識と実務能力に秀れた者が推挙の対象であった。

次に、洪武六年二月には実務に堪能な人物が得られなかったことを理由に科挙が廃止され、それに代わって制挙が実施され、

上諭中書省臣曰、……今各処科挙、宜暫停罷、別令有司、察挙賢才、必以徳行為本、而文芸次之、庶幾天下学者知所嚮方、而士習帰於務本。（『太祖実録』巻七九・洪武六年二月乙未の条）

と、徳行を第一に推挙が命ぜられた。ここに人材確保の重点が徳行に置かれることとなったのであるが、この時の科

表Ⅲ　制挙の「科目」(23)

「科」＼年	一	二	三	四	五	六	七	八	九	一〇	一一	一二	一三	一四	一五	一六	一七	一八	一九	二〇	二一	二二	二三	二四
耆儒															4									
耆民																						619		
儒士		1		4		11						553	2	17	31	2	65	1		1	3			
賢良方正													○	11	5									
秀才				3						1					13		22					○		
人才																	2							
才幹			1										○				○							
孝廉																				1		○		
孝悌力田													○	1										
孝行																								3
文学													○	2										
聡明正直													○	4										
明経	1		1														2							
隠士																					1		1	

（表中の数字は任官者の数。○印は人数不明だが、任官の事例が見られる場合）

目については、『明史』に、

是年（洪武六年）、遂罷科挙、別令有司、察挙賢才、以徳行為本、而文芸次之。其目、曰聡明正直、曰賢良方正、曰孝弟力田、曰儒士、曰孝廉、曰秀才、曰人才、曰耆民。（巻七一・選挙志三）

とある。聡明正直・賢良方正・孝弟力田・儒士・孝廉・秀才・人才・耆民の八科があったとしているが、例えば王圻『続文献通考』では、

是年（洪武六年）罷科挙、専用辟薦。其目有明経行修、有懐才抱徳、有賢良方正、有人材、有孝廉。（巻四八・選挙考・薦挙）

と、同時期、明経行修・懐才抱徳・賢良方正・人材・孝廉の五科があったと記しており、疑問の余地がないわけではない。しかし管見の限りではこの頃の推挙例が少ない（表Ⅲによっても、六年に一一人）ため、ここでの検討は差し控える。

次いで十三年になると、二月に下された詔に、

詔郡県、挙聡明正直・孝弟力田・賢良方正・文

学之士及精通術数者、以名聞。（『太祖実録』巻一三〇・洪武十三年二月壬戌朔の条）

とあり、聡明正直等五科による推挙が命ぜられ、同年末の吏部の上奏に、

吏部奏、天下郡県所挙聡明正直・孝弟力田・賢良方正・文学・才幹之士、至京者八百六十餘人。（同書・巻一三四・洪武十三年十二月の条）

とあり、それら五科によって来京した者が八六〇余人いた（二月の詔の「精通術数者」は十二月の上奏の「才幹之士」と同じものと考えてよかろう）。また翌十四年正月に、

命新授官、各挙文学・賢良方正・聡明正直・孝弟力田及才幹之士、凡五等。（同書・巻一三五・洪武十四年正月戊子の条）

と、任官が命ぜられている。これらのことから、十三～十四年頃には聡明正直・賢良方正・孝弟力田・文学・才幹の五科があったことがわかる。すなわち、この頃には実務能力・学識・徳行を基準とした科目があったのである。なお**表Ⅲ**によると、同時期にはさらに儒士を含めた六科目があったことになる。しかし、**表Ⅲ**の科目は必ずしも正確なものではないゆえ、右の詔等のように五科目あったとすべきと考える。

十五年八月になると刑部尚書開済らの議によって孝弟力田・聡明正直の二科が廃止された（後述・第三節）が、その二つはともに徳行を基準とする科である。開済らの議は秀才科重視を内容とするもので、徳行よりも実務能力が重んぜられることになったようである。

それ以後は、十八年十二月と二十年閏六月には孝廉のみを対象に、また二十二年十一月には徳行に秀でた耆民の推挙が命ぜられ（第一節・**表Ⅰ**を参照）、再び徳行を基準とする科目が実施されたこともある。けれども、科目の総数については不詳である（**表Ⅲ**を見ても不詳）。また、そのような科目の変化に現れた推挙対象者の変更が具体的に何に起

因していたのか、ここでは明白にし得ない。ただ儒者等が容易に推挙に応じなかった状況を考慮すると、科目の変更により彼らを吸収せんという側面もあったと思われる。

以上のように、洪武年間に制挙の対象となった人材は、時期によって異なっていた。すなわち、当初は文武並用の姿勢が見られたが、張士誠打倒後は文臣を、実務能力或は学識・徳行を基準に推挙させることとなった。しかもその基準は、置かれる重点が屡々変更された。そして、その変更は科目の変化として現れたのである。

洪武年間の制挙では、このように科目の変化が見られたが、そのほかに実施法の面で整備が行われた。この点、次節で述べよう。

第三節　実施法の充実

前述のように太祖は主に制挙により官僚を任用したが、その結果については不満を抱くことが多かった。『太祖実録』による限りでも、丙午の年（至正二十六年、一三六六）三月、洪武二年（一三六九）九月、四年四月に下された詔[24]、さらに十三年十月、十四年正月、十五年正月の詔[25]の何れにも、濫挙ゆえに被推挙者の名・実が伴わず、賢者が少ないという指摘がある。こうした指摘は単に太祖個人の見解から出たものではなく、例えば洪武九年[26]の葉伯巨の上奏には、

……其始也、朝廷取天下之士、網羅捃摭、務無遺逸、有司催迫上道、如捕重囚。比至京師、而除官名《ママ》（＝多）以貌選、故所学或非其所聞（＝用？）、而其所用或非其所学。……（『皇明経世文編』巻八・葉居升奏疏・疏・万言書）

とあり、文字通り容貌を見ただけで任官したとは思われないが、その手順が粗雑であると述べられている。性急なるがゆえに生じた濫挙だったのである。

濫挙については既に洪武改元以前から言及されており、対策として太祖は諸ろの手段を講じた。その一つは推挙者に対する賞罰である。例えば丙午の年（至正二十六年、一三六六）三月の詔に、

命中書厳選挙之禁。初令府県、毎歳挙賢才及武勇謀略通暁天文之士、其有兼通書律廉吏亦得薦挙、得賢者賞、濫挙及蔽賢者罰。至是復命、知府・知県有濫挙者、俟来朝治其罪、未当朝覲者、歳終逮至京師治之。（『太祖実録』巻一九・丙午年三月丙申の条）

とあり、それ以後も濫挙を戒める詔等の中で賞罰に触れられている。しかし処罰については、官僚不足が深刻な洪武改元前後（六年頃まで）に、実際に行われたとするのは疑問がある。王圻『続文献通考』の、洪武六年の科挙廃止を記した部分の続きに、

……又以初立辟薦法、行之甚厳、毎挙者至京、上親校閲、不称旨、輒坐挙主、往往有謫戍者。（巻四八・選挙考・薦挙）

とあり、以前の実施法を厳格に行い、太祖の旨に称わない場合には推挙者（挙主）をも処罰させたという。六年頃は官僚不足が解消された時期であるゆえ、恐らくこの頃に至って推挙者に対する処罰も厳しく行われたものと思われる。なお処罰については、のち十五年八月の開済らの議[27]、同年九月の桂彦良の上奏[28]の中でも触れられており、同年頃に至ってさらに厳格に実施されたようである。

こうした推挙者に対する賞罰（特に処罰）のほか、推挙方法自体が改定された。推挙を担当する者が増加されたのである。

当初、起居注呉琳或は文原吉らの者に、特に幣帛を以て推挙せしめた場合もある（呉元年（至正二十七年）十月[29]、洪武元年十一月[30]。第一節・表Ⅰ参照）が、これは儒者が山林深く隠れてしまって推挙に応じない状況での、緊急措置であ

った。制挙実施の詔は中書省等に下されたが、実際に推挙を担当したのは主に府州県の長官（知府・知州・知県）であった。例えば、前出の丙午の年（至正二十六年）三月の濫挙を戒める詔に、

命中書厳選挙之禁。……至是復命、知府・知県有濫挙者、……（『太祖実録』巻十九・丙午年三月丙申の条）

とあることからわかる。また表Ⅰを見ると「有司」に推挙が命ぜられているが、それも府州県の長官をさしたものであろう。

けれども洪武十三年以降は聊か異なっていた。例えば同年六月に儒士李延齢・李幹が召見されたのであるが、彼らへの勅諭には、

勅曰、……今監察御史薦爾等、博学洽聞、特遣使齎符臨召、有司礼送至京、副朕虚懐。（同書・巻一三二・洪武十三年六月癸酉の条）

とあり、監察御史の推薦による召見であったことがわかる[31]。

またこの時期、推薦したのは監察御史だけではなかった。『太祖実録』の洪武十三年六月～十月の条によると[32]、監察御史以外に、翰林院典籍・翰林院編修・（試）尚書・給事中・吏部主事・序班・右司諫・右正言・四輔官の缺にある者が推薦して、それによって召見されていることがわかるのである。監察御史等が推薦した右の例は、十三年の官制改革に際して行われた一時的な措置で、より広範囲から人材を集めるとともに濫挙防止の目的を持っていたであろう。しかし濫挙を戒める詔の中では、例えば十三年十月（一日）には、

勅四輔官王本等曰、自胡惟庸不法之後、特召天下賢材、而有司又多泛挙、……（同書・巻一三四・洪武十三年十月戊午朔の条）

とあり、同年同月（四日）には、

勅吏部尚書阮畯等曰、比遣使徧諭有司、各挙才能、以備任使、……（同書・同巻・同年同月辛酉の条）

とあるほか、同年同月（十一日）の吏部に対する詔諭[33]、十七年十二月の侍臣に対する詔諭[34]、十八年十二月の礼部臣に対する詔諭[35]の中でも、「有司」に賢者を求めしめた、とある。それ故に、やはり「有司」（これも府州県の長官をさすものであろう）が責任を帯びていたものと思われる。

　また十七年に下された令には、

（洪武）十七年令、各布政司直隷府州県挙秀才人材、必由郷挙里選、知州・知県等官会同境内耆宿長者、訪求徳行声名著于州里之人、先従隣里保挙、有司再験言貌書判、方許進呈。若不行公同精選者、坐以重罪。（王圻『続文献通考』巻四八・選挙考・薦挙）

とあり[36]、郷里で選抜された人物を州県の長官等が再確認し、その上で推挙すると定められた。十八年にも同様の詔が下されたが[37]、これらも濫挙防止を目的とした措置と思われる[38]。

　ところで不適切な者の任官を排除するためには、こうした推挙側の対策だけでなく、被推挙者を対象とする黜落法も実施された。漢代の賢良方正等の後身である制挙には黜落法はないのが建て前であるが、唐代・宋代には同法が行われ[39]、また明代にも実施された。『太祖実録』に載せる胡子祺の伝には、

洪武三年、以儒士挙赴京、試於吏・礼二部、中選者十九人、……（胡子祺はじめ一九人の名を記すが、省略）……。十九人皆擢監察御史。……（巻一〇六・洪武九年六月戊子の条）

とある。具体的な試験の内容については不詳であるが、この記載によると洪武三年には吏・礼二部の考試で採否が決定されたことがわかる。けれども、この吏・礼二部の考試が常に厳格に実施されていたとするには疑問が残る。六年頃までは官僚不足が深刻だったからである。右の考試は特別な実施か、或は常時実施するにしても形式的なものにと

どまったのではなかろうか。[40]

明初に於ける黜落法の確立は、洪武十五年八月の刑部尚書開済らの議を経てのことと思われる。制挙により任官された者の才智が考満《にんきまんりょう》まで不詳であるという内容の、監察御史趙仁の上奏文を見た太祖が、開済らに意見を求めた。そこで開済らは秀才科の重視を趣旨とする七条の議を述べ、何れも裁可されたのであるが、その第一条に次のようにある。

其一。宜選文武之臣有才識者、於公事暇時、以所取秀才、一一延問、以経明行脩為一科、工習文詞為一科、通暁四書為一科、人品俊秀為一科、言有条理為一科、暁達治道為一科、六科備者為上、三科以上為中、三科以下為下、六科倶無、為不堪。(『太祖実録』巻一四七・洪武十五年八月辛丑の条)

つまり、秀才科に推挙された者にさらに経明行脩・工習文詞・通暁四書・人品俊秀・言有条理・暁達治道の六科[41]を課し、成績によって上・中・下の三等級に分けて任官し、また「六科倶無き」者は不採用(不堪)としたのである。秀才以外の科に関しては、第五条に、

其五。見任官員、其間豈無才学之士・廉慎之人。初用秀才、遠不可及。今宜覈之、果文学之士、歴任老成、有績可称、而無過者、存用之、或加陞擢、與初任秀才、参署政務。所謂孝弟力田・聡明正直者、多非其人、宜悉罷挙。(同前)

とある。功績があって犯罪歴がない年老の文学科の者は留任或は昇進し得たが、孝弟力田と聡明正直の二科は廃止されたのである。このように十五年八月に刑部尚書開済らの議によって、制挙任官の粗雑さを是正するため秀才科被推挙者を対象とした考試が行われたが、それは洪武初頭には見られない黜落に関する法の確立であった。

黜落に関するものとして、試僉事への任命をもあげることができる。『太祖実録』によると、十五年九月に、

特置天下府州県提刑按察分司、以儒士王存中等五百三十一人為試僉事、人按治二県、期以周歳、遷官陞辞。（巻一四八・洪武十五年九月癸亥の条）

とあり、また同年十一月の諭に、

上諭都御史趙仁曰、近以秀才為試僉事、按治各府州県。此皆初任之人、朕将観其才能、宜令各按察司、訪其所行之事、歳終類奏、以憑黜陟。（巻一五〇・同年十一月辛亥の条）

とあるように、十五年九月、特別に提刑按察分司を設置して儒士（或は秀才）を試僉事に任命し、一人に二県を按治せしめた。それは被推挙者の才能を判定するための任命で、黜落の拠り所としたのである。しかしながら、詳細は不明であるが、任命された者の不法行為が原因で、この按察分司は設置から一年も経たない翌十六年三月に廃止された(42)。それゆえ黜落に十分な成果は上がらなかった。

このように、洪武十三年以降、推挙方法の改定・黜落法の実施など濫挙を防止するための諸策が講じられたのであるが、このことは単に被推挙者の質の劣悪さを述べるだけの時期から、その改善を試み得る時期への移行を意味する。右のような諸策の実施により明初の制挙は制度的に充実したけれども、その充実は官缺《ポスト》の面にも見られた。十四年頃までには、任用の缺についての規定は見当らない。前述したように缺の充足に急を要していたからであろう。しかしながら、十五年九月の桂彦良の上奏に、次のような一節がある。

七曰、精選挙。……六部・十三布政使司、乃股肱重任、豈可軽用而軽廃哉。必歴試其才能徳量可当此者、然後信任之。至於提刑按察与知府之職、固不能尽知其人、然亦不可軽任也。宜令京官五品以上、各挙賢良（方正）・（聡明）正直一員。知州・知県、於民最親、亦須選択。宜令按察・知府、歳挙廉勤淳厚者一二員。凡所挙、不問已任未任、但得人則有賞、謬挙則有罰。……若新進人材、且当試以佐弐之職、果有異能出衆、特加超擢、則官得其人

矣。（『太祖実録』巻一四八・洪武十五年九月癸亥の条）

すなわち、按察使と知府の缺には、五品以上の京官に賢良方正・聡明正直の者一員を推挙させ、知州と知県の缺には、按察使と知府に「廉勤淳厚」なる者一、二員を毎年推挙させ、それぞれの中から任用する。また、新規採用の場合にはまず佐弐官に充用する、というのである。太祖は他の上奏内容とともに、

上曰、彦良所陳、通達事体、有裨於治道。世謂儒者、泥古而不通今、若彦良、可謂通儒矣。（同前）

と称賛しているゆえ、ほぼ上奏通りに実施されたとしてよかろう（但し聡明正直は同年八月に廃止・第二節）。ここに按察使・知府・知州・知県の缺に充用する人物の推挙者が定められたのである。また十九年七月には、

詔、挙経明行修練達時務之士、年七十以下者、郡県礼送京師。（同書・巻一七八・洪武十九年七月癸未の条）

と、七〇歳以下の者の推挙が命ぜられたが、同日の礼部郎中鄭居貞に対する諭に、

……若年六十以上七十以下者、当置翰林、以備顧問、四十以上六十以下者、則於六部及布政使司・按察司用之。（同前）

とある。このことより、被推挙者を任用する缺が、六〇～七〇歳は翰林院、四〇～六〇歳は六部・布政司・按察司、と年齢によって区別せしめられたことがわかる。右のような任用の缺についての規定が如何なる理由で定められたかを直接述べる史料は見出せないが、十三年以降の政治上の安定、とりわけ缺の充足という背景があったことは確かであろう。

さて、以上のように濫挙防止策のみならず任用缺の面でも制度上の充実が見られたのであるが、それは大約洪武十五年以降のことであった。同年頃には、例えば新たな被推挙者を布政司の缺に充用し、(43)「胡惟庸の獄」を契機とした官制改革が完了していた。それゆえ同年以降の制度的充実は、それ以前の制挙による任官が臨時策であったことをよ

り明確に示している。ただ『太祖実録』によると、十七年七月・同年十二月・十八年十二月に相変わらず被推挙者の名・実が伴わなくて賢者が少ない、と太祖が不満を述べている。(44) すなわち、諸策の実施にも拘らず、洪武改元以前から同年代後半まで、太祖は一貫して被推挙者に賢者が少ないという不満を抱いていたのである。

おわりに

以上、洪武年間(特に前半)に於いて主要な官吏任用法であった制挙を取り上げ、実施の背景・科目・実施法について検討を加えた。要約すると次のようになる。

(一) この期間毎年のように制挙実施の詔が下されていたが、その背景となっていたのは、初頭(六年頃まで)には領域拡大に伴う官制の整備拡充、中期(十三年頃)には中書省廃止に代表される官制の改革であった。後半にも、胡党の処罰及び「藍玉の獄」により生じた空缺の補充のために実施されたものと思われる。

(二) 推挙の対象となった人材は、当初は文武両臣であったが、張士誠打倒(呉元年(至正二十七年、一三六七)九月)後は文臣のみに改められた。推挙の基準は実務能力・学識・徳行であったが、置かれる重点は屢々変更され、それが科目の変化として現れた。

(三) 濫挙防止策としては、推挙者に対する賞罰・推挙方法の改定・被推挙者に対する黜落が実施された。推挙者に対する賞罰は当初から規定されていたが、厳格に行われるようになったのは洪武六年以降(特に洪武十五年以降)と思われる。責任を帯びて推挙を担当したのは主に府州県の長官であったが、十三年頃には監察御史の推薦が取り入れられ、十七~八年には耆宿との合議が命ぜられた。また、黜落法としては、十五年に秀才を対象とした考試・提刑按察分司への任命が実施された。

㈣任用の缺については、当初規定は見当らないが、十五年に五品以上の京官が按察使・知府に充用する者を、按察使・知府が知州・知県に充用する者を、それぞれ推挙すると定められた。また十九年には、六〇～七〇歳は翰林院に、四〇～六〇歳は六部・布政使司・按察司の缺に、充用することが定められた。

㈤㈢㈣から、制挙の実施法が整備・確立されたのは十五年以降と言える。そしてこのことは、同年以前の制挙による官吏任用が臨時的な政策であったことを明確に示している。

一応右のような結論に達したが、官僚内に占める制挙を出自とする者の割合等の実態、及び他の任用法と比較して如何に制挙を考えていたか（より具体的には、明一代を通して制挙を主要な任用法とするつもりでいたか）という太祖の意図等に触れられなかった。しかし、明初の制挙の実施状況について、その一端は明らかにし得たと考える。本論を一つの手掛りとして、触れられなかった右の諸点及び明初の制挙と官制改革（十三～十五年）の関係について、改めて検討を加えてみたいと思う。

註

（1）山根幸夫「明太祖政権の確立期について――制度史的側面よりみた――」（『史論』一三、一九六五年）。

（2）本論原載の一九八四年ころまでには、政治史を扱う中で触れたものに呉晗『朱元璋伝』（三聯書店、一九六五年）、呉緝華「明代四輔官考」（原載一九五九年。大陸雑誌史学叢書一―六『元明史研究論集』）、山本隆義「明代翰林院官僚の出自について」（原載一九五七年。『中国政治制度の研究』、東洋史研究会、一九六八年）、間野潜龍「明代都察院の成立について」（『史林』四三―二、一九六〇年）、萩原淳平「明朝の政治体制」（『京都大学文学部研究紀要』一一、一九六七年）、阪倉篤秀「明初中書省の変遷」（原載一九七七年。『明王朝中央統治機構の研究』再録、汲古書院、二〇〇〇年）、檀上寛「明王朝成立期

の軌跡——洪武朝の疑獄事件と京師問題をめぐって——」（原載一九七八年。『明朝専制支配の史的構造』再録、汲古書院、一九九五年）などがあり、教育政策を扱う中で触れたものに五十嵐正一「洪武年間科挙制の停止・再開と背景」（原載一九五七年。『中国近世教育史の研究』再録、国書刊行会、一九七九年）、呉金成「明太祖의文教政策——官吏登用策을中心으로——」（『歴史教育』一一・一二、一九六九年）などがあった。また明代の官吏任用を概述した論文に、谷光隆「明代銓政史序説」（『東洋史研究』二三—二、一九六四年）があった。

（3）周知のように、明初（洪武・永楽年間）に於ける主要な官吏任用法の一つは薦挙であった。薦挙という場合、制挙のほかに、吏僚の中から推挙する保挙をさすことがある。『明史』巻七一・選挙志三には、明代に於ける保挙の開始は洪武十七年とある。本論では在野民間からの推挙を取り上げるので、制挙の語を用いる。

（4）漢代の選挙制度については、森三樹三郎「漢初の選挙」（『支那学』一二—三・四、一九四六年）、宮崎市定「中国の官吏登用法」（原載一九五五年。『宮崎市定全集』七、再録、岩波書店、一九九二年）、永田英正「漢代の選挙と官僚階級」（『東方学報（京都）』四一、一九七〇年）、福井重雅「漢代の選挙と制科の形成」（『社会科学討究』一八—三、一九七三年）などがある。

（5）科挙は既に呉元年（至正二七年、一三六七）三月に文武二科の実施が計画されていた。実際には文科挙だけが洪武三・四・五年（一三七〇～七二）と三年連続で実施されたが、同六年に突然廃止された。その後、同十七年の郷試復活まで行われなかった。それ故、科挙により任用された官僚は、洪武年間（特に前半）には多いと言えない。阪倉「明初中書省の変遷」（前掲）、五十嵐「洪武年間科挙制の停止・再開と背景」（前掲）などを参照。

（6）国子学（洪武十五年三月に国子監と改称）は乙巳の年（至正二十五年、一三六五年）九月に国家の人材養成を目的に設立されたが、その実質的な活動の開始は、教官の体制がほぼ整備された翌丙午の年（至正二十六年）のことであった。この学生（国子生（監生））の任用は既に洪武元年に見られるけれども、その数は多くなかったようである。多賀秋五郎「近世中国における教育構造の成立と明太祖の文教政策」（『近世アジア教育史研究』、文理書院、一九六六年）、阪倉「明初中書省の変遷」（前掲）、渡昌弘「明初の科挙復活と監生」（本書・第二章）の補註、などを参照。

(7)『太祖実録』巻一二八・洪武十二年十二月の条、

吏部奏、是歳除官二千九百八人、天下所挙儒士人材五百五十三人。

同書・巻一三四・洪武十三年十二月の条、

是月。吏部奏、天下郡県所挙聡明正直・孝弟力田・賢良方正・文学・才幹之士、至京者八百六十餘人。上命、各授以官。……於是、授職各有差。

(8)元朝の行省については青木富太郎「元初行省考」(『史学雑誌』五一―四・五、一九四〇年)、前田直典「元朝行省の成立過程」(原載一九四五年。『元朝史の研究』再録、東京大学出版会、一九七三年)に、また明初のそれについては阪倉篤秀「明朝成立期における行中書省について」(原載一九八一年。『明王朝中央統治機構の研究』(前掲)再録)に詳しい。

(9)行省の設置年月については、阪倉「明朝成立期における行中書省について」(前掲)参照。

(10)『孟子』尽心下、

不信仁賢、則国空虚。

(11)明朝で六部官制が設立されたのは洪武元年八月で、それ以前は戸・礼・刑・工の四部のみであった。山根「明太祖政権の確立期について」(前掲)参照。

(12)趙翼『廿二史劄記』巻三二・明初文人多不仕。また、例えば呉元年(至正二十七年、一三六七)八月に、

徴江西儒士顔六奇・蕭飛鳳・劉于等至京、欲官之、倶以老疾辞、各賜帛遣還。(『太祖実録』巻二四・呉元年八月丙寅の条)

と、任官させようとした江西の儒士たちが病気を理由に断ったり、翌洪武元年(一三六八)三月に中書省に下した詔には、山東地方での推挙について、

命中書省、給榜撫安山東郡県。先是、朝廷以大将軍徐達既下山東、命所在州郡、訪取賢材及嘗仕官居間者、挙赴京師、有司詢求厳迫、凡嘗仕元者、多疑懼不安、由是所在驚擾。……(同書・巻三一・洪武元年三月戊子の条)

と、有司の訪求が厳格なので、嘗て元朝に仕えていた者は危惧の念を抱いて安んじなかったとある。また同年九月の求賢の

詔には、

　詔曰……雖頼一時輔佐、匡定大業、然懐材抱徳之士、尚多隠於巖穴、……（同書・巻三五・洪武元年九月癸亥の条）

とある。そして推挙に応ずる者が少なかった故に、下された求賢の詔（本文の表Ⅰを参照）では、「巖穴之士有能以賢輔我以徳済民者」（元年九月）、「賢才隠居山林或屈在下僚」（三年二月）、「儒士・貢挙下第者・山林隠逸者」（四年四月）が対象となっていたのである（傍点は引用者）。そうした制挙忌避の動向は洪武十年前後に改まり、例えば同十五年九月には三七〇〇余人を入見した（表Ⅰを参照）。

(13)『太祖実録』巻七九・洪武六年二月乙未の条。

(14) 山根「明太祖政権の確立期について」（前掲）参照。十四年二月の改定により、承宣布政使司には左・右布政使（各一人、正三品）、左・右参政（各一人、従三品）、左・右参議（各一人、正四品）などが置かれることになった。

(15) 後註（17）を参照。

(16) 被推挙の年月・科、就官の缺がわかる人物は、以下の通り。括弧内は典拠である『太祖実録』の巻数。

銭唐（三七。『明史』巻一三九の列伝も参照した）、劉崧（一三七）、朱亮祖（一三三）、丁仕梅、童権（以上六四）、趙新、梅桂、于炳（以上六六）、欧陽性（一七〇）、趙俶、銭宰、貝瓊、鄭濤、馬盛、金珉、謝徽（以上八〇）、桂彦良（八三、一八七）、朱右、趙壎、朱廉、孫作（以上八六）、徐尊生（一一一）、李亨魯、鄭孔麟、王徳常（以上一三五）、余応奉、馬衛、黄桐生、陳多遜、許安、范孟宗、張大亨（以上一三六）、伍朝賓、李好誠、張汝霖（以上一三七）、何徳忠、金思存、欒世英、徐景昇、李延中、孫仲賢、聶子挙、蔣安素（以上一三八）、聶子実、単仲佑、張璲、王廉、安処善、徐子民、曹岱、梁伯興、彭友信、韓宜可、李宜之（以上一三九）、張子源、張宗徳、孟惟賢、宋亮（以上一四〇）、薛正言、張端、王福、王清（以上一四一）、呉顒（一四四）、郭允道（一四五）、魏徳寿、曾泰（以上一四七）、蕭尚仁、金良佐、刑浩、鄒伯源、盧友常、張翼、周尚文、郭思斉、許允恭、呉昭、邵勉、銭寿禄、劉安礼、王惟善、陳宗顔、斉瞻所、宣彦、趙麟、荀文甫、王存中、蕭惟大、王嘉会、彭無党（以上一四八）、李原明、詹徽、田疇、木通甫、呉荃、楊振宗、劉堉、関賢、趙粛、何顕周（以上一四九）、鮑恂、余詮、全思誠、張長年、董倫（以上一五〇）、許献夫（一五九）、張文通、阮仲志、藍子貞、張伯益（以上一六二）、陳玄、林文、汪仲魯（以上一六四）、王斌、玄齢、欧陽晃、宋矩、周煥奎、高孟文（以上一六六）、成徳新、馬翀（以上一六七）、劉三吾（一七〇）、李徳（一八〇）、岳宗原（一八七）、劉邦彦、盧彦昭、孫景宣（以上一八八）、謝天啓（一九一）、呉敦義（二〇〇）、楊礼善（二〇六）、王興、王中、李徳成（以上二〇七）、凌漢（二一八）

任用者数については、右記の人物以外に、註（7）所引の記載及び『太祖実録』巻一四八・洪武十五年九月癸亥、巻一五九・同十七年正月丙寅、巻一六七・同年閏十月庚子、巻二〇二・同二十三年六月庚寅、巻二〇六・同年十一月癸丑の各条に記述されている人数を加えた。また監生の任用数は、渡「明初の科挙復活と監生」（前掲）の補註より。

表Ⅳ　布政使司への任官例

	左・右布政使	左・右参政	左・右参議
北平	彭友信（右、一四・七）	郭思斉（左、一五・九）	金思存（右、一四・七） 聶子実（右、一四・九） 許允恭（右、一五・九）
山東	徐子民（右、一四・九）	李好誠（右、一四・五） 張　端（左、一五・一）	余応奉（右、一四・三） 王　福（左、一五・一） 王　清（右、〃） 張　翼（左、一五・九） 周尚文（右、〃）
山西	韓　宜（右、一四・九） 呉　昭（右、一五・九）	邵　勉（左、一五・九） 銭寿禄（右、〃）	許　安（右、一四・三） 劉安礼（左、一五・九） 王惟善（右、〃） 謝天啓（右、二一・六）
河南	梁伯興（右、一四・九） 邢　浩（左、一五・九）	鄒伯源（右、一五・九）	鄭孔麟（右、一四・二） 何徳忠（左、一四・七）
陝西	王　廉（左、一四・九） 陳宗顔（右、一五・九）	呉敦義（右、二三・二）	孫景宣（右、二一・二）
四川	欒世英（右、一四・七） 斉瞻所（左、一五・九）	張汝霖（右、一四・五） 聶士挙（左、一四・八） 蔣安素（右、〃） 宣　彦（右、一五・九）	范孟宗（左?一四・三） 張大亨（試右、〃） 盧彦昭（右、二一・二）
江西	李宜之（右、一四・九）		
湖広	安処善（右、一四・九）		馬　衛（右、一四・三） 孫仲賢（右、一四・七）
浙江	曹　岱（右、一四・九）		許献夫（右、一七・二）
福建	張　璲（左、一四・九）	宋　亮（左、一四・一二）	黄桐生（右、一四・三）
広東	徐景昇（右、一四・七） 金良佐（右、一五・九）	薛正言（右、一五・一）	王徳常（右、一四・二）
広西	李延中（右、一四・七）	孟惟賢（左、一四・一二） 成徳新（右、一七・閏一〇） 劉　献（左、二一・一〇）	馬　翀（右、一七・閏一〇）

（括弧内の数字は任官の年月）

(17)『太祖実録』に見られるものを整理しただけでも、上の表Ⅳのようになる。

(18)『明史』巻一三六に伝あり。

(19)阪倉「明初中書省の変遷」（前掲）、「明朝成

立期における行中書省について」（前掲）、参照。

(20) 永田「漢代の選挙と官僚階級」（前掲）、参照。

(21) 参考までに、焦竑等『京学志』巻五・選挙には、

論曰、国初掄材之途三、曰辟挙、曰科、曰貢、而辟挙至二十有四科、何其広也。……《割註。国初辟挙、曰忠孝、曰卓行、曰賢良、曰経明行修、曰俊秀、曰才能、曰秀才、曰賢人君子、曰人材、曰賢良方正、曰明経、曰人物、曰儒士、曰孝廉、曰忠義、曰明経儒士、曰文学、曰老人富戸、曰能吏、曰儒士兼精陰陽之術、曰勇略、曰通経儒士、曰楷書、曰精通書算、視唐宋益詳且備矣。……》

と、科目の多きことが述べられている。なお『明史』巻七一・選挙志三では、耆儒・儒士・秀才・人才・税戸人才・聡明正直・賢良方正・孝弟力田・孝廉・明経・文学・耆民といった科目の存在がわかる。

(22) 前註（16）。

(23) 必ずしも正確な科目を記してはいないが、ここでは『太祖実録』の記述に従った。

(24) 『太祖実録』巻一九・丙午年（至正二十六年）三月丙申の条（本論第三節）。

同書・巻四五・洪武二年九月壬辰朔の条、

上謂廷臣曰、知人固難。今朕屢勅百司、訪求賢才、然至者往往名実不副。豈非挙者之濫乎。

同書・巻六四・洪武四年四月辛卯の条、

上謂中書省臣曰、……儒者知古今識道理、非区区文法吏可比也。然今所用之儒、多不能副朕委任之意、何也。豈選任之際、不得実材歟。……

(25) 『太祖実録』巻一三四・洪武十三年十月辛酉の条、

勅吏部尚書阮畯等曰、比遣使徧諭有司、各挙才能、以備任使、而有司不体朕意、往往以庸才充貢。

同書・同巻・同年同月戊辰の条、

上諭吏部臣曰、……近朝臣為朕挙賢、朕皆徴用之、所挙者多、名実不称、……

同書・巻一三五・洪武十四年正月丙辰の条、
詔求賢。詔曰、……朕常詔求天下賢才、其来者雖衆、而賢智者甚寡。……
同書・巻一四一・洪武十五年正月庚戌の条、
命天下朝覲官、各挙所知一人。上諭之曰、古之薦挙者、以実不以名、後世薦挙者、徇名而遺実、故往往治不如古。……
(26)『明史』巻一三九・葉伯巨伝により比定。
(27)『太祖実録』巻一四七・洪武十五年八月辛丑の条に載せる、刑部尚書開済らの議の第二条に、
其二。観其言貌、止知大略、観其行事、乃見実能。宜令京官、於秀才内、各挙所知、挙中者、量加陞擢、不当者、罰及挙主。

とあり、「議上、従之。」と裁可された。
(28)後出。本論第三節・三五一〜三五二頁。
(29)『太祖実録』巻二六・呉元年十月甲辰朔の条、
遣起居注呉琳・魏観等、以幣帛求遺賢于四方。
(30)『太祖実録』巻三六上・洪武元年十一月己亥の条、
遣文原吉・詹同・魏観・呉輔・趙寿等、分行天下、訪求賢才。
(31)この点については、間野「明代都察院の成立について」(前掲)、萩原「明朝の政治体制」(前掲)で指摘されている。
(32)『太祖実録』巻一三二・洪武十三年六月乙亥の条、
召儒士楊良卿・王成季、勅曰……翰林典籍戴安薦爾、高才博芸、允宜任用、……
同書・同巻・同年同月丙子の条、
召儒士石器等、制曰……試尚書范敏挙爾、陝州石器・荊志、霊宝県王道・楊原・張知、閿郷県王仲寧・張謙・郭鏞・趙規、学識出群、才行超衆、……
同書・同巻・同年同月甲申の条、

召儒士呂慎明、勅曰……翰林編脩呉沈薦賢為国挙爾、才徳兼備、……
召儒士劉仲海、勅曰……而翰林典籍戴安薦爾、博学多能、……
召儒士鄒魯狂、勅曰……翰林典籍戴安薦爾、才堪任用、……
召儒士宋季子、勅曰……翰林典籍呉伯宗薦爾、学問該博、才識優長、……
遣使召儒士掲枢・王輿・龔文達・白天民。用給事中徐日新・監察御史葉孟芳薦也。

同書・同巻・同年七月戊申の条、
遣使召儒士林克堅・林有学・林孟高・孟思淵。用吏部主事丘兼善・序班蔡瑄薦也。

同書・巻一三三・同年九月の条、
遣使召儒士梁俯・賈惟岳。用右司諫宋浩・右正言石時中薦也。

同書・巻一三四・同年十月戊午朔の条、
勅四輔官王本等曰、……尚書范敏独能薦卿等、……

同書・同巻・同年同月辛酉の条、
遣使詔《ママ》儒士張叔廉・陳貞・宋訥、教諭石璞・楊盤、訓導曹文寿・張猶・李睿。用四輔官王本等薦也。

同書・同巻・同年同月壬戌の条、
遣使召教諭王正民、訓導韓均耀・史清・王景範、儒士武彧。用給事中董希顔・劉知微薦也。

(33)『太祖実録』巻一三四・洪武十三年十月戊辰の条、
上諭吏部臣曰、……近朝臣為朕挙賢、朕皆徴用之、所挙者多、名実不称、徒応故事而已。……爾吏部、其以朕意、再諭天下有司、尽心詢訪、必求真材、以礼敦遣。（傍点は引用者）

(34)『太祖実録』巻一六九・洪武十七年十二月己亥の条。後註(44)。

(35)『太祖実録』巻一七六・洪武十八年十二月丙午の条。後註(44)。

(36)『太祖実録』巻一六三・洪武十七年七月丙午の条に、

上諭吏部臣曰、近郡県薦挙多冒濫、……。其申諭之、凡賢才必由郷挙里選、択其徳行著称、衆論所推者、貢之。……

とある記載の、より具体的内容ではなかろうか。なお引用史料中の「耆宿」は里老人の前身で、民間裁判と地方行政に参与した。洪武二十一年八月廃止。栗林宣夫『里甲制の研究』（文理書院、一九七一年）等を参照。

(37)『太祖実録』巻一七六・洪武十八年十二月丙午の条。後註(44)。

(38) 濫挙防止のために在郷の富裕者の素行調査を命じたこともある。洪武八年十月の詔に、

上謂中書省臣曰、古人立賢無方。孟子曰、有恒産者、有恒心。今郡県富民、多有素行端潔、通達時務者、其令有司、審択之、以名進。既而又恐、有司冒濫、挙不以実、命戸部、第民租之上者、下其姓名于各道、俾按察司及分巡監察御史、覈其素行以聞。（『太祖実録』巻一〇一・洪武八年十月丁亥朔の条）

とあり、「有司」の濫挙を憂慮して、戸部に命じて高額納税者（民租之上者）の姓名を各道に行下し、按察司官・監察御史に彼らの素行を調査させたのである。なお同調査は、一定の生業（生活手段）を有する者には一定不変の道徳心があるという考え方（『孟子』滕文公章句上）に基づく。

(39) 荒木敏一「北宋時代の制科」（『宋代科挙制度研究』、東洋史研究会、一九六九年）。

(40)『太祖実録』巻一三五・洪武十四年正月乙巳の条には、

命吏部、凡郡県所挙諸科賢才至京者、日引至端門廡下、令四輔官・諫院官、與之論議、以観其才能。

とあり、被推挙者の才能を確認するために議論させることもあった。

(41)『明史』巻一三八・開済伝では、経明行修・工習文詞・通暁書義・人品俊秀・練達治理・言有条理の六科と記されている。

(42)『太祖実録』巻一五三・洪武十六年三月壬申の条、

罷天下府州県提刑按察分司。初言者多陳守令貪鄙不法、故於直隷府州県設巡按監察御史、各布政司所属設試僉事、皆以秀才為之、各有印章、布列郡県。既而所行多違戾、故悉罷之。

(43) 前註(17)。

(44)『太祖実録』巻一六三・洪武十七年七月丙午の条。前註(36)。

同書・巻一六九・同年十二月己亥の条、

上諭侍臣曰、……朕屢勅有司、薦挙賢才、而所薦者、多非其人。豈山林岩穴真無賢者乎。特在位者、弗体朕意、濫挙以塞責爾。……

同書・巻一七六・洪武十八年十二月丙午の条、

上諭礼部臣曰、朕向者令有司、挙聡明正直之士、至者多非其人、甚孤所望。……其令州県、凡民有孝廉之行著聞郷里者、正官與耆民、以礼遣送京師。非其人、勿濫挙。

[補記]

本論の原載は「明代洪武年間の制挙」（『歴史』第六三輯、一九八四年）である。

あとがき

本書は、二〇一六年三月に東北大学大学院文学研究科に提出した博士学位請求論文「明代国子監政策の展開」（二〇一七年二月学位授与）にもとづくもので、構成は提出した論文のそれとほぼ同じである。まず、主査である川合安先生（東洋史）、三浦秀一先生（中国思想）ならびに大野晃嗣先生（明清史）に厚く御礼申し上げます。

緒言でも触れたように、科挙と結びつけられたところに明代国子監の大きな特徴があるが、そのために重要であったのが監生を積極的に任用しようとする中で確定した出身法であった。他方で国子監の地位を低下させたと言われる捐納入監も実施された。それぞれをどのようにとらえるかは容易でないが、例えば本書で見てきたように、国子監に関連して発生した問題の多くが、この二つに関わっていたと考えられる。それゆえ、明代全般を扱ってはいないけれども、書名に「明代」を冠した。

義務づけられている公表に向けて、審査にあたられた先生方より受けた御指摘に応えるべく過誤訂正などを進めたが、検討に充分な時間が割けないため、出版については断念しようと考えていた。しかし、このたび汲古書院の三井久人社長のお勧めをいただき、出版をお願いした次第である。このことを記し、関係の方々にお礼申し上げます。

愛知教育大学史学教室で目黒克彦先生（清朝社会史）の御指導を受けたのち、大学院というところをよく知らずに受験し、東北大学の東洋史研究室へ入学が許可された。一九七九年四月のことである。当時の研究室には佐藤圭四郎（西アジア史・東西交渉史）、寺田隆信（明代史）、安田二郎（魏晋南北朝史）の諸先生、松木民雄助手（先秦史）、教養部に山田勝芳先生（中国古代史）、日本文化研究施設に井上秀雄先生（朝鮮古代史）がおられた。入学して痛感したのは学力、とりわけ漢文読解力の絶対的な不足であった。また当初考えていたテーマでは修士論文は書けないことも分かり、悩んだ末、そのとき受講していた寺田先生の特殊講義「中国郷紳論」から、国子監を取上げることに変更した。書店で偶然『南雍志』の刊本を購入できたのは幸いであったが、博士前期課程の修了には余分に一年を費やし、何とか書きあげた論文の主要部分が本書の「捐納入監概観」である。

修士論文提出のころ、寺田先生は文部省在外研究員として中国に滞在していたため、審査の主査は佐藤先生であり、後期課程に進学するなら、よほど頑張らなくてはいけませんよ、とおっしゃられた。と同時に、あまり研究が進んでいない分野だから思い切ったことを述べてもいいとも言われ、この言葉を励みとした。そして、安田先生に朱筆を入れていただいて修正し、最初に発表したのが「明初の科挙復活と監生」であった。

仙台の地は刺激を受けることが多いとは言えないが、在籍中には、先生方の御取り計らいで、明代関連では小山正明、森正夫の諸先生、また山形大学でも船越泰次先生の御配慮で濱島敦俊、鶴見尚弘の諸先生の連続講義を受けることができた。

大学院生の在籍期間を満了して帰省し、しばらくアルバイト生活が続いたが、その間、明清史夏合宿、東海中国史談話会（当時）のほか、山根幸夫先生のお勧めで明代史研究会にも参加することができた。何れも断続的ではあるが、参加することで刺激を受けられたのは幸いだった。また森正夫先生の御配慮で名古屋大学中央図書館を利用させていただいた。関係の方々に心より感謝申し上げます。しかしながら、それら学恩に報いていないことを白状しておかねばなるまい。

そのほかにもお世話いただいた諸先生、諸先輩方のことも記さなければならないが、目の前のことに追われて振り返ることもままならない。お詫びし、このあたりで筆を置くことをお許しいただきたい。

また私事ではあるが、自分の身の処し方を自由にさせてくれた両親に本書を捧げることを、ここに記させていただきたい。

本書のもとになった論文はいくつかあるが、全体を見据えた講義を担当する機会はなかった。鬼籍に入られた寺田先生に「まあ、ええやろ」と言ってもらえるかどうか。そう考えつつ、あとがきを書いている。

二〇一九年三月

渡　昌　弘

汲古叢書

1	秦漢財政収入の研究	山田　勝芳著	本体 16505円
2	宋代税政史研究	島居　一康著	12621円
3	中国近代製糸業史の研究	曾田　三郎著	12621円
4	明清華北定期市の研究	山根　幸夫著	7282円
5	明清史論集	中山　八郎著	12621円
6	明朝専制支配の史的構造	檀上　寛著	品　切
7	唐代両税法研究	船越　泰次著	12621円
8	中国小説史研究－水滸伝を中心として－	中鉢　雅量著	品　切
9	唐宋変革期農業社会史研究	大澤　正昭著	8500円
10	中国古代の家と集落	堀　敏一著	品　切
11	元代江南政治社会史研究	植松　正著	13000円
12	明代建文朝史の研究	川越　泰博著	13000円
13	司馬遷の研究	佐藤　武敏著	12000円
14	唐の北方問題と国際秩序	石見　清裕著	品　切
15	宋代兵制史の研究	小岩井弘光著	10000円
16	魏晋南北朝時代の民族問題	川本　芳昭著	品　切
17	秦漢税役体系の研究	重近　啓樹著	8000円
18	清代農業商業化の研究	田尻　利著	9000円
19	明代異国情報の研究	川越　泰博著	5000円
20	明清江南市鎮社会史研究	川勝　守著	15000円
21	漢魏晋史の研究	多田　狷介著	品　切
22	春秋戦国秦漢時代出土文字資料の研究	江村　治樹著	品　切
23	明王朝中央統治機構の研究	阪倉　篤秀著	7000円
24	漢帝国の成立と劉邦集団	李　開元著	9000円
25	宋元仏教文化史研究	竺沙　雅章著	品　切
26	アヘン貿易論争－イギリスと中国－	新村　容子著	品　切
27	明末の流賊反乱と地域社会	吉尾　寛著	10000円
28	宋代の皇帝権力と士大夫政治	王　瑞来著	12000円
29	明代北辺防衛体制の研究	松本　隆晴著	6500円
30	中国工業合作運動史の研究	菊池　一隆著	15000円
31	漢代都市機構の研究	佐原　康夫著	13000円
32	中国近代江南の地主制研究	夏井　春喜著	20000円
33	中国古代の聚落と地方行政	池田　雄一著	15000円

34	周代国制の研究	松井　嘉徳著	9000円
35	清代財政史研究	山本　進著	7000円
36	明代郷村の紛争と秩序	中島　楽章著	10000円
37	明清時代華南地域史研究	松田　吉郎著	15000円
38	明清官僚制の研究	和田　正広著	22000円
39	唐末五代変革期の政治と経済	堀　敏一著	12000円
40	唐史論攷－氏族制と均田制－	池田　温著	18000円
41	清末日中関係史の研究	菅野　正著	8000円
42	宋代中国の法制と社会	高橋　芳郎著	8000円
43	中華民国期農村土地行政史の研究	笹川　裕史著	8000円
44	五四運動在日本	小野　信爾著	8000円
45	清代徽州地域社会史研究	熊　遠報著	8500円
46	明治前期日中学術交流の研究	陳　捷著	品　切
47	明代軍政史研究	奥山　憲夫著	8000円
48	隋唐王言の研究	中村　裕一著	10000円
49	建国大学の研究	山根　幸夫著	品　切
50	魏晋南北朝官僚制研究	窪添　慶文著	14000円
51	「対支文化事業」の研究	阿部　洋著	22000円
52	華中農村経済と近代化	弁納　才一著	9000円
53	元代知識人と地域社会	森田　憲司著	9000円
54	王権の確立と授受	大原　良通著	品　切
55	北京遷都の研究	新宮　学著	品　切
56	唐令逸文の研究	中村　裕一著	17000円
57	近代中国の地方自治と明治日本	黄　東蘭著	11000円
58	徽州商人の研究	臼井佐知子著	10000円
59	清代中日学術交流の研究	王　宝平著	11000円
60	漢代儒教の史的研究	福井　重雅著	品　切
61	大業雑記の研究	中村　裕一著	14000円
62	中国古代国家と郡県社会	藤田　勝久著	12000円
63	近代中国の農村経済と地主制	小島　淑男著	7000円
64	東アジア世界の形成－中国と周辺国家	堀　敏一著	7000円
65	蒙地奉上－「満州国」の土地政策－	広川　佐保著	8000円
66	西域出土文物の基礎的研究	張　娜麗著	10000円

67	宋代官僚社会史研究	衣川　強著	品　切
68	六朝江南地域史研究	中村　圭爾著	15000円
69	中国古代国家形成史論	太田　幸男著	11000円
70	宋代開封の研究	久保田和男著	10000円
71	四川省と近代中国	今井　駿著	17000円
72	近代中国の革命と秘密結社	孫　江著	15000円
73	近代中国と西洋国際社会	鈴木　智夫著	7000円
74	中国古代国家の形成と青銅兵器	下田　誠著	7500円
75	漢代の地方官吏と地域社会	髙村　武幸著	13000円
76	齊地の思想文化の展開と古代中國の形成	谷中　信一著	13500円
77	近代中国の中央と地方	金子　肇著	11000円
78	中国古代の律令と社会	池田　雄一著	15000円
79	中華世界の国家と民衆　上巻	小林　一美著	12000円
80	中華世界の国家と民衆　下巻	小林　一美著	12000円
81	近代満洲の開発と移民	荒武　達朗著	10000円
82	清代中国南部の社会変容と太平天国	菊池　秀明著	9000円
83	宋代中國科擧社會の研究	近藤　一成著	12000円
84	漢代国家統治の構造と展開	小嶋　茂稔著	品　切
85	中国古代国家と社会システム	藤田　勝久著	13000円
86	清朝支配と貨幣政策	上田　裕之著	11000円
87	清初対モンゴル政策史の研究	楠木　賢道著	8000円
88	秦漢律令研究	廣瀬　薫雄著	11000円
89	宋元郷村社会史論	伊藤　正彦著	10000円
90	清末のキリスト教と国際関係	佐藤　公彦著	12000円
91	中國古代の財政と國家	渡辺信一郎著	14000円
92	中国古代貨幣経済史研究	柿沼　陽平著	品　切
93	戦争と華僑	菊池　一隆著	12000円
94	宋代の水利政策と地域社会	小野　泰著	9000円
95	清代経済政策史の研究	黨　武彦著	11000円
96	春秋戦国時代青銅貨幣の生成と展開	江村　治樹著	15000円
97	孫文・辛亥革命と日本人	久保田文次著	20000円
98	明清食糧騒擾研究	堀地　明著	11000円
99	明清中国の経済構造	足立　啓二著	13000円

100	隋唐長安城の都市社会誌	妹尾　達彦著	未　刊
101	宋代政治構造研究	平田　茂樹著	13000円
102	青春群像－辛亥革命から五四運動へ－	小野　信爾著	13000円
103	近代中国の宗教・結社と権力	孫　　江著	12000円
104	唐令の基礎的研究	中村　裕一著	15000円
105	清朝前期のチベット仏教政策	池尻　陽子著	8000円
106	金田から南京へ－太平天国初期史研究－	菊池　秀明著	10000円
107	六朝政治社會史研究	中村　圭爾著	12000円
108	秦帝國の形成と地域	鶴間　和幸著	13000円
109	唐宋変革期の国家と社会	栗原　益男著	12000円
110	西魏・北周政権史の研究	前島　佳孝著	12000円
111	中華民国期江南地主制研究	夏井　春喜著	16000円
112	「満洲国」博物館事業の研究	大出　尚子著	8000円
113	明代遼東と朝鮮	荷見　守義著	12000円
114	宋代中国の統治と文書	小林　隆道著	14000円
115	第一次世界大戦期の中国民族運動	笠原十九司著	18000円
116	明清史散論	安野　省三著	11000円
117	大唐六典の唐令研究	中村　裕一著	11000円
118	秦漢律と文帝の刑法改革の研究	若江　賢三著	12000円
119	南朝貴族制研究	川合　　安著	10000円
120	秦漢官文書の基礎的研究	鷹取　祐司著	16000円
121	春秋時代の軍事と外交	小林　伸二著	13000円
122	唐代勲官制度の研究	速水　　大著	12000円
123	周代史の研究	豊田　　久著	12000円
124	東アジア古代における諸民族と国家	川本　芳昭著	12000円
125	史記秦漢史の研究	藤田　勝久著	14000円
126	東晉南朝における傳統の創造	戸川　貴行著	6000円
127	中国古代の水利と地域開発	大川　裕子著	9000円
128	秦漢簡牘史料研究	髙村　武幸著	10000円
129	南宋地方官の主張	大澤　正昭著	7500円
130	近代中国における知識人・メディア・ナショナリズム	楊　　韜著	9000円
131	清代文書資料の研究	加藤　直人著	12000円
132	中国古代環境史の研究	村松　弘一著	12000円

133	中国古代国家と情報伝達	藤田　勝久著	15000円
134	中国の教育救国	小林　善文著	10000円
135	漢魏晋南北朝時代の都城と陵墓の研究	村元　健一著	14000円
136	永楽政権成立史の研究	川越　泰博著	7500円
137	北伐と西征—太平天国前期史研究—	菊池　秀明著	12000円
138	宋代南海貿易史の研究	土肥　祐子著	18000円
139	渤海と藩鎮—遼代地方統治の研究—	高井康典行著	13000円
140	東部ユーラシアのソグド人	福島　　恵著	10000円
141	清代台湾移住民社会の研究	林　　淑美著	9000円
142	明清都市商業史の研究	新宮　　学著	11000円
143	睡虎地秦簡と墓葬からみた楚・秦・漢	松崎つね子著	8000円
144	清末政治史の再構成	宮古　文尋著	7000円
145	墓誌を用いた北魏史研究	窪添　慶文著	15000円
146	魏晋南北朝官人身分制研究	岡部　毅史著	10000円
147	漢代史研究	永田　英正著	13000円
148	中国古代貨幣経済の持続と転換	柿沼　陽平著	13000円
149	明代武臣の犯罪と処罰	奥山　憲夫著	15000円
150	唐代沙陀突厥史の研究	西村　陽子著	11000円
151	朝鮮王朝の対中貿易政策と明清交替	辻　　大和著	8000円
152	戦争と華僑　続編	菊池　一隆著	13000円
153	西夏建国史研究	岩﨑　　力著	18000円
154	「満洲国」の日本人移民政策	小都　晶子著	8000円
155	明代国子監政策の研究	渡　　昌弘著	9500円

（表示価格は2019年10月現在の本体価格）

著者紹介

渡　昌弘（わたり　まさひろ）

1956年生まれ。

愛知教育大学教育学部卒業。東北大学大学院文学研究科博士課程（東洋史学専攻）単位取得退学。博士（文学）。

岡崎学園国際短期大学専任講師などを経て、現在、人間環境大学人間環境学部教授。

主要論文・訳書

「明末清初、上海姚家の『家人』——奴僕理解のために——」『東北大学東洋史論集』第6輯、1995年。

「明代生員の徭役優免特権をめぐって」『東方学』第97輯、1999年。

＊

『明代社会経済史研究——紳士層の形成とその社会経済的役割——』汲古書院、1990年。

『明代政治史研究——科道官の言官的機能——』汲古書院、2003年。

汲古叢書155

明代国子監政策の研究

二〇一九年十月七日　発行

著　者　渡　昌弘
発行者　三井久人
整　版
印　刷　株式会社理想社

発行所　汲古書院
〒102-0072　東京都千代田区飯田橋二—五—四
電話〇三（三二六五）九七六四
FAX〇三（三二二二）一八四五

ISBN978-4-7629-6054-3　C3322

A Historical Study of Imperial School Policies during the Ming Dynasty

by WATARI Masahiro

Contents

明代國子監政策研究

索　引

凡　例

・章・節のタイトルに含まれる語彙はゴチック体で表記して代表させ、他は省略した。

・本文中で作成した表および引用史料の中の事項・人名は採録していない。

・墓誌銘等執筆のみの人名も採録していない。

〔事項索引〕

〔人名索引〕

資料

關於明太祖的文教政策（提要）

渡　昌弘

明太祖的文教政策普及到各個方面，關於這些的研究也很多。在這個報告里，選擇了有關學校和科舉相關的内容，這是至今為止没有充分研究的内容。

據《明史》記載，明代的國立學校有兩種：一種是國子學（後改為國子監），別一種是府、州、縣學。太祖首先在京師設置國子學，那是明建國前的乙巳年（元至正二五年，1365 年）的事情，然後下了府、州、縣學設置的詔書。這與國子學相比要遲，在洪武二年（1369 年）時，下令翌年開學。府、州、縣學的設置是除四川、雲南以外的十一個行省，在地方官制大致健全後，下令成立的。

太祖在即位以前，便開始注意確保人材，特別期待學校里的培養。這點在以下兩個方面便可以知道：第一，國子學的設立要比予告科舉實施的詔書（元至正二七年）要早。第二，太祖在讀了《易經》以後説過這樣的話："人主職在養民，但能養賢以與共治，則民皆所養，民獲實惠。苟所養非賢，反厲其民，何補於國哉。故人主養賢非難，知賢為難。"（《太祖實録》洪武二年三月乙未條）。這種想法雖然并非是太祖獨自的東西，但可以從中看出他對人材養成的重視。

其次，府、州、縣學是在洪武三年下令開學的，關於其學制，根據《立學設科分教格式》便可以知道。這個史料已多次被使用，各學的編制、入學規定、教育課程等都有所記載。從這個規定内容可以知道，這無疑是把人材培養作為目的的機關，關於學成以後的學生（生員）的録用，没有明確記載。換句話説，尚看不出和科舉相結合的意圖。

眾所周知，科舉在洪武三、四、五年連續實施以後，不久便廢止了。洪武十七年的鄉試時開始復活，這時府、州、縣學和科舉相結合。根據太祖的"詔禮部設科取士，令天下學校，期三年試之，著為定制。"（《太祖實録》洪武十五年八月丁丑條），只限定於學生（生員和監生）才有科舉的報考資格。

科舉是取士，也就是高等文官資格考試的制度，學校是養士，即教育機關。

兩者的目的原来是不一樣的。太祖在養士機關納入科舉制度，即取士和養士相結合，但這樣的嘗試也不是他獨自的東西。

然而，太祖這樣的嘗試，不僅僅體現在府、州、縣學和科舉相結合，洪武十六年制定的升堂法、積分法也是有共同性的。這是國子監學習的方法，根據學生（監生）的成績分為三個等級，根據考試進行進位，并且成績優秀者可以直接任官（《南雍志》等）。從這個内容可以看出，這確實是模仿宋代王安石實施的“三舍法”，王安石對作為人材培養的學校進行擴充，太祖也是同樣的考慮方法。

根據以上情況，取士和養士的結合，不僅僅是府、州、縣學和科舉相結合，在國子監的升堂法、積分法里面也可以看出，洪武中期實施的文教政策的目的之一就在於此。

那麼，如果這樣的制度是有效果的話，應該在人材獲得方面有很大的成果，然而事實完全并非如此。這是因為把學校混同於科舉制度，把學校當作單純的科舉的預備機關，這樣在學校里的學習情況一片混乱，這可以以國子監為例。

早在洪武年間的後半，前面所提及的升堂法、積分法就産生了混乱，例如《太祖實録》洪武二十九年四月甲寅條有下面的記載。“署國子監事學正呉啓言，國子師生，例以文學優劣，分隷六堂。邇来，皆無甄別，高下不分，無以激勸，宜考第如例。”造成這樣情況的原因是監生們只為了科舉及第，關於這點從以下兩點便可以看出。第一：参加考試的人很多。復活後第一次科舉及第者中，約有三分之二是監生（《明史》宋訥伝）。而且，這樣的監生不僅是大多数及第，成績優秀者也很多。洪武十八年、二十一年、二十四年連續三次，会元、状元都是監生。從不及第者立場来看，参加考試的監生似乎大多了。第二：帰郷者很多。監生本来應該在國子監進行學習等生活，没有特別的理由，可以有期限地帰郷。但是没有按期回監的人也不少。這樣的人，洪武三十年末達到兩百二十人左右（《南雍志》）。其中也有提出虚假申請帰郷後被發現的監生的記載，也有監生提出希望在年老的母親身辺參加科舉考試的學習。

然而，這樣的監生只為了科舉及第的理由并非為了升堂法、積分法的課程修了，而是為考慮到科舉及第以後受到的優待。這一點有以下具體三點。第一：升堂法、積分法的課程修完，對科舉考試没有帮助。第二：監生任用的官缺没有固

定性。第三：会試不及第的人（舉人）的入學問題没有徹底解決。

關於府、州、縣學的混乱，在別的機会再説。

以上、讀了太祖的文教政策的一個方面，他期待在學校的養成，和科舉相結合，但是早地在洪武末年便産生了混乱。

〔主要参考文献〕

呉晗“明初的學校”（《讀史札記》。1948 年）。
楊啓樵“明初人才培養與登進制度及其演變”（《明清史抉奥》。1984 年）。
林麗月《明代的國子監生》（1978 年）
呉金成《中國近世社会経済史研究—明代紳士層的形成和社会経済的役割—》（1986 年）。
谷光隆“明代監生的研究（1）（2）”（《史學雜誌》73-4・6。1964 年）。
五十嵐正一《中國近世教育史的研究》（1979 年）。
寺田隆信“關於郷紳”（《明清史國際學術討論会論文集》。1982 年）。
渡昌弘“明初的科舉復活和監生”（《集刊東洋學》49。1983 年）。

本文係筆者於 1995 年 8 月為朱元璋研究会、安徽大学歴史系、安徽師範大学、中国社会科学院明史研究室共同主持召開的第六届明史国際学術討論会提供的参会論文。

[附記]

本稿は第六回明史国際学術討論会（中国・鳳陽、1995 年 8 月）での発表内容であり、資料としてここに載せる。